Competências do Oficial de Justiça

O selo DIALÓGICA da Editora InterSaberes faz referência às publicações que privilegiam uma linguagem na qual o autor dialoga com o leitor por meio de recursos textuais e visuais, o que torna o conteúdo muito mais dinâmico. São livros que criam um ambiente de interação com o leitor – seu universo cultural, social e de elaboração de conhecimentos –, possibilitando um real processo de interlocução para que a comunicação se efetive.

Competências do Oficial de Justiça

Fabiana Silveira

EDITORA
intersaberes

Rua Clara Vendramin, 58
Mossunguê . CEP 81200-170
Curitiba . PR . Brasil
Fone: (41) 2106-4170
www.intersaberes.com
editora@editoraintersaberes.com.br

- Conselho editorial
Dr. Ivo José Both (presidente)
Drª Elena Godoy
Dr. Nelson Luís Dias
Dr. Neri dos Santos
Dr. Ulf Gregor Baranow

- Editora-chefe
Lindsay Azambuja

- Supervisora editorial
Ariadne Nunes Wenger

- Analista editorial
Ariel Martins

- Preparação de originais
Gustavo Ayres Scheffer

- Edição de texto
Floresval Nunes Moreira Junior
Tiago Krelling Marinaska

- Projeto gráfico
Raphael Bernadelli

- Capa
Luana Machado Amaro (*design*)
Chodyra Mike, sebra e YP_photographer/
Shutterstock (imagem)

- Diagramação
Estúdio Nótua

- Equipe de *design*
Mayra Yoshizawa
Sílvio Gabriel Spannenberg

- Iconografia
Célia Regina Tartalia e Silva
Regina Claudia Cruz Prestes

Dados Internacionais de Catalogação na Publicação (CIP)
(Câmara Brasileira do Livro, SP, Brasil)

Silveira, Fabiana
 Competências do oficial de justiça/Fabiana Silveira.
Curitiba: InterSaberes, 2018.

 Bibliografia.
 ISBN 978-85-5972-724-1

 1. Competência (Direito) – Brasil 2. Oficiais de Justiça –
Brasil 3. Oficiais de justiça – Estudo e ensino I. Título.

18-15154   CDU-347.96(81)(07)

Índice para catálogo sistemático:
1. Brasil: Oficiais de Justiça: Processo civil: Estudo e
ensino 347.96(81)(07)
Iolanda Rodrigues Biode – Bibliotecária – CRB-8/10014

EDITORA AFILIADA

1ª edição, 2018.

Foi feito o depósito legal.

Informamos que é de inteira responsabilidade
da autora a emissão de conceitos.

Nenhuma parte desta publicação poderá ser
reproduzida por qualquer meio ou forma sem a
prévia autorização da Editora InterSaberes.

A violação dos direitos autorais é crime
estabelecido na Lei n. 9.610/1998 e punido
pelo art. 184 do Código Penal.

prefácio 13
apresentação 17
como aproveitar ao máximo este livro 21
introdução 25

Capítulo 1 **Política e organização judiciária no Brasil - 29**

1.1 O Estado e os Três Poderes - 30
1.2 Políticas públicas e Poder Judiciário - 38
1.3 Política judiciária - 40
1.4 A administração da justiça - 42

Capítulo 2 **Formação jurídica e as principais carreiras da justiça - 51**

2.1 Juiz de direito - 58
2.2 Promotor de justiça e procurador de justiça - 61

2.3 Advogado - 64
2.4 Advogado-geral da União - 67
2.5 Defensor público - 69
2.6 Delegado de polícia - 72
2.7 Analista judiciário e técnico judiciário - 77
2.8 Oficial de justiça - 80

Capítulo 3 **Oficial de justiça - 85**

3.1 Origem histórica do cargo - 86
3.2 Papel, funções e atribuições do oficial de justiça - 88
3.3 Princípios norteadores do cargo - 91
3.4 Principais áreas de atuação do oficial de justiça - 110

Capítulo 4 **Decisões e mandados judiciais - 129**

4.1 Espécies de decisões e teor do mandado - 130

Capítulo 5 **Atos e prazos processuais - 149**

5.1 Regras gerais sobre atos processuais - 150
5.2 Existência, validade e eficácia dos atos processuais - 158
5.3 Prazos processuais - 162

Capítulo 6 **Atos de comunicação processual - 169**

6.1 Atos de comunicação processual - 170
6.2 Citação - 172
6.3 Intimação - 213
6.4 Notificação - 219
6.5 Como se conta o prazo - 220
6.6 Nulidade da citação - 227

Capítulo 7 **Atos de execução - 235**

7.1 Penhora - 236
7.2 Arresto - 270
7.3 Sequestro - 273
7.4 Remoção de bens - 273
7.5 Atos de avaliação - 274

Capítulo 8 **Atos de constatação - 293**

8.1 Constatação - 294
8.2 Verificação - 295
8.3 Inspeção judicial - 296
8.4 A constatação socioeconômica e previdenciária - 297
8.5 O arrolamento - 300
8.6 A fiscalização de prisão domiciliar - 301

Capítulo 9 **Atos de força ou coerção - 305**

9.1 Entendendo as espécies de prisão - 307

9.2 Condução coercitiva
de testemunha - 311
9.3 Condução coercitiva da vítima - 320
9.4 Condução coercitiva do indiciado
e do acusado - 321
9.5 Condução coercitiva do perito - 328
9.6 Outras modalidades de condução
coercitiva - 328
9.7 Prisão civil - 333
9.8 Afastamento do lar conjugal - 337
9.9 A desocupação forçada - 339
9.10 Busca e apreensão de menor - 341
9.11 Busca e apreensão de veículo - 342
9.12 As atribuições do oficial de justiça
no tribunal do júri - 344

Capítulo 10 Diligências e certidões - 349

10.1 Mandado judicial - 350
10.2 A comunicação "juiz-oficial-parte-
-juiz" - 352
10.3 Fé pública - 360
10.4 Coerência entre a diligência
e a certidão - 361
10.5 Responsabilidades do cargo - 369
10.6 Abuso de poder, desacato
à autoridade, resistência
e desobediência - 376

Capítulo 11 **Desafios e perspectivas para os oficiais de justiça** - 383

11.1 Processo eletrônico - 384
11.2 Ferramentas tecnológicas - 389
11.3 Desafios - 391
11.4 Riscos - 392
11.5 Despesas - 396
11.6 Apoio operacional - 398
11.7 Modificação da nomenclatura do cargo de oficial de justiça - 400
11.8 Não reconhecimento como atividade de Estado - 403
11.9 Justiça em Números e Conselho Nacional de Justiça - 415
11.10 Direito comparado - 425
11.11 União Internacional dos Oficiais de Justiça - 434
11.12 Formação continuada - 435
11.13 Perspectivas - 441

estudo de caso 451

para concluir... 455

lista de siglas 459

glossário 463

referências 471

respostas 485

sobre a autora 499

A Deus, o grande Criador, meu sustento, refúgio e fortaleza, autor e consumador da minha fé.

Aos meus familiares, pelo apoio incondicional.

Aos meus filhos, fontes de coragem, persistência e alegria.

Aos meus colegas oficiais de justiça avaliadores federais da Central de Mandados de Curitiba, pelo desempenho exemplar e pela intensa troca de experiências.

É reconhecida, no Brasil, a carência de textos sobre a atividade do oficial de justiça, ainda mais com abordagens abrangentes que procurem contextualizar a atuação desse profissional no âmbito de amplas políticas judiciárias. Entretanto, esse quadro começa a mudar para melhor a partir de obras exemplares, como *Competências do Oficial de Justiça*, que ora se publica como fruto de inquietações, resultado de profícuos estudos, de profundas reflexões e do notável desempenho profissional da autora Fabiana Silveira.

É com grande prazer que tenho lido e relido este livro. É fonte de grandes contribuições para se compreender as práticas profissionais do oficial de justiça contextualizadas e teoricamente fundamentadas. O notável esforço da autora abre excelentes oportunidades para que profissionais e acadêmicos conheçam não só os mais firmes pontos de apoio da incansável ação cidadã do oficial de justiça, como também o rigor técnico-jurídico para viabilizar que cidadãos e organizações interajam com naturalidade e segurança com o Poder Judiciário em diferentes momentos e instâncias em que juízes precisam ser ouvidos ou informados no devido processo legal. Nesse sentido, bem expressa a visão inovadora da autora sobre o oficial de justiça: "comunicador e executor de medidas necessárias ao restabelecimento do equilíbrio e da paz social"!

É um livro interessante porque, desde o seu início, procura trazer clareza na leitura da estrutura do Poder Judiciário em que o oficial de justiça se insere e opera diuturnamente as suas funções, considerando as dimensões institucionais, os processos e as políticas judiciárias vistas a partir da tridimensionalidade da composição das políticas públicas, para, com base nisso, situar a administração judiciária: desde a atuação em perspectiva social, passando pela concepção de amplas estratégias participativas, até a gestão endógena de esforços para a formação e a manutenção de capital intelectual, de bases tecnológicas inovadoras e da continuada sensibilização das pessoas para que o Poder Judiciário – pautado nos princípios da eficiência, da eficácia e da celeridade – apresente crescentemente a efetividade da sua missão de apaziguador social.

No campo específico da atuação prática, o livro se volta para explicitar as particularidades condicionantes de cada um dos ramos do Direito e os princípios que incidem sobre cada momento dos atos executivos e de comunicação processual praticados pelo oficial de justiça. Nesse ponto, traduzindo parte importante da ampla e profunda experiência profissional da autora, a obra, privilegiando sempre a segurança jurídica e a responsabilidade cidadã no cumprimento de mandados judiciais, traz grande riqueza ao tratar dos requisitos legais de cada ato a ser cumprido, sempre apresentando exemplos esclarecedores e contextualizados com práticas vividas.

Finalmente, ampliando perspectivas para nos situarmos no contexto globalizado atual, a autora nos brinda com um cenário da atuação do oficial de justiça em diferentes países. Essa visão global é importante para que, a partir da compreensão profunda e sistemática de suas atividades na realidade brasileira, o oficial de justiça se mantenha concatenado com as possibilidades do que diferentes nações esperam do desempenho de tal ofício. A partir disso, a autora lança desafios para a concepção de "possibilidades de futuro para a carreira, com a inovação no rol de suas atribuições para uma prestação jurisdicional mais condizente com os postulados da celeridade, eficácia e segurança jurídica".

Como uma instigante fonte de reflexões, esta obra se apresenta como uma excelente fonte para enriquecer a compreensão de práticas atuais, sustentar a atuação prático-profissional em lições seguras, avançar para a implementação de inovações, bem como para inspirar a busca de caminhos que mantenham o oficial de justiça sempre como um profissional basilar para a prestação jurisdicional segura, célere e efetiva esperada pela sociedade brasileira.

Mario Procopiuck
Analista judiciário na Justiça Federal, professor de cursos de mestrado e doutorado na Pontifícia Universidade Católica do Paraná (PUCPR), autor de livros e artigos sobre políticas públicas, administração pública e administração judiciária.

A presente obra tem por objetivo a abordagem das competências do oficial de justiça no contexto do Poder Judiciário brasileiro com ênfase nos atos processuais que estão no rol de suas atribuições conferidas pela legislação, a começar pela Constituição Federal e aprofundando a análise em cotejo com a legislação processual em vigor.

Trata-se de estudo técnico que vai esclarecer quem é o oficial de justiça dentro da organização judiciária brasileira; o que faz esse profissional; como está regulamentada a sua atuação processual; quando e como deve realizar os atos de sua competência; quais são as regras a que está sujeito e quais são suas responsabilidades sobre os atos que pratica; qual é o contexto atual das condições de trabalho e quais são as perspectivas do cargo que ocupa na organização judiciária brasileira. Toda a análise está pautada na legislação em vigor em cotejo com a realidade prática, com a contextualização exemplificativa que permite ao interlocutor um entendimento da dinâmica processual de atuação desse operador jurídico sob o aspecto formal (legalista) e material (prático).

Para atingir o objetivo a que nos propomos, procuramos, dentro do possível, a utilização de linguagem clara, simplificada e dinâmica, que dialoga com o leitor, na intenção de levá-lo a compreender

apresentação

de fato a exposição. Portanto, apesar de o contexto da atividade do oficial de justiça ser o jurídico e o estudo ser técnico, a finalidade deste livro é verdadeiramente pedagógica e voltada aos alunos de pós-graduação, graduação, aos que não têm formação jurídica, aos estudantes de cursos presenciais ou a distância e àqueles que não costumam transitar no universo jurídico.

A obra foi sistematizada em 11 capítulos em sequência lógica de assuntos, na intenção de lhe oferecer um entendimento gradual e contextualizado do tema, correlacionando teoria e prática. No Capítulo 1, faremos uma análise da política judiciária, da organização e da administração da justiça, o que servirá de base para o entendimento do funcionamento do Poder Judiciário, no qual o oficial de justiça desempenha sua atividade.

No Capítulo 2, estudaremos a formação jurídica e as principais carreiras jurídicas. No Capítulo 3, a abordagem será sobre o oficial de justiça em si, a origem do cargo, seu papel, atribuição e funções, os princípios que o norteiam e as principais áreas do Direito em que atua. No Capítulo 4, veremos quais são as espécies de decisões judiciais e como elas determinam o teor dos mandados que o oficial deve cumprir.

Dedicamos o Capítulo 5 ao estudo das regras gerais sobre os atos processuais: forma, tempo, lugar, existência, validade, eficácia e prazos. Nessa unidade, o objeto de enfoque trata dos atos praticados pelo oficial de justiça de forma específica: atos de comunicação processual, de execução, de avaliação, de constatação e de força, bem como as atribuições no tribunal do júri.

No Capítulo 6 trazemos a abordagem dos atos de comunicação processual: a citação, a intimação e a notificação. Veremos, no Capítulo 7, os atos de execução: a penhora, o arresto, o sequestro, a remoção e os atos correlatos como a vistoria e a avaliação.

No Capítulo 8 analisaremos os atos de constatação: a constatação, a verificação, a inspeção judicial, a constatação socioeconômica e previdenciária, o arrolamento e a fiscalização de prisão domiciliar. No Capítulo 9, apresentaremos especificamente os atos de força ou coerção: prisão, condução coercitiva e busca e apreensão. No Capítulo 10, especificamos as regras de coerência entre a diligência e a certidão como resultados de um mandado judicial. Também neste capítulo veremos as responsabilidades do oficial no desempenho de suas funções. No Capítulo 11, abordaremos os desafios e as perspectivas da carreira com vistas para o futuro. Além disso, ao final da obra você encontrará um **glossário** com os termos técnicos utilizados, bem como uma **lista das siglas** para melhor compreensão do tema abordado.

Nosso sincero desejo é que esta obra venha a revelar com clareza as competências do oficial de justiça aos estudantes, especialmente aos que não têm intimidade com o universo jurídico e àqueles que, mesmo tendo formação jurídica, buscam aprofundar seus conhecimentos associando teoria e prática. Longe de esgotar o tema proposto, nossa maior gratificação será dotar o interlocutor do instrumental necessário para entender o papel deste operador jurídico na intrincada engrenagem do Poder Judiciário.

Este livro traz alguns recursos que visam enriquecer o seu aprendizado, facilitar a compreensão dos conteúdos e tornar a leitura mais dinâmica. São ferramentas projetadas de acordo com a natureza dos temas que vamos examinar. Veja a seguir como esses recursos se encontram distribuídos no projeto gráfico da obra.

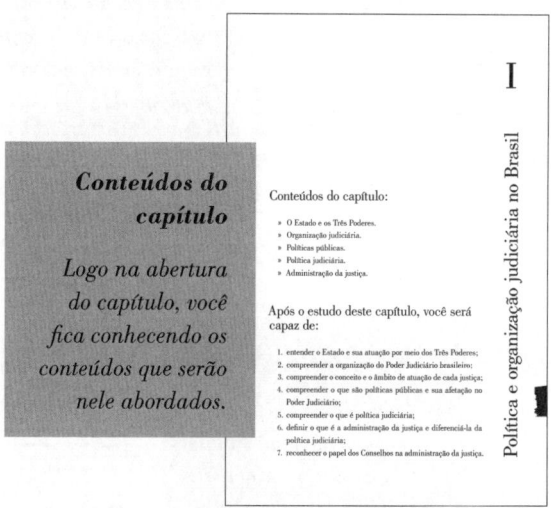

Conteúdos do capítulo

Logo na abertura do capítulo, você fica conhecendo os conteúdos que serão nele abordados.

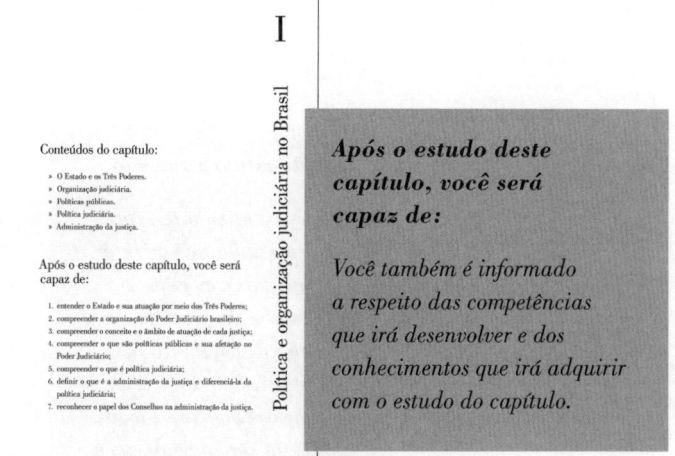

Após o estudo deste capítulo, você será capaz de:

Você também é informado a respeito das competências que irá desenvolver e dos conhecimentos que irá adquirir com o estudo do capítulo.

como aproveitar ao máximo este livro

estudo de caso

Mandado de verificação. Tutela de urgência. Invasão em área de preservação ambiental. Ameaça. Requisição de força policial. Assessor jurídico e notarial. Levantamento documental. Defesa.

A União ingressou com ação de reintegração de posse contra invasores não especificados de uma área que alegava ser de preservação ambiental permanente. Diante do perigo da demora da decisão final, o que acarretaria a consolidação da invasão e do dano ambiental, a Advocacia-Geral da União solicitou tutela de urgência cautelar nos moldes do art. 305 do CPC.

Após a análise da petição inicial, o juiz concedeu, em despacho fundamentado, a tutela cautelar pretendida e determinou a expedição de mandado de verificação em que o oficial de justiça deveria dirigir-se à área invadida e: a) efetuar o levantamento de todos os invasores, identificando-os; b) intimá-los a realizar a desocupação da área no prazo de 72 horas; c) proceder ao registro fotográfico do estágio de cada edificação assentada no local, descrevendo as condições ambientais relativas a desmatamentos, queimadas, desvio do curso de rio etc.

Estudo de caso

Essa seção traz ao seu conhecimento situações que vão aproximar os conteúdos estudados de sua prática profissional.

quando impelir os esforços reais para dar cumprimento à ordem e nada mais justo do que relatá-los ao juiz do feito quando o prazo estiver prestes a expirar ou mesmo se já tiver expirado, para dilatar o prazo e realizar o trabalho com a devida qualidade e presteza, em igual grau de confiança.

O decurso de tempo excessivo do mandado com o oficial sem cumprimento e sem satisfação da parte ou da causa (explicações com pedido de prorrogação do prazo) denota possível desvio funcional a ser apurado em sindicância ou processo administrativo disciplinar. A contumácia na conduta de inobservância de prazos e falta de satisfação ao juízo pode caracterizar desídia, desvio funcional passível de exoneração (art. 116, I, e art. 117, XV, Lei n. 8.112/1990).

Síntese

Você dispõe, ao final do capítulo, de uma síntese que traz os principais conceitos nele abordados.

Síntese

Neste capítulo, adentramos o assunto atos *processuais*, com o intuito de obtermos uma visão geral dos atos específicos praticados pelos oficiais de justiça. Conceituamos o **ato processual** como aquele que cria, modifica ou extingue a relação processual, e o diferenciamos de **fato processual**. Em seguida, analisamos o regramento legal que estabelece a forma, o tempo e o lugar dos atos processuais, critérios essenciais de sua existência, validade e eficácia. Percebemos que, se um ato processual não obedecer à forma, mas atingir a finalidade para o qual foi praticado, ele será considerado válido. Na sequência, demonstramos que os dias úteis são a regra para a prática dos atos, mas que alguns deles, como citações, intimações e penhoras, podem se dar em feriados e dias em que não houver expediente, isto é, sábados, domingos, feriados locais e nacionais, bem como recessos forenses. Estudamos a respeito do horário dos atos processuais, analisando a regra específica para o oficial de

Questões para revisão

1) Considere a seguinte afirmação:

A penhora é medida constritiva que recai sobre o patrimônio do devedor, podendo ser sobre bens móveis ou imóveis, e serve para garantia da dívida posta em execução.

Dentre os requisitos da penhora está:
a. a descrição pormenorizada do bem penhorado.
b. o nome do exequente e do executado.
c. o dia, o mês, o ano e o local onde foi feita.
d. todas as alternativas estão corretas.

2) É possível às partes requerer a modificação da penhora:
a. quando o executado quiser ficar na posse do bem penhorado.
b. quando o bem penhorado for suficiente para garantia da satisfação do débito.
c. quando a penhora tiver sido realizada fora da ordem preferencial.
d. quando a penhora for integral.

3) Sobre o arresto, é correto afirmar que:
a. Pode ser efetuado pelo oficial de justiça quando não encontra o executado, mas encontra seus bens.
b. É medida que ocorre face ao não pagamento da dívida pelo executado, no prazo de cinco dias a contar da citação.
c. Deve ser convertido em sequestro, após a citação por edital do devedor cujo endereço seja desconhecido.
d. Visa evitar que o indiciado se locuplete, adquirindo patrimônio de procedência ilícita.

Questões para revisão

Com essas atividades, você tem a possibilidade de rever os principais conceitos analisados. Ao final do livro, a autora disponibiliza as respostas às questões, a fim de que você possa verificar como está sua aprendizagem.

Questões para reflexão

Nessa seção, a proposta é levá-lo a refletir criticamente sobre alguns assuntos e trocar ideias e experiências com seus pares.

Questões para reflexão

1) Há diferença entre desacato à autoridade e desobediência? Qual?
2) O oficial de justiça pode inserir uma declaração falsa em auto, laudo ou certidão em razão de sua fé pública? Justifique.

Para saber mais

Para se aprofundar nos conteúdos deste capítulo, sugerimos as seguintes leituras:
FREITAS, M. A.; BATISTA JUNIOR, J. C. **Modelos**. Disponível em: <http://www.manualoficialdejusticalivro.com/Manual-do-Oficial-de-Justica/modelos>. Acesso em: 23 abr. 2018.
_____. **Oficial de justiça**: elementos para capacitação profissional. 2. ed. rev. e ampl. São Paulo: Triunfal Gráfica e Editora, 2013. p. 109-131.

Para saber mais

Para que você possa se aprofundar nas questões tratadas neste capítulo, indicamos as seguintes leituras:
CARNEIRO, F. N. G. **Oficial de justiça**: prática legal. Sousa, PB: Gráfica Cópias e Papéis Editora, 2017.
FREITAS, M. A.; BATISTA JUNIOR, J. C. **Oficial de justiça**: elementos para capacitação profissional. 2. ed. rev. e ampl. São Paulo: Triunfal Gráfica e Editora, 2013.
OAB – Ordem dos Advogados do Brasil. **Novo Código de Processo Civil anotado**. Porto Alegre, 2015. Disponível em: <http://www.oabrs.org.br/novocpcanotado/novo_cpc_anotado_2015.pdf>. Acesso em: 19 abr. 2018.
SOARES, M. de P. **Novo manual prático-teórico do oficial de justiça avaliador federal e estadual**. 3. ed. Curitiba: Juruá, 2016.

Para saber mais

Você pode consultar as obras indicadas nesta seção para aprofundar sua aprendizagem.

O oficial de justiça é um auxiliar permanente do Poder Judiciário que presta concurso público para ingressar na carreira. Tem por função o cumprimento de ordens judiciais, de forma que é considerado *longa manus* do juiz. Isso quer dizer que ele é o braço do magistrado que sai do gabinete e alcança o mundo exterior. É por meio do oficial de justiça que as decisões formais tornam-se concretas, materiais.

A organização judiciária brasileira é complexa, e o ordenamento jurídico que rege a atividade do oficial de justiça é reflexo dessa complexidade. O que a princípio pode parecer simples – tornar reais as decisões judiciais – é atuação dinâmica e desafiadora, a qual exige conhecimentos e habilidades em diversas áreas.

O profissional que atua no cumprimento de mandados precisa entender o funcionamento das instituições, ter conhecimento amplo da Constituição Federal e legislação infraconstitucional, desenvolver capacidade de comunicação, saber os limites e as responsabilidades de sua atuação, conhecer o território de trabalho, ser um motorista atento, documentar os atos que pratica com clareza e esboçar na sua atuação o poder que representa com equilíbrio e domínio próprio. Para a maioria das pessoas, o oficial de justiça é o primeiro e, muitas vezes, o único contato com o Poder Judiciário.

introdução

A história evidencia que as autoridades, desde o Império Romano, não cumpriam pessoalmente suas ordens, mas tinham executores para concretizar suas decisões. Esse fundamento histórico permanece até os tempos atuais, de forma que não podemos conceber ordem emanada de juiz sem a figura do oficial de justiça.

A sociedade em geral, ainda assim, pouco conhece acerca do que realmente faz um oficial de justiça e, muitas vezes, há uma visão estigmatizada e cheia de temor que não reflete com transparência o papel que esse operador jurídico desempenha no exercício da cidadania.

O Poder Judiciário é sede da resolução de conflitos sociais e, talvez em razão disso, toda vez que se ouve falar em *oficial de justiça* temos a ideia de que há problemas pela frente. Mas o Poder Judiciário também é lugar da salvaguarda de direitos, é o recurso de todo e qualquer cidadão que se vê ameaçado de ter um direito violado por outrem ou pelo próprio Estado. Sob esse prisma, o oficial de justiça é comunicador e executor de medidas necessárias ao restabelecimento do equilíbrio e da paz social. Mesmo levando a notícia da instauração de um processo, ele é instrumento de cidadania, pois a oportunidade de defesa, de contradizer alegações contra si e de produzir provas antes de uma decisão final também é direito de todo e qualquer cidadão.

Por tudo isso entendemos que o papel do oficial de justiça, no sistema jurídico do Brasil e do mundo, transcende o frio cumprimento da lei expressa na decisão do magistrado e alcança proporção do exercício concreto das garantias constitucionais do direito postulatório, do contraditório e da ampla defesa. As competências do oficial de justiça merecem destaque nas reflexões relacionadas ao andamento processual, às normas de organização judiciária, à política judiciária e à administração da Justiça pela relevância institucional e social de seu papel que, hoje, não encontra substitutivo. Os desafios e as perspectivas da carreira são inerentes à dinâmica de uma Justiça que procura cada vez mais atender às necessidades sociais e cumprir seu escopo maior de solucionar conflitos com efetividade.

Convidamos você a adentrar este universo complexo, dinâmico e desafiador do oficial de justiça e entender seu papel na engrenagem do Poder Judiciário, do andamento processual e da sociedade.

Boa leitura!

I

Política e organização judiciária no Brasil

Conteúdos do capítulo:

» O Estado e os Três Poderes.
» Organização judiciária.
» Políticas públicas.
» Política judiciária.
» Administração da justiça.

Após o estudo deste capítulo, você será capaz de:

1. entender o Estado e sua atuação por meio dos Três Poderes;
2. compreender a organização do Poder Judiciário brasileiro;
3. compreender o conceito e o âmbito de atuação de cada justiça;
4. compreender o que são políticas públicas e sua afetação no Poder Judiciário;
5. compreender o que é política judiciária;
6. definir o que é a administração da justiça e diferenciá-la da política judiciária;
7. reconhecer o papel dos Conselhos na administração da justiça.

Este capítulo traz a análise do Poder Judiciário no âmbito do Estado, a sua organização perante os demais poderes e seu funcionamento interno sob o enfoque administrativo.

1.1 O Estado e os Três Poderes

A Constituição Federal (CF) dispõe sobre a organização do Estado (Brasil, 1988). É importante contextualizarmos **o Estado como instituição**, ou seja, devemos compreender a aparelhagem que ele dispõe para exercer seu papel. Ele **exerce suas funções por meio de três poderes**, de acordo com o fluxograma a seguir:

Figura 1.1 – O Estado e os Três Poderes

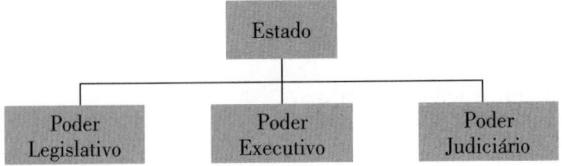

De acordo com a figura, podemos destacar da seguinte maneira as funções básicas de cada um dos Poderes:

a. **Poder Legislativo**: sua função básica é criar as leis. Os cargos do Poder Legislativo em parte são obtidos mediante eleições (deputado federal, deputado estadual e vereador), outra parte mediante concurso público e, ainda, uma parcela pela nomeação mediante a confiança.

b. **Poder Executivo**: sua função principal é fazer com que as leis sejam cumpridas. Os cargos são obtidos em parte mediante eleições (presidente da República, governador do estado, prefeito), outra parte mediante concurso público e, ainda, uma parcela pela nomeação mediante a confiança.

c. **Poder Judiciário**: sua função principal é julgar as questões que envolvam o descumprimento da lei e que sejam levadas ao seu conhecimento, aplicando a lei ao caso concreto. Os cargos do Poder Judiciário são acessíveis mediante concurso público, havendo exceções, como a nomeação de ministros do STJ e do STF, cujos critérios específicos estão na Constituição Federal. Para o desempenho de seu papel estatal, o Poder Judiciário atua mediante regras de organização judiciária estabelecidas constitucionalmente, conforme veremos a seguir.

1.1.1 Organização judiciária

A **organização judiciária** é a forma como está estabelecida a justiça, pois, embora ela seja una como forma de expressão da soberania estatal, por razões práticas de aplicação ela está subdividida em áreas ou matérias e hierarquizada em graus.

O Poder Judiciário tem **autonomia, administrativa e financeira** (art. 99, CF). Em outras palavras, cria e extingue cargos mediante iniciativa legislativa, administra seu funcionamento e sua organização interna e dispõe de orçamento próprio, o qual administra conforme os seguintes planejamentos, segundo a Resolução n. 195 do CNJ (Brasil, 2014b): plano plurianual (PPA); lei de diretrizes orçamentárias (LDO) e lei orçamentária anual (LOA). Para melhor desempenho de sua finalidade, tem toda a sua organização estabelecida pelo art. 99 da Constituição Federal de forma hierarquizada e subdividida e existe sobre todo o território nacional.

Além daquilo que estabelece a Constituição Federal, a atribuição de funções e a competência dos órgãos do Poder Judiciário são estabelecidas por meio das Constituições Estaduais, das Leis de Organização Judiciária de cada estado, da Lei Orgânica da Magistratura e dos Regimentos Internos dos Tribunais.

A justiça, no Brasil, está organizada e distribuída conforme o organograma a seguir:

Figura 1.2 – Organograma do Poder Judiciário

ORGANOGRAMA DO PODER JUDICIÁRIO

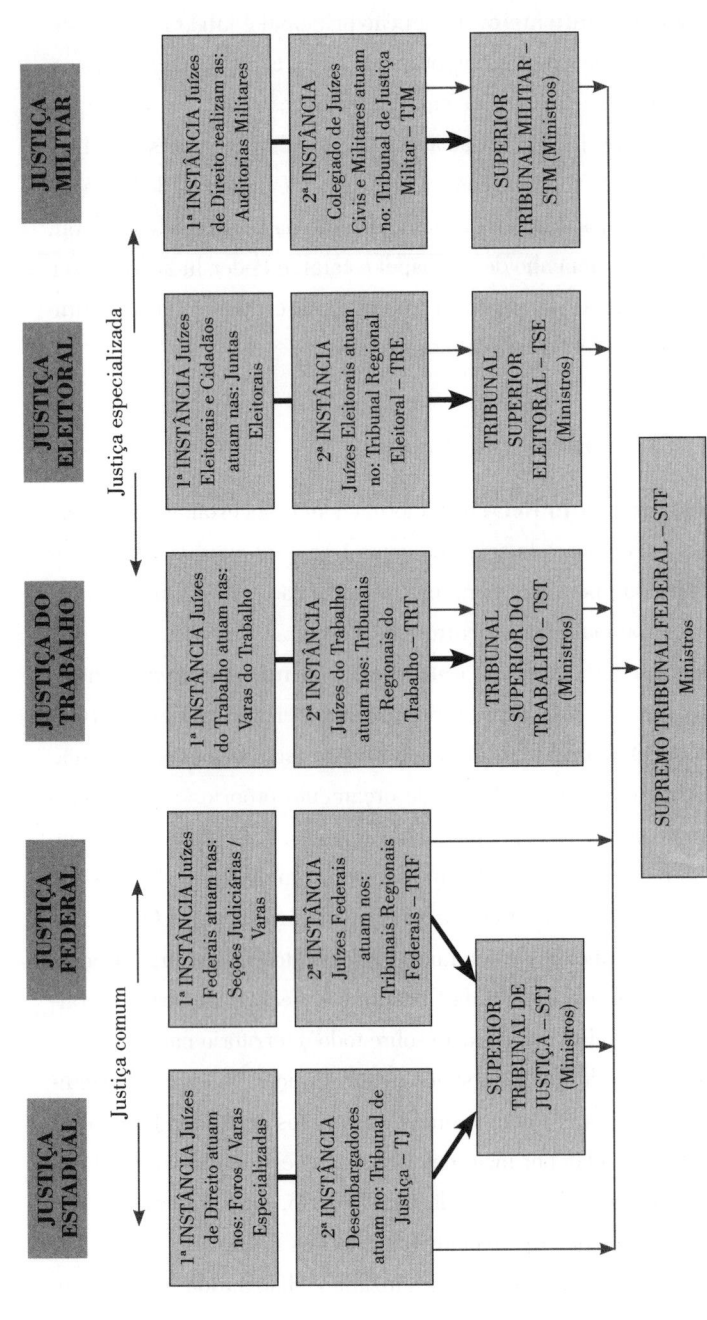

Fonte: Adaptado de Como se organiza ..., 2018.

A **Justiça Estadual** faz parte da justiça comum e tem uma competência residual para julgar as matérias que não sejam competência das demais (Justiça Federal, do Trabalho, Eleitoral e Militar). Ela é organizada em cada estado e tem duas instâncias: primeiro e segundo graus. O primeiro grau é representado por varas nas quais atua um juiz titular, fóruns e tribunais do júri. O segundo grau é representado pelos Tribunais de Justiça (TJs), com órgãos colegiados e compostos por desembargadores que decidem matéria de competência originária* e recursos de processos da primeira instância. Importa sabermos que a terminologia aplicada no âmbito da **organização judiciária** não é unificada. A **nomenclatura é diferente** no âmbito da Justiça Federal, da Justiça do Trabalho, da Justiça Eleitoral e da Justiça Militar. Veremos que, embora haja diferença terminológica, na essência a organização é tão semelhante que essas diferenças não se justificam e até mereciam ser unificadas, na medida do possível, a fim de não ensejarem confusões e tornar o funcionamento da justiça mais claro e compreensível.

Valemo-nos do conteúdo disponibilizado na página do CNJ, que traz **definições aplicáveis à Justiça Estadual** (Brasil, 2016a, grifo do original):

---

* **Competência originária** é a de examinar, conhecer e julgar a causa originariamente, ou seja, pela primeira vez. Já a **competência recursal** é conferida aos Tribunais e existe para reexame da decisão proferida em instância inferior.

Comarcas – A comarca corresponde ao território em que o Juiz de primeiro grau irá exercer sua jurisdição e pode abranger um ou mais municípios, dependendo do número de habitantes e de eleitores, do movimento forense e da extensão territorial dos municípios do estado, entre outros aspectos. Cada comarca, portanto, pode contar com vários juízes ou apenas um, que terá, no caso, todas as competências destinadas ao órgão de primeiro grau.

Varas – A vara judiciária é o local ou repartição que corresponde a lotação de um juiz, onde o magistrado efetua suas atividades. Em comarcas pequenas, a única vara recebe todos os assuntos relativos à Justiça.

Entrâncias – As comarcas, que podem apresentar uma ou mais varas, podem ser classificadas como de primeira ou segunda entrância, além da comarca de entrância especial. A comarca de primeira entrância é aquela de menor porte, que tem apenas uma vara instalada. Já a comarca de segunda entrância seria de tamanho intermediário, enquanto a comarca de entrância especial seria aquela que possui cinco ou mais varas, incluindo os juizados especiais, atendendo a uma população igual ou superior a 130 mil habitantes. É comum que comarcas de primeira entrância abarquem cidades do interior e possuam apenas uma vara, enquanto comarcas de entrância especial ou de terceira entrância estejam situadas na capital ou metrópoles. Não há, no entanto, hierarquia entre as entrâncias, ou seja, uma entrância não está subordinada a outra.

Fórum – Espaço físico onde funcionam os órgãos do Poder Judiciário.

Instâncias – O termo "instância" corresponde ao grau de jurisdição. Os juízes de órgãos de primeira instância são os que primeiro estabelecem contato com as partes, geralmente nas varas e Juizados. É direito da parte discordar da sentença recebida em primeira instância e recorrer à segunda instância, ou segundo grau de jurisdição, onde seu processo será analisado, em geral, por desembargadores. Ainda é possível recorrer a uma instância superior, que são os tribunais superiores – Supremo Tribunal Federal (STF), Superior Tribunal de Justiça (STJ), Tribunal Superior do Trabalho (TST), Superior Tribunal Militar (STM) ou Tribunal Superior Eleitoral (TSE). Os processos que envolvem matérias constitucionais serão analisados no STF.

Ainda no âmbito da Justiça Estadual temos os **cartórios**, que atuam sob a chefia do escrivão no gerenciamento do andamento dos processos das varas (por exemplo, cartório da 1ª Vara Criminal, cartório da 2ª Vara Cível etc.).

Os **Juizados Especiais** foram criados em 26 de setembro 1995, pela Lei n. 9.099, com o intuito de analisar as causas de menor complexidade, envolvendo valores de até 40 salários mínimos, e os crimes de menor potencial ofensivo, que são as contravenções e aqueles cuja pena máxima é de dois anos (Brasil, 1995). As causas julgadas no juizado podem ser objeto de recurso nos juizados recursais, compostos por juízes de primeiro grau. No âmbito da Justiça Federal, os juizados foram instituídos pela Lei n. 10.259, de 12 de julho de 2001 (Brasil, 2001a).

A **Justiça Federal** também compõe a justiça comum e se constitui nos Tribunais Regionais Federais (TRFs) e juízes federais, competindo-lhe julgar: as causas de interesse da União, as entidades autárquicas ou as empresas públicas federais como autoras, rés, assistentes ou oponentes; as que envolvam estados estrangeiros ou tratados internacionais; crimes políticos ou praticados contra bens, serviços e interesses da União; crimes contra a organização do trabalho; disputas sobre direitos indígenas e graves violações de direitos humanos. Falências, acidentes do trabalho e competências das justiças especializadas estão fora do campo de atuação da Justiça Federal.

Na Justiça Federal temos as duas instâncias. Então há os TRFs em segunda instância, distribuídos no território nacional e compostos por seções judiciárias. As seções judiciárias são de primeira instância e correspondentes aos Estados de abrangência de cada Tribunal. As seções são constituídas por subseções judiciárias (correspondentes às cidades em cada Estado), compostas por varas e secretarias das varas (que são correspondentes aos cartórios da justiça estadual) nas quais atua o diretor de secretaria (cujas atribuições se assemelham às do escrivão).

A atual distribuição dos Tribunais Regionais Federais é a seguinte:

Quadro 1.1 – *Tribunais Regionais Federais*

1ª Região	Seções Judiciárias do Acre, Amapá, Amazonas, Bahia, Distrito Federal, Goiás, Maranhão, Mato Grosso, Minas Gerais, Pará, Piauí, Rondônia, Roraima e Tocantins.
2ª Região	Seções Judiciárias do Rio de Janeiro e Espírito Santo.
3ª Região	Seções Judiciárias de São Paulo e Mato Grosso do Sul.
4ª Região	Seções Judiciárias do Rio Grande do Sul, Paraná e Santa Catarina.
5ª Região	Seções Judiciárias de Alagoas, Ceará, Paraíba, Pernambuco, Rio Grande do Norte e Sergipe.

Fonte: Adaptado de Brasil, 2018b.

A **Justiça do Trabalho** é justiça federal especializada que tem competência específica para julgamento de ações trabalhistas. Ela tem três graus de jurisdição e conta com estrutura federalizada por integrar o judiciário da União. Os órgãos de primeiro grau são os juízes do trabalho, que atuam nas varas do trabalho. No segundo grau estão os Tribunais Regionais do Trabalho (TRTs) e, no terceiro grau, está o Tribunal Superior do Trabalho (TST).

A **Justiça Eleitoral** é justiça especializada cuja competência é organizar e realizar eleições, referendos e plebiscitos, julgar questões eleitorais e elaborar normas do processo eleitoral visando garantir a democracia, a soberania popular e a cidadania. Também atua em três instâncias. Na primeira, é composta por juízes eleitorais, que são juízes de direito estaduais que exercem função cumulativa. Na segunda instância atuam os Tribunais Regionais Eleitorais (TREs), distribuídos nas capitais de cada estado e no Distrito Federal. Na terceira, como órgão máximo, está o Tribunal Superior Eleitoral (TSE). Os cidadãos atuam mediante convocação e nomeação dos juízes eleitorais como mesários nas eleições.

A **Justiça Militar Estadual** existe em todos os estados da Federação e sua competência é julgar os crimes cometidos por policiais militares e pelo Corpo de Bombeiros. A composição do primeiro grau é de auditorias militares com um juiz de direito (chamado *juiz auditor*) e um conselho de justiça (formado por quatro juízes militares mais o juiz auditor que o preside). Há apenas três Tribunais de Justiça Militar (TJMs) no Brasil e eles estão em Minas Gerais, São Paulo e Rio Grande do Sul, pois esses Estados contam com um efetivo superior a 20 mil integrantes (art. 125, § 3º, CF). Compete a esses tribunais julgar os recursos das decisões ocorridas em seu território. Onde não existem TJMs, os TJs exercem a competência recursal.

A **Justiça Militar da União** (JMU) tem papel semelhante à Justiça Militar Estadual, mas no âmbito das Forças Armadas – Marinha, Exército e Aeronáutica. A JMU é órgão nacional e tem competência para o julgamento de crimes militares definidos no Código Penal Militar e leis esparsas. Em primeira instância, ela está dividida em 12 Circunscrições Judiciárias Militares (CJM) e estas são compostas por uma ou mais Auditorias Militares, de jurisdição mista (competência para processos da Marinha, do Exército e da Aeronáutica). Essas circunscrições são compostas pelos Conselhos de Justiça, formados por quatro oficiais e pelo juiz-auditor. O Conselho Permanente de Justiça (CPJ) julga e processa acusados que não sejam oficiais, inclusive civis; o Conselho Especial de Justiça (CEJ) processa e julga oficiais, exceto os generais, pois estes vão diretamente ao Superior Tribunal Militar (STM), que é a instância superior que também julga os recursos da primeira instância (Brasil, 1992b).

A forma de atuação do Poder Judiciário é definida pela adoção de regras que estabeleçam seu funcionamento, sua organização, sua hierarquia e seus procedimentos. Também abrange os meios e a execução dos meios para que o Estado-Juiz atinja sua principal meta: a pacificação social com a solução de conflitos de interesse por meio da aplicação da lei.

1.2 Políticas públicas e Poder Judiciário

O entendimento da política judiciária pressupõe a compreensão sobre o que são políticas públicas (Santos, 2014, p. 226). As políticas públicas são um **conjunto de ações e programas do Estado** para a **implementação de direitos constitucionais ou direitos emergentes da sociedade** e reconhecidos pelo poder público relativos à cidadania, condição social, econômica, étnica ou cultural.

O Estado pode efetuá-las direta ou indiretamente, com a participação de entes públicos ou privados. A saúde, a educação, a segurança e o acesso à justiça são exemplos de direitos assegurados pela CF que exigem a implementação de políticas públicas que assegurem efetivo exercício pela coletividade. Essas políticas, geralmente, têm iniciativa no Executivo ou no Legislativo, atendendo aos reclamos da sociedade.

As políticas públicas possuem três dimensões, assim compreendidas:

> As políticas públicas são um conjunto de ações e programas do Estado para a implementação de direitos constitucionais ou direitos emergentes da sociedade e reconhecidos pelo poder público relativos à cidadania, condição social, econômica, étnica ou cultural.

1. *Polity*: são as estruturas institucionais que caracterizam um sistema político.
2. *Politics*: processo pelo qual as decisões são tomadas.
3. *Policies*: resultados do sistema político, ou seja, o conteúdo concreto de cada política.

Em relação à **política judiciária**, a tridimensionalidade das políticas públicas se estabelece da seguinte forma (Frey, 2000, p. 215; Couto; Arantes, 2006, p. 46; Serafim; Dias, 2012, p. 123):

» *Polity*: a própria estrutura institucional do sistema judiciário. Situa-se no campo da organização judiciária.

» *Politics*: o *modus operandi* das decisões judiciárias e administrativas dentro do sistema jurídico. Trata do funcionamento interno do sistema judiciário.

» *Policies*: os distintos campos em que ocorrem os resultados das decisões judiciárias e administrativas. São as áreas de afetação da aplicação das políticas judiciárias no âmbito do funcionamento orgânico do Poder Judiciário como centro decisório e também com instituição. Os efeitos, aqui, são endógenos e exógenos, pois são sentidos interna e externamente. Essa tridimensionalidade é útil para o entendimento da diferença entre o papel da política judiciária e o da administração da justiça no funcionamento do Poder Judiciário, assuntos que serão abordados a seguir.

1.3 Política judiciária

A política judiciária foi abordada apenas recentemente na legislação brasileira. Por exemplo: a Resolução n. 125, de 29 de novembro de 2010, do Conselho Nacional de Justiça (CNJ) (Brasil, 2010c) e a Resolução n. 174, de 30 de setembro de 2016, do Conselho Superior da Justiça do Trabalho – CSJT (Brasil, 2016c), dispõem acerca do tratamento adequado aos conflitos de interesses em seu âmbito e dão outras providências. Na doutrina nacional, o assunto está em artigos esparsos, mas não há obra específica que o sistematize. Esse conjunto de princípios vem sendo aplicado ao longo da história de acordo com as necessidades emergentes do próprio sistema antes de ser objeto de estudo científico.

A **política judiciária** está voltada para o Poder Judiciário como um todo na condição de **estrutura institucional**, cujo papel é solucionar conflitos. Sua existência decorre do fato de o Estado avocar para si tal tarefa e está ligada ao aparato estatal para alcançar esse objetivo de pacificação social. Aqui, vemos a identidade entre a política judiciária e a estrutura do Poder Judiciário.

A política judiciária também é a "ciência e arte que trata da constituição da justiça e procura **ordenar, corrigir e simplificar o funcionamento de seus órgãos** adotando e executando medidas necessárias que atinjam a eficiência que a sua finalidade social exige" (Nunes, 1990, p. 661, grifo nosso). Aqui, vemos a ligação entre a política judiciária e os processos decisórios para concretização dos objetivos institucionais em si. Sob esse prisma, a política judiciária vai se ocupar da composição orgânica do Poder Judiciário, ou seja, dos órgãos e seu funcionamento – por exemplo, como ele vai funcionar em determinada região, quantas varas serão implantadas, qual a especialidade de cada uma dessas circunscrições, quais recursos financeiros serão destinados a cada setor etc. Uma boa política judiciária tenderá à solução efetiva de um maior número de conflitos em espaço de tempo razoável e de forma segura e previsível, de modo que se privilegie a normalização das relações sociais em detrimento das situações de conflito.

Em sentido ainda mais específico, no que diz respeito à atividade do oficial de justiça, vamos dar enfoque à política judiciária voltada para o cumprimento de decisões judiciais relativas à estruturação de um subsistema jurídico-administrativo que condiciona ou parametriza a atuação do oficial de justiça como agente público fundamental, para fazer com que as decisões judiciais se concretizem ou produzam efeitos na sociedade. A política judiciária é vista aqui de forma isolada, compartimentada, relativa a uma área específica de resultado.

A política judiciária se dá no campo decisório quanto à aplicação de técnicas de administração pública na prestação de serviços pelo Poder Judiciário, acerca de gestão de pessoas: magistrados, servidores, auxiliares, terceirizados, estagiários e voluntários; estratégia, tecnologia, *marketing*, relacionamento com o jurisdicionado e a mídia etc.

A definição de uma missão e de objetivos, a valorização do trabalho em equipe, o fluxo de informações, a construção de um ambiente interna e externamente significativo, a comunicação clara, simples e consistente, o estabelecimento de padrões de excelência nas várias esferas de prestação dos serviços (atendimento ao público, pontualidade nas audiências, fluxo de informações), o contínuo aprendizado de magistrados e servidores, a adoção de um *marketing* jurídico ético são alguns conceitos inovadores que, certamente, produzem um diferencial na prestação dos serviços jurídicos, que são espécie de serviço público.

O Judiciário dos nossos tempos não é apenas um centro de decisão de conflitos, mas um ente público que precisa de gestão administrativa para desempenhar seu papel julgador de forma eficiente. A administração da justiça e a gestão são formas de viabilizar a política judiciária e, ao mesmo tempo, direcioná-la, com informações que instrumentalizam processos decisórios voltados ao futuro. Estes são assuntos que estudaremos a seguir.

1.4 A administração da justiça

A **administração** da justiça é diferente da **aplicação** da justiça. Aplicar a justiça é tarefa estritamente jurisdicional (de dizer o Direito aplicável ao caso concreto), enquanto administrá-la é tomar parte em processos decisórios que vão além da área jurisdicional e abrangem o setor funcional do sistema de aplicação da justiça. A administração da justiça é a face concreta da política judiciária (estabelecida de forma abstrata) e, por isso, elas são complementares.

A administração da justiça vai se ocupar de diagnósticos para aplicação de técnicas de gestão do conhecimento, níveis de aprendizagem, planificação, legitimação e estratégia. Esses diagnósticos podem ser obtidos mediante questionamentos e em etapas, tais como:

a. **Obtenção de base informacional**: A administração dos tribunais é satisfatória? A população está satisfeita? Há necessidade de mudanças? A estrutura do Judiciário é adequada?

As ferramentas utilizadas estão produzindo resultados? Esses resultados são desejados? Por quem? (Bacellar, 2013, p. 35).

b. **Definição ou redefinição do foco**: onde o Judiciário quer chegar? Qual é a sua missão? Quais são os seus valores? Como irá eleger suas metas?

c. **Identificar valores básicos da instituição**: por exemplo, facilidade de acesso, segurança jurídica, rapidez e eficiência na concretização de decisões.

d. **Identificar metas**: por exemplo, produzir decisões com rapidez, bem fundamentadas e aceitas pela sociedade, atender os usuários com qualidade, aumentar o número de julgamentos.

e. **Estabelecer como atingir as metas**: eleger os meios para chegar aos fins estabelecidos.

f. **Rever o planejamento**: com o objetivo de verificar se as metas foram atingidas, é necessário identificar as falhas e redirecionar as ações.

O Poder Judiciário, na qualidade de atividade jurisdicional, tem uma função social, um papel indispensável no exercício da democracia, na pacificação de conflitos e na realização material de direitos. É justamente por isso que não pode furtar-se da atividade administrativa de compreensão e aplicação desses conceitos inovadores de gestão na sua estrutura, sempre com a observância da natureza de poder estatal e de serviço público, sujeito a princípios específicos.

Trata-se de técnicas de administração aplicáveis para a obtenção de uma base informacional segura, com ferramentas permanentes de pesquisa, que retroalimentam o sistema para avaliações periódicas de alcance dos resultados desejados e consonantes com as aspirações da sociedade. Por isso, a administração de cada seção judiciária, dos Tribunais e dos Conselhos, é de fundamental importância. Nossa análise, no próximo tópico, estará voltada para a atuação do CNJ e os Conselhos de cada Justiça especificamente considerada.

1.4.1 O Conselho Nacional de Justiça, Conselhos da Justiça Federal e do Trabalho

O CNJ foi criado pela Emenda Constitucional n. 45, de 30 de dezembro de 2004 (Brasil, 2004), com o objetivo de aperfeiçoamento do sistema judiciário brasileiro, promovendo a sua transparência administrativa e processual com parâmetros éticos de eficiência e efetividade preconizados pela CF na prestação do serviço jurisdicional ao cidadão.

O art. 103-B da CF estabelece a seguinte composição para o CNJ:

> Art. 103-B.
> [...]
> I – o Presidente do Supremo Tribunal Federal;
> II – um Ministro do Superior Tribunal de Justiça, indicado pelo respectivo tribunal;
> III – um Ministro do Tribunal Superior do Trabalho, indicado pelo respectivo tribunal;
> IV – um desembargador de Tribunal de Justiça, indicado pelo Supremo Tribunal Federal;
> V – um juiz estadual, indicado pelo Supremo Tribunal Federal;
> VI – um juiz de Tribunal Regional Federal, indicado pelo Superior Tribunal de Justiça;
> VII – um juiz federal, indicado pelo Superior Tribunal de Justiça;
> VIII – um juiz de Tribunal Regional do Trabalho, indicado pelo Tribunal Superior do Trabalho;
> IX – um juiz do trabalho, indicado pelo Tribunal Superior do Trabalho;
> X – um membro do Ministério Público da União, indicado pelo Procurador-Geral da República;
> XI – um membro do Ministério Público estadual, escolhido pelo Procurador-Geral da República dentre os nomes indicados pelo órgão competente de cada instituição estadual;

XII – dois advogados, indicados pelo Conselho Federal da Ordem dos Advogados do Brasil;
XIII – dois cidadãos, de notável saber jurídico e reputação ilibada, indicados um pela Câmara dos Deputados e outro pelo Senado Federal. (Brasil, 1988)

São, ao todo, 15 membros com mandato de dois anos, sendo admitida uma recondução.

Para cumprir sua **missão de transparência e controle** do sistema judiciário, o CNJ atua nas seguintes frentes:

» **Política judiciária**: garantindo a autonomia do Poder Judiciário e o cumprimento do estatuto da magistratura, com a expedição de atos normativos e recomendações.

» **Gestão**: definindo o planejamento estratégico, os planos de metas e programas de avaliação institucional do Judiciário.

» **Perante o cidadão**: recebendo "reclamações contra membros ou órgãos do Judiciário, inclusive contra seus serviços auxiliares, serventias e órgãos prestadores de serviços notariais e de registro que atuem por delegação do poder público ou oficializados", conforme o art. 103-B da CF (Brasil, 1988).

Para assegurar a moralidade, o CNJ também julga processos disciplinares e aplica sanções administrativas aos magistrados. No zelo pela eficiência, estuda as melhores práticas para um andamento mais rápido dos processos, elabora mapas estatísticos sobre movimentação processual e cria novos indicadores para aferir a prestação jurisdicional em todo o país*.

---

* O CNJ desenvolve e coordena vários programas de âmbito nacional que priorizam áreas como gestão institucional, meio ambiente, direitos humanos e tecnologia. Entre eles estão: Conciliar é Legal, Metas do Judiciário, Lei Maria da Penha, Pai Presente, Começar de Novo, Justiça Aberta, Justiça em Números.

O **Conselho da Justiça Federal** (CJF), previsto no art. 105, parágrafo único, inciso II, da CF, é o órgão colegiado central composto por presidente e vice-presidente do Superior Tribunal de Justiça (STJ), três outros ministros desse mesmo tribunal e pelos presidentes dos cinco TRFs. Seu papel é sistematizar a Justiça Federal e realizar a supervisão administrativa, orçamentária e exercer poder correcional.

Suas decisões são de caráter obrigatório para todas as unidades da Justiça Federal de primeiro e segundo graus. Ele é composto da seguinte maneira: Corregedoria Geral da Justiça Federal; Centro de Estudos Judiciários e Turma Nacional de Uniformização do Juizados Especiais Federais.

O **Conselho Superior da Justiça do Trabalho** é responsável pela supervisão administrativa e orçamentária da Justiça do Trabalho de primeiro e segundo graus e suas decisões são vinculantes. É composto pelo presidente e vice-presidente do TST e corregedor-geral da Justiça do Trabalho, além de três ministros do TSE (eleitos pelo Plano) e os cinco presidentes dos TRTs.

Entender a complexa organização do Poder Judiciário é uma ferramenta fundamental para a compreensão da atuação do oficial de justiça.

Síntese

Neste capítulo fizemos uma incursão em noções sobre a organização, funcionamento e gestão do Poder Judiciário, área em que atua o oficial de justiça. Iniciamos com o entendimento da estrutura dos Três Poderes no desenho do Estado, situando o Judiciário na macroestrutura. Na sequência, visualizamos um organograma de como o Poder Judiciário é composto, apresentamos o conceito e âmbito de atuação de cada justiça e partimos do conceito de políticas públicas para o entendimento do que é política judiciária. Em seguida, conceituamos administração da justiça e a diferenciamos da política judiciária e vimos o papel dos Conselhos na administração da justiça. Dessa forma, estabelecemos a base para entender quem é o oficial de justiça na engrenagem do Poder Judiciário.

Questões para revisão

1) Analise as afirmações a seguir:
   I. O principal papel do Poder Judiciário é aplicar a lei.
   II. O Poder Legislativo é fiscal da lei.
   III. O Poder Executivo é responsável pela criação da lei.
   Assinale a alterantiva adequada:
   a. Estão corretas apenas as afirmativas I e II.
   b. Somente a afirmativa I está correta.
   c. Estão corretas apenas as afirmativas I, II e III.
   d. Estão corretas apenas as afirmativa II e III.

2) Assinale F ou V para as seguintes proposições:
   ( ) A política judiciária é uma forma de acesso aos quadros do Poder Judiciário sem a participação em concurso.
   ( ) A administração da justiça vai se ocupar de diagnósticos para aplicação de técnicas de gestão do conhecimento, níveis de aprendizagem, planificação, legitimação e estratégia.
   ( ) O Poder Judiciário não tem autonomia financeira nem administrativa.
   ( ) Uma das atribuições do CNJ é definir o planejamento estratégico, os planos de metas e programas de avaliação institucional do Poder Judiciário, o que chamamos de *gestão*.

Agora, marque a alternativa com a sequência correta:
a. V, F, V, V.
b. F, V, F, V.
c. F, F, V, V.
d. V, F, F, V.

3) Assinale a alternativa correta acerca da organização judiciária:
a. A Justiça Comum é composta por varas e juízes de direito, em primeira instância, e tribunais e desembargadores, em segunda instância.
b. Entende-se por *entrância* o grau de jurisdição no qual atua o juiz de direito.
c. A vara judiciária é a extensão territorial na qual o juiz irá exercer a jurisdição.
d. A comarca é o espaço físico onde funciona o Poder Judiciário.

4) O que são políticas públicas?

5) Qual é a finalidade da política judiciária na atuação específica do oficial de justiça?

Questões para reflexão

1) Qual é o papel do Poder Judiciário?
2) Qual é o papel do Conselho Nacional de Justiça?

Para saber mais

Para que você possa se aprofundar nas questões tratadas neste capítulo, indicamos as seguintes leituras:

ATAIDE JUNIOR, V. de P. **O novo juiz e a administração da justiça**. Curitiba: Juruá, 2016.

BACELLAR, R. P. **Administração judiciária**: com justiça. Curitiba: InterSaberes, 2016.

FREITAS, V. P. de; KASSMAYER, K. (Coord.). **Revista Ibrajus 1**: Poder Judiciário e administração da justiça. Curitiba: Juruá, 2008.

IBRAJUS – Instituto Brasileiro de Administração do Sistema Judiciário. Disponível em: <http://www.wp.ibrajus.org.br>. Acesso em: 17 abr. 2018.

LIMA, R. M. G. de. **Refletindo o direito e a justiça**. Belo Horizonte: TJMG, 2010.

II

Formação jurídica e as principais carreiras da justiça

Conteúdos do capítulo:

» Formação jurídica.
» Principais carreiras jurídicas que atuam no Judiciário.

Após o estudo deste capítulo, você será capaz de:

1. discutir sobre a formação jurídica;
2. analisar as principais carreiras jurídicas que atuam no Poder Judiciário, a forma de acesso, as garantias, as peculiaridades e o regramento jurídico de cada uma delas.

Entendemos por *formação jurídica* o ensino acadêmico de graduação, pós-graduação, mestrado e doutorado, ministrado nas faculdades de Direito.

Os **cursos preparatórios** às carreiras jurídicas, os cursos de aperfeiçoamento propiciados pelos órgãos jurisdicionais, pela OAB e pelo Ministério Público (MP) são preparatórios para o exercício de carreiras após a formação acadêmica. Os **cursos de capacitação e formação continuada** são direcionados àqueles que já iniciaram uma carreira e necessitam aprofundar seus conhecimentos para melhor exercê-la.

O quadro atual da formação jurídica é desafiador, pois há um descompasso entre o estágio atual da sociedade e dos conflitos que ela permeia, e a capacidade dos operadores do judiciário e do próprio instrumental jurídico em oferecer respostas satisfatórias em qualidade e quantidade compatíveis às demandas. É necessário reconhecer que a atual formação é insuficiente porque esse distanciamento da realidade é característico da crise do direito e do sistema jurídico em si.

O objetivo máximo da ciência do Direito é proporcionar a solução de conflitos por meio da tomada de decisões, para as quais se elegem parâmetros que formam todo o sistema. Para tanto, o direito é ministrado na forma de teorias, as quais tendem a reduzir o espectro de situações conflitivas que, generalizadas, subsumem-se a uma espécie de norma. Essa redução envolve a tomada de decisões, residindo aí a característica da persuasão e do reforço das posições de cada uma das partes envolvidas em um conflito.

A transmissão de informações tem o cunho de capacitar o futuro operador do Direito a selecionar umas possibilidades em detrimento de outras. Nesse sentido, o ensino do Direito pode direcionar a formação de um jurista para que este seja, de acordo com Vilella (1974, p. 40), um "operador das regras de conduta coativamente impostas pelo Estado" ou ainda, conforme o mesmo autor, um "agente de adequação entre o mundo e o Direito". Discutir a formação jurídica é discutir a própria noção de direito, o que implica vislumbrá-lo sob dois prismas: o da sua validade técnico-formal – e aí temos a questão da normatividade – e o da sua validade social, em que estão situadas a efetividade e a eficácia.

Para Vilella (1974), uma questão fundamental é definir a insubordinação do direito à lei, sendo que esta deve ser instrumento daquele. O autor sustenta o seu ponto de vista dizendo:

> *Constitui, destarte, uma visão inteiramente falsa do ensino jurídico fazê-lo consistir basicamente num aprendizado de leis em vigor. É o comportamento que já se caracterizou como exegetismo: ao invés de dar ao aluno o instrumental conceitual que lhe permita intervir ativamente na construção de uma sociedade melhor, limita-se a fornecer-lhe uma notícia de informações garantidas para um contexto histórico, que provavelmente não será o de amanhã, isto é, o do período em que atuarão profissionalmente os estudantes de hoje. Assim procedendo, as faculdades de Direito assumem uma atitude voltada para o passado, quando o seu verdadeiro papel seria o de preceder, pela pesquisa e pela reflexão criadora, a intervenção do Juiz e do legislador, pois pela ordem natural das coisas compete sobretudo a eles a vanguarda da elaboração jurídica.* (Vilella, 1974, p. 41)

A sociedade é dialética, e o estudo do Direito também deve ter essa característica, podendo ser visto como estudo das leis que regulam o comportamento humano, bem como inovador social.

Restringir o estudo do Direito à informação das leis vigentes é negar a sua função formadora. Formar o operador jurídico significa prepará-lo para pensar o Direito, capacitando-o para abordar os casos com os quais irá se deparar. Apenas informar o jurista acerca do conjunto de leis vigentes significa limitar a sua atividade ao período de vigência dessas leis, incapacitando-o para intervir criticamente no sistema e revelar-se um agente que provoca a mudança e sobrevive a ela. É preciso colocar o aprendiz como centro do aprendizado e não o conhecimento.

Ocorre que o sistema romano-germânico centraliza na lei escrita toda a experiência jurídica de um povo. Mas essa experiência é e deve ser muito mais abrangente, o que amplia também o seu estudo. Conceber o direito como um conjunto de normas emanadas e garantidas pelo Estado significa restrição, pois, através do estabelecimento das formas do direito,

> *o jurista estabelece o âmbito de seu campo de estudos e delimita o seu próprio objeto. Deste modo, seu trabalho consiste numa série de operações intelectuais que, em suma, buscam determinar o significado das regras, conciliar normas incompatíveis, integrar leis lacunosas e sistematizar todos os dogmas em códigos. O jurista tende, assim, a desempenhar o papel de conservador de regras dadas, que ele sistematiza, interpreta e aplica. Daí sua inclinação por transformar a dogmática jurídica numa síntese de compilação de normas, descrição de conjuntos legislativos e enumeração de métodos hermenêuticos.*
> (Faria, 1988, p. 33)

No entanto, conceber o direito como resultante transcende às suas fontes formais. Considerar o ordenamento jurídico como parte de um processo histórico significa entendê-lo da seguinte forma:

> *Um produto do universo cultural, em permanente vir a ser, e aí o jurista não se concentra mais no exame de um sistema de regras postas e transmitidas, mas sim na busca de um direito "in fieri", um conjunto de regras em movimento, sujeito a contínua produção e reprodução, onde se destacam as forças extra-legislativas e extraestatais. Com isso, o objeto da Ciência do Direito acaba*

sendo deslocado: em vez de valorações dos fatos sociais cristalizados em regras jurídicas, ele é constituído pelos próprios fatos sociais dos quais as regras jurídicas são meras valorações. Daí a ênfase funcional à análise de situações socioeconômicas, políticas e culturais, das quais as normas são extraídas, e à confrontação dos diferentes critérios de valoração, com base nos quais aquelas situações poderão ser reguladas. (Faria, 1988, p. 33, grifo do original)

Dessa forma, é ampliada a visão da formação jurídica e o jurista passa a vislumbrar o seu papel na construção da sociedade, o que somente é possível mediante o equilíbrio da teoria e da prática e – o principal – aprender a saber o que fazer com elas, envolver sua inteligência nesses mecanismos e posicionar-se diantes dos possíveis resultados de sua aplicação. Torna-se, assim, consciente e responsável não apenas perante o exercício de sua profissão, mas perante a melhoria da sociedade. Esse comprometimento só é possível quando existe uma visão panorâmica dos fenômenos jurídicos, visão essa que inclui percepção, sensibilidade, inteligência e criatividade.

O grande desafio está em demonstrar ao jurista em formação que é possível fazer do direito um instrumento de modernização e desenvolvimento capaz de interferir no poder político, nos modos de produção e nas estruturas sociais.

Atualmente, a formação generalista dos operadores do direito já não é suficiente para "penetrar na essência de muitos dos problemas e dos conflitos submetidos à sua apreciação" (Cluny, 2003, p. 37). Os concursos às carreiras jurídicas, especialmente da magistratura e do MP, também aderiram a esse modelo de reprodução do direito posto como requisito principal de conhecimento necessário ao exercício profissional. Todavia, essa já é uma característica que, obrigatoriamente, cede espaço a outros critérios e às exigências de outros saberes e habilidades, de acordo com a visão de Faria (1988):

Diante desse processo de mudança do sentido das profissões jurídicas, as especializações tradicionais e unidisciplinares têm cedido lugar a novas especializações mais ligadas à moderna produção agrícola, industrial, comercial e de serviços e aos novos conflitos dela decorrentes, requerendo assim um saber crescentemente multidisciplinar e antiformalista. [...]

Este se encontra "hamletianamente" martirizado pelo dilema de ser arte ou ciência. Isto é: entre ser "tecnologia de controle, organização e direção social", o que implica uma formação meramente informativa, despolitizada, adestrada e dogmática, estruturada em torno de um sistema jurídico tido como autárquico, autosuficiente, completo, lógico e formalmente coerente; ou ser uma "atividade verdadeiramente científica", eminentemente crítica e especulativa – o que exige uma formação formativa, não dogmática e multidisciplinar, organizada a partir de uma interrogação sobre a dimensão política, as implicações socioeconômicas e a natureza ideológica da ordem jurídica. (Faria, 1988, p. 10)

A formação voltada exclusivamente para o desenvolvimento econômico tem elevados custos humanos e ecológicos, pois promove e potencializa as desigualdades socioeconômicas.

A cultura jurídica é transmitida pela educação, e esta está no centro do sistema de valores de uma sociedade. Quando ambas estão a serviço das necessidades de desenvolvimento do ser humano, tornam-se meios e fins desse mesmo desenvolvimento, visto este como um "processo multidimensional, mundial, evolutivo e mobilizador de que o ser humano é ao mesmo tempo origem, ator e finalidade" (Nanzhao, 2000, p. 257).

Quando a finalidade última da educação e da cultura é promover o desenvolvimento centrado no ser humano, tal qual um prisma, essa dinâmica gera reflexos na elevação do potencial de desenvolvimento de todos os setores da sociedade. A formação voltada exclusivamente para o desenvolvimento econômico, pelo contrário, tem elevados custos humanos e ecológicos, pois promove e potencializa as desigualdades socioeconômicas.

Os quatro pilares do conhecimento, preconizados no relatório para a Unesco da Comissão Internacional sobre Educação para o Século XXI, são de extrema valia e plenamente aplicáveis à formação jurídica. Trata-se de uma concepção ampliada de educação em que o foco principal é promover a realização da pessoa em sua totalidade com ênfase em quatro aprendizagens, que são as seguintes:

> **aprender a conhecer**, *isto é adquirir os instrumentos da compreensão;* **aprender a fazer**, *para poder agir sobre o meio envolvente;* **aprender a viver juntos**, *a fim de participar e cooperar com os outros em todas as atividades humanas; finalmente* **aprender a ser**, *via essencial que integra as três precedentes.* (Unesco, citada por Delors, 2000, p. 90, grifo do original)

Ocorre que a educação, em geral, e a formação jurídica, em particular, estão mais voltadas para o **aprender a conhecer**, que é a aquisição do repertório dos saberes codificados, e isso limita a experiência de aprendizado e a sua aplicação no mundo exterior. Ao lado do conhecimento, é necessário que caminhe a sua aplicabilidade prática, em que o **aprender a fazer** não consista apenas no domínio de rotinas, mas na conjugação do conhecimento com qualidades, como a capacidade de se comunicar, de trabalhar com os outros, de gerir e de resolver conflitos. Além disso, é necessário um aprendizado que permita **aprender a viver juntos**, desenvolvendo a compreensão do outro e a percepção das interdependências, em progressiva descoberta de diferenças e semelhanças, e assumir um compromisso com a coletividade ao longo da vida dentro da atividade, cujas aptidões estão sendo trabalhadas. Por fim, **aprender a ser** é fazer da aprendizagem a força motriz do desenvolvimento da personalidade, da autonomia, do discernimento e da responsabilidade pessoal. A formação jurídica pode se beneficiar desses conceitos para modernizar o sistema de aprendizagem e modificar a concepção do conhecimento jurídico que, hoje, é essencialmente dogmático, ampliando seu espectro de abrangência de forma mais pluralística e voltada à realidade. Somente assim os operadores jurídicos poderão entender e assumir o seu papel criativo e significativo, atuando como interventores de um saber em constante construção e permanentemente voltado a melhorias que se destinam ao ser humano considerado individual e coletivamente.

A formação jurídica principal que ocorre nas faculdades de Direito, das quais o aluno se gradua como bacharel, será analisada nos próximos capítulos. É lá que se abre um leque de opções para o mercado de trabalho na área jurídica, com uma vasta gama de carreiras, dentre as quais destacaremos as seguintes: juiz de direito, promotor de justiça, advogado, defensor público, advogado-geral da União, delegado de polícia, analista judiciário, oficial de justiça e técnico judiciário. Um dado bastante relevante é que todas as carreiras jurídicas acessíveis por concurso público possuem a reserva constitucional de percentual para pessoas portadoras de deficiência (conforme o art. 37, VIII, CF).

2.1 Juiz de direito

Para ocupar o cargo de juiz de direito é necessário ter graduação em um curso de Direito reconhecido pelo Ministério da Educação e Cultura (MEC) e, pelo menos, três anos de exercício em atividade jurídica, regra da Emenda Constitucional n. 45/2004. É necessário, além disso, passar em concurso público específico para o preenchimento do cargo, que se constitui em prova e títulos (mestrado e doutorado, por exemplo). A prova ocorre normalmente em etapas de caráter eliminatório e classificatório, iniciando-se com prova objetiva de múltipla escolha e, posteriormente, com provas dissertativas, provas práticas de sentença, prova oral, sindicância, exames de sanidade física e aptidão psicológica e entrevista. Uma vez aprovado, o início da carreira dá-se como juiz substituto em cidades do interior (entrância inicial), junto de um juiz titular ou em substituição a ele, de onde poderá ser removido a pedido ou por promoção de acordo com merecimento ou antiguidade e disponibilidade de vagas.

Conforme vimos no organograma do Poder Judiciário, um Juiz pode atuar na justiça especializada (Eleitoral, Trabalhista ou Militar) e na justiça comum (Estadual ou Federal). O exercício do cargo é incompatível com a advocacia e outras funções, salvo a de professor. O juiz é considerado órgão do Poder Judiciário, conforme dispõe o art. 92 da CF.

A CF estabelece as seguintes garantias e vedações aos juízes:

> Art. 95. Os juízes gozam das seguintes garantias:
> XIV – vitaliciedade, que, no primeiro grau, só será adquirida após dois anos de exercício, dependendo a perda do cargo, nesse período, de deliberação do tribunal a que o Juiz estiver vinculado, e, nos demais casos, de sentença judicial transitada em julgado;
> XV – inamovibilidade, salvo por motivo de interesse público, na forma do art. 93, VIII;

> XVI – irredutibilidade de subsídio, ressalvado o disposto nos arts. 37, X e XI, 39, § 4°, 150, II, 153, III, e 153, § 2°, I.
>
> Parágrafo único. Aos juízes é vedado:
>
> I – exercer, ainda que em disponibilidade, outro cargo ou função, salvo uma de magistério;
>
> II – receber, a qualquer título ou pretexto, custas ou participação em processo;
>
> III – dedicar-se à atividade político-partidária.
>
> IV – receber, a qualquer título ou pretexto, auxílios ou contribuições de pessoas físicas, entidades públicas ou privadas, ressalvadas as exceções previstas em lei;
>
> V – exercer a advocacia no juízo ou tribunal do qual se afastou, antes de decorridos três anos do afastamento do cargo por aposentadoria ou exoneração.

Na justiça estadual, a carreira de um magistrado tem algumas etapas. Ele a inicia como juiz substituto e, na primeira promoção, passa a juiz de direito de primeira entrância* (ou entrância inicial), exercendo suas atividades normalmente em cidades de pequeno porte e com jurisdição acerca de todas as causas ajuizadas. Posteriormente, o juiz é promovido, por merecimento ou antiguidade, para a segunda entrância (entrância intermediária), em cidades de maior porte e nas quais atuará de forma especializada (vara criminal, vara cível, júri, por exemplo). Por fim, será promovido para a entrância especial (ou final), geralmente situada nas capitais ou cidades de porte maior que a segunda entrância, também onde atuará de forma especializada. E, derradeiramente, a quarta e última etapa das promoções

---

* A definição de *entrância* está no Capítulo 1 desta obra.

de carreira irá ocorrer com a sua nomeação para desembargador do tribunal ao qual o juiz está vinculado.

O dia a dia de um juiz é bastante dinâmico e desafiador, pois há muitas frentes de trabalho e responsabilidades, tendo em vista que ele dirige o processo, efetua despachos, preside audiências, elabora sentenças, atende as partes e seus procuradores e responde jurídica e, muitas vezes, administrativamente pela vara à qual está vinculado (quando na titularidade da mesma). Ou seja, o juiz tem inúmeras funções dentre as quais a de **condutor** e **julgador** dos processos e **gestor** da unidade onde atua (seja como titular da vara, seja na direção do foro).

2.2 Promotor de justiça e procurador de justiça

Ao MP cabe a defesa da ordem jurídica, do regime democrático e dos interesses sociais e individuais indisponíveis*; o profissional que materializa esse papel institucional é o promotor de justiça. Para acesso ao cargo, é necessário prestar concurso público.

---

* **Interesses indisponíveis** são a gama de direitos de que não é possível dispor, como o direito à vida, os direitos relacionados ao estado e à capacidade das pessoas. São natos (inerentes ao ser humano), indisponíveis (não se pode deles dispor), irrenunciáveis (não se pode deles abrir mão), intransferíveis (não se pode transferi-los a terceiros) e é atribuição do MP protegê-los coletivamente e individualmente quando ameaçados ou violados. Por exemplo: o crime de homicídio vai a júri popular, diferentemente dos crimes em geral, tendo o promotor de justiça como acusador justamente pelo direito à vida que foi violado e a necessidade de uma resposta da sociedade relativamente a essa transgressão.

O Ministério Público brasileiro é a instituição que expressa a soberania estatal e, por isso, é instituição permanente. É composto pelos MPs nos estados e pelo Ministério Público da União, que, por sua vez, possui quatro ramos: o Ministério Público Federal (MPF), o Ministério Público do Trabalho (MPT), o Ministério Público Militar (MPM) e o Ministério Público do Distrito Federal e Territórios (MPDFT), conforme o art. 128 da CF.

A atuação dos promotores de justiça se dá na

> *defesa da ordem jurídica, do Regime Democrático e dos interesses sociais e individuais indisponíveis. Dessa forma, atua, na área criminal, no combate à criminalidade e na fiscalização das penas e, na área cível, nos interesses da sociedade (saúde, portadores de necessidades especiais, consumidor, meio ambiente, fiscalização da probidade administrativa, infância e juventude, idosos etc.) ou indisponíveis (família, registros públicos etc.).*

(Araújo, 2012)

É dever institucional do MP e funcional do promotor de justiça e procuradores de justiça zelar pelo cumprimento das normas jurídicas, defendendo o ordenamento jurídico em si (por exemplo, quando for violado algum dispositivo da CF ingressando com ações específicas de declaração de inconstitucionalidade), pelo regime democrático e pelos interesses sociais e individuais indisponíveis. Pela atividade que exerce, o promotor de justiça é conhecido como *fiscal da lei* ou *custus legis*, o que lhe dá prerrogativas investigatórias em vários setores, especialmente na administração pública.

O art. 129 da CF traz o rol de atribuições específicas do MP:

> Art. 129. São funções institucionais do Ministério Público:
>
> I – promover, privativamente, a ação penal pública, na forma da lei;
>
> II – zelar pelo efetivo respeito dos Poderes Públicos e dos serviços de relevância pública aos direitos assegurados nesta Constituição, promovendo as medidas necessárias a sua garantia;
>
> III – promover o inquérito civil e a ação civil pública, para a proteção do patrimônio público e social, do meio ambiente e de outros interesses difusos e coletivos;
>
> IV – promover a ação de inconstitucionalidade ou representação para fins de intervenção da União e dos Estados, nos casos previstos nesta Constituição;
>
> V – defender judicialmente os direitos e interesses das populações indígenas;
>
> VI – expedir notificações nos procedimentos administrativos de sua competência, requisitando informações e documentos para instruí-los, na forma da lei complementar respectiva;
>
> VII – exercer o controle externo da atividade policial, na forma da lei complementar mencionada no artigo anterior;
>
> VIII – requisitar diligências investigatórias e a instauração de inquérito policial, indicados os fundamentos jurídicos de suas manifestações processuais;
>
> IX – exercer outras funções que lhe forem conferidas, desde que compatíveis com sua finalidade, sendo-lhe vedada a representação judicial e a consultoria jurídica de entidades públicas.

O MP também tem autonomia funcional, administrativa e financeira, e o acesso à carreira é mediante concurso público, em moldes parecidos para o cargo de juiz. Uma vez aprovado, o promotor assumirá o cargo como substituto em comarca de interior (de acordo com as vagas disponíveis e a ordem de classificação) e os critérios de promoção são parecidos aos dos juízes, havendo indisponibilidade absoluta para a advocacia ou outra carreira, mas poderá lecionar. Um promotor não pode se tornar juiz (e vice-versa), a não ser que preste novo concurso para o cargo desejado.

O plano de carreira pode levar o promotor a atuar como procurador no tribunal respectivo ao de sua atuação em primeira instância. Há também a possibilidade de indicação para atuar como desembargador, quando indicado a preencher vaga pelo quinto constitucional*.

2.3 Advogado

O advogado, em regra, é um profissional liberal cuja função é representar os interesses de pessoas físicas ou jurídicas, em juízo ou fora dele, na postulação de direitos e na defesa de interesses perante outros ou em face do Estado. Ele pode também atuar como profissional assalariado, quando contratado por um ente público ou privado.

> O art. 133 da CF expressa que o "advogado é **indispensável** à administração da justiça, sendo inviolável por seus atos e manifestações no exercício da profissão, nos limites da lei". (Brasil, 1988)

Para ser advogado, é necessário que o estudante de Direito conclua o curso, com duração de cinco anos, e posteriormente seja

---

* O art. 94 da CF estabelece que **um quinto** (ou seja, 20%) das vagas dos tribunais mencionados no organograma da página 3 desta obra seja ocupado por advogados e membros do MP desde que tenham dez anos de carreira, reputação ilibada e notório saber jurídico. Essa regra existe com a finalidade de democratizar e dar feição multidisciplinar aos tribunais, para que seja mais plural na questão da aplicabilidade das regras jurídicas, trazendo a visão de profissionais que atuaram em outras carreiras do direito.

aprovado no exame da Ordem dos Advogados do Brasil (OAB), composto por duas fases. A primeira é teórico-objetiva, de múltipla escolha; a segunda é teórico-prática, com questões dissertativas e com a elaboração de uma peça processual.

Sem a inscrição na OAB, que é o seu órgão de classe, o bacharel em direito não pode advogar porque isso constitui exercício ilegal da profissão, tendo em vista que não está habilitado para tanto. O bacharel em Direito sem a OAB tem a opção de prestar concursos e de se dedicar à docência – mas, para isso, precisará se especializar em alguma área (via especialização *lato sensu*, mestrado e doutorado), tendo em vista que a maioria das instituições e o próprio MEC assim exigem.

Uma vez inscrito na OAB, após ter passado no exame, não há restrições e o advogado poderá atuar em qualquer ramo do Direito, independentemente de ter uma especialização. Abre-se, dessa forma, um amplo campo de trabalho a esse profissional, que poderá atuar nas seguintes áreas do direito: civil, penal, família e sucessões, comercial, tributário, ambiental, do consumidor, imobiliário, trabalhista, previdenciário, internacional – público ou privado –, militar e administrativo. Além disso, poderá atuar também em ramos novos, como: direito digital, direito do petróleo e gás, direito do entretenimento e direito desportivo.

O estatuto da OAB (Lei n. 8.906, de 4 de julho de 1994) dispõe, em seu art. 1º, quais são as atribuições exclusivas do advogado, exercidas privativamente por ele: a postulação a órgão do Poder Judiciário e aos juizados especiais nos quais o valor da causa exceder 20 salários mínimos e atividades de consultoria, assessoria e direção jurídicas (Brasil, 1994). Vale afirmarmos que a postulação em juízo não é possível sem que haja a outorga de uma procuração a um advogado, que tem, privativamente, a capacidade postulatória. Somente ele detém a habilitação técnico-formal, reconhecida pela inscrição na OAB, para a prática de atos processuais representando outrem. Em relação a essa regra, temos a exceção do *habeas corpus* – que pode ser impetrado por qualquer cidadão –, das causas do juizado especial cujo valor não exceda 40 salários mínimos e das causas na Justiça do Trabalho* que dispensam a presença de advogado e que podem ser ajuizadas pela parte interessada.

O advogado, quando não atuar mediante contrato de trabalho, pode atuar individualmente ou em sociedade, na condição de profissional liberal. A sociedade pode ser individual ou de advogados e atuará em litígios judiciais, dando consultoria em caráter preventivo e atuando na conciliação e mediação de conflitos. Com as mudanças no Código Civil (CC) e no Código de Processo Civil (CPC), o exercício do papel de conciliador e mediador tem ampliado a atuação dos advogados. Para melhor preparo, o advogado pode buscar um mestrado profissionalizante, diferente do mestrado acadêmico, no qual a ênfase é voltada para atuação prática em área específica.

A advocacia é uma atividade meio na qual o advogado não pode garantir resultados, pois ele não está no final da cadeia decisória dos assuntos submetidos à apreciação do judiciário; muitas vezes, processos idênticos podem ser apreciados por magistrados com entendimento totalmente diferente e chegar a soluções antagônicas. Para o advogado, cada processo é uma semente plantada que poderá demorar anos para dar frutos, e mesmo a advocacia preventiva e conciliatória ainda não é tradição no Brasil e precisa ser muito aprimorada para que haja reconhecimento no mercado.

---

* O art. 791 da CLT assim dispõe: "Os empregados e os empregadores poderão reclamar pessoalmente perante a Justiça do Trabalho e acompanhar as suas reclamações até o final" (Brasil, 1943).

2.4 Advogado-geral da União

A CF traz a Advocacia-Geral da União (AGU) como uma espécie da advocacia pública, situada como função essencial à justiça ao lado do MP, da Defensoria Pública e da advocacia privada.

O advogado-geral da União é aquele que vai representar judicialmente os interesses da União em ações nas quais ela for autora ou ré, seja a União como ente do Executivo, do Legislativo ou mesmo do Judiciário, bem como suas autarquias e fundações. Também atuará na consultoria jurídica para o Poder Executivo, papel extrajudicial de fundamental importância porque está voltado a dar segurança jurídica para a prática de atos administrativos – como a adoção de políticas públicas, a realização de licitações, bem como as propostas legislativas (Leis, Medidas Provisórias, Decretos, Resoluções etc.).

O art. 131 da CF assim dispõe:

> Art. 131. A Advocacia-Geral da União é a instituição que, diretamente ou através de órgão vinculado, representa a União, judicial e extrajudicialmente, cabendo-lhe, nos termos da lei complementar que dispuser sobre sua organização e funcionamento, as atividades de consultoria e assessoramento jurídico do Poder Executivo.
>
> § 1º A Advocacia-Geral da União tem por chefe o Advogado-Geral da União, de livre nomeação pelo Presidente da República dentre cidadãos maiores de trinta e cinco anos, de notável saber jurídico e reputação ilibada.
>
> § 2º O ingresso nas classes iniciais das carreiras da instituição de que trata este artigo far-se-á mediante concurso público de provas e títulos.
>
> § 3º Na execução da dívida ativa de natureza tributária, a representação da União cabe à Procuradoria-Geral da Fazenda Nacional, observado o disposto em lei. (Brasil, 1988)

É importante frisarmos que a AGU representa os Três Poderes da União, bem como suas autarquias e fundações, mas não está vinculada a eles e, sim, tem vinculação direta com a União, preservando-se sua autonomia e seu papel de fiscalização e de controle dos atos desses entes. Um dos papéis mais importantes que exerce é a defesa do patrimônio público contra ocupações indevidas (por exemplo, terrenos da Marinha, uma praça pública ou prédio público onde há invasão), atribuição específica da AGU.

A forma de ingresso na carreira é o concurso público de provas e títulos. A AGU é regulamentada pela Lei Complementar n. 73, de 10 de fevereiro de 1993, cujo art. 20 assim dispõe acerca das carreiras (Brasil, 1993b):

> Art. 20. As carreiras de Advogado da União, de Procurador da Fazenda Nacional e de Assistente Jurídico compõem-se dos seguintes cargos efetivos:
> I – carreira de Advogado da União:
> a) Advogado da União da 2ª Categoria (inicial);
> b) Advogado da União de 1ª Categoria (intermediária);
> c) Advogado da União de Categoria Especial (final);
> II – carreira de Procurador da Fazenda Nacional:
> a) Procurador da Fazenda Nacional de 2ª Categoria (inicial);
> b) Procurador da Fazenda Nacional de 1ª Categoria (intermediária);
> c) Procurador da Fazenda Nacional de Categoria Especial (final);
> III – carreira de Assistente Jurídico:
> a) Assistente Jurídico de 2ª Categoria (inicial);
> b) Assistente Jurídico de 1ª Categoria (intermediária);
> c) Assistente Jurídico de Categoria Especial (final).

A interpretação do artigo citado demonstra a evolução das carreiras e importa esclarecer que elas não se intercomunicam, pois são ramos distintos em um mesmo órgão. O exercício de dois anos de atividade jurídica é pré-requisito para o ingresso em qualquer uma dessas carreiras na AGU e, uma vez aprovado, o estágio probatório é pelo período de dois anos.

2.5 Defensor público

O defensor público tem o papel de auxiliar da Justiça. É providenciado pelo próprio Estado quando o cidadão não dispõe de recursos financeiros para contratar um advogado particular e arcar com os seus honorários. Isso ocorre para que não sejam negados a qualquer cidadão (brasileiros e estrangeiros residentes no país) os direitos fundamentais de acesso à justiça, de ampla defesa e do contraditório.

A Defensoria Pública é o órgão ao qual os defensores são vinculados mediante concurso público de provas e títulos, e basta ao candidato que seja bacharel em Direito e tenha três anos de prática forense, sem a necessidade de inscrição na OAB.

A instituição foi criada pelo art. 134 da CF nos âmbitos federal* e estadual**, com o objetivo de prestar assistência aos necessitados, a grupos minoritários, hipossuficientes, crianças e adolescentes em todo o território nacional não apenas em litígios, mas em consultoria jurídica e acordos extrajudiciais. Trata-se, portanto, de um serviço jurídico integral e gratuito. Instituído pela Lei n. 13.105, de 16 de março de 2015 o CPC, nos arts. 185 a 187, dispõe sobre o âmbito de atuação da Defensoria Pública (Brasil, 2015e).

---

* Implementada seis anos depois pela Lei Complementar n. 80/1994 e modificada pela Lei Complementar n. 132/2009.

** Nesse caso, cada Estado implementou a Defensoria no âmbito estadual segundo legislação própria. No Rio Grande do Sul, por exemplo, foi em 1994.

Para desfrutar dos serviços da Defensoria Pública é necessário comprovar o local da residência, a renda e preencher uma declaração de pobreza. Tal declaração destina-se aos verdadeiramente impossibilitados de arcar com os custos da verba honorária. Constitui irregularidade caso a pessoa possua evidentes condições de arcar com esse ônus e altere a verdade acerca disso, podendo ser-lhe retirado o benefício e imposto o dever de arcar com as despesas, conforme os arts. 98 a 102 do CPC.

Os defensores públicos estaduais (vinculados à Defensoria Pública estadual) são aptos a atender qualquer demanda judicial na Justiça Comum Estadual e, geralmente, o fazem na área de família – por exemplo, em casos de pensão alimentícia, separação, divórcio, investigação de paternidade, guarda de menores, adoção; na área criminal, defenderão réus e acompanharão execuções de sentença; na Fazenda Pública, com ações de solicitação de medicamentos, indenizações contra o poder público estadual ou municipal, cobrança de impostos e taxas, previdência social etc.

Os defensores públicos federais (vinculados à defensoria pública da União) atuam na Justiça Comum Federal e do Trabalho. Geralmente operam em matérias previdenciárias (concessão de aposentadorias, pensão por morte, auxílio-doença, auxílio-acidente, salário-maternidade, salário-família), criminais, trabalhistas, do consumidor, de direitos humanos, de direitos dos estrangeiros, tributárias, do sistema financeiro da habitação, de alimentação e saúde, de benefício assistencial, de dívidas com bancos públicos etc.

As defensorias públicas são independentes, e a CF/1988 estabelece o seguinte:

Art. 134. A Defensoria Pública é instituição permanente, essencial à função jurisdicional do Estado, incumbindo-lhe, como expressão e instrumento do regime democrático, fundamentalmente, a orientação jurídica, a promoção dos direitos humanos e a defesa, em todos os graus, judicial e extrajudicial, dos direitos individuais e coletivos, de forma integral e gratuita, aos necessitados, na forma do inciso LXXIV do art. 5° desta Constituição Federal.

§ 1° Lei complementar organizará a Defensoria Pública da União e do Distrito Federal e dos Territórios e prescreverá normas gerais para sua organização nos Estados, em cargos de carreira, providos, na classe inicial, mediante concurso público de provas e títulos, assegurada a seus integrantes a garantia da inamovibilidade e vedado o exercício da advocacia fora das atribuições institucionais. (Renumerado do parágrafo único pela Emenda Constitucional n° 45, de 2004)

§ 2° Às Defensorias Públicas Estaduais são asseguradas autonomia funcional e administrativa e a iniciativa de sua proposta orçamentária dentro dos limites estabelecidos na lei de diretrizes orçamentárias e subordinação ao disposto no art. 99, § 2°. (Incluído pela Emenda Constitucional n° 45, de 2004)

§ 3° Aplica-se o disposto no § 2° às Defensorias Públicas da União e do Distrito Federal. (Incluído pela Emenda Constitucional n° 74, de 2013)

§ 4° São princípios institucionais da Defensoria Pública a unidade, a indivisibilidade e a independência funcional, aplicando-se também, no que couber, o disposto no art. 93 e no inciso II do art. 96 desta Constituição Federal. (Incluído pela Emenda Constitucional n° 80, de 2014)

Art. 135. Os servidores integrantes das carreiras disciplinadas nas Seções II e III deste Capítulo serão remunerados na forma do art. 39, § 4°.

Os escritórios de prática jurídica das faculdades de Direito reconhecidas pelo MEC podem firmar convênios com as defensorias públicas (federal e estadual) e a eles será aplicado o mesmo regramento jurídico das defensorias (art. 185, § 3º, CPC).

2.6 Delegado de polícia

O cargo de delegado de polícia é acessível para bacharéis em Direito que prestam concurso público. Para ser delegado de polícia, são necessários dois anos de experiência na atividade jurídico-forense, sem necessidade de inscrição na OAB. No Brasil, é possível ser delegado da Polícia Civil ou da Polícia Federal, pois são entes com atribuições distintas, conforme veremos a seguir*.

Conforme o art. 144, parágrafo 4º, da CF, cabem às polícias civis, dirigidas por delegados de polícia de carreira, ressalvada a competência da União, as funções de polícia judiciária e a apuração de infrações penais, exceto as militares. A CF assim dispõe sobre a segurança pública:

> Art. 144. A segurança pública, dever do Estado, direito e responsabilidade de todos, é exercida para a preservação da ordem pública e da incolumidade das pessoas e do patrimônio, através dos seguintes órgãos:
> I – polícia federal;
> II – polícia rodoviária federal;
> III – polícia ferroviária federal;
> IV – polícias civis;
> V – polícias militares e corpos de bombeiros militares.

---

* Para um aprofundamento na matéria, sugerimos a leitura da seguinte obra: BORSIO, M.; DAHER, F. (Coord.). **Delegado de Polícia Federal e outras carreiras**. Niterói: Impetus, 2012.

Veremos, a seguir, as peculiaridades tanto do delegado de Polícia Civil e quanto Federal.

2.6.1 Delegado de Polícia Civil

O delegado de Polícia Civil é quem chefia todo o *modus operandi* de diferentes unidades dessa polícia. O delegado é equiparado legalmente às funções de juiz, promotor de justiça, defensor e advogado. Ele deve receber o mesmo tratamento protocolar (de autoridade e importância) dispensado aos profissionais anteriormente citados, conforme dispõe o art. 3º da Lei n. 12.830 (Brasil, 2013).

Suas atribuições estão explícitas no parágrafo 4º do art. 144 da CF:

> Art. 144 [...]
> § 4º Às polícias civis, dirigidas por Delegados de polícia de carreira, incumbem, ressalvada a competência da União, as funções de polícia judiciária e a apuração de infrações penais, exceto as militares.

A Polícia Civil tem, portanto, a função de conduzir os inquéritos policiais – o que também está determinado no art. 4º do Decreto-Lei n. 3.689, de 3 de outubro de 1941 (Brasil, 1941b), o qual criou o Código de Processo Penal (CPP) –, e isso no âmbito da respectiva circunscrição, da forma territorial de organização e da distribuição das unidades policiais.

A Lei n. 12.830/2013 fala sobre a investigação criminal conduzida pelo delegado de polícia e, juntamente com o CPP, expressa o regramento de sua atuação, deixando claro que se trata de uma atividade de natureza jurídica essencial e exclusiva de Estado, excluindo qualquer outro ente ou particular de exercer funções idênticas a qualquer título. Dessa forma, por exemplo, a atividade exercida por detetive particular – e regulamentada pela Lei n. 13.432, de 11 de abril de 2017 (Brasil, 2017c) – é de menor amplitude e em nada se confunde com a investigação policial.

A Lei n. 12.830/2013 também dispõe que o delegado só poderá ser removido mediante despacho fundamentado, garantia que não se compara à inamovibilidade concedida aos juízes, mas procura assegurar uma transparência caso haja afastamento de um delegado de determinada localidade e, por consequência, de determinadas investigações. Busca-se dar autonomia, mas sempre sob supervisão hierárquica e de acordo com os princípios da administração pública de interesse público, legalidade, publicidade, eficácia e motivação dos atos administrativos.

A atividade policial está atrelada ao reconhecimento e à observância dos princípios constitucionais do contraditório e da ampla defesa porque ela, juntamente como o MP e o Judiciário, representa o Estado no exercício *jus persequendi* e do *jus puniendi*. Vale dizermos que, quando o Estado avocou para si o direito-dever de punir os delitos praticados em sociedade, ele automaticamente retirou essa possibilidade de o particular fazê-lo, havendo a necessidade de um devido processo legal que assegure à sociedade que haverá uma resposta à criminalidade e o respeito às garantias individuais na aplicação das punições. A partir disso, a função do delegado de polícia é de suma importância, pois por meio dela vai ter início a elucidação dos crimes na abertura do inquérito policial, que deixa de ser apenas a fase inquisitiva de menos importância de outrora. Quando ainda não estavam consolidados os direitos constitucionais, o inquérito policial era considerado peça de menor importância e até mesmo dispensável. À medida que se estabeleceu o Estado democrático de direito, com inúmeras garantias individuais e sociais, a atividade policial assumiu importância fundamental na sistemática de apuração dos delitos e da aplicação das penas.

Também a partir da Constituição de 1988, a Polícia Civil passou a ser a principal instituição responsável pela segurança pública como gestora das atividades policiais repressivas do Estado. O inquérito policial, principal instrumento para o exercício do *jus puniendi* e *jus persequendi*, passou a ser garantia concreta e originária do devido processo legal – não só como um momento preparatório da ação penal, mas com a dupla função de garantir a justa aplicação da lei ao indivíduo infrator e a coerente resposta repressiva da sociedade à prática de crimes. Vale afirmamos que, hoje, o delegado de polícia expressa a identidade da instituição na apuração da verdade real, na repressão e na prevenção da criminalidade.

2.6.2 Delegado de Polícia Federal

A Polícia Federal é instituição permanente mantida e organizada pela União Federal, via Ministério da Justiça (vinculado ao Poder Executivo). As atividades da Polícia Federal são extensas e constam no art. 144 da CF.

O citado artigo diz o seguinte:

> Art. 144. [...]
> [...]
> § 1º A polícia federal, instituída por lei como órgão permanente, organizado e mantido pela União e estruturado em carreira, destina-se a:
> I – apurar infrações penais contra a ordem política e social ou em detrimento de bens, serviços e interesses da União ou de suas entidades autárquicas e empresas públicas, assim como outras infrações cuja prática tenha repercussão interestadual ou internacional e exija repressão uniforme, segundo se dispuser em lei;

> II – prevenir e reprimir o tráfico ilícito de entorpecentes e drogas afins, o contrabando e o descaminho, sem prejuízo da ação fazendária e de outros órgãos públicos nas respectivas áreas de competência;
>
> III – exercer as funções de polícia marítima, aeroportuária e de fronteiras;
>
> IV – exercer, com exclusividade, as funções de polícia judiciária da União.

A primeira atribuição do inciso I é bastante abrangente, pois coloca a Polícia Federal como a polícia judiciária da União, das autarquias federais e das empresas públicas, responsabilizando-a pela investigação de praticamente todos os crimes que envolvam esses entes jurídicos. Sob tal prisma, a atribuição do delegado de Polícia Federal, de dirigir a condução de inquéritos policiais, assemelha-se à do delegado de Polícia Civil, havendo diferença quanto à matéria e aos órgãos e agentes públicos envolvidos.

Nos incisos II e III, abre-se um extenso rol de infrações penais, que vão desde crimes contra o meio ambiente, contra o INSS, tráfico de armas, animais, pessoas, drogas, trabalho escravo, populações indígenas, policiamento marítimo e de fronteira. É importante esclarecermos que a Polícia Federal atuará não só na repressão, mas também na prevenção dessas práticas criminosas.

Ficam ainda a cargo da Polícia Federal todas as questões de entrada e saída de estrangeiros no país (envolvendo o controle da circulação de pessoas nas fronteiras, portos e aeroportos), bem como a saída e o retorno do nacional e do naturalizado com a emissão de passaporte.

Por fim, além disso, é da responsabilidade da Polícia Federal a segurança de autoridades nacionais e estrangeiras que estiverem no país (e não apenas de visitantes como diplomatas, cônsules etc.).

2.7 Analista judiciário e técnico judiciário

As nomenclaturas de analista judiciário e técnico judiciário são aplicadas no âmbito das Justiças Federal, do Trabalho e Eleitoral, bem como na Justiça Estadual. No entanto, nem todos os estados a utilizam (não há uniformidade nas Justiças Estaduais). Todavia, cada órgão tem a definição específica das atribuições e organiza a carreira de acordo com o plano de cargos e salários federal e estadual. Portanto, a identidade de nomenclatura não implica identidade de atribuições, remunerações e tratamento legal dispensado. É por esse motivo que abordaremos o tema de forma ampla e genérica.

O cargo de analista judiciário faz parte do quadro permanente de pessoal do Poder Judiciário, e seu provimento se dá por meio de concurso público, com exigência de curso superior. Se for para a área judiciária, é exigido o curso superior em Direito, não sendo necessário ser aprovado no exame da OAB nem experiência jurídica. Na Justiça Federal é possível prestar concurso para a área administrativa, podendo ser qualquer curso superior ou área de apoio especializado (que exige formação específica), para o setor de saúde (odontologia, medicina, enfermagem), para o setor de informática (ciência da computação, engenharia da computação), para a área de biblioteca (gestão da informação), comunicação social (jornalismo), contadoria (contador), psicologia (psicólogo), psiquiatria (psiquiatra) etc., casos em que é necessário o respectivo curso superior e a inscrição no órgão de classe.

O cargo de analista judiciário existe em todas as esferas dos tribunais, conforme vimos no organograma do Capítulo 1 deste livro, no qual tratamos da organização do Poder Judiciário. Cada tribunal vai, então, publicar edital específico com as atribuições pertinentes ao cargo, o salário, o número de vagas e todas as exigências do processo.

O analista especialista vai atuar na área de sua especialidade – por exemplo, no departamento de saúde, na biblioteca etc. Os analistas administrativos vão efetuar atividades-meio dos tribunais, tais como: recursos humanos, controle interno, administração financeira, licitações, capacitação etc.

Os analistas judiciários com formação superior em Direito, em regra, vão para os gabinetes de juízes e desembargadores, varas especializadas, para a direção de secretarias, supervisões, em que suas atribuições vão da elaboração de minutas de despachos e decisões, pesquisas sobre temas relevantes e polêmicos, até o gerenciamento das atividades cartorárias, sendo intermediário entre as partes e os juízes e braço direito no que se refere à técnica processual, conhecimentos jurídicos profundos em matérias que lhe exigem constante estudo e aperfeiçoamento.

Técnico judiciário é o nome dado ao cargo que integra os quadros de pessoal efetivo do Poder Judiciário, razão pela qual o acesso a ele se dá mediante concurso público. Para esse cargo, é exigido o Ensino Médio completo ou curso técnico equivalente específico para a área de atuação, quando for o caso (por exemplo, técnico em informática).

Conforme estudamos anteriormente, o Poder Judiciário está subdividido em esferas e também em instâncias, de forma que as atribuições de um técnico judiciário em um tribunal de justiça estadual ou do Distrito Federal podem variar quando comparadas às atribuições de um técnico judiciário da Justiça do Trabalho, da Justiça Eleitoral e da Justiça Federal. Isso ocorre porque são leis distintas que irão reger cada esfera. Por exemplo: na esfera federal, é a Lei n. 11.416, de 15 de dezembro de 2006, que dispõe sobre as carreiras do Judiciário da União (Brasil, 2006c); já a Lei n. 8.112, de 11 de dezembro de 1991, dispõe sobre o seu regime jurídico (Brasil, 1991a) e, na esfera estadual, é o Estatuto dos Servidores do Poder Judiciário de cada estado. Também dependendo da vinculação com tribunal estadual ou federal vai haver uma diferença no salário, pois, mesmo desempenhando atividades idênticas, não há equiparação salarial porque a vinculação de um é com o estado e, de outro com a União Federal.

As atribuições também podem sofrer algumas variações de um órgão para outro, dependendo do conteúdo do edital do concurso, no qual serão estabelecidas todas as regras e também será divulgada remuneração e o número de vagas.

De um modo geral, o técnico judiciário executa tarefas de suporte técnico e administrativo, tais como: digitar documentos, elaborar certidões e relatórios, atender ao público, controlar materiais, controlar orçamento. Também poderá realizar tarefas intermediárias de cunho jurídico, como: tarefas de movimentação processual, abertura e encerramento de audiências, apregoarmento das partes nas audiências, digitação ou datilografia em audiências, zelar pela manutenção e controle de processos, comunicação com as partes, advogados e testemunhas dentre outras atividades incumbidas pelo seu superior.

Trata-se de atividade de suma importância no andamento dos serviços prestados pela Justiça, pois engloba inúmeras tarefas que, embora intermediárias, são essenciais à rotina diária de funcionamento da instituição e ao relacionamento dela com o cidadão que a utiliza. O técnico dará todo o suporte operacional e administrativo para que a atividade jurisdicional chegue à finalidade última para a qual foi concebida, que é a solução dos conflitos que lhe são postos.

Uma das gratificações de quem trabalha no Poder Judiciário é ver a realização concreta da Justiça e a influência que ela tem sobre a resolução dos conflitos de interesse, afetando diretamente a vida das pessoas seja em questões privadas ou mesmo em questões difusas e que afetam a vida de muitos, como os casos de corrupção e de desrespeito ao meio ambiente ou aos direitos do consumidor.

2.8 Oficial de justiça

O oficial de justiça é servidor público concursado, auxiliar permanente da Justiça, vinculado ao tribunal respectivo para o qual prestou o concurso. Ele é o encarregado do **cumprimento de ordens judiciais**. A Resolução n. 48, de 18 de dezembro de 2007, do CNJ (Brasil, 2007) determinava a necessidade de curso superior para acesso ao cargo, preferencialmente em Direito, cabendo a cada tribunal a respectiva regulamentação, mas essa resolução foi revogada em 2010. Atualmente, apenas três estados da Federação – São Paulo, Minas Gerais e Rio Grande do Sul – efetuaram concurso para oficial de justiça sem a exigência do nível superior. Foi protocolado pedido de repristinação da referida norma pela Federação dos Oficiais de Justiça Estaduais do Brasil (Fojebra) junto ao CNJ, pendente de parecer.

Na Justiça Federal, na Justiça do Trabalho e no Tribunal de Justiça do Distrito Federal e dos Territórios, o cargo de oficial de justiça é privativo de bacharéis em Direito e se denomina *analista judiciário – executante de mandados*, nomenclatura preconizada pelo CNJ para unificar procedimentos nos processos virtuais e constante da Lei n. 11.416, de 15 de dezembro de 2006, lei que dispõe sobre as carreiras do Poder Judiciário da União e enquadra o executante de mandados como oficial de justiça avaliador federal na execução de atos processuais de natureza externa.

> Nos demais tribunais dos estados brasileiros, temos nomenclaturas diferentes para o cargo e também diferenças no nível de escolaridade exigida.
>
> Por exemplo:
> » Goiás: exige-se nível superior em Direito, e o cargo é denominado analista judiciário – oficial de justiça avaliador;

> » Minas Gerais: é exigido nível médio, e o cargo é denominado oficial judiciário, especialidade oficial de justiça avaliador;
> » Paraná: é necessário nível médio, e o cargo de técnico judiciário se chama oficial de justiça;
> » Santa Catarina: é necessária a graduação em Direito, e o cargo é chamado de oficial de justiça avaliador;
> » Espírito Santo e Rondônia: exige-se nível superior, e o cargo é analista judiciário – oficial de justiça;
> » Paraíba: é exigido nível superior, e o cargo é denominado oficial de justiça;
> » Rio Grande do Sul, Mato Grosso do Sul e São Paulo: é necessário nível médio, e o cargo é oficial de justiça.

A atividade principal do oficial de justiça é tornar concretas, no mundo dos fatos, as decisões proferidas por juízes e tribunais, razão pela qual ele é conhecido como *longa manus* do juiz. O instrumento para que ele desempenhe tão relevante função é o mandado, documento que deve conter todo o teor da determinação judicial a ser por ele concretizada.

Analisaremos em detalhes essa carreira específica no próximo capítulo deste livro.

Síntese

Refletimos, neste capítulo, sobre como se dá a formação jurídica e estudamos as principais carreiras existentes na engrenagem do judiciário, seja os membros integrantes, os profissionais em função essencial ou, ainda, os auxiliares da justiça. Analisamos, à luz da Constituição Federal e das leis em vigor, a forma de acesso, as principais atribuições, prerrogativas, responsabilidades, peculiaridades e desafios do exercício dos cargos de juiz de direito, promotor de justiça, advogado, defensor público, advogado-geral da União, delegados de Polícia Civil e Federal, técnico judiciário, analista judiciário e oficial de justiça.

Traçamos, assim, um panorama geral na dinâmica da prestação jurisdicional nas várias esferas e também das carreiras que fazem parte do dia a dia do Poder Judiciário e do próprio oficial de justiça. Com isso pudemos entender onde ele está inserido na macroestrutura estatal, na microestrutura do Poder Judiciário e perante as demais carreiras jurídicas.

Questões para revisão

1) Assinale F ou V para as seguintes proposições:
   ( ) A formação jurídica é desafiadora porque está voltada à solução de conflitos concretos da sociedade.
   ( ) A maioria dos concursos públicos na área jurídica exige a reprodução do direito vigente como principal forma de aferição do conhecimento do candidato.
   ( ) A educação voltada para o desenvolvimento econômico é humanista, promove o equilíbrio ecológico e minimiza as desigualdades sociais.
   Agora, marque a alternativa com a sequência correta:
   a. F, F, V.
   b. V, V, V.
   c. F, F, F.
   d. V, V, F.

2) Assinale a afirmativa correta:
   a. A formação jurídica abrange o ensino acadêmico de graduação, pós-graduação, mestrado e doutorado ministrado nas faculdades de Direito.
   b. Os cursos de capacitação e formação continuada preparam o candidato para passar em concursos.
   c. Os cursos preparatórios habilitam o profissional de carreira a melhor exercê-la.
   d. Os concursos públicos exigem a participação do candidato em cursos preparatórios como pré-requisito de acesso.

3) Assinale a afirmativa **incorreta**:
   a. O Ministério Público é o ente responsável pela defesa dos interesses sociais e individuais indisponíveis.
   b. O juiz de direito tem papel de fiscal da lei, ou *custus legis*.
   c. O oficial de justiça é um auxiliar permanente da justiça a quem cabe o cumprimento de ordens judiciais.
   d. O técnico judiciário executa tarefas de suporte técnico e administrativo.

4) Qual é a importância da atividade do delegado de polícia no exercício dos direitos constitucionais?

5) Quais são as atribuições conferidas legalmente ao oficial de justiça?

Questão para reflexão

1) O que é o oficial de justiça na conjuntura do Poder Judiciário e o que o diferencia do técnico judiciário e do analista judiciário?

Para saber mais

Para melhor entendimento e aprofundamento dos conteúdos que estudamos neste capítulo, sugerimos a leitura dos textos a seguir:

HADDAD, J. R. et al. **Poder Judiciário e carreiras jurídicas**. 5. ed. Curitiba: Atlas, 2014.

MAZZILLI, H. N. **Ministério Público**. 4. ed. São Paulo: Malheiros, 2015.

SELEM, L.; BERTOZZI, R. **A nova reinvenção da advocacia**: a bíblia da gestão legal no Brasil. Curitiba: Juruá, 2014.

ZANOTTI, B. T.; SANTOS, C. I. **Delegado de Polícia em ação**: teoria e prática no Estado democrático de direito. 4. ed. Salvador: Juspodivm, 2016.

III

Conteúdos do capítulo:

» Papel, funções e atribuições do oficial de justiça.
» Princípios norteadores do cargo.
» Principais áreas de atuação do oficial de justiça.

Após o estudo deste capítulo, você será capaz de:

1. avaliar quem é e o que faz um oficial de justiça;
2. apontar a origem histórica do cargo;
3. compreender o papel, as funções e atribuições do oficial de justiça;
4. refletir sobre os princípios da administração norteadores do cargo;
5. compreender os principais ramos do Direito e relacioná-los com as atribuições do oficial de justiça.

Neste capítulo, traremos o estudo específico do cargo, das funções e das atribuições do oficial de justiça em relação às várias esferas do Poder Judiciário.

3.1 Origem histórica do cargo

A **origem mais remota** do cargo de oficial de justiça, para alguns pesquisadores, é o **direito hebraico** (Pires, 1994, p. 20). Nessa época, os oficiais eram os encarregados de executar as ordens dos juízes de paz.

Posteriormente, no **direito romano**, surgiram os *apparitores* e os **executores**, encarregados de executar as ordens dos magistrados aos quais estavam vinculados, com poderes correlatos à competência ou à área de atuação de cada magistrado (Nary, 1985, p. 11).

Há **referência bíblica** aos oficiais de justiça no livro de Atos, capítulo 16, versículos 35 a 39, conforme consta na transcrição literal a seguir (Bíblia. Atos, 2018, 16: 35-39):

> *35 Quando amanheceu, os pretores enviaram Oficiais de Justiça, com a seguinte ordem: Põe aqueles homens em liberdade.*
>
> *36 Então, o carcereiro comunicou a Paulo estas palavras: Os pretores ordenaram que fôsseis postos em liberdade. Agora, pois, saí e ide em paz.*
>
> *37 Paulo, porém, lhes replicou: Sem ter havido processo formal contra nós, nos açoitaram publicamente e nos recolheram ao cárcere, sendo nós cidadãos romanos; querem agora, às ocultas, lançar-nos fora? Não será assim; pelo contrário, venham eles e, pessoalmente, nos ponham em liberdade.*

38 Os Oficiais de Justiça comunicaram isso aos pretores; e estes ficaram possuídos de temor, quando souberam que se tratava de cidadãos romanos.

39 Então, foram ter com eles e lhes pediram desculpas; e, relaxando-lhes a prisão, rogaram que se retirassem da cidade.

A **Idade Média** foi período histórico em que essa função não teve muita importância, porque a citação e o cumprimento da sentença eram feitos diretamente pela parte vencedora, conforme o modelo germânico.

Vasconcelos e Freire (2009, p. 20) resumem com maestria as remotas origens do cargo ao mencionar que:

> *A função do Oficial de Justiça como auxiliar da justiça perpassa vários períodos históricos. O prof. Alfredo BUZAID, em seu parecer contido na obra "Oficial de Justiça – Teoria e Prática" (Gerges NARY, Edição Universitária de Direito, 4ª ed., 1985), indica que a figura do Oficial de Justiça remonta, historicamente, aos Direitos Romano (como apparitores) e Hebraico (como ajudantes dos suphetas/juízes) e floresce na aurora das legislações medievais germânicas (como Botem, Buttel), portuguesa (como sagio/saion/meirinho) e, por fim, na francesa (como hussiers).*

A origem da atividade do oficial de justiça que mais se assemelha com a atual é portuguesa. No **direito lusitano** havia a figura do meirinho (em latim *maiorinus*), que foi adotada pela legislação portuguesa de 1446 até 1889 e aplicada em nosso país. De acordo com o dicionário Aulete Digital (2018), **meirinho** é o "antigo funcionário do poder judiciário que corresponde hoje ao oficial de justiça". Ele exercia suas funções por determinação do meirinho-mor, que era uma espécie de magistrado nomeado para governar uma comarca ou território no Brasil Colônia e no Brasil Império. Basicamente, era um executor das ordens do meirinho-mor e se compreende como expressão antiga para o cargo de oficial de justiça, porém em desuso. Em 25 de março é celebrado o **Dia Nacional do Oficial de Justiça**, instituído pela Lei n. 13.157, de 4 de agosto de 2015 (Brasil, 2015f).

3.2 Papel, funções e atribuições do oficial de justiça

Em uma abordagem genérica, a **função** precípua do oficial de justiça é **comunicar** acontecimentos processuais e **fazer cumprir** ordens emanadas dos juízes às partes do processo, a seus advogados, às testemunhas e, eventualmente, a terceiros alheios ao processo quando a legislação assim determina. Ele é, ao mesmo tempo, um **comunicador** e um **executor** da vontade do juízo. Ele não é representante de nenhuma das partes envolvidas no processo e, sim, *longa manus* do juiz e servidor do Poder Judiciário.

O art. 149 do Código de Processo Civil (CPC), Lei n. 13.105, de 16 de março de 2015, inclui o oficial de justiça dentre os auxiliares da justiça. Portanto, faz parte daquele rol de pessoas que têm o papel de atuar na prestação jurisdicional, cabendo-lhe especificamente torná-la concreta. O art. 154 do CPC traz o rol de **atribuições**, conforme segue:

> Art. 154. Incumbe ao Oficial de Justiça:
> I – fazer pessoalmente citações, prisões, penhoras, arrestos e demais diligências próprias de seu ofício, sempre que possível na presença de 2 (duas) testemunhas, certificando no mandado o ocorrido, com menção ao lugar, ao dia e à hora;
> II – executar as ordens do Juiz a que estiver subordinado;

> III – entregar o mandado em cartório[*] após seu cumprimento;
> IV – auxiliar o Juiz na manutenção da ordem;
> V – efetuar avaliações, quando for o caso;
> VI – certificar, em mandado, proposta de autocomposição apresentada por qualquer das partes, na ocasião de realização de ato de comunicação que lhe couber. (Brasil, 2015e)

Esse rol é taxativo, mas não é fechado. É possível, pela incidência do inciso II do supracitado artigo, haver alguma determinação ou decisão do juiz diferente das elencadas nos demais incisos**.

Também é oportuno dizermos que o artigo não mencionou as intimações, que são atos de comunicação processual (como veremos mais adiante), o que não significa que estão fora de suas atribuições, mas revela uma tendência de mitigação da atividade do oficial nos atos de comunicação processual.

Uma inovação às atribuições está explícita no inciso VI, que é o papel de registrar o desejo da parte em conciliar (fazer um acordo) e, dessa forma, terminar com o litígio. Veremos, mais adiante, qual é a forma ideal de desempenhar essa nova função.

O **papel do oficial de justiça**, entretanto, vai além do exercício de suas atribuições e funções, com uma projeção para a sua forma concreta de atuação, podendo ter conteúdo valorativo relacionado à instituição, às partes em particular e à sociedade como um todo. Sem o oficial de justiça seria necessário o Poder Judiciário criar outro mecanismo no andamento processual com o objetivo de

---

* Aqui a palavra *cartório* aplica-se ao Judiciário Estadual. Na Justiça Federal, trata-se de *secretaria*.

** Por exemplo: em um procedimento no qual exista necessidade de o juiz conceder uma medida de urgência para busca e apreensão de um menor, será expedido mandado contendo referida ordem a ser cumprida pelo oficial de justiça.

tornar reais as decisões judiciais e informar às partes o andamento dos processos. Trata-se, pois, de papel essencial à dinâmica processual, imprescindível às partes e, por isso, de cunho social extremamente relevante. O contato das pessoas em particular com o Poder Judiciário muitas vezes vai ocorrer por meio de uma visita do oficial de justiça, único investido de autoridade que transpõe as portas do Poder Judiciário e vai pessoalmente conversar sobre o processo com o cidadão envolvido para lhe comunicar e mesmo lhe impor algo.

Trata-se de **auxiliar da justiça investido de fé pública** pelo nível de confiança que o desempenho de suas funções exige.

A comunicação do conteúdo do mandado – documento cujo teor é todo em linguajar técnico, bem como a expressão do cumprimento do mandado em forma de certidão – têm de ser fiel e cabe ao oficial conciliar o entendimento da parte com a formalidade processual exigida na comunicação do ato ao juiz por meio da certidão, pois isso poderá ser crucial na definição dos rumos do processo.

No desempenho dessas atividades, os oficiais de justiça têm **atributos singulares** e indispensáveis, tais como (Freitas; Batista Junior, 2013, p. 49):

» **Segurança processual**: a atuação do oficial traz maior grau de certeza para a decisão judicial uma vez que é agente de confiança do juízo, dotado de fé pública*, cuja certidão elucida o andamento do processo de modo imparcial e seguro. As certidões e os documentos que lavra têm presunção de veracidade. Por exemplo: em casos de constatação socioeconômica (que substituem a inspeção judicial), nos casos de ocultação da

---

* As certidões lavradas pelo oficial são havidas por verdadeiras, sem necessidade de demonstração de sua correspondência à verdade até que o contrário seja provado (Cintra; Grinover; Dinamarco, 2007, p. 225).

parte (que incitam aplicação de penalidade) ou na verificação de sucessão de empresas.

» **Celeridade processual**: trata-se de profissional que atua sob a rigorosa pressão do cumprimento de prazos cujo excesso deve ser justificado por escrito e está sujeito a penalidades funcionais. Mesmo com o aumento da demanda e a complexa questão da morosidade no Poder Judiciário, ainda hoje a atuação do oficial é o meio mais célere para cumprimento das ordens judiciais.

» **Efetividade processual**: a concretização da decisão é o ápice da prestação jurisdicional, e o foco do oficial deve ser o cumprimento positivo do mandado. Para tanto, há uma significativa parcela de discricionariedade que lhe é conferida no cumprimento eficaz do mister.

Atualmente, o oficial de justiça desempenha **quatro papéis**: **comunicar** a vontade do juízo por meio de notificações, intimações e citações; **impor** a vontade do juízo, que compreende os atos de força, como penhoras, arrestos, sequestros, constatações, remoção, imissão na posse, busca e apreensão, condução coercitiva; **constatar** a situação da parte (constatações socioeconômicas no âmbito dos Juizados Especiais Previdenciários); e **registrar** em certidão o desejo de autocomposição expressado pelas partes.

3.3 Princípios norteadores do cargo

Os princípios que norteiam a atividade do oficial de justiça são os da administração pública (constantes no art. 37 da CF) e existem para regrar as intervenções do Estado na esfera individual, bem como para situá-lo na condição de prestador de serviços públicos sujeito a obrigações perante o cidadão.

O art. 2º da Lei 9.784, de 29 de janeiro de 1999, assim dispõe: "A Administração Pública obedecerá, dentre outros, aos princípios da legalidade, finalidade, motivação, razoabilidade, proporcionalidade, moralidade, ampla defesa, contraditório, segurança jurídica, interesse público e eficiência" (Brasil, 1999).

Os princípios são um conjunto de proposições básicas que definem todas as estruturas posteriores de um ramo da ciência (Di Pietro, 2000, p. 66). Devemos entender por *princípios* o conjunto de regras, pressupostos ou valores que irão definir um padrão de conduta a ser seguido no exercício da atividade ou do cargo para que as finalidades do serviço prestado sejam alcançadas em padrões de excelência e nos moldes do Estado democrático de direito, mesmo diante de situações peculiares, desafiadoras e imprevisíveis às quais está sujeito um oficial de justiça.

Sempre devemos considerar que se trata de um agente público, investido de autoridade para o exercício específico de um poder que está documentado pelo mandado (cujo teor é uma comunicação ou uma ordem judicial) e, portanto, sujeito a regras, como qualquer servidor público.

Destacaremos, dessa forma, os **principais princípios da administração pública que têm incidência sobre o desempenho das funções do oficial**: legalidade, impessoalidade, presunção de legitimidade ou de veracidade, moralidade, motivação, publicidade, eficiência, qualidade, produtividade e inovação (Freitas; Batista Junior, 2013, p. 24).

O entendimento desses princípios e sua aplicabilidade ao exercício do cargo serão de fundamental importância para a compreensão de como e por que certos atos praticados pelos oficiais têm uma maneira ou uma formatação específica na prática jurídica, diferentemente de uma concepção advinda da iniciativa privada.

3.3.1 Princípio da legalidade

Esse princípio instrui que a administração pública só faça aquilo que é determinado ou autorizado por lei. "Essa é a principal diferença do princípio da legalidade para os particulares e para a Administração Pública, pois aqueles podem fazer tudo que a lei não proíba, enquanto esta só pode fazer o que a lei determina ou autoriza" (Madrigal, 2017, p. 3).

No caso específico do Poder Judiciário e da atividade do oficial de justiça, há uma **vinculação total à legislação**. O oficial de justiça precisa seguir as regras processuais, as portarias e as ordens de serviço pertinentes ao tribunal e ao juiz ao qual está vinculado e seguir estritamente a determinação que consta no mandado que deve cumprir, sob pena de ser responsabilizado pelos excessos que cometer, bem como pelos prejuízos que causar tanto à administração como a terceiros*.

O **instrumento de legalidade** da atuação do oficial é o **mandado judicial**, documento que expressa a determinação do juiz que ele irá levar a efeito. O oficial de justiça exerce atividade totalmente vinculada, com o dever de observância a esse princípio. Uma vez designado para o cumprimento do mandado, o oficial, como seu portador, deve "conferir legalidade aos atos praticados e garantir que todos os direitos sejam respeitados" (Freitas; Batista Junior, 2013, p. 75).

---

* As responsabilidades pelo exercício do cargo serão vistas em capítulo à parte. Cabe aqui apenas dizermos que o oficial de justiça pode ser responsabilizado administrativamente, civilmente e criminalmente pelas faltas e excessos que cometer no exercício de suas funções.

3.3.2 Princípio da impessoalidade

Esse princípio deriva da igualdade de todos perante a lei e leva em consideração que não pode haver tratamento diferenciado para as pessoas que utilizam os serviços do Poder Judiciário. Nesse caso específico, devemos considerar que as partes envolvidas em uma ação geralmente têm interesses opostos e estão em litígio, mas ambas são usuárias do serviço e, por essa razão, a **impessoalidade** consiste em dar a elas um **tratamento imparcial, isonômico** e **não tendencioso**. Especialmente ao oficial de justiça, que tem contato direto com as pessoas reais do processo, é importante que internalize esse princípio para não estabelecer vínculo pessoal, partidário e opinativo perante os sujeitos do processo que ponha em risco essa regra. O art. 7º do CPC é claro ao dispor que: "É assegurada às partes paridade de tratamento em relação ao exercício de direitos e faculdades processuais, aos meios de defesa, aos ônus, aos deveres e à aplicação de sanções processuais, competindo ao juiz zelar pelo efetivo contraditório" (Brasil, 2015).

Em análise da aplicação específica desse princípio, podemos citar como regras decorrentes as que tratam do **impedimento** e da **suspeição**, constantes nos arts. 144 e 145 do CPC e no art. 274 do CPP, cujo efeito prático é o dever do oficial de se dar por impedido ou suspeito quando a parte a quem deverá levar a decisão for amigo, vizinho, parente, inimigo, colega ou mesmo pessoa com quem já teve incidente desagradável em cumprimento de mandado anterior. Cabe, nesse caso, efetuar a devolução do mandado, solicitando que seja distribuído a outro oficial, com a justificativa de que há impedimento ou suspeição, nos termos dos artigos supracitados (Soares, 2016, p. 93).

3.3.3 Princípio da presunção de legitimidade ou veracidade

Trata-se de um princípio que, de antemão, traz uma confiabilidade aos atos da administração, que gozam de uma presunção de verdade fática (os fatos sobre os quais se apoia determinado ato são verdadeiros) e de legalidade, ou seja, os atos da administração são praticados com observância às normas legais pertinentes (Di Pietro, 2000, p. 72).

Na atividade do oficial de justiça, a aplicação prática desse princípio é importante para lhe conferir **convicção** e **precisão** e transmiti-las à parte. O mandado é fruto de uma decisão judicial em cuja base estão a lei, as normas processuais e o entendimento que o juiz tem de determinado dispositivo legal, aplicado mediante a análise prévia de fatos que são levados ao seu conhecimento. Muitas vezes a pessoa interpelada pelo oficial não tem conhecimento da existência do processo e, a princípio, contesta que aquele documento se refira a um fato relacionado a si, ou mesmo age de má-fé, argumentando que já está sabendo ou que efetuou pagamento da dívida, procurando esquivar-se da abordagem para entrega do mandado.

Uma das manobras para impedir o trabalho do oficial de justiça é a pessoa negar-se a ser identificada por ele, a chamada *recusa de dados sobre a identidade* (Freitas; Batista Junior, 2013, p. 284). O CPC nada menciona a respeito, apenas estipula no art. 275, inciso I, que o oficial de justiça deverá identificar o local e a descrição da pessoa intimada, mencionando, quando possível, o número de sua identidade. Falhou o legislador ao não determinar que o oficial de justiça descreva ou fotografe a pessoa citada ou intimada quando esta não quiser ou puder identificar-se. Caso a parte persista em não fornecer o documento de identidade, o oficial pode lavrar certidão circunstanciada na presença de duas testemunhas (vizinhos), na qual descreva as características físicas do intimando ou citando. Freitas e Batista Junior (2013, p. 284) entendem que, nesse caso, o oficial poderá chamar a autoridade policial para que a pessoa seja identificada criminalmente, já que a negativa constitui contravenção penal prevista no art. 68 do Decreto-Lei n. 3.688 de 3 de outubro de 1941, conhecido como *Lei das Contravenções*, com previsão de multa e, caso preste falsas informações sobre identidade, estado, profissão, domicílio e residência, prisão de um a seis meses e multa (Brasil, 1941a).

Obviamente que o oficial empregará todos os meios e argumentos para não chegar a tal extremo, pois a validade do ato depende dessa certeza quanto à identidade do sujeito. Na minha atuação prática, ocorreu de certa pessoa, requerida em inúmeros processos, dizer que era empregada da residência quando, na verdade, era a própria destinatária da citação e sempre resistindo a se identificar sob o argumento de que não portava a documentação. Essa pessoa se esqueceu, no entanto, de que em anos anteriores havia sido candidata a vereadora no município e tive acesso a um "santinho" de campanha no qual sua foto e seu nome estavam estampados, efetuando a citação com base naquele documento que juntei aos autos com a certidão.

Cabe ao oficial orientar a parte, sendo assertivo quanto à **veracidade** e à **legalidade do ato processual** que vai comunicar ou praticar, demonstrando-lhe que tomar conhecimento do processo e/ou observar o comando contido em uma decisão é importante para o exercício das prerrogativas processuais da ampla defesa e do contraditório. Analisaremos de forma específica a fé pública e o poder certificante conferidos ao oficial de justiça no desempenho de suas funções no Capítulo 6.

3.3.4 Princípio da moralidade

O parágrafo único do inciso IV do art. 2º da Lei n. 9.784/1999 descreve a moralidade como "atuação segundo padrões éticos de probidade, decoro e boa-fé". Esse princípio está ligado à **honestidade**, à **imparcialidade** e à **transparência** (Freitas; Batista Junior, 2013, p. 26) e expressa um limite de atuação para o oficial de justiça, especialmente na questão do abuso de poder.

O fato de portar um mandado com uma decisão judicial e de estar investido de autoridade para o exercício do comando daquela decisão, instrumento de legalidade, não é um permissivo para que ele não observe a urbanidade, o respeito, a cortesia, a moderação no falar, a paciência, a discrição, a linguagem corporal elegante. Todos os comportamentos do oficial devem ter por base o critério do poder de que está investido (como representante – *longa manus* – do juiz), mas sem um autoritarismo, que é a exacerbação (levar a extremo) do seu papel, pois isso implica desvio ou abuso de poder, assunto que analisaremos no Capítulo 10.

No desempenho de seu mister, é importante que o oficial tenha sempre em mente que ele é "um agente judicial e deve levar a justiça e a pacificação social, por isso deve buscar primeiramente o convencimento racional. Se toda a sua argumentação falhar existem meios para cumprir a ordem judicial com segurança" (Freitas; Batista Junior, 2013, p. 75) e sem ferir o princípio da moralidade.

Outro aspecto relevante da incidência desse princípio sobre a atividade do oficialato é a questão de favores que podem ser oferecidos pela parte com o objetivo de retardar o cumprimento do mandado, buscar benefício pessoal ou mesmo demonstrar gratidão. O oficial é expressamente proibido de aceitar qualquer tipo de benefício (em dinheiro ou favorecimento pessoal de qualquer espécie) relacionado a sua atividade, seja para retardá-la, praticá-la de determinada forma ou mesmo após cumprir o mandado quando a parte quer lhe demonstrar gratidão. Se aceitar algo nesse sentido, estará sujeito a punição criminal e exoneração de seu cargo.

O fato de portar um mandado com uma decisão judicial e de estar investido de autoridade para o exercício do comando daquela decisão, instrumento de legalidade, não é um permissivo para que ele não observe a urbanidade, o respeito, a cortesia, a moderação no falar, a paciência, a discrição, a linguagem corporal elegante.

A imoralidade no serviço público denomina-se **improbidade administrativa** e é mencionada na CF e na Lei n. 8.429 de 2 de junho de 1992, que a subdivide da seguinte forma (Brasil, 1992a): atos de improbidade administrativa que importam enriquecimento ilícito (art. 9º); atos de improbidade administrativa que causam prejuízo ao erário (art. 10); atos de improbidade administrativa que atentam contra os princípios da administração pública (art. 11). Estão previstos no parágrafo 4º do art. 37 da CF como consequência, além das penalidades criminais cabíveis: a perda da função, a suspensão dos direitos políticos, a declaração de indisponibilidade de bens e o dever de ressarcir o erário dos prejuízos suportados (Veneral; Alcantara, 2014, p. 68).

Mesmo não exercendo cargo de gestão, é o entendimento da jurisprudência a sujeição do oficial à Lei de Improbidade. Vejamos (Rio Grande do Sul, 2015a, grifos do original):

Ementa:
IMPROBIDADE ADMINISTRATIVA. OFICIAL DE JUSTIÇA GRATIFICAÇÃO INDEVIDA PAGA POR ESCRITÓRIO DE ADVOCACIA. CUMPRIMENTO DE MANDADOS.
O oficial de justiça que recebe dinheiro sem previsão legal de escritório de advocacia, em razão do cumprimento de

mandados expedidos nas ações que patrocinam, pratica ato de improbidade administrativa que importa enriquecimento ilícito. Comprovada a percepção da vantagem pecuniária indevida, em razão do exercício do cargo, por meio do depósito do dinheiro, na conta-corrente do servidor, as alegações de ausência de concerto e de ignorância da origem do dinheiro depositado na conta-corrente não são suficientes para descaracterizar a improbidade. Recurso provido em parte. Voto vencido. (Apelação Cível N° 70065492092, Vigésima Segunda Câmara Cível, Tribunal de Justiça do RS, Relator: Maria Isabel de Azevedo Souza, Julgado em 30/07/2015).

O entendimento jurisprudencial demonstra a aplicação prática do princípio da moralidade na atividade do oficial de justiça. Isso fundamenta os limites de sua atuação funcional.

3.3.5 Princípio da motivação

Os atos administrativos são expressão da atividade estatal, os quais, no exercício de seus atributos, vão interferir na esfera privada e, portanto, não podem ser arbitrários. Nesse sentido, a Lei n. 9.784/1999 determina, no inciso VII do art. 2°, a "indicação dos pressupostos de fato e de direito que determinarem a decisão". No art. 50 da mesma lei, há uma enumeração taxativa:

> Art. 50. Os atos administrativos deverão ser motivados, com indicação dos fatos e dos fundamentos jurídicos, quando:
> I – neguem, limitem ou afetem direitos ou interesses;
> II – imponham ou agravem deveres, encargos ou sanções;
> III – decidam processos administrativos de concurso ou seleção pública;
> IV – dispensem ou declarem a inexigibilidade de processo licitatório;

> V – decidam recursos administrativos;
> VI – decorram de reexame de ofício;
> VII – deixem de aplicar jurisprudência firmada sobre a questão ou discrepem de pareceres, laudos, propostas e relatórios oficiais;
> VIII – importem anulação, revogação, suspensão ou convalidação de ato administrativo.

Além disso, o princípio da motivação dos atos administrativos é inerente ao exercício da atividade jurisdicional porque ele é mencionado especificamente pelo CPC no caso de decisões judiciais, conforme dispõe o art. 11: "Todos os julgamentos dos órgãos do Poder Judiciário serão públicos, e fundamentadas todas as decisões, sob pena de nulidade" (Brasil, 2015).

Dessa forma, **além de ser princípio da administração, é princípio processual**, justamente pelo grau de interferência que decisões judiciais têm na esfera privada, afetando direitos e interesses individuais e coletivos. Esse princípio é uma garantia aos destinatários do ato e está intimamente ligado ao princípio da legalidade (ao devido processo legal com a ampla defesa e o contraditório). Uma decisão judicial sem a respectiva fundamentação (motivação) é ilegal e nula, não pode se tornar efetiva.

Atualmente, com o advento do processo eletrônico, a maioria das decisões levadas a conhecimento das partes pelo oficial de justiça não são acompanhadas da cópia, e ele porta apenas o mandado em duas vias, uma para a parte assinar e outra para ficar consigo, que contém um resumo da decisão, no qual há referência do endereço eletrônico e da chave de acesso para que a pessoa venha a ter pleno conhecimento do inteiro teor da peça judicial que fundamenta o mandado (que, normalmente, seria deixada fisicamente, mas agora é deixada à sua disposição virtualmente). Trataremos do processo eletrônico e suas inovações em capítulo específico.

3.3.6 Princípio da publicidade

Esse princípio está delineado no art. 5º, LX, da CF. Aplicado ao Poder Judiciário, garante às partes que **não haverá atos secretos no andamento do processo** e garante à sociedade o **acesso à informação** quando se trata de assuntos de interesse público ou social.

A publicidade de atos nos processos judiciais desencadeará o início de prazos de defesa e prazos recursais, e há os meios oficiais de se tornar público o andamento do processo. Dentre esses meios, relativamente às partes e seus procuradores, está a atuação do oficial de justiça no cumprimento de mandados, pois a maioria dos acontecimentos do processo só se tornará conhecida quando ele entregar a notícia aos interessados.

Há uma mitigação desse princípio em razão de causas que necessitem de sigilo ou de segredo de justiça em razão do interesse social ou da defesa da intimidade das partes.

No **sigilo de justiça**, nem mesmo as partes têm acesso aos dados processuais. Apenas o Ministério Público, o juiz e algum servidor autorizado poderão ter acesso enquanto perdurar o sigilo. Este é muito utilizado na fase investigatória do processo penal, devido à necessidade de preservação de provas e com o intuito de não prejudicar as investigações. O sigilo **destina-se à proteção do andamento processual e à garantia da paz social**, bem como à preservação de escutas telefônicas, de dados fiscais e bancários etc. Esse sigilo poderá ser retirado pelo juiz a qualquer momento, mediante decisão fundamentada.

O **segredo de justiça** difere do sigilo e autoriza o acesso a informações processuais pelas partes e seus Advogados, não permitindo que haja publicidade sobre o andamento do processo e das decisões, de forma que não é dado conhecimento a terceiros, estranhos ao processo. O segredo **destina-se à proteção dos direitos da**

personalidade e da intimidade, do interesse público e da arbitragem onde houver cláusula de confidencialidade. Conforme dispõe o art. 189 do CPC:

> Art. 189. Os atos processuais são públicos, todavia tramitam em segredo de justiça os processos:
> I – em que o exija o interesse público ou social;
> II – que versem sobre casamento, separação de corpos, divórcio, separação, união estável, filiação, alimentos e guarda de crianças e adolescentes;
> III – em que constem dados protegidos pelo direito constitucional à intimidade;
> IV – que versem sobre arbitragem, inclusive sobre cumprimento de carta arbitral, desde que a confidencialidade estipulada na arbitragem seja comprovada perante o juízo.

O segredo de justiça permanece mesmo após o término do processo, com o trânsito em julgado da sentença. Isso ocorre porque os direitos a que se refere são protegidos constitucionalmente e não está na discricionariedade do juiz retirá-los por não haver fundamentação jurídica para tanto, salvo nos casos de interesse público ou social, que são circunstanciais.

O processo no qual não há segredo ou sigilo decretado pelo juiz é público. No entanto, mesmo sendo público, a privacidade das partes é um direito constitucionalmente protegido e relacionado à dignidade humana.

Independentemente de haver sigilo ou segredo de justiça, é aconselhável ao oficial cumprir seu trabalho oferecendo o máximo de privacidade aos jurisdicionados. Claro que, quando houver segredo ou sigilo, a restrição é maior e qualquer comunicação pública que exceda os limites poderá acarretar responsabilidade administrativa, civil e penal.

Não é porque o processo é público que o oficial de justiça deixará de oferecer privacidade às pessoas, solicitando conversa em particular, conforme sugerem Freitas e Batista Júnior (2013, p. 87):

Essa atitude mostra seu respeito pela privacidade dele. Mostra também que o assunto é sério e não deve ser tratado de forma rápida. Você está lhe dando a oportunidade de atendê-lo em uma sala apropriada com uma mesa e um cafezinho e, ao mesmo tempo, evitando o constrangimento de intimá-lo na frente de todos os presentes, ou de tratar de assuntos delicados em um local inadequado. A resposta a essa pergunta deve ser sim, pois você está dando a oportunidade ao seu interlocutor de ser tão educado como você foi. Se ele disser que pode ser ali mesmo, significa que ele abriu mão do direito à privacidade. Pratique o ato onde estiver, na portaria, no corredor ou no portão.

O processo no qual não há segredo ou sigilo decretado pelo juiz é público. No entanto, mesmo sendo público, a privacidade das partes é um direito constitucionalmente protegido e relacionado à dignidade humana. Nada mais desagradável do que receber o oficial de justiça falando em alta voz à pessoa que tem alguma pendência com a justiça. É deselegante e desrespeitoso.

3.3.7 Princípio da eficiência

Trata-se da garantia de que o serviço prestado pela administração deve produzir os efeitos a que se propõe – no caso, atingir o fim para o qual se destina.

No entendimento de Veneral e Alcantara (2014, p. 70, grifo do original), compreendemos que:

*A eficiência traz consigo os requisitos da **perfeição técnica**, da **produtividade**, da **presteza**, da **qualidade** e da **adequabilidade**, o que nos leva a entender que ela deve ser compreendida com a **relação entre os resultados obtidos e os recursos empregados**. A partir desse princípio, portanto, compreendemos que o agente público deve utilizar o mínimo de recursos possíveis, mas, mesmo assim, garantir o máximo de resultados.*

A incidência desse princípio no Poder Judiciário vai refletir desde a garantia constitucional de **acesso ao judiciário** até a **efetiva prestação jurisdicional**, com a satisfação do direito material pleiteado pela parte ou a resposta negativa a esse direito. A eficiência, nesse caso, vai refletir sobre a **garantia de prazo razoável de duração do processo** (art. 5º, LXXVIII, CF), por exemplo, mas também vai além no sentido de fazer valer outras garantias, como o acesso à informação, a qualidade do serviço em si, o tratamento para com o jurisdicionado etc.

A aplicabilidade desse princípio na atividade do oficial de justiça tem **vários desdobramentos** pois, nessa atividade peculiar, é necessário buscar eficiência primeiramente na localização dos endereços; em um segundo momento, na abordagem da parte; em um terceiro momento, na comunicação ou na execução do ato perante a parte, que precisa entender o que o oficial está fazendo, os prazos a que está sujeita, suas garantias e direitos; num quarto momento, na comunicação ao juiz por meio da certidão, que é o relatório do trabalho feito. Tudo isso é feito em observância à garantia do tempo razoável de duração do processo, que impõe um respeito aos prazos de cumprimento dos mandados. O oficial deve buscar permanentemente a **adequação dos meios disponíveis para o alcance dos fins** (o cumprimento do mandado). Todos esses desdobramentos são de suma importância e serão analisados em capítulo à parte.

O que é importante salientarmos em relação a esse princípio é que a **eficiência** está ligada à **boa gestão do serviço público**, ou seja, aos investimentos, à motivação do servidor, à celeridade processual e à produtividade com qualidade. Trata-se de complexa equação para o exercício da jurisdição que hoje se vê sob o desafio de aplicar o direito com a observância das modernas técnicas de gestão do serviço público com recursos limitados*.

Ainda assim, no intuito de buscar a excelência nos padrões de eficiência e de cumprir esse princípio, a administração em geral e, particularmente, a administração do Poder Judiciário passaram a aplicar alguns princípios de gestão da iniciativa privada relacionados à qualidade, à produtividade e à inovação.

3.3.8 Qualidade, produtividade e inovação nos serviços judiciários

Prestar um serviço de **qualidade** significa melhorar o desempenho do prestador, a realização do serviço e a satisfação do usuário. Mensurar o estado atual e criar novos padrões de excelência passou a ser uma preocupação recente do judiciário-administrador, que partiu da análise crítica de sua realidade interna sob parâmetros das leis de mercado. Obviamente houve uma adaptação acerca da peculiaridade dos serviços que o judiciário presta, pois, quando se trata de ações judiciais que decidem sobre direitos em conflito, um dos oponentes não ficará satisfeito com o resultado (o conteúdo). Porém, independentemente do resultado, é possível estabelecer critérios de satisfação relacionados à forma de prestação jurisdicional: ao tratamento em audiência, ao respeito ao rito processual, ao atendimento

---

* Como já se conhece, a limitação dos gastos públicos a um teto pelo período de 20 anos, aprovada por meio da Proposta de Emenda à Constituição n. 55/2016, afeta os critérios de qualidade na prestação dos serviços (Sinimbú; Jade, 2016).

em cartório, à maneira como o oficial de justiça lhe comunicou os atos processuais, à fundamentação das decisões do juiz etc. Como apropriadamente observam Freitas e Batista Junior (2013, p. 29):

> O consumidor do serviço público deseja ser bem atendido por um profissional capaz e com a formação adequada, bem treinado, atento às novidades de sua área e que não cometa erros. Ao acionar o Poder Judiciário deseja que o andamento processual transcorra sem demoras injustificadas e os motivos, se existirem, lhe sejam esclarecidos. Pessoalmente, ao telefone ou via Internet, o jurisdicionado exige ser respeitado, tratado com urbanidade e dignidade, não ser ignorado, receber respostas justificadas, orientação correta, documentos claros e bem escritos, decisões justas e juridicamente sustentáveis e uma solução para suas demandas. Tudo o que não deseja é ficar refém da burocracia.

Sob essa nova perspectiva – a de prestar um serviço de mais qualidade –, a partir da criação do CNJ, em 2004, o Poder Judiciário passou por uma mudança de paradigma, deixando de ser um mero intérprete e aplicador da lei para assumir um papel de administrador na planificação, no estudo estatístico, na criação de metas e de planos estratégicos, na gestão de projetos e de avaliações de desempenho para correção das metas traçadas. A análise dos serviços do Poder Judiciário sob essa nova perspectiva fez emergir a preocupação com assuntos correlatos, como a produtividade.

A questão da **produtividade**, no âmbito privado e público, deve ser precedida por uma série de questionamentos relacionados à coleta de dados que precisam ser convertidos em conhecimento para, posteriormente, serem transformados em ação efetiva, partindo-se do pressuposto de que a eficácia pode ser aprendida (Drucker, 2014, p. 2).

De acordo com Freitas e Batista Junior (2013, p. 32), a alta produtividade significa **gastar menos tempo para produzir mais do mesmo produto com despesas menores.** Ressaltam os autores que, no Poder Judiciário, isso implica uma solução rápida dos litígios.

Para os oficiais de justiça, o controle da produtividade ocorre por meio da produção de **mapas e relatórios estatísticos periódicos** nos quais é especificada a quantidade de mandados relacionada à qualidade. No âmbito da Justiça Federal, o mapa vai exibir o total de mandados distribuídos, cumpridos, parcialmente cumpridos, não cumpridos, remanescentes e de diligências efetuadas tendo como referência um mês ou ano. O resultado pode ser agrupado por uma central de mandados ou por oficial de justiça. Isso propicia uma visão panorâmica do setor, bem como uma visão individualizada da produtividade, tornando possível identificar gargalos de improdutividade para que sejam sanados.

A atividade específica do oficial necessita de boa dose de autodisciplina, pois ele não cumpre jornada de trabalho em expediente interno, com controle da chefia. O oficial cumpre metas de trabalho*, um volume de mandados que lhe é distribuído com prazo para devolução**. Todavia, o fato de não cumprir expediente não o isenta de criar rotinas de trabalho para melhorar seu desempenho.

---

* Sobre essas metas, há acompanhamento da chefia por meio dos mapas mensais de produtividade.
** Essa remessa poderá conter mandados urgentes, prioritários e normais.

Essas **rotinas** vão desde a pesquisa prévia de endereço da parte, antes da diligência, até a utilização de recursos como aplicativos, GPS e telefone celular, passando também por estratégias de abordagem eficazes na localização da pessoa procurada (aspectos a serem abordados no Capítulo 11), pois a informação-chave para obter sucesso pode advir de uma atenta conversa com um porteiro, por exemplo. O que muitas vezes parece "perda de tempo" no preparo para o cumprimento do mandado pode se revelar um ganho de produtividade no momento de cumpri-lo. Outro aspecto relevante é o cuidado para que **não haja acúmulo de serviço**, pois a distribuição periódica sem o respectivo cumprimento pode resultar em futura queda de qualidade para vencer a produtividade, o que não é aconselhável na prestação de serviços em geral e, especialmente, no caso de procedimentos judiciais. A diferença aqui é sutil, pois o oficial pode ter entregado um bom número de mandados dentro do prazo, mas com baixo nível de cumprimento (a maioria de mandados sem cumprimento). A produtividade, nesse caso, não depende somente da disciplina, pois a localização de pessoas em endereços conta com fatores aleatórios, como a possibilidade de a pessoa ter se mudado, estar hospitalizada, ter falecido, estar viajando etc. Dessa forma, além de se utilizar do máximo de recursos disponíveis para cumprir com êxito o seu mister, o oficial também precisa anotar informações consistentes e idôneas quando o mandado tiver resultado negativo ou parcial, pois, se for vago, ficará a impressão de que ele não empreendeu todos os esforços necessários para alcançar a finalidade do mandado.

A questão da **inovação** é de suma importância; ela só é possível quando os processos de trabalho são questionados com vistas a produzir mais e melhor. A dinâmica da prestação jurisdicional precisa de um espaço pedagógico onde a forma de fazer seja repensada. Não é porque se trata do serviço público que os serventuários devem cair na chamada "zona de conforto" e evitar novos desafios com a utilização de conceitos imutáveis (velhos e ultrapassados) que engessam o sistema. Mesmo em um ambiente legalista como o do Poder Judiciário, é possível inovar com sucesso. Um bom exemplo disso é a iniciativa do Instituto Innovare, associação sem fins lucrativos que busca identificar, premiar e divulgar práticas institucionais que promovam a modernização, a democratização de acesso, a efetividade e a racionalização do sistema jurídico brasileiro (Instituto Innovare, 2018). A criação do Prêmio Innovare estimula e difunde as boas práticas de aprimoramento da justiça no Brasil implementadas por juízes, promotores, defensores, servidores públicos e advogados no âmbito de suas instituições.

Para que haja inovação, no entanto, é necessário **investimento na formação e na capacitação continuada** dos operadores jurídicos no âmbito das instituições, com uma pedagogia voltada para a reflexão acerca dos processos de trabalho e de possíveis melhorias*. Não se trata de mera formalidade em ofertar cursos e palestras, mas criar um verdadeiro espaço de ensino e aprendizagem favorável à exposição de competências e habilidades funcionais ociosas ou inexploradas, a ponto de construir uma memória coletiva útil aos objetivos da instituição.

Nesse sentido, há o Centro de Formação e Aperfeiçoamento de Servidores do Poder Judiciário (CEAJud), vinculado ao CNJ, cuja missão é coordenar e promover, com os tribunais, a educação

---

* Nesse sentido, a **andragogia** propõe a educação interativa, na qual aluno e professor compartilham experiências para construir o conhecimento, mas os conteúdos vêm prontos e, no decorrer do processo, há a troca de experiências. Entretanto, se na própria elaboração do conteúdo houvesse já a participação dos alunos, isso tornaria mais atraente a educação, especialmente nas empresas nas quais o estudo visa, principalmente, desenvolver competências para desempenhar as tarefas a cada um atribuídas.

corporativa e o desenvolvimento das competências necessárias ao aperfeiçoamento de servidores para o alcance dos objetivos estratégicos do Poder Judiciário*. Também o Centro de Estudos Judiciários (CEJ), criado junto ao CJF, exerce um papel influente no aperfeiçoamento da Justiça Federal, pois promove cursos, seminários, encontros e debates sobre questões jurídicas e administrativas relevantes, com a participação de especialistas, e tem um programa editorial voltado para a área jurídica, no qual realiza pesquisas e diagnósticos que identificam e propõem soluções para os problemas que afetam a instituição.

3.4 Principais áreas de atuação do oficial de justiça

Ao prestar concurso específico** para ingressar nos quadros da justiça, conforme pudemos observar no capítulo destinado à organização judiciária, o oficial poderá atuar na justiça federal, do trabalho, militar, estadual ou eleitoral***. Essa atuação ocorrerá em várias matérias de direito que costumamos chamar de *ramos do direito*.

O direito é a ciência que regula o comportamento humano com a aplicação de regras obrigatórias pela força coativa. Portanto, havendo desobediência às regras, o próprio ordenamento jurídico estabelece as consequências (Veneral; Alcantara, 2014, p. 20).

---

* O CEAJud promove muitos cursos gratuitos em plataforma EaD abertos para cidadãos.
** Como a justiça está distribuída em órgãos, existe concurso específico para cada um deles.
*** Ressaltamos o fato de que não há o cargo de oficial de justiça nos quadros da Justiça Eleitoral, que "empresta" os oficiais da justiça estadual para o cumprimento de mandados.

Para Miguel Reale (citado por Nader, 2014), toda experiência jurídica pressupõe sempre três elementos: fato, valor e norma, ou seja, "um elemento de fato, ordenado valorativamente em um processo normativo" (Nader, 2014, p. 359). O direito é a ciência que regula o comportamento humano em sociedade e sua fonte principal é a norma jurídica, a qual tem caráter imperativo, isto é, proíbe ou determina certa conduta.

Segundo Iurk (2008, p. 21), as normas jurídicas têm as seguintes características:

> Características das normas:
> a. elemento fático: a situação de fato sobre a qual recai o imperativo;
> b. a consequência jurídica, que dela a regra faz decorrer;
> c. bilateralidade;
> d. elemento de subordinação, do comportamento humano ao estabelecido;
> e. força de ordem ou de comando (sanção);
> f. caráter abstrato, que é a proteção mais eficaz da pessoa contra a arbitrariedade dos governantes.
>
> Exemplos:
> » Homicídio simples
> Art. 121. Matar alguém:
> Pena – reclusão, de 6 (seis) a 20 (vinte) anos.

As duas principais ramificações para fins didáticos são o **direito público** e o **direito privado**. O direito público regula o direito do Estado com o próprio Estado e também deste com o indivíduo, havendo a predominância do interesse público; o privado, a dos indivíduos entre si, em que predomina o interesse particular. De acordo com Calmon (citado por Pinho; Nascimento, 2000, p. 74), "a distinção (entre direito privado e público) é metodológica. O sujeito do Direito Privado é a pessoa. Do Direito Público é o Estado". Atualmente essa separação está um pouco mitigada, dada a necessidade de intervenção estatal em ramos que eram considerados de direito privado, mas pelo interesse público que sua preservação impõe, ficam como ramo do direito privado no qual existe interesse público.

Vejamos o organograma a seguir:

Quadro 3.1 – Ramificações do direito

Direito Privado	Direito Público	Direitos que eram considerados como ramos do direito privado e que atualmente adquirem caráter público	Direitos de difícil classificação
Direito Civil	Direito Administrativo	Direito do trabalho	Direito da criança e do adolescente
Direito Comercial (empresarial)	Direito Tributário	Direito do consumidor	Direito da Informática
Direito Internacional Privado	Direito Constitucional	Direito de família	
	Direito Penal		
	Direito Internacional Público		
	Direito Processual excluir as duas últimas linhas do quadro.		

Fonte: Adaptado de Salgado, 2018.

A seguir, de forma breve, veremos os principais ramos do Direito nos quais há atuação do oficial de justiça, seu respectivo conceito e a correlação com a sua atuação no cumprimento de ordens judiciais.

3.4.1 Direito civil

O direito civil é um ramo do Direito Privado que regula as relações entre pessoas (físicas e jurídicas), estabelecendo regras relacionadas à sua condição, a seus direitos e deveres, bem como a seus bens, atos e negócios como integrantes da sociedade.

O Código Civil (Lei n. 10.406, de 10 de janeiro de 2002) é a principal fonte regradora desse ramo do Direito e está subdividido da seguinte forma (Brasil, 2002):

» **Parte geral**: direito das pessoas, bens e fatos jurídicos.
» **Parte especial**: direito das obrigações, direito das empresas, direito das coisas, direito de família e direito da sucessão.

Os pilares principiológicos desse ramo do Direito são a indisponibilidade dos direitos de personalidade (nome, capacidade etc.) e o respeito à autonomia da vontade, à família, à propriedade e à herança.

O direito civil, nesse caso, existe para proteger e regulamentar as relações que surgem espontaneamente no seio da sociedade.

No direito civil é amplo o campo de atuação do oficial. Ele cumpre ordens judiciais que vão desde a citação em ações perante varas cíveis, relacionadas a questões contratuais, mas também pode cumprir mandado de busca e apreensão de veículo por falta de pagamento ou mandado de despejo, na Justiça Estadual. Na Justiça Federal pode cumprir citações em ações de discussão de contratos com o Poder Público ou execuções de contratos bancários, por exemplo.

3.4.2 Família, infância e juventude

O direito de família é um sub-ramo do direito civil que, pela importância da matéria, é ramo do direito privado de interesse público. Dessa forma, o Estado intervém com regras quando necessita preservar os fundamentos da família, o casamento, a separação, a proteção e guarda dos filhos, o parentesco, o patrimônio, a assistência mútua, a interdição, a tutela e a curatela etc.

O direito da infância e da juventude é reconhecido pela CF/1988 como um direito social e recebe o seguinte tratamento:

> Art. 227. É dever da família, da sociedade e do Estado assegurar à criança, ao adolescente e ao jovem, com absoluta prioridade, o direito à vida, à saúde, à alimentação, à educação, ao lazer, à profissionalização, à cultura, à dignidade, ao respeito, à liberdade e à convivência familiar e comunitária, além de colocá-los a salvo de toda forma de negligência, discriminação, exploração, violência, crueldade e opressão. (Brasil, 1988)

Em 13 de julho de 1990, com a vigência da Lei n. 8.069 – o Estatuto da Criança e do Adolescente (ECA) –, ficou estabelecida a idade de até 12 anos como critério para definir o que é criança e até 18 anos para definir o que é adolescente (Brasil, 1990b). A mesma lei também dispôs sobre a guarda e a adoção de menores, quando estes necessitam de uma família substituta como medida excepcional para sua proteção.

A partir desse reconhecimento, surgiram deveres do Estado e da família com a criação de políticas públicas específicas para a assistência de crianças e jovens com o objetivo de tornar concreta a especial proteção preconizada pela legislação (CF e ECA).

O oficial, nesse âmbito, pode cumprir mandados relativos a separações e divórcios, citar e intimar as partes, bem como mandados de afastamento do lar conjugal e de busca e apreensão de menor, entre outros a serem analisados nos próximos capítulos desta obra.

3.4.3 Direito empresarial

O direito empresarial também é ramo do direito privado e está regulamentado pelo Código Civil e pelo Código Comercial, os quais dispõem sobre o empresário, a empresa e a atividade empresarial, classificando-a como atividade econômica que produz, gera ou faz circular riquezas. A finalidade lucrativa é da essência do conceito de empresa e empresário. A empresa é aqui entendida não como o espaço físico (local) onde a atividade é desenvolvida, mas a própria atividade considerada em si mesma (Veneral; Alcantara, 2014, p. 134).

São vários os critérios para classificação de uma empresa (Veneral; Alcantara, 2014, p. 134):

a. Pela **atividade desenvolvida**: comerciais, industriais, prestadoras de serviços e agropecuárias.

b. Pela **qualidade dos sócios**: públicas, privadas e de economia mista.

c. Pela **personalidade jurídica do empresário**: personificada ou regular, não personificada ou de fato.

d. Pelo **número de empresários**: individual ou coletiva.

A empresa pratica muitos atos nos âmbitos comercial e civil e na área dos atos jurídicos, dos contratos e das obrigações. Está sujeita às normas de consumo, de direito administrativo (por exemplo, licitações), de direito tributário, de direito trabalhista, de direito ambiental etc.

A atuação do oficial é bastante ampla nesse ramo do direito, pois ele vai cumprir toda e qualquer ordem emanada do juiz que envolva o litígio entre empresas ou entre empresa e particular. Vai praticar os atos de comunicação processual (citação e intimação), bem como atos de força ou execução, efetuando nesse caso a penhora de bens.

3.4.4 Direito penal

O direito penal é o ramo do direito público no qual são definidos os crimes e previstas as penas e as medidas de segurança respectivas, aplicáveis como consequência de sua prática (Nader, 2014, p. 354). Para que uma conduta seja definida como crime é preciso que haja uma ação humana típica, antijurídica e culpável (Nader, 2014, p. 355). O crime é um fato típico e antijurídico, sendo a culpabilidade o pressuposto para a aplicação da pena e a periculosidade para a medida de segurança. Não há crime sem lei anterior que o defina, nem pena sem prévia cominação legal. Vale destacarmos que todas as condutas criminosas e as penalidades respectivas devem estar previstas na lei com antecedência (princípio da legalidade e da anterioridade).

A persecução criminal e a punição devem ser feitas mediante o devido processo legal, que é o procedimento estabelecido pela Constituição Federal e pela lei processual penal.

Relativamente às penas aplicáveis, o art. 5º da CF assim dispõe:

> Art. 5º [...]
> [...]
> XLVI – a lei regulará a individualização da pena e adotará, entre outras, as seguintes:
> a) privação ou restrição da liberdade;
> b) perda de bens;
> c) multa;
> d) prestação social alternativa;
> e) suspensão ou interdição de direitos;
> XLVII – não haverá penas:
> a) de morte, salvo em caso de guerra declarada, nos termos do art. 84, XIX;
> b) de caráter perpétuo;
> c) de trabalhos forçados;
> d) de banimento;
> e) cruéis;

A atuação do oficial aqui também é bastante ampla e ele pratica, na maioria das vezes, atos de comunicação processual relacionados a citação, intimação do réu e testemunhas para audiência e intimação de sentença.

3.4.5 Direito constitucional

A CF é a lei maior do nosso país e se encontra no topo hierárquico da legislação. Por meio dela é estabelecida a soberania do Estado e são regulados sua organização e seu funcionamento, os direitos e as garantias fundamentais individuais e coletivos, os direitos sociais e os direitos políticos. Ela é a raiz de todo o ordenamento jurídico, que deve obedecer rigorosamente ao seu conteúdo (sob pena de inconstitucionalidade), conforme podemos observar na pirâmide de Kelsen.

Figura 3.1 – Pirâmide de Kelsen

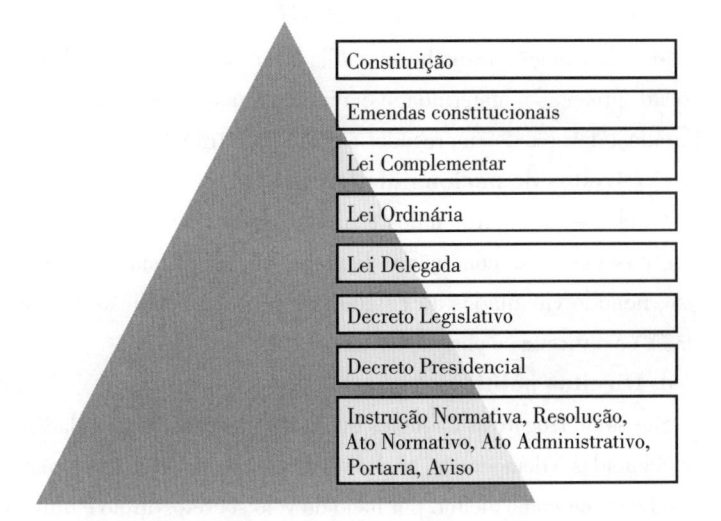

| Constituição |
| Emendas constitucionais |
| Lei Complementar |
| Lei Ordinária |
| Lei Delegada |
| Decreto Legislativo |
| Decreto Presidencial |
| Instrução Normativa, Resolução, Ato Normativo, Ato Administrativo, Portaria, Aviso |

Fonte: Adaptado de Reis, 2014.

O direito constitucional, como ordenamento jurídico, é o ramo do direito público dedicado ao estudo desse regramento. Na condição de ciência, vai além desse regramento escrito e estuda conceitos, princípios, interação entre normas, visão crítica do ordenamento atual e estudo sobre mudanças futuras (Pinho; Nascimento, 2000, p. 73).

No que diz respeito à atividade do oficial de justiça, qualquer demanda pode versar sobre direito constitucional, já que este é a base para o exercício de outros direitos previstos na legislação em geral. Todavia, cumpre-nos ressaltar os principais assuntos que podem ser objeto de ação na justiça:

a. **Relacionados à proteção das liberdades:**
» *Habeas corpus*: art. 5º, inciso LXVIII da CF.
» Mandado de segurança: art. 5º, LXIX da CF.
» Ação popular: art. 5, LXXIII da CF.
» *Habeas data*: art. 5º, LXXII da CF.

b. **Direitos sociais:**
Elencados nos arts. 6º a 11 da CF, estando entre eles: educação, saúde, alimentação, trabalho, moradia, lazer, segurança, previdência social, proteção à maternidade e à infância, assistência aos desamparados, deveres do empregador e direitos do trabalhador.

c. **Direitos de nacionalidade:**
Trata dos brasileiros natos e naturalizados, ou seja, daqueles que nascem nessa condição e daqueles que adquirem essa condição, ficando vinculados ao Estado brasileiro na condição de cidadãos, com direitos e obrigações (art. 12, CF).

d. **Direitos políticos:**
São as prerrogativas daqueles que estão na condição de cidadãos relacionadas à democracia, ao direito de participar de eleições como candidato ou como eleitor, por meio do voto secreto, direto e universal, em plebiscito, referendo ou iniciativa popular (arts. 12 e 14, CF).

O direito constitucional tem íntima ligação com o direito administrativo, embora ambos não se confundam, como será mostrado no tópico a seguir.

3.4.6 Direito administrativo

O direito administrativo é ramo do direito público e tem íntima ligação com o direito constitucional, uma vez que consiste no conjunto de regras da atividade estatal, e com a organização dos órgãos estatais, para que cumpram as finalidades estabelecidas constitucionalmente.

O Estado – nesse caso considerado como pessoa jurídica – precisa ter sua organização e seu funcionamento sistematizados para que, assim, possa cumprir sua função. A essa sistematização damos o nome de *direito administrativo* e ela está esboçada na CF e em leis complementares e ordinárias.

3.4.7 Direito tributário

O Estado, na condição de instituição, não teria como subsistir sem arrecadação de tributos. O direito tributário é o conjunto de regras que estabelece os tributos e cria direitos e obrigações para os contribuintes e para o Estado, dando limites ao poder arrecadatório e impondo também as consequências quando a contribuição devida não é recolhida aos cofres públicos e quando o Poder Público não cumpre as obrigações respectivas ao tributo que recebe.

O Estado tem, portanto, o poder de criar o tributo – dentro de parâmetros estabelecidos pela CF e pelo Código Tributário Nacional (CTN) –, de arrecadá-lo, de fiscalizar o seu recolhimento e de buscar administrativamente e acionar o Poder Judiciário para forçar o seu pagamento. Todavia, esse é um poder vinculado, que não pode ser irrestrito e arbitrário, pois retirar recursos da esfera individual é, por si só, algo que gera gravame e não pode exceder os limites legais. Quando não há pagamento espontâneo do tributo devido pelo contribuinte (pessoa física ou jurídica), o Poder Público (seja município, estado, União ou Distrito Federal) aciona seus mecanismos, que vão desde o procedimento administrativo de inscrição em dívida ativa até a execução fiscal, que é ação judicial específica para reaver o tributo não recolhido, mediante a expropriação patrimonial (penhora). Nesse caso, é o oficial de justiça que irá executar todas as ordens judiciais relativas, informando à parte acerca do débito, do dever de pagar ou de nomear bem à penhora e da realização dessa penhora mediante ordem do juiz (quando não há nomeação espontânea), assunto que será tratado com mais profundidade no Capítulo 7.

3.4.8 Direito do trabalho

Em razão dessa subordinação e dependência, o direito do trabalho tem um sistema protetivo voltado à classe trabalhadora para compensar a desigualdade econômica e social entre as partes contratantes (trabalhador e empregado).

É o ramo do direito que estabelece as regras da relação de emprego, com direitos e deveres para empregadores e empregados, em contratos individuais e contratos coletivos de trabalho. Os princípios norteadores estão na CF, mas a legislação infraconstitucional principal é a Consolidação das Leis do Trabalho (CLT), além de leis ordinárias esparsas que compõem o conjunto de regras aplicáveis não a qualquer tipo de trabalho, mas àquele prestado com vínculo de subordinação e dependência entre o trabalhador e o empregador. Em razão dessa subordinação e dependência, esse ramo do Direito tem um sistema protetivo voltado à classe trabalhadora para compensar a desigualdade econômica e social entre as partes contratantes (trabalhador e empregado).

De acordo com Jacques (citado por Nader, 2006, p. 368), as finalidades específicas do direito do trabalho são:

a. *organizar a vida do trabalho dependente e subordinado (duração, salário, férias etc.);*

b. *proteger o trabalhador e seus dependentes na doença, na invalidez e nos acidentes (auxílios, aposentadoria, pensão, indenização etc.);*

c. *organizar a vida associativa do trabalhador (sindicatos, federações e confederações etc.);*

d. *promover a defesa dos direitos e interesses legítimos dos empregados (justiça e processo do trabalho e do seguro social).*

A atuação do oficial nessa área será objeto de exposição em capítulo a seguir.

3.4.9 Direito previdenciário (seguridade social)

Saúde, previdência e assistência social recebem tratamento constitucional no mesmo capítulo da CF (art. 194 e seguintes), chamado "Da Seguridade Social". Isso ocorre em razão da forma como está estabelecido o seu custeio, pois os recursos são responsabilidade das pessoas de direito público (União, estados, Distrito Federal e municípios) e da sociedade em geral (pessoas físicas e jurídicas).

O direito previdenciário é, especificamente, o ramo do Direito que vai estabelecer as condições a serem preenchidas para que os segurados ou contribuintes e seus dependentes usufruam dos benefícios previdenciários aos quais têm direito. Existe o regime geral e o regime especial de previdência social. A Lei n. 8.213, de 24 de julho de 1994, traz o seguinte rol de segurados do INSS: empregado, empregado doméstico, trabalhador avulso, contribuinte individual, segurado especial e segurado facultativo (Brasil, 1991b).

Os benefícios atualmente vigentes para os segurados e seus dependentes, mediante o preenchimento dos requisitos estabelecidos por lei, estão elencados no quadro a seguir.

Quadro 3.2 – Benefícios previdenciários

Benefícios previdenciários
Aposentadoria por idade
Aposentadoria por invalidez
Aposentadoria por tempo de contribuição
Aposentadoria especial
Auxílio-doença
Auxílio-acidente
Salário-maternidade
Salário-família
Benefício assistencial
Auxílio-reclusão
Pensão por morte

Fonte: Adaptado de Brasil, 1988, 1991a.

O oficial tem, hoje, na Justiça Federal, a atribuição de cumprir mandados de constatação socioeconômica, tema que terá abordagem específica no próximo capítulo.

3.4.10 Direito do consumidor

A partir de 11 de setembro de 1990, por meio da Lei n. 8.078, passou a vigorar o Código de Defesa do Consumidor (CDC), para reger as relações de consumo que têm por objeto a aquisição de bens ou serviços por um usuário (destinatário final) de um fornecedor desse produto ou serviço (Brasil, 1990c). Trata-se de uma relação jurídica em que o vínculo entre as partes é o bem ou o serviço e as partes podem ser pessoas físicas ou jurídicas em ambos os lados da relação. A legislação estabelece direitos do consumidor e responsabilidades do fornecedor em determinados casos, prevendo situações e estabelecendo prazos específicos para o exercício dos direitos e observância às responsabilidades.

3.4.11 Direito ambiental

O direito ambiental é ramo do direito público que tem por objeto a preservação do meio ambiente ecologicamente equilibrado, com a aplicação de normas e princípios específicos. De acordo com Veneral e Alcantara (2014, p. 280), esse ramo do Direito compreende "as normas destinadas a prevenir, evitar, impedir e sancionar os atos prejudiciais à natureza".

A legislação aplicável relativa ao direito ambiental, entre outras normas, é a seguinte:
» Constituição Federal de 1988.
» Lei n. 6.938, de 31 de agosto de 1981, a qual dispõe sobre a Política Nacional do Meio Ambiente e dá outras providências.
» Lei n. 6.902, de 27 de abril de 1981, a qual dispõe sobre estações ecológicas e áreas de proteção ambiental.
» Lei n. 7.997, de 10 de julho de 1989, a qual cria o fundo nacional do meio ambiente e dá outras providências.
» Decreto n. 99.274, de 6 de junho de 1990, o qual regulamenta a Lei n. 6.938 e a Lei n. 6.902.

Além desses dispositivos, há ainda legislação sobre flora, fauna, águas, educação ambiental, crimes e infrações administrativas ambientais, unidades de conservação, patrimônio genético, proteção e acesso ao conhecimento tradicional associado, repartição de benefícios e organismos geneticamente modificados.

O oficial de justiça poderá atuar cumprindo mandados em causas que versem sobre o direito ambiental, como em ação de responsabilidade por danos ambientais, extração indevida de palmito, pesca no período do defeso, invasões em área de proteção permanente, alimentos geneticamente modificados, desmatamento etc. Nesses casos, as partes envolvidas podem ser empresas privadas, Poder Público (municípios, estados, União Federal), Ibama, polícia florestal, AGU ou pessoas particulares, entre outros.

3.4.12 Direito processual

O direito processual é o "ramo jurídico que reúne os princípios e normas que dispõem sobre os atos jurídicos tendentes à aplicação do Direito aos casos concretos" (Nader, 2006, p. 356).

Diferentemente dos demais ramos do Direito aqui conceituados, é um ramo instrumental. Ele vai estabelecer as normas de andamento do processo quando aqueles direitos previstos na legislação não forem observados espontaneamente na sociedade. A partir da inobservância de um determinado direito material (por exemplo, o direito à vida ou à propriedade), abre-se a possibilidade do início de uma ação judicial e serão explicadas as regras processuais.

O direito processual existe porque o Estado avocou para si a solução dos conflitos de interesse, proibindo a autotutela. Quando um direito reconhecido pela legislação é violado, as regras de direito processual dever ser observadas para a pacificação social.

Almeida (2015) estabelece o seguinte quadro esquemático para a divisão de estudo do direito processual:

Quadro 3.3 – Divisão do direito processual

Direito Processual	Interno	Internacional		
		Direito Processual Civil	Especial	Comum
				Direito Processual Trabalhista
				Direito Processual Eleitoral
		Direito Processual Penal	Especial	Comum
				Direito Processual Militar
				Direito Processual Eleitoral

Fonte: Adaptado de Almeida, 2015, p. 13.

De acordo com Cintra, Grinover e Dinamarco (2007, p. 46), o direito processual está a serviço do direito material e todos os seus institutos básicos (jurisdição, ação, exceção, processo) foram criados para garantir a autoridade do ordenamento jurídico e a própria paz social.

A base conceitual do direito processual é única. Porém, para fins de andamento processual, existe a divisão em direito processual **civil** e direito processual **penal**, a chamada ***divisão dicotômica*** (Cintra; Grinover; Dinamarco, 2007, p. 54), necessária em razão do direito material a ser discutido, com as especificidades de rito processual. Temos, dessa forma, o Código de Processo Civil e o Código de Processo Penal.

Para o oficial de justiça, as regras de direito processual são de suma importância, pois ele é o operador do direito que vai atuar quando houver descumprimento, violação ou inobservância de alguma regra e quando for acionado o Estado-Juiz para decidir a respeito do conflito de interesses (litígio). Todos os passos do oficial de justiça são determinados pela lei processual e são corporificados no mandado judicial porque, obrigatoriamente, o juiz se utiliza desse instrumental para o exercício da jurisdição. A lei processual vincula, portanto, a atuação do juiz e, por conseguinte, do oficial de justiça.

Síntese

Ao longo deste capítulo, conceituamos o cargo de oficial de justiça e analisamos a sua origem histórica, elencamos seu papel, suas funções e suas atribuições e, em seguida, refletimos sobre os princípios da administração aos quais está mais sujeito e correlacionamos esses dados com sua atividade prática. Também conceituamos os principais ramos do direito em que o oficial de justiça atua e apresentamos uma noção geral a respeito das atribuições do oficial de justiça no sistema jurídico brasileiro.

Questões para revisão

1) Assinale a sentença incorreta:
   a. O oficial de justiça é um servidor público encarregado do cumprimento de ordens judiciais.
   b. No desempenho de suas atribuições, o oficial de justiça deve observar o teor da decisão contida no mandado.
   c. Quando está no exercício de suas atribuições, o papel do oficial de justiça é representar o autor do processo.
   d. O oficial de justiça pode ser responsabilizado civil, penal e administrativamente em caso de quebra de sigilo.

2) Analise as proposições a seguir e assinale a alternativa correta:
   I. O lucro faz parte da essência do conceito de empresa e empresário.

II. A Constituição Federal é o referencial maior para toda a legislação nacional.

III. O direito previdenciário estabelece limites de conduta para que o indivíduo usufrua de aposentadoria.

a. Somente a I está correta.
b. Somente I e II estão corretas.
c. Somente II e III estão corretas.
d. Todas estão corretas

3) Assinale V para verdadeiro e F para falso em relação às seguintes proposições:

( ) O direito processual é o conjunto de regras relacionadas ao procedimento para que um direito estabelecido por lei seja efetivado por meio de uma ação judicial.

( ) A CF determina o conteúdo de todo o ordenamento jurídico (lei complementar, lei ordinária, lei delegada, decreto legislativo, decreto presidencial, portaria etc.) que a ela deve estar subordinado, sob pena de inconstitucionalidade.

( ) O direito penal regulamenta as relações contratuais privadas entre indivíduos e estabelece as penas no caso de descumprimento.

( ) O direito tributário estabelece limites ao poder de tributar.

a. F, F, F, V.
b. V, F, V, V.
c. F, F, V, V.
d. V, V, F, V.

4) Qual é o objeto do direito ambiental?

5) Para o oficial de justiça, qual é a importância do direito processual?

Questões para reflexão

1) O oficial de justiça exerce função social que vai além de suas atribuições? Justifique sua opinião.
2) Qual é a importância do princípio da eficiência na atuação do oficial de justiça?

Para saber mais

Para saber mais sobre os conteúdos que tratamos neste capítulo, sugerimos as seguintes obras:

IURK, C. L. **Introdução ao estudo do direito**. Cuiabá: EdUFMT; Curitiba: UFPR, 2008. Disponível em: <https://geojurista.files.wordpress.com/2017/02/introduc3a7c3a3o-ao-estudo-do-direito.pdf>. Acesso em: 18 abr. 2018.

NADER, P. **Introdução ao estudo do direito**. 36. ed. rev. e atual. Rio de Janeiro: Forense, 2014.

IV

Conteúdos do capítulo:

» Espécies de decisão judicial.
» Sentenças, decisões interlocutórias de despachos.
» Tutela de urgência antecipada e cautelar.
» Tutela de evidência.
» Mandados segundo a urgência de cumprimento.
» Teor do mandado.

Após o estudo deste capítulo, você será capaz de:

1. elencar as espécies de decisão judicial;
2. diferenciar *sentenças, decisões interlocutórias* e *despachos*;
3. conceituar o que é tutela de urgência e de evidência;
4. diferenciar *tutela de urgência antecipada de* tutela de urgência *cautelar*;
5. verificar a diferença de prioridade dos mandados de acordo com a urgência;
6. correlacionar os tipos de decisão judicial com o teor dos mandados judiciais.

Decisões e mandados judiciais

Neste capítulo, trataremos das espécies de decisões judiciais que são expressas no teor dos mandados que, normalmente, o oficial de justiça cumpre. Entenderemos a correlação entre decisões e mandados urgentes e analisaremos, de forma específica, as informações que devem constar em um mandado.

4.1 Espécies de decisões e teor do mandado

Para que possamos ter uma melhor compreensão dos atos praticados pelo oficial de justiça, é importante fazermos uma incursão nas espécies de decisões resultantes dos pronunciamentos do juiz e que irão compor o teor de um mandado judicial.

O art. 203 do CPC expressa que os pronunciamentos do juiz são **sentenças, decisões interlocutórias** e **despachos**. Confira os detalhes de cada uma delas a seguir.

4.1.1 Sentenças

De acordo com o art. 203, parágrafo 1º do Código de Processo Civil (CPC), Lei n. 13.105, de 16 de março de 2015, a sentença é o "pronunciamento por meio do qual o juiz, com fundamento nos arts. 485 e 487, põe fim à fase cognitiva do procedimento comum, bem como extingue a execução" (Brasil, 2015e).

A sentença pode ser:

» **Sem resolução de mérito**: são as hipóteses do art. 485 do CPC e ocorrem quando alguma questão de ordem técnica impede que o juiz analise o conteúdo do direito que está em discussão. Por exemplo: o juiz verifica que há litispendência (repetição de uma ação que está em curso) ou coisa julgada (reprodução de uma ação anteriormente ajuizada na qual há decisão transitada em julgado e da qual não cabe mais recurso). Em ambos os casos, a ação proposta é idêntica à anterior, e essa identidade existe em função das ações propostas terem as mesmas partes, a mesma causa e o mesmo pedido.

» **Com resolução de mérito**: hipóteses do art. 487 do CPC, quando é possível ao juiz chegar ao conteúdo do litígio, aplicando a lei ao fato posto em questão e objeto da discussão. Os reconhecimentos da decadência (perda do direito material por decurso do tempo e inércia do titular) e da prescrição (perda do direito de acionar o judiciário para discutir a questão por decurso do tempo) também entram nesse rol. A homologação de acordo tem o efeito de finalizar o processo porque põe fim à discussão do direito e, em caso de descumprimento, cabe à parte executar o acordo homologado pelo juiz, pois a decisão homologatória torna-se um título executivo judicial (art. 515, CPC).

A **ação de conhecimento** é aquela em que há ampla discussão, com produção de provas, análise documental, perícia etc. A decisão do juiz reconhece ou não o direito pleiteado pelo autor, dando a palavra final a respeito do litígio.

A **execução** ocorre quando a parte dispõe de um título judicial (sentença ou decisão homologatória) ou extrajudicial (cheque, inscrição em dívida ativa, nota promissória) e aciona o judiciário com o intuito de colocá-la em prática. Também nesse caso haverá uma sentença, que poderá ser com ou sem resolução de mérito.

Contra as sentenças cabe recurso de apelação para a instância superior. Há também os embargos de declaração, caso haja erro, obscuridade, contradição ou omissão na sentença (art. 1.023, CPC).

4.1.2 Decisões interlocutórias

As decisões interocutórias são aquelas proferidas pelo juiz durante o andamento do processo e que não se enquadram no conceito de sentença. No início* ou durante o andamento do processo podem surgir questões relevantes que requeiram decisão imediata; são as chamadas *questões incidentais*, e decisões a seu respeito são consideradas interlocutórias justamente por não terem o caráter de encerrar o litígio. A definição atual do CPC é por exclusão, abrangendo toda e qualquer decisão que não tem poder de finalizar a discussão, mas que necessita ser proferida para solucionar questão de direito, parcial ou pontual, inclusive para garantir o andamento do processo e a própria decisão final (garantir o direito material que está em discussão). Podemos citar, por exemplo, a concessão de uma medida liminar, a decisão sobre a realização de uma perícia e a declaração de incompetência do juízo.

Contra essas decisões cabe o recurso de agravo de instrumento e também os embargos de declaração.

4.1.3 Despachos

Despachos são atos praticados de ofício pelo juiz ou a requerimento da parte e que não finalizam o processo e não são decisões interlocutórias. O critério para definição é por exclusão e também pelo gravame, pois os despachos são atos de impulso processual que, normalmente, não têm o efeito de causar dano ou prejuízo às partes (não modificam a situação delas). Por exemplo: despacho que determina a citação, que abre prazo para contestação, que possibilita à parte dizer as provas que pretende produzir, que determina a data de uma audiência.

Contra esses despachos não cabe recurso.

---

* Quando há necessidade de uma tutela de urgência.

4.1.4 Tutela provisória

A tutela provisória está dividida no CPC em tutela **de urgência** e tutela **de evidência** (art. 294). A primeira poderá ser cautelar e antecipada, concedida de forma antecedente ou incidental (parágrafo único, art. 294), mediante justificação prévia ou liminarmente* (art. 300, § 2º).

■ Tutela de urgência

De acordo com o art. 300 do CPC, a tutela de urgência será concedida quando for demonstrada na ação a probabilidade do direito e o risco que a demora da decisão pode lhe causar. Portanto, situação na qual poderá ocorrer prejuízo caso não seja decidido em caráter de urgência aquele direito que, possivelmente, a parte possui.

Essa tutela de urgência poderá ser concedida de forma **antecipada** (art. 303 do CPC) ou **cautelar** (art. 305 CPC). Trata-se, em ambos os casos, de uma decisão que se antecipa à análise final do direito que será discutido e não impede a concessão da tutela com uma decisão final contrária à tutela concedida, pois a cognição do processo pode levar o juiz a um convencimento e a uma decisão totalmente diferentes.

■ Tutela de urgência antecipada

Ocorre nos termos do art. 303, quando a urgência se der ao mesmo tempo em que o autor for ingressar com a ação pleiteando o reconhecimento de um direito ao final dessa ação. É o que expressa o referido artigo:

---

* **Liminarmente**, neste caso, significa sem ouvir as partes.

> Art. 303 Nos casos em que a urgência for **contemporânea à propositura da ação, a petição inicial pode limitar-se ao requerimento da tutela antecipada e à indicação do pedido de tutela final**, com a exposição da lide, do direito que se busca realizar e do perigo de dano ou do risco ao resultado útil do processo. (Brasil, 2015e, grifo nosso)

Aquilo que a parte solicita aqui como tutela final coincide com o pedido da tutela antecipada e a proteção incide no direito material em si.

- Tutela de urgência cautelar

Essa espécie de tutela de urgência ocorre quando é necessário o imediato pronunciamento do juiz para evitar dano ou risco ao resultado útil de um processo futuro ou em andamento. Conforme consta no citado artigo: "Art. 305. **A petição inicial que visa à prestação de tutela cautelar em caráter antecedente** indicará a lide e seu fundamento, a exposição sumária do direito que se objetiva assegurar e **o perigo de dano ou o risco ao resultado útil do processo**" (Brasil, 2015e, grifo nosso).

Nesse caso, há uma proteção da utilidade final do processo, com a concessão de uma medida de garantia da discussão do direito que está em risco.

Essa espécie de tutela existe para preservar de antemão o objeto de discussão do processo de um perigo atual ou iminente que, caso se concretize, não permitirá à parte a discussão e o exercício pleno de seu direito.

■ Tutela de evidência

A tutela de evidência está delineada no art. 311 do CPC e não tem os requisitos da tutela de urgência. Ela é concedida:

a. quando ficar caracterizado o exercício abusivo do direito de defesa ou a utilização de manobras para fazer o processo demorar;

b. quando os fatos puderem ser comprovados por documentos e houver casos repetitivos com julgamento semelhante ou, ainda, súmula vinculante;

c. quando o pedido for de entrega de bem (reipersecutório) e houver contrato de depósito (comprovado documentalmente) – será determinada a entrega do bem sob pena de multa;

d. quando o réu não contestar de forma consistente (com prova capaz de gerar dúvida razoável) os fatos nos quais se baseia a alegação de direito do autor na petição inicial.

Nas hipóteses "b" e "c", o juiz poderá decidir liminarmente, isto é, sem ouvir as partes.

4.1.5 Decisões peculiares no processo do trabalho

O processo do trabalho possui algumas espécies de ações inexistentes nos demais ramos processuais. É por essa razão que merecem análise específica.

O objetivo é proporcionar um melhor entendimento das decisões proferidas pelos juízes, bem como das respectivas atuações do oficial de justiça. Vejamos separadamente, a seguir, algumas dessas decisões.

■ Constatação no exercício do direito de greve

A constatação, no caso de processo do trabalho, vai ser determinada pelo juiz para que o oficial verifique a regularidade do movimento grevista quanto à condição de circulação de pessoas junto ao local de trabalho e quanto ao próprio local de trabalho, que não pode ser invadido pelos trabalhadores em greve. Freitas e Batista

Junior (2013) observam atentamente que as ações possessórias têm sido utilizadas como ferramentas para limitar o direito de greve dos trabalhadores.

A posse, nesse caso, é afetada pelo exercício do direito de greve em razão dos piquetes nos locais de trabalho (portas de fábricas, agências bancárias) e interferem no direito de propriedade que a empresa detém, ocasionando o ingresso de medidas judiciais para sua recuperação, proteção ou prevenção de esbulho, casos em que cabe, respectivamente, a reintegração de posse, a manutenção de posse e o interdito proibitório.

Trata-se de direitos protegidos pela Constituição que, aparentemente, entram em conflito: o direito à greve, o direito a não fazer greve e o direito de propriedade. Qual é o papel do oficial de justiça no enfrentamento dessa questão?

Freitas e Batista Junior (2013, p. 279-280) fazem acurada análise:

> Um pedido de reintegração de posse caberia no caso dos grevistas invadirem a sede da empresa e se recusarem a sair. Nesse caso o mandado de reintegração seria cumprido pelo Oficial de Justiça acompanhado pela polícia que é quem de fato dará efetividade à ordem, caso seja necessário o uso de força. O Oficial, como representante do juiz e defensor do Estado de Direito, mas também considerando fatores como a preservação da vida e o respeito aos direitos dos trabalhadores, deve procurar a conversa para uma saída negociada. [...]
>
> A manutenção da posse cabe tipicamente no caso de greve quando o piquete impede o acesso à sede da empresa. O mandado expedido é uma intimação para desobstruir o portão, sob pena de uso de força pública para abrir o caminho. Caso não seja cumprida, o mandado autoriza o uso da força pela polícia da mesma forma que na reintegração.

Tanto a reintegração como a manutenção são situações mais raras, pois os sindicalistas procuram não radicalizar a esse ponto e arriscar uma decisão negativa por abuso do direito de greve. Porém todo movimento grevista é um jogo de poder e o único poder de que os trabalhadores dispõem é a pressão. A forma de pressionar a empresa é a paralisação com o máximo de adesão possível. Além de ficar na porta da empresa acampados, com carro de som, é bastante comum a abordagem aos trabalhadores que querem entrar para trabalhar. [...]. O objeto das ações possessórias aparece aqui de forma indireta, não para proteger o trabalhador que não deseja entrar em greve, mas para garantir o acesso ao imóvel, situação cuja proteção legal é estabelecida há muito tempo e que pode ser manejada pelos advogados com bastante agilidade sob a alegação do periculum in mora.

Por fim, o interdito proibitório cabe em caso de temor. Ou seja, nada aconteceu ainda, mas pode acontecer ou aconteceu alguma violência que pode ocorrer novamente. O requisito está no artigo 932 do CPC: justo receio e ameaça à posse. O advogado tem que provar ao juiz que há motivo para temer uma ameaça à posse, seja ela turbação ou esbulho. A penalidade imposta no caso de descumprimento do Interdito Proibitório é a multa em dinheiro (CPC 932) e nenhuma outra.

Antes de deferir o interdito proibitório, ou no momento em que o defere, o juiz pode expedir mandado de constatação para que o oficial verifique a situação de emergência, "o justo receio de ameaça à posse" do imóvel ou, ainda, após a intimação do interdito, para que o oficial verifique se houve obediência à ordem exarada. Em todos esses casos é importante que o oficial faça certidão detalhada da situação fática encontrada.

■ Reintegração no emprego

O direito à reintegração no emprego está previsto na CLT (Lei n. 5.452, de 1º de maio de 1943). Assim consta:

> Art. 492 – O empregado que contar mais de 10 (dez) anos de serviço na mesma empresa não poderá ser despedido senão por motivo de falta grave ou circunstância de força maior, devidamente comprovadas.
> [...]
> Art. 495 – Reconhecida a inexistência de falta grave praticada pelo empregado, fica o empregador obrigado a readmiti--lo no serviço e a pagar-lhe os salários a que teria direito no período da suspensão. (Brasil, 1943)

Apesar de não haver previsão legal expressa de que a ordem judicial para reintegrar o empregado seja cumprida pelo oficial de justiça mediante a expedição de mandado, é comum que o magistrado assim prefira, para se assegurar do efetivo cumprimento e evitar transtornos comuns a esse tipo de ação. Isso ocorre porque a determinação de reintegração manda que o indivíduo indevidamente demitido volte a ser empregado, passe a fazer parte dos quadros da empresa na função que desempenhava e conste na folha de pagamento, de forma imediata e sob previsão de multa.

Para evitar que a empresa se furte de dar cumprimento imediato a essa ordem sob qualquer alegação e, dessa forma, constranja o reintegrando, descumpra a ordem e não considere a data para pagamento do salário, o oficial tem o papel de intermediar esse momento. Para isso, deverá se certificar de que o reintegrando voltou aos quadros perante o RH (inclusive a folha de pagamento) e foi ajustada a data para efetivo retorno às funções. Caso haja negativa da empresa, a multa por descumprimento começa a vigorar a partir da diligência negativa certificada pelo oficial.

4.1.6 Mandado de prisão e alvará de soltura no processo criminal

Os mandados de prisão criminal expedidos mediante ordem judicial são encaminhados à Polícia Civil e cumpridos pela autoridade policial, sem a presença do oficial de justiça.

Os alvarás de soltura são expedidos pelo juiz mediante a concessão de liberdade provisória, com ou sem o pagamento de fiança ou concessão liberdade definitiva, por extinção de punibilidade devido ao cumprimento da pena aplicada em sentença. Nesses casos, nas comarcas ou seções em que não houver o sistema eletrônico de expedição e cumprimento de alvarás, a soltura será feita em diligência, mediante a expedição de mandado, pelo oficial de justiça. Também será realizada por oficial em situações específicas determinadas pelo juiz.

A respeito dos alvarás de soltura, a Resolução n. 108, de 6 de abril de 2010, do CNJ, trouxe o seguinte regramento unificado para todo o país (Brasil, 2010b, grifo do original):

Resolução n. 108 de 06/04/2010
Ementa: Dispõe sobre o cumprimento de alvarás de soltura e sobre a movimentação de presos do sistema carcerário, e dá outras providências.
Origem: Presidência
O PRESIDENTE DO CONSELHO NACIONAL DE JUSTIÇA, no uso de suas atribuições legais e regimentais, e
CONSIDERANDO a necessidade de regulamentar a forma e prazo de cumprimento dos alvarás de soltura em âmbito nacional, vez que verificadas disparidades entre os diversos tribunais;
CONSIDERANDO o decidido no Pedido de Providências nº 200910000004957 quanto à não submissão do cumprimento de alvará de soltura ao Juiz Corregedor dos Presídios e a verificação de eventuais óbices pelo estabelecimento penal;

CONSIDERANDO que a requisição de réu preso para comparecer em juízo para a simples comunicação de atos processuais não encontra previsão legal, atenta contra a segurança nos presídios, e causa ônus desnecessário ao erário;

CONSIDERANDO o deliberado pelo Plenário do Conselho Nacional de Justiça na 102ª Sessão Ordinária, realizada em 6 de abril de 2010, nos autos do ATO 0002265-53.2010.2.00.0000,

RESOLVE:

Art. 1º O juízo competente para decidir a respeito da liberdade ao preso provisório ou condenado será também responsável pela expedição e cumprimento do respectivo alvará de soltura, no prazo máximo de vinte e quatro horas.

§ 1º O Tribunal poderá delegar ao juízo de primeiro grau o cumprimento de decisão determinando a soltura, caso em que a comunicação será feita imediatamente após a decisão, a fim de possibilitar a observância do prazo previsto no caput.

§ 2º O cumprimento de alvará de soltura de preso custodiado em Estado diverso deverá ser feito pelo meio mais expedito, com observância do disposto no artigo 2º, caput e parágrafo 1º.

§ 3º O preso em favor do qual for expedido o alvará de soltura será colocado imediatamente em liberdade, salvo se estiver preso em flagrante por outro crime ou houver mandado de prisão expedido em seu desfavor, após consulta ao sistema de informação criminal do respectivo tribunal e ao sistema nacional.

§ 4º Ainda que outros motivos justifiquem a manutenção da prisão, conforme disposto no parágrafo anterior, o alvará de soltura deverá ser expedido e apresentado pelo oficial de justiça diretamente à autoridade administrativa responsável pela custódia, para baixa nos registros competentes em relação ao processo ou inquérito a que se refere o alvará.

§ 5º O oficial de justiça deverá certificar a data, local e horário do cumprimento do alvará de soltura, o estabelecimento prisional e o respectivo diretor, bem como se resultou ou não na soltura do preso e as razões que eventualmente justificaram a manutenção da prisão.

§ 6º O cumprimento do alvará de soltura é ato que envolve o juízo prolator da decisão e a autoridade administrativa responsável pela custódia, não estando submetido à jurisdição, condições ou procedimentos de qualquer outro órgão judiciário ou administrativo, ressalvada as hipóteses dos parágrafos 1º e 2º.

Art. 2º Decorrido o prazo de cinco dias após a decisão que determinou a soltura o processo deverá ser concluso ao juiz para verificação do cumprimento do alvará de soltura.

§ 1º O não cumprimento do alvará de soltura na forma e no prazo será oficiado pelo juiz do processo à Corregedoria Geral de Justiça, inclusive do juízo deprecado, quando for o caso, para apuração de eventual falta disciplinar e adoção de medidas preventivas, e ao Ministério Público, para apuração de responsabilidade criminal.

§ 2º As Corregedorias deverão manter registro em relação aos alvarás de soltura não cumpridos na forma e no prazo previstos na presente resolução, para informação ao Departamento de Monitoramento do Sistema Carcerário-DMF, quando solicitada.

Art. 3º Os Tribunais poderão formalizar convênios para cooperação e troca de informações com órgãos públicos, dentre os quais o Departamento de Polícia Federal e Secretarias de Estado, para acesso das autoridades penitenciárias aos sistemas informatizados da justiça criminal.

Parágrafo único. Referidos convênios permitirão que as pesquisas sobre antecedente, prisão em flagrante e mandado de prisão sejam feitas de forma ininterrupta, inclusive aos finais de semana e feriados, a fim de que todos os eventuais óbices à efetivação do alvará de soltura sejam imediatamente levantados.

Art. 4º As comunicações dos atos processuais ao indiciado, réu ou condenado preso serão realizadas por oficial de justiça diretamente no estabelecimento onde custodiado, dispensada a requisição para a formalização de tais atos em juízo.

Parágrafo único. Comparecendo o réu ou apenado em audiência as comunicações em relação aos atos nela praticados serão realizadas na própria audiência.

Art. 5º O juiz do processo de conhecimento deverá requisitar diretamente o réu preso para a audiência, sem a necessidade de aquiescência da vara de corregedoria de presídios ou das execuções penais, onde houver.

Art. 6º Os Tribunais e os juízos deverão adaptar sua legislação e práticas aos termos da presente Resolução no prazo de até 60 dias.

Art. 7º Aplica-se a presente resolução, no que couber, aos sistemas eletrônicos para cumprimento de alvarás de soltura eventualmente instalados nos Tribunais.

Art. 8º Esta Resolução entra em vigor na data de sua publicação.

Ministro GILMAR MENDES

Dessa forma, aos tribunais cabe regulamentar internamente a aplicação da resolução, firmar convênios de cooperação com os órgãos responsáveis pelo sistema prisional a fim de trocar informações e, dentro do possível, dar cumprimento informatizado (pela via eletrônica) aos alvarás de soltura.

4.1.7 Segundo a urgência de cumprimento

Em todos os casos das decisões analisadas, para o oficial de justiça existem três tipos de mandados a serem cumpridos. Os de **urgência**, os **prioritários** e os **normais***.

Os **mandados de urgência** são expedidos em caráter de plantão e devem ser cumpridos de imediato, com a máxima brevidade possível. Por exemplo: um mandado que determina a soltura de um preso (alvará de soltura) ou a liberação de um medicamento.

Os **mandados prioritários** são aqueles que não têm urgência para cumprimento imediato, mas precisam ser cumpridos com maior presteza em razão da data de algum ato processual. Por exemplo: intimação para perícia, intimação para audiência, constatação em caso de moléstia para recebimento de benefício assistencial.

Os **mandados normais** são aqueles que não têm urgência ou prioridade e podem ser cumpridos segundo o critério de antiguidade no prazo previsto por lei processual, portaria, provimento ou ordem de serviço.

É importante salientarmos que quem define se um mandado é urgente, prioritário ou normal é o juiz, o escrivão ou diretor de secretaria, no momento de sua expedição.

4.1.8 Teor dos mandados

O **teor** de um mandado é **o que confere individualidade à decisão a ser cumprida** pelo oficial de justiça. No próximo capítulo, estudaremos especificamente as espécies de atos por ele praticados, mas antes disso, no presente capítulo, importa alcançarmos algumas noções relacionadas aos tipos de decisão e de tutela concedidos

---

* Classificação adotada com base no Provimento n. 62, de 13 de junho de 2017, da Corregedoria do TRF 4 (Brasil, 2017i).

durante o andamento de um processo e materializados em mandados judiciais.

Dessa forma, cabe a análise genérica relacionada às espécies de decisões e tipos respectivos de mandados.

As **sentenças**, normalmente, não requerem comunicação às partes por meio de mandado*, mas isso poderá acontecer excepcionalmente quando, por exemplo, a parte estiver sem advogado no processo ou o juiz entender que há necessidade de comunicá-la pessoalmente a respeito da sentença e dos prazos recursais.

As **decisões interlocutórias** também serão comunicadas mediante intimação dos advogados. Todavia, excepcionalmente serão feitas mediante o cumprimento de mandado por oficial de justiça.

Por fim, as **medidas de urgência** e a **tutela de evidência**, em sua maioria, requerem a expedição de mandado e a presença de um oficial de justiça para que sejam efetivamente cumpridas, pois, em regra, elas terão um efeito prático no mundo dos fatos – como o afastamento do lar conjugal, a remoção de um bem para determinado lugar, a verificação de um estado de fato (vistoria), a busca e apreensão de um bem móvel.

Nem toda tutela de urgência terá por escopo uma medida ou um ato de força. Porém, sempre que necessário para cumprir a determinação contida na decisão que a conceder, o mandado deverá expressar claramente a determinação de requisição de força policial, caso não haja cumprimento espontâneo (se houver, portanto, resistência) da ordem nele contida. No caso de o mandado não conter em seu teor a ordem de requisição de força policial, o Oficial poderá parar o cumprimento do mandado e requisitá-la ao juízo, mediante certidão circunstanciada que justifique a medida. Cabe ao oficial de

---

* A via usual de comunicação, nesse caso, é intimação dos advogados por meio de nota de expediente (via Diário Oficial ou diário eletrônico).

justiça avaliar a necessidade de requisitar a força, mediante a análise de critérios objetivos e subjetivos (a serem analisados em capítulo à parte) e fazê-lo, especialmente em caso de dúvida, pois jamais deverá colocar a si e as partes em risco desnecessário, sendo de sua responsabilidade o cumprimento do conteúdo do mandado sem danos ou prejuízos pessoais e a terceiros.

Síntese

Neste capítulo, estudamos as espécies de decisões judiciais e as diferenças entre a **sentença**, a **decisão interlocutória** e o **despacho**. Posteriormente, analisamos as medidas de urgência e de evidência, diferenciando a tutela antecipada da tutela cautelar e ambas da tutela de evidência, e vimos a peculiaridade do processo do trabalho, no qual há a constatação nos casos de greve e a reintegração no emprego. No processo criminal, analisamos especificamente o mandado de prisão e o alvará de soltura.

Em seguida, estudamos também a ordem de prioridade de cumprimento dos mandados de acordo com o critério de urgência, subdividindo-os em urgentes, prioritários e normais. Por fim, correlacionamos as espécies de decisões judiciais com o teor dos mandados que vão expressar essas decisões a serem cumpridas pelo oficial de justiça, tornando-se concretas no mundo dos fatos.

Questões para revisão

1) Assinale a proposição correta:
    a. São espécies de decisões judiciais as sentenças, os atos ordinatórios e as denúncias.

b. A decisão interlocutória é aquela que necessita ser proferida para solucionar questão de direito, parcial ou pontual, inclusive para garantir o andamento do processo e a própria decisão final.
c. O despacho não tem conteúdo decisório.
d. O alvará de soltura sempre será cumprido pela via eletrônica e dispensa o cumprimento por oficial de justiça em razão disso.

2) Sobre o oficial de justiça, é correto afirmar que:
a. ele é fiscal da lei que executa determinações e impõe sanções nela contidas.
b. ele pode acrescentar ao mandado atos que entender necessários para resolver a situação de conflito que é objeto do processo.
c. ele tem poder de polícia e pode utilizar-se da força para cumprir uma ordem judicial.
d. ele é um auxiliar da justiça que comunica e executa a vontade do juízo nos estritos termos do mandado.

3) Sobre o mandado judicial, é correto afirmar que:
a. no processo do trabalho, pode ser expedido mandado de constatação para verificar se há justo receio de ameaça à posse do imóvel do empregador.
b. na esfera criminal, o oficial de justiça cumpre mandados de prisão junto com a polícia.
c. as decisões judiciais não servem como mandado porque não expressam, de forma explícita, a ordem do juiz em seu teor.
d. o alvará de soltura obrigatoriamente será cumprido pela via eletrônica, conforme determinação do CNJ.

4) Qual é a diferença entre tutela de urgência e mandado de urgência?

5) Toda tutela de urgência implica ato de força para fiel cumprimento?

Questões para reflexão

1) Na sua visão, o critério de classificação dos mandados em urgentes, prioritários e normais é útil? Justifique.

2) A requisição de força policial pelo oficial de justiça é um dever ou uma faculdade? Explique.

Para saber mais

Para saber mais sobre os temas abordados neste capítulo, sugerimos as seguintes leituras:

MARINONI, L. G. **Tutela de urgência e tutela da evidência**: soluções processuais diante do tempo da justiça. São Paulo: Revista dos Tribunais, 2017.

PIRES, L. B. **O oficial de justiça**: princípios e prática. 4. ed. rev. e ampl. Porto Alegre: Livraria do Advogado, 2001.

VIEIRA JÚNIOR, W. **O dia a dia do oficial de justiça**. Rio de Janeiro: Letras Jurídicas, 2014.

V

Conteúdos do capítulo:

- » Regras gerais sobre atos processuais.
- » Forma dos atos processuais.
- » Tempo dos atos processuais.
- » Lugar dos atos processuais.
- » Existência, validade e eficácia dos atos processuais.
- » Prazos processuais.

Após o estudo deste capítulo, você será capaz de:

1. entender o conceito de ato processual;
2. indicar as regras gerais sobre atos processuais;
3. apontar as regras formais estabelecidas pela lei para os atos processuais;
4. determinar o tempo e o lugar da ocorrência dos atos processuais;

Atos e prazos processuais

5. elencar os requisitos de existência, validade e eficácia dos atos processuais;
6. compreender noções preliminares sobre a existência e contagem de prazos processuais.

Neste capítulo, veremos que o ajuizamento de uma ação desencadeia uma série de atos processuais que se submetem a um regramento próprio no que diz respeito a conteúdo, forma, lugar, tempo e pessoas que os praticam. Requisitos legais também vão determinar a existência, a validade e a eficácia desses atos. Por fim, a observância dos prazos relacionados à prática dos atos é de suma importância para o alcance da sua finalidade dentro do processo.

5.1 Regras gerais sobre atos processuais

Antes da análise específica dos atos praticados pelos oficiais de justiça, é de suma importância uma incursão nas regras gerais acerca dos atos processuais. O ato processual, de acordo com Cintra, Grinover e Dinamarco (2007, p. 355), é "toda a conduta dos sujeitos do processo que tenha por efeito a criação, modificação ou extinção de situações jurídicas processuais" – por exemplo, a citação do réu em um processo criminal.

> Os **atos** processuais diferem dos **fatos** processuais em sentido estrito, pois são acontecimentos que independem da vontade dos sujeitos processuais (não são provocados por eles e que acontecem por força da lei), como o decurso de um prazo processual, por exemplo.

Não pretendemos, na presente obra, detalhar a teoria dos atos processuais. Vamos estudar os dispositivos do regramento geral aplicáveis ao oficial de justiça para, posteriormente, aprofundarmos o estudo em relação aos atos em si.

5.1.1 Forma dos atos processuais

A primeira regra acerca dos atos processuais, em geral, é a expressão do princípio da instrumentalidade das formas e está no art. 188 do Código de Processo Civil (CPC), Lei n. 13.105, de 16 de março de 2015, que diz: "Os atos e os termos processuais independem de forma determinada, salvo quando a lei expressamente a exigir, considerando-se válidos os que, realizados de outro modo, lhe preencham a finalidade essencial" (Brasil, 2015e).

O direito processual existe para o alcance de uma finalidade. Portanto, se o ato foi praticado de outro modo e atingiu a sua razão de ser, o seu papel, não causando prejuízo às partes, não será nulo. Veremos que, no caso do oficial de justiça, há uma série de regras explícitas que exigem forma determinada aos atos processuais que pratica, vinculando-os de tal maneira que a aplicação do referido princípio se dá em casos excepcionais. A atuação do oficial de justiça é tão imperiosa dentro da relação jurídico-processual que o desrespeito às formalidades e às regras procedimentais que lhe vinculam pode gerar uma série de prejuízos e de transtornos para as partes.

5.1.2 Tempo dos atos processuais

Outro regramento importante acerca dos atos processuais é relativo ao tempo de sua prática, que tem o seguinte tratamento da lei processual: "Art. 212. Os atos processuais serão realizados em dias úteis, das 6 (seis) às 20 (vinte) horas" (Brasil, 2015e).

É uma regra geral aplicável às atividades externas realizadas pelo oficial de justiça. No parágrafo 1º do mesmo artigo, no CPC, existe a previsão da continuidade do trabalho já iniciado antes das 20 horas, nos seguintes termos: "Serão concluídos após as 20 (vinte) horas os atos iniciados antes, quando o adiamento prejudicar a diligência ou causar grave dano" (Brasil, 2015e).

É uma previsão bastante realista, pois pode acontecer, por exemplo, de o oficial de justiça encontrar a pessoa que procura para penhorar um bem de sua propriedade e dar início à lavratura do auto de penhora minutos antes das 20 horas. Para não prejudicar o andamento da diligência, ele poderá dar continuidade ao trabalho já iniciado mesmo que tenha ultrapassado o horário das 20 horas, pois não seria razoável exigir que ele voltasse em outra ocasião e, caso contrário, haveria risco de dano ao processo, pois em nova diligência poderia não encontrar a pessoa ou o bem em questão, perdendo a oportunidade de cumprir o mandado e de proceder à garantia processual.

O parágrafo 2º do citado artigo traz regra de exceção sobre o tempo dos atos praticados pelo oficial ao determinar o seguinte:

> Art. 212 [...]
> [...]
> § 2º **Independentemente de autorização judicial**, as citações, intimações e penhoras poderão realizar-se no período de férias forenses, onde as houver, e nos feriados ou dias úteis fora do horário estabelecido neste artigo, observando o disposto no art. 5º, inciso XI, da Constituição Federal.
> (Brasil, 2015e, grifo nosso)

A regra geral é de que a prática de atos deve ocorrer em dias úteis (critério dos dias), das 6 horas às 20 horas (critério de horário). Todavia, quis o legislador ampliar a possibilidade de execução do trabalho externo por razões de dinâmica processual, efetividade e celeridade, para que a razoável duração do processo* seja real e não apenas garantia formal, ampliando o critério relacionado aos dias.

O art. 216 do CPC esclarece que são considerados feriados, para efeito forense, os sábados, os domingos e os dias em que não houver expediente forense, inclusive as férias forenses. O art. 214 do mesmo diploma legal vai reforçar a possibilidade da prática de atos pelo oficial de justiça em férias e feriados, ao determinar que: "Durante as férias forenses e nos feriados, não se praticarão atos processuais, excetuando-se: I – os atos previstos no art. 212, § 2º; II – a tutela de urgência".

A aplicação prática do parágrafo 2º, no entanto, encontra limites no art. 5º, XI, da CF, o qual estabelece regramento acerca da inviolabilidade do domicílio (trazendo o critério do horário), ao determinar que: "a casa é asilo inviolável do indivíduo, ninguém nela podendo penetrar sem consentimento do morador, salvo em caso de flagrante delito ou desastre, ou para prestar socorro, ou, durante o dia, por determinação judicial" (Brasil, 2015e).

O que podemos entender na exegese desses artigos é que o legislador se preocupou em definir o que são **dias úteis** para efeito forense. Não impôs restrição à prática de atos externos pelo oficial em feriados e estabeleceu o horário das 6 horas às 20 horas como critério e submeteu a prática dos atos à regra da inviolabilidade de domicílio, embora o comum no exercício prático da atividade (até por questões de segurança) seja o oficial não adentrar a residência

---

* A Emenda Constitucional n. 45/2004 inseriu o princípio da razoável duração do processo dentro das garantias fundamentais asseguradas a cada indivíduo, no inciso LXXVIII do art. 5º da Constituição Federal de 1988, com o seguinte teor: "a todos, no âmbito judicial e administrativo, são assegurados a razoável duração do processo e os meios que garantam a celeridade de sua tramitação" (Brasil, 2004).

da parte para cumprir o mandado, mas apenas quando convidado (isto é, com consentimento do morador).

A inclusão das tutelas de urgência no art. 214 do CPC se deu porque, justamente nos períodos em que o foro não está funcionando regularmente, surge a necessidade de concessão de liminares nas quais há expedição de mandado para cumprimento em caráter de urgência. Daí vem a aplicabilidade da mesma regra do parágrafo 2º do art. 212 desse diploma legal.

Quanto à questão da inviolabilidade de domicílio, entendemos que pecou o legislador ao introduzir o parágrafo 1º do art. 836, com a seguinte redação: "Quando não encontrar bens penhoráveis, **independentemente de determinação judicial**, o Oficial de Justiça descreverá na certidão os bens que guarnecem a residência ou o estabelecimento do executado quando este for pessoa jurídica" (Brasil, 2015e, grifo nosso).

Ora, tal dispositivo desconsiderou que o oficial de justiça cumpre determinações judiciais e que o mandado é o documento que confere legalidade e legitimidade à prática de seus atos, não sendo razoável exigir que diligencie sem que essa determinação conste expressamente no mandado. Trata-se de formalidade inerente à prática do ato, razão pela qual entendemos necessária a **padronização dos mandados**, para que conste a ordem judicial expressa ou se reproduza o teor do art. 836, parágrafo 1º, do CPC no próprio texto do mandado. Assim são evitados transtornos, pois, em regra, não é praxe os oficiais adentrarem as residências dos jurisdicionados – nem mesmo quando são convidados.

Soares (2016, p. 37) observa com propriedade que, caso não exista a padronização de mandados para facilitar o cumprimento desse dispositivo, o oficial poderá entrar na residência somente quando convidado e durante o dia (entre as 6 e as 20 horas). Se houver resistência da parte no cumprimento da medida, resta ao oficial levar a conhecimento do juízo, o qual decidirá acerca da requisição de força policial para a finalidade da descrição dos bens e da nomeação de depositário, conforme preceitua o parágrafo 2º do mesmo artigo*.

Para efeitos práticos, o que podemos concluir é que o oficial de justiça tem permissão legal para praticar atos durante o dia, das 6 horas às 20 horas, em dias úteis, bem como em férias forenses, feriados (entre os quais estão incluídos dias sem expediente forense, sábados e domingos). Portanto, não há restrição de atos relativamente a dias. A única exceção é a citação por hora certa, que estudaremos a seguir, a qual exige o retorno do oficial em dia útil subsequente à diligência de intimação para fazer a hora certa, ou seja, a hora que o próprio oficial de justiça marcou no dia anterior. Por essa razão entendemos que o sábado, nesse caso, não é dia útil subsequente por ter sido considerado feriado (dia em que não há expediente forense) pela lei processual.

A única lacuna deixada pelo legislador foi a prática de atos fora do horário diurno (das 6 às 20 horas), razão pela qual entendemos que deverá constar expressamente no mandado o cumprimento fora desses limites de horário**. Assim, ainda paira a dúvida acerca do horário de cumprimento dos mandados, pois a lei processual dá a entender que há possibilidade de cumprir fora do horário entre 6 e 20 horas, ao mesmo tempo que menciona o limite do art. 5, XV, da CF. Nesse caso, precisamos nos apoiar no entendimento fixado pelos tribunais (jurisprudência), ao mesmo tempo que

---

* Essa forma de nomeação também gera polêmica. Trataremos do assunto no Capítulo 8.
** Como o inciso XI do art. 5º da CF traz a expressão "durante o dia", mas não se refere ao horário, entendemos que cabe à jurisprudência fixá-lo, pois o único critério objetivo vigente é o estabelecido pelo próprio CPC, das 6 horas às 20 horas.

devemos considerar a peculiaridade de cada caso, pois em algumas situações será necessário o cumprimento de medida em horário noturno. Citamos como exemplo as verificações e fiscalizações de prisão domiciliar, normalmente cumpridas após as 20 horas, com determinação expressa no mandado.

Perceba que são dois valores em questão: a inviolabilidade do domicílio do jurisdicionado e a necessidade do bom andamento do processo. Lembramos sempre que o cumprimento de um mandado não necessariamente significa que o oficial irá adentrar a residência do jurisdicionado, pois, na maioria das vezes, o atendimento ocorre no portão da residência, no *hall* de entrada de um prédio etc., salvo quando o mandado é para penhora de um bem que está no interior da residência.

▎Tempo dos atos no processo eletrônico

No que diz respeito ao processo eletrônico, a prática de atos processuais considera-se realizada no dia e na hora de seu envio ao sistema do Poder Judiciário, comprovável mediante o protocolo eletrônico, de acordo com o art. 3º da Lei n. 11.419 (Brasil, 2006d). E, para fins de prazo, conta-se até as 24h00 do último dia para a prática do ato (art. 213, CPC). Devemos atentar para o horário do local destinatário do ato, tendo em vista que há diferença de horários no território nacional, pois o parágrafo único do art. 213 assim esclarece: "O horário vigente no juízo perante o qual o ato deve ser praticado será considerado para fins de atendimento do prazo" (Brasil, 2015e).

Para advogados, defensores e Ministério Público, tal sistemática é vantajosa, pois antes do processo eletrônico os prazos terminavam junto com o expediente forense. Caso haja "queda no sistema", há previsão legal de extensão do prazo para o primeiro dia útil seguinte ao seu vencimento. Vejamos:

> Art. 224. Salvo disposição em contrário, os prazos serão contados excluindo o dia do começo e incluindo o dia do vencimento.
>
> § 1º Os dias do começo e do vencimento do prazo serão protraídos para o primeiro dia útil seguinte, se coincidirem com dia em que o expediente forense for encerrado antes ou iniciado depois da hora normal **ou houver indisponibilidade da comunicação eletrônica**. (Brasil, 2015e, grifo nosso)

A regra também é válida para os magistrados e os servidores, os quais podem praticar atos processuais em horários fora do expediente forense, com acesso remoto de onde quer que se encontrem. Para o oficial de justiça em particular, o acesso remoto lhe dá a possibilidade de certificar os mandados cumpridos ou mesmo imprimir mandados expedidos e distribuídos sem precisar sair de casa, ou mesmo fazê-lo de outras localidades, fora do horário do expediente forense. Isso é de extrema valia, porque confere agilidade e possibilidade de organizar sua agenda com mais flexibilidade, realizando pesquisas, mapeando diligências, efetuando contatos telefônicos e programando seu trabalho tendo em vista a regra de cumprimento de diligências externas no horário diurno. Não raras vezes, o profissional se utiliza de dias e horários fora do expediente forense para o desempenho de suas funções, pois cumprir metas e prazos, com fatores peculiares de diligências externas que fogem a seu controle, geralmente resulta em maior carga horária de trabalho, distribuída em horários bem diferenciados dos usuais no meio jurídico.

5.1.3 Lugar dos atos processuais

O art. 217 do CPC traz regra sobre o lugar dos atos processuais. No caso dos oficiais de justiça, é da natureza do ato que seja praticado externamente e o normal é que se dê no endereço constante no mandado, que será o residencial ou o comercial da parte ou testemunha, salvo exceções em que poderá ocorrer em pontos de encontro marcados mediante contato telefônico.

Nem sempre o endereço do mandado é o mesmo em que a parte pode ser encontrada, devido a mudanças de endereço ou por outros motivos que fogem à lógica do andamento processual, ou seja, que são imprevistos. Nesses casos, por exemplo, a parte pode estar temporariamente fora de seu domicílio (cuidando de um parente enfermo, fora do lar devido a problemas conjugais, internada em uma clínica de dependentes químicos etc.). Dessa forma, com a tecnologia, houve a criação de sistemas conveniados com instituições que fornecem energia elétrica ou outros serviços, de modo que estas repassem dados que possibilitam a pesquisa de novo endereço, contribuindo, assim, para o sucesso na diligência*.

5.2 Existência, validade e eficácia dos atos processuais

De acordo com a visão tricotômica proposta por Pontes de Miranda (citado por Aquino, 2009) sobre os negócios jurídicos, propomos breve reflexão acerca da existência, da validade e da eficácia dos atos processuais. É um tema complexo, mas que merece análise à luz do CPC, dada a importância em relação ao andamento jurídico-processual e seu escopo final de pacificação social. O assunto não está agrupado na legislação processual, apenas tem regras gerais nos artigos de 276 a 283 do CPC, além de regras que preveem a

---

* Ao tratarmos da citação, aprofundaremos a temática com a análise específica do art. 243 do CPC.

possibilidade de anulação de atos em casos específicos, que citaremos a título exemplificativo.

Já expressamos que no direito processual vigora o princípio da instrumentalidade das formas, o qual aproveita o ato que não exige forma específica mesmo quando ele é praticado de modo diverso do usual, mas atinge a finalidade essencial. É regra que visa dar segurança jurídica às partes da relação processual.

Porém, quando a lei processual prevê uma forma específica e o ato é praticado fora desses parâmetros e sua finalidade é desvirtuada, entramos no campo da existência, da validade e da eficácia. No mesmo sentido da instrumentalidade das formas, dispõe o art. 277 do CPC: "Quando a lei prescrever determinada forma, o juiz considerará válido o ato se, realizado de outro modo, lhe alcançar a finalidade".

Tomemos por exemplo o art. 393 do CPC, que prevê a possibilidade de anulação da confissão feita com base em erro de fato ou mediante coação. A confissão é a admissão pela parte de algum fato contrário ao seu interesse e, portanto, elemento de convicção. Se ela é feita baseada em algum desses vícios, entende-se que, embora existente, não pode ser considerada válida nem produzir o efeito processual a que se destina, razão pela qual é necessário reconhecer sua nulidade. Esse reconhecimento, pois, recairá sobre a validade e a eficácia, ainda que a existência subsista no campo fático processual.

A regra geral é que o ato processual seja válido e eficaz, até prova em contrário. No entanto, é importante entendermos que nem todo ato processual existente será válido e eficaz. Uma vez detectado algum vício, caberá ao juiz decidir se ele trouxe efetivo prejuízo ao processo ou às partes a ponto de ser anulado.

É pressuposto para o reconhecimento da nulidade a existência do prejuízo, pois pode ser que o vício tenha ocorrido, mas não o efeito prejudicial. Ou, ainda, pode ser sanado o vício com a correção do efeito prejudicial. Um bom exemplo é a penhora realizada após uma citação ficta (por hora certa ou por edital) que não tenha sido efetuada de acordo com as regras do direito processual. Entendemos que se a citação, mesmo ficta, não foi válida e regular, a penhora não pode subsistir, pois retira do executado a oportunidade de pagar a dívida ou de nomear bem a seu critério.

> *O mais importante é entendermos que a nulidade traz graves efeitos ao andamento processual, porque pode afetar os acontecimentos subsequentes que dele dependam. Por isso o seu reconhecimento deve ocorrer em casos de claro prejuízo.*

Pautamos tal entendimento no fato de que, reconhecida a nulidade da citação, sendo a penhora um ato posterior, dela decorrente, que causa prejuízo ao executado, ela deve ser anulada. Nesse sentido, citamos o entendimento do seguinte julgado do TJRS (Rio Grande do Sul, 2017a, grifo nosso e do original):

EMENTA: AGRAVO DE INSTRUMENTO. AÇÃO DE EXECUÇÃO DE TÍTULO EXTRAJUDICIAL. PEDIDO DE ARRESTO ON-LINE, TAMBÉM CONHECIDO COMO ARRESTO PRÉVIO OU PRÉ-PENHORA E PEDIDO DE LOCALIZAÇÃO DE BENS PARA PENHORA JUNTO AO INFOJUD. AUSÊNCIA DE CITAÇÃO DOS EXECUTADOS. IMPOSSIBILIDADE NO CASO CONCRETO. NEGADO PROVIMENTO AO RECURSO. UNÂNIME. Agravo de Instrumento nº 70074279589. Décima Quinta Câmara Civil, Tribunal de Justiça do RS, Relator: Otávio de Freitas Barcellos.

Em alguns casos, a decretação da nulidade pode ser feita de ofício pelo juiz. Ou seja, o juiz detecta a causa e já a decreta, sem que ela seja alegada pela parte, sanando o vício e seus possíveis efeitos, retomando a regularidade do andamento processual. Em outras situações, o juiz só irá decretar a nulidade mediante a solicitação da parte e, caso ela não a solicite, o processo prosseguirá e o ato que poderia ser anulado fica válido e eficaz (art. 278, CPC).

O mais importante é entendermos que a nulidade traz graves efeitos ao andamento processual, porque pode afetar os acontecimentos subsequentes que dele dependam. Por isso o seu reconhecimento deve ocorrer em casos de **claro prejuízo**. Essa é a exegese dos seguintes artigos do CPC que transcrevemos a seguir:

> Art. 281. Anulado o ato, consideram-se sem nenhum efeito todos os subsequentes que dele dependam, todavia, a nulidade de uma parte do ato não prejudicará as outras que dela sejam independentes.
> Art. 282. Ao pronunciar a nulidade, o juiz declarará que atos são atingidos e ordenará as providências necessárias a fim de que sejam repetidos ou retificados.
> §1º O ato não será repetido nem sua falta será suprida quando não prejudicar a parte.
> §2º Quando puder decidir o mérito a favor da parte a quem aproveite a decretação da nulidade, o juiz não a pronunciará nem mandará repetir o ato ou suprir-lhe a falta.
> Art. 283. O erro de forma do processo acarreta unicamente a anulação dos atos que não possam ser aproveitados, devendo ser praticados os que forem necessários a fim de se observarem as prescrições legais.
> Parágrafo único. Dar-se-á o aproveitamento dos atos praticados desde que não resulte prejuízo à defesa de qualquer parte. (Brasil, 2015e)

O princípio da instrumentalidade das formas é a essência do entendimento a ser dado ao teor desses artigos, de forma que onde não há prejuízo não há que se falar em *nulidade*, prosseguindo o feito com a validação do ato praticado.

5.3 Prazos processuais

Relativamente à forma de contagem dos prazos processuais, o art. 219 do CPC estabeleceu o cômputo apenas dos dias úteis nos prazos estabelecidos pela lei processual e pelos juízes. Na sequência, o art. 220 determinou a suspensão da contagem de prazos de 20 de dezembro a 20 de janeiro, inclusive, decretando que não serão realizadas audiências ou sessões de julgamentos nessas datas (de acordo com o parágrafo 2º). No caso específico do oficial de justiça, qualquer ato por ele praticado (pois, como vimos, não lhe é vedado cumprir mandados no período de férias forenses) será válido, mas não desencadeará início de prazo. Portanto, o prazo só começará a ser contato no primeiro dia útil subsequente à prática do ato que induziu o prazo.

Sobre a forma de contagem dos prazos processuais, o *caput* do art. 224 do CPC assim determina: "Salvo disposição em contrário, os prazos serão contados excluindo o dia do começo e incluindo o dia do vencimento" (Brasil, 2015e).

Vale destacarmos que se houver, por exemplo, uma intimação para que a parte se manifeste sobre um documento juntado ao processo, no prazo de cinco dias, em uma quinta-feira, o início da contagem do prazo começa na sexta-feira, é suspenso no sábado e no domingo, por força do art. 219, volta a ser contado na segunda-feira subsequente e termina na quinta-feira seguinte. Caso a parte não se manifeste, entende-se que precluiu o referido prazo e aplica-se o art. 223 do mesmo diploma legal.

Esclarecemos que, para fins didáticos, trataremos da contagem dos prazos de forma mais específica no Capítulo 6, Seção 6.4.

5.3.1 Prazos no processo eletrônico

A contagem de prazos quando o ato processual é praticado eletronicamente tem o termo inicial no primeiro dia útil seguinte à consulta da intimação ou da citação ou, ainda, no dia do término do prazo estipulado para que se dê a consulta. Assim decidiu o legislador para que não haja proposital falta às consultas ao meio eletrônico, evitando com tal estratagema a abertura de prazos e a procrastinação de feitos. É o que diz o CPC: "Art. 231. Salvo disposição em sentido diverso, considera-se dia do começo do prazo: [...] V – o dia útil seguinte à consulta ao teor da citação ou da intimação ou ao término do prazo para que a consulta se dê, quando a citação ou a intimação for eletrônica".

Demais regras relativas ao processo eletrônico e pertinentes à atividade do oficial de justiça serão analisadas no Capítulo 6, Seção 6.4.

Em relação ao processo eletrônico, trata-se de regramento complexo e extenso que merece estudo específico que este trabalho não comporta em relação ao tema.

5.3.2 Os prazos do oficial de justiça

No capítulo anterior, vimos que os mandados podem ser urgentes, prioritários e normais. No entanto, não discorremos sobre o prazo de sua prática perante o juízo que expede o mandado. Trata-se de assunto que pode variar de um tribunal para outro, pois esses prazos não estão estabelecidos na lei processual, a qual traz a regra genérica do art. 233 quando o serventuário, sem justo motivo, excede o prazo legal, bem como a regra específica no art. 155, inciso I, do CPC, com responsabilidade pessoal para escrivães e oficiais na recusa do cumprimento de prazos legais ou judiciais. Embora a lei não estabeleça os prazos, no âmbito de cada tribunal ou juízo, por meio de portaria ou de provimento, os prazos são fixados.

Dessa forma, no âmbito do Tribunal Regional Federal da 4ª Região (TRF 4), os prazos estão estabelecidos pelo Provimento n. 62/2017, da Corregedoria do TRF 4, da seguinte forma (Brasil, 2017h):

> Art. 243. O prazo para cumprimento de mandados de execução será de 30 (trinta) dias para os processos criminais, 20 (vinte) dias e, para os demais casos, 10 (dez) dias, ressalvados aqueles cuja diligência exija urgência no cumprimento.
>
> § 1º O Oficial de Justiça poderá requerer a prorrogação do prazo para cumprimento do mandado, apontando todas as diligências já realizadas e as circunstâncias que justifiquem o requerimento.
>
> § 2º O Juiz Federal Coordenador da Central de Mandados poderá prorrogar, por portaria, o prazo de cumprimento dos mandados sempre que tal medida se fizer necessária para o melhor andamento dos trabalhos da Central de Mandados.
>
> § 3º Determinada ou deferida a prorrogação, o cumprimento deverá ser realizado com prioridade em relação à distribuição ordinária.
>
> § 4º Cumprido o mandado ou esgotado o prazo para cumprimento, e não sendo o caso de prorrogação, o Oficial de Justiça certificará a diligência diretamente no sistema informatizado, restituindo o mandado, no caso de processos físicos, no prazo de até 48h (quarenta e oito horas).

Esses prazos, obviamente, não são improrrogáveis, pois fatos aleatórios que independam do empenho do oficial podem ocorrer no decurso das diligências e, mediante o relato desses fatos, é possível solicitar a dilação de prazo para o juiz, com o objetivo de dar fiel e integral cumprimento ao mandado. Citamos como exemplos: viagem do citando, doença, internamento hospitalar, complexidade para penhora e avaliação de um bem, lugar de difícil acesso, lugares que dependam de boa condição climática que não ocorreu. Todos esses são fatos imprevisíveis dos quais o oficial só terá conhecimento quando impelir os esforços reais para dar cumprimento à ordem e nada mais justo do que relatá-los ao juiz do feito quando o prazo estiver prestes a expirar ou mesmo se já tiver expirado, para dilatar o prazo e realizar o trabalho com a devida qualidade e presteza, em igual grau de confiança.

O decurso de tempo excessivo do mandado com o oficial sem cumprimento e sem satisfação ao juiz da causa (explicações com pedido de prorrogação do prazo) denota possível desvio funcional a ser apurado em sindicância ou processo administrativo disciplinar. A contumácia na conduta de inobservância de prazos e falta de satisfação ao juízo pode caracterizar desídia, desvio funcional passível de exoneração (art. 116, I, e art. 117, XV, Lei n. 8.112/1990).

Síntese

Neste capítulo, adentramos o assunto *atos processuais*, com o intuito de obtermos uma visão geral dos atos específicos praticados pelos oficiais de justiça. Conceituamos o **ato processual** como aquele que cria, modifica ou extingue a relação processual, e o diferenciamos de **fato processual**. Em seguida, analisamos o regramento legal que estabelece a forma, o tempo e o lugar dos atos processuais, critérios essenciais de sua existência, validade e eficácia. Percebemos que, se um ato processual não obedecer à forma, mas atingir a finalidade para o qual foi praticado, ele será considerado válido. Na sequência, demonstramos que os dias úteis são a regra para a prática dos atos, mas que alguns deles, como citações, intimações e penhoras, podem se dar em feriados e dias em que não houver expediente, isto é, sábados, domingos, feriados locais e nacionais, bem como recessos forenses. Estudamos a respeito do horário dos atos processuais, analisando a regra específica para o oficial de justiça: entre 6 horas e 20 horas, com a observância da inviolabilidade de domicílio no horário noturno quando a lei permite a prática em qualquer horário.

Visualizamos o estabelecido em relação ao lugar dos atos processuais e entendemos que o oficial de justiça efetua trabalho externo comumente no endereço constante do mandado; todavia, em situações específicas, poderá cumpri-lo em outro endereço, o que deve constar em certidão. Aprendemos ainda sobre as três dimensões dos atos processuais: existência, validade e eficácia. Pudemos correlacioná-las com as hipóteses de nulidade dos atos, prevalecendo a regra de proveito quando não há prejuízo. Por fim, analisamos o regramento geral sobre os prazos processuais, sua forma de contagem, a preclusão e seu efeito estabelecido no art. 223 do CPC.

Questões para revisão

1) Assinale a alternativa correta:
   a. Os atos processuais são atos involuntários, que independem da vontade dos sujeitos processuais.
   b. Os fatos processuais são acontecimentos que independem dos sujeitos processuais.
   c. O juiz não pode modificar uma situação jurídica processual porque sua atuação deve ser imparcial.
   d. A parte pode interferir no prazo processual, modificando-o e extinguindo-o.

2) Assinale a alternativa **incorreta**:
   a. Se a finalidade essencial do ato for atingida, ele é válido, mesmo que tenha sido praticado de outra forma que não a prevista por lei. É o princípio da instrumentalidade das formas.

b. Os atos processuais devem obrigatoriamente ser praticados em dias úteis.

c. O mandado é o instrumento de legalidade e legitimidade dos atos praticados pelo oficial de justiça.

d. Quando o ato processual é praticado eletronicamente, a contagem de prazos tem o termo inicial no primeiro dia útil seguinte à consulta da intimação ou citação ou, ainda, no dia do término do prazo estipulado para que se dê a consulta.

3) Assinale V para proposições verdadeiras e F para as falsas. Em seguida, assinale a alternativa que corresponde à sequência correta:

( ) O princípio da instrumentalidade das formas aplica-se tanto a atos cuja forma específica é prevista pela lei, bem como para atos em que a lei não prevê forma específica.

( ) Se o ato alcançou a finalidade para o qual foi criado, mas foi praticado diferentemente da forma prevista, deve ser anulado e sair do plano da existência, validade e eficácia.

( ) Os prazos processuais são contados em dias úteis, sendo excluído o dia do começo e incluído o dia do vencimento.

Agora, assinale a alternativa com a sequência correta:
a. V, F, V.
b. F, F, V.
c. V, V, F.
d. F, V, F.

4) Explique o regramento específico a respeito dos dias e dos horários nos quais o oficial de justiça pode cumprir o mandado.

5) Explique como se dá a contagem do prazo processual pela via eletrônica.

Questões para reflexão

1) É possível um ato processual existente não ser considerado válido nem eficaz? Justifique.

2) Qual é o elemento essencial para que um ato processual seja anulado pelo juiz? Exemplifique.

Para saber mais

Para que você possa se aprofundar nas questões tratadas neste capítulo, indicamos as seguintes leituras:

DIDIER JR., F.; BRAGA, P. S.; OLIVEIRA, R. A. de. **Curso de direito processual civil**. 10. ed. Salvador: Juspodivm, 2015. v. 2.

GRECO, L. **Instituições de processo civil**. 5. ed. Rio de Janeiro: Forense, 2015. v. 1.

VI

Conteúdos do capítulo:

» Atos de comunicação processual praticados pelo oficial de justiça.
» Citações, intimações e notificações.
» Nulidades da citação.
» Contagem de prazos.

Após o estudo deste capítulo, você será capaz de:

1. elencar os atos de comunicação processual que são praticados por oficial de justiça;
2. distinguir citação, intimação e notificação;
3. avaliar a prática de atos processuais sem o oficial de justiça: por meio eletrônico, postal, por chefe de secretaria ou escrivão e por edital;

Atos de comunicação processual

4. reconhecer as modalidades de citação e de intimação e perceber quando há necessidade da atuação do oficial de justiça;
5. indicar quando é necessária a citação por hora certa e quais são seus requisitos;
6. diferenciar citações de acordo com a natureza processual: processo cível, trabalhista, de execução, criminal e de execução fiscal;
7. diferenciar citações de acordo com a peculiaridade da parte: citação de pessoa física, de pessoa jurídica, na sucessão de empresas, de sócio, de responsável tributário;
8. apontar como ocorrem as citações e intimações no processo criminal;
9. trabalhar com a contagem de prazos;
10. avaliar as hipóteses de nulidade da citação e suas consequências.

Neste capítulo, estudaremos os atos processuais de comunicação praticados pelo oficial de justiça. Veremos também as suas peculiaridades nos ramos específicos do direito processual.

6.1 Atos de comunicação processual

Os atos praticados pelo oficial de justiça são atos processuais por natureza, pois são realizados no contexto do andamento processual. São atos vinculados à determinação judicial contida no teor do mandado ou da decisão que ele precisa efetivar. A classificação que propomos na presente obra está voltada para o resultado processual do ato a ser praticado e, em virtude disso, eles serão chamados de: *atos de comunicação processual, atos de execução, atos de constatação* e *atos de força*. Dedicaremos este capítulo à análise de cada um deles.

O processo é o conjunto de atos coordenados entre si que visam à satisfação da lide (solução do conflito de interesses), e a comunicação é uma ferramenta-chave indispensável para o seu bom andamento. Os **atos de comunicação processual** constituem um alto percentual da atividade desse profissional em razão da segurança e da efetividade que sua atuação traz para o cumprimento das formalidades do processo. São considerados como atos de comunicação aqueles que levam à parte o conhecimento de acontecimentos (fatos e atos processuais) ocorridos no decurso do processo (em seu início, meio e fim).

Comunicação é uma palavra que deriva do termo latino *communicare*, que significa "partilhar, participar de algo, tornar comum". A comunicação envolve: emissor, receptor, código (sistema se sinais) e canal de comunicação.

O oficial de justiça é um comunicador do juízo por excelência, pois está munido das condições técnicas de decodificar junto à parte – geralmente leiga em questões de direito material e processual – os fatos jurídico-processuais, o início da relação jurídico-processual, os prazos, os desdobramentos e as consequências, bem como devolver ao juízo o resultado da comunicação na linguagem técnico-jurídica precisa e compatível com o vernáculo forense.

A mera comunicação de um ato processual à parte pode parecer algo simples e corriqueiro. Porém, muitas vezes, pode ficar duvidosa e carecer de uma certidão desse servidor, investido de fé pública e munido do preparo não apenas para encontrar o jurisdicionado, mas para lhe explicar em detalhes o que está sendo comunicado. Dessa forma, o exercício pleno da jurisdição não pode abdicar da abordagem do oficial. Embora por razões práticas e metodológicas haja hoje previsão legal de comunicação postal e eletrônica, adotadas a princípio e preferencialmente, o oficial é indispensável nos casos em que aqueles meios sejam inócuos.

O oficial de justiça será acionado sempre que a comunicação, pelos correios ou por meios eletrônicos, independentemente do motivo, não atingir seu destinatário. No caso de persistir a dificuldade em encontrar a parte, o oficial poderá certificar circunstanciadamente os fatos, de modo que o juízo possa adotar os procedimentos subsequentes (citação por edital, por exemplo). É a formalidade do processo que assim exige, pois uma citação ou intimação não se presume e o processo é um gravame sobre o qual não pode pairar dúvida se a notícia chegou ao destinatário, pelo teor dos atos que se desencadearão dali para frente (decurso de prazo, perda de direito à defesa, preclusão, futuro bloqueio de valores em contas bancárias, penhora de bens etc.).

Os atos de comunicação processual são: **citação, intimação** e **notificação**. Confira os detalhes a seguir.

6.2 Citação

A citação é o ato processual que dá à parte ciência a respeito do processo e instaura a relação jurídica processual. Por meio dela é assegurado o exercício do direito constitucional do contraditório e da ampla defesa (art. 5º, LV, CF). Sem a citação, não há a chamada *triangulação* (aqui compreendida pelo vínculo autor-juiz-réu), essencial para que exista o processo. Com a citação, fica estabelecido de forma válida o elo entre as partes, intermediadas pelo juiz naquela relação jurídico-processual (art. 239, CPC).

A **primeira consequência** da citação válida é dar ciência à parte de que ela está sendo acionada em juízo e que, a partir de então, ela integra uma relação jurídico-processual. Isso ocorre para todo e qualquer tipo de processo (civil, criminal, trabalhista). O art. 238 do Código de Processo Civil (CPC), Lei n. 13.105, de 16 de março de 2015, assim define: "Citação é o ato pelo qual são convocados o réu, o executado ou o interessado para integrar a relação processual" (Brasil, 2015e).

Ao ingressar com uma ação em juízo, pode ocorrer de, antes da citação, o juiz verificar de plano que o pedido é improcedente ou que não estão presentes os pressupostos de existência válida e regular do processo, havendo causa de inépcia da petição inicial (conforme consta no art. 330, I, no art. 337, III, e no art. 918, II, CPC). Nesses casos, ele analisa e decide antes mesmo de determinar a citação ou, ainda que a tenha determinado, ela deixa de constituir a relação processual porque a decisão tem força de extinguir o processo, aniquilando efeito de atos nele praticados.

O parágrafo 1º do art. 239 do CPC prevê a possibilidade de o réu ou executado comparecer espontaneamente ao processo, atitude que supre a falta de citação e mesmo a nulidade desta*. Inicia-se o prazo para contestação ou embargos a partir da data do comparecimento, contado o prazo na forma do art. 224 do CPC.

No processo criminal inexiste tal previsão legal. O comparecimento espontâneo do acusado, nesse caso, não supre a citação formal, que deverá ser feita pelo escrivão ou diretor de secretaria no ato do comparecimento**.

A **segunda consequência** da citação, mesmo que ela tenha sido determinada por um juiz que não seja competente para analisar a causa específica, é que ela traz identidade àquela relação processual de acordo com as partes, o objeto (pedido) e os motivos ou fatos que embasam o pedido (chamado "causa de pedir") e, por isso, ela "induz" litispendência. Isso quer dizer que, a partir dela,

---

* As hipóteses de nulidade serão analisadas a seguir.
** O ideal, nesse caso, é que o escrivão ou diretor de secretaria efetue a citação e lavre a respectiva certidão, bem como tome nota do endereço residencial atual do acusado para a futura expedição de mandados (intimações).

sabe-se que há uma lide pendente de julgamento por determinado juiz e, caso exista outra idêntica (mesmas partes, mesmo objeto e mesmos motivos) que seja proposta perante o mesmo ou outro juízo, pode-se reconhecer – de ofício ou mediante a alegação da parte – a litispendência onde haja prova de que existe juízo prevento para análise daquele assunto.

A **terceira consequência** da citação é tornar litigiosa a coisa, ou seja, o objeto (pedido) perseguido pela propositura da ação passa a ser considerado litigioso. Isso quer dizer que a parte citada perde a liberdade de dispor desse bem ou objeto sem que haja prévia determinação judicial. Caso ela não observe essa restrição, poderá responder por má-fé, perdas e danos e também criminalmente.

A **quarta consequência** da citação é constituir em mora o devedor. Isso significa que, se a causa versa sobre obrigação pecuniária (ou mesmo obrigação de dar ou fazer), a partir do momento em que o réu/devedor for citado, começam a ser computados os juros por atraso no cumprimento da obrigação.

A **quinta consequência** da citação é a interrupção dos prazos prescricionais e decadenciais, que retroagem ao dia em que foi protocolada a ação, conforme dispõe o parágrafo 1º do art. 240 do CPC, ainda que o juízo não seja o competente. A prescrição é a perda da possibilidade de ingressar com a ação em juízo para pleitear o direito pelo decurso do tempo (art. 189 a art. 206, CC). E a decadência é a perda do direito material considerado em si mesmo pelo decurso do tempo (art. 207 a art. 211, CC). Os prazos de prescrição e decadência variam e são previstos na legislação civil, penal, trabalhista, tributária etc.

A **sexta consequência** da citação é desencadear o prazo para contestação, embargos ou defesa. Uma vez que a parte toma ciência e se instaura a relação processual, ela deve se manifestar acerca do que é dito na petição inicial ou na denúncia. Trata-se da chamada fase de *instrução processual*. Caso a parte seja citada regularmente e não se manifeste no prazo, ou se manifeste fora do prazo, o processo ocorrerá à revelia; considera-se que a parte não exerceu seu direito de defesa e do contraditório no momento apropriado. A revelia tem consequências, e a primeira delas é a presunção de veracidade dos fatos narrados pelo autor na petição inicial (art. 344, CPC), a preclusão das alegações de defesa (art. 342, CPC) e a possibilidade de julgamento antecipado do mérito (art. 355, II, CPC).

Dessa forma, a citação válida e regular é ato de comunicação de suma importância para que a prestação jurisdicional se dê em conformidade às regras do estado democrático de direito e que sejam asseguradas as garantias constitucionais do devido processo legal, pois a decisão judicial irá afetar a vida das partes do processo.

Antes da análise da legislação específica aplicável ao oficial de justiça, vamos destacar as modalidades de citação conforme sistematizamos no organograma a seguir, para melhor compreensão:

Quadro 6.1 – Modalidades de citação

MODALIDADES DE CITAÇÃO				
Pelo correio	Eletrônica	Pelo escrivão ou chefe de secretaria	Por edital	Por oficial de justiça
» Pessoas físicas. » Microempresas e pequenas empresas.	» Empresas privadas de médio e grande porte. » Empresas públicas. » Administração pública direta e indireta.	» Se o citando comparecer em cartório.	» Quando o citando é desconhecido e incerto. » Quando o lugar onde estiver o citando for ignorado, incerto ou inacessível. » Nos casos previstos em lei.	» Confinantes em usucapião. » Ações de estado. » Incapaz. » Residente em local não atendido pelos correios. » Quando frustrada a citação pelos correios. » Quando o autor justificadamente requerer.

Vimos, nesse quadro, que o CPC regulamenta as modalidades de citação e estabelece o seguinte: "Art. 246. A citação será feita: I – pelo correio; II – por oficial de justiça; III – pelo escrivão ou chefe de secretaria, se o citando comparecer em cartório; IV – por edital; V – por meio eletrônico, conforme regulado em lei".

■ Citação pelo correio

A regra geral para pessoas físicas, microempresas e pequenas empresas é de que a citação será feita pelo correio, com o envio do mandado e da documentação pertinente pela modalidade *Aviso de Recebimento* (AR), o qual, posteriormente, será anexado ao processo com o resultado positivo ou negativo. Quando o resultado é negativo, independentemente de ter ocorrido falha na entrega, é de praxe os juízes determinarem que o ato seja praticado por oficial de justiça. Mesmo que no AR conste que o citando mudou-se ou é desconhecido, muitos juízes preferem determinar que o oficial vá pessoalmente ao endereço, com o objetivo de confirmar e de certificar de forma mais clara e completa a informação.

É importante esclarecermos que a citação pelo correio é considerada citação pessoal, pois é a pessoa destinatária do ato que deverá assinar o aviso de recebimento. A Súmula n. 429 do Supremo Tribunal de Justiça (STJ) adota o entendimento de que a "citação postal, quando autorizada por lei, exige o aviso de recebimento" (Brasil, 2017g).

Para **pessoa física**, tratando-se de ato pessoal, ela será considerada válida quando for entregue diretamente ao destinatário e colhida a sua assinatura, chamada de *Aviso de Recebimento por Mão Própria* (AR + MP). Embora o enunciado não tenha dito expressamente, por questão de lógica processual, entendemos que deve ser essa a exegese aplicada. Isso porque, caso fosse citação pelo oficial de justiça, ele mesmo não teria permissão para entregar a citação a um porteiro ou um parente, a não ser no caso de suspeita de ocultação e necessidade de citação por hora certa, com diligências justificantes e aviso de retorno com data e horário marcados, o que será abordado mais adiante. Dessa forma, entendemos que o aviso de recebimento deve ser por mão própria, ou seja, recebido pessoalmente pelo destinatário, para evitar a nulidade do ato e de todo o processo, caso a citação seja futuramente reconhecida como irregular.

Para **pessoas jurídicas** (microempresas e pequenas empresas), entendemos que o aviso de recebimento é suficiente, pois a pessoa jurídica geralmente tem um protocolo, o próprio representante legal ou mesmo pessoa designada para o recebimento da correspondência. Normalmente, o mandado é expedido em nome da pessoa jurídica, sem identificação da pessoa física dos sócios.

O art. 248 do CPC trata das regras da citação pelo correio com propriedade e clareza ao dispor que:

> Art. 248. Deferida a citação pelo correio, o escrivão ou o chefe de secretaria remeterá ao citando cópias da petição inicial e do despacho do Juiz e comunicará o prazo para resposta, o endereço do juízo e o respectivo cartório.
>
> § 1º A carta será registrada para entrega ao citando, exigindo-lhe o carteiro, ao fazer a entrega, que assine o recibo.
>
> § 2º Sendo o citando pessoa jurídica, será válida a entrega do mandado a pessoa com poderes de gerência geral ou de administração ou, ainda, a funcionário responsável pelo recebimento de correspondências.
>
> § 3º Da carta de citação no processo de conhecimento constarão os requisitos do art. 250.
>
> § 4º Nos condomínios edilícios ou nos loteamentos com controle de acesso, será válida a entrega do mandado a funcionário da portaria responsável pelo recebimento de correspondência, que, entretanto, poderá recusar o recebimento, se declarar, por escrito, sob as penas da lei, que o destinatário da correspondência está ausente.

Entendemos que a interpretação adequada para a recusa do porteiro é somente para os casos de a pessoa não residir no condomínio (tenha ela se mudado ou mesmo seja desconhecida), o que deve ser registrado por escrito pelo porteiro, pelo zelador ou pelo síndico no AR. Se o condomínio não tiver portaria com controle de acesso, o carteiro deverá efetuar as três visitas de praxe procurando o morador pessoalmente para entregar a correspondência. Caso não o encontre, deve deixar o comunicado para que o citando dirija-se a uma agência dos correios para procurar a correspondência. Caso ele não procure a correspondência, constará no AR as datas das três tentativas e a inscrição "não procurado", a qual indica que, deixado o aviso para se dirigir aos correios, o citando não o fez.

O modelo de AR utilizado pelos correios é o seguinte:

Figura 6.1 – Modelo de AR

Aviso de Recebimento		Contrato 0000000000
Destinatário Cliente 0001 Simulação 01 00.000-000 Porto Alegre/RS XY 000 000 000 BR Remetente: Empresa x Endereço para devolução do objeto Rua Exemplo, 000	Tentativas de entrega 1ª ___/___/___ ___:___ h 2ª ___/___/___ ___:___ h 3ª ___/___/___ ___:___ h Motivo de devolução ☐ Mudou-se ☐ Recusado ☐ Endereço insuficiente ☐ Não procurado ☐ Não existe o número ☐ Ausente ☐ Desconhecido ☐ Falecido Outros _____	Carimbo Unidade de entrega Rúbrica e matrícula do carteiro
Declaração de conteúdo		
Assinatura do recebedor	Data de entrega	
Nome legível do recebedor	nº. doc de identidade	

Fonte: Adaptado de Processo Judicial Eletrônico, 2018.

Os motivos de retorno negativo estão enumerados no AR dos Correios na Figura 6.1, mas pode haver outros, não previstos. O quadro a seguir para melhor relaciona as consequências do retorno negativo para o andamento processual em cada caso:

Quadro 6.2 – AR negativo e reflexos no processo

Motivo de retorno negativo do AR	Consequência processual do retorno negativo do AR
Mudou-se	É caso de efetuar a busca de outro endereço junto aos sistemas conveniados ou mediante intimação do autor, para que forneça o endereço atual.
Endereço insuficiente	É necessário intimar a parte autora para que complemente o endereço ou forneça outro endereço.
Não existe o número	A maioria dos juízes opta por determinar a expedição de mandado para cumprimento por oficial de justiça, para que este informe detalhadamente, em certidão, a sequência numérica da busca, informações obtidas de vizinhos etc., dando maior certeza e segurança do esgotamento da busca. Pode ter ocorrido alteração da numeração e, mediante informação de vizinhos, é possível localizar o citando ou intimando.
Desconhecido	Também nesses casos a maioria dos juízes prefere a expedição de mandado para cumprimento pelo oficial de justiça, para averiguar se realmente o citando não reside no local ou se está evitando receber a comunicação processual, se ali é moradia de um parente que possa fornecer informações que auxiliem na sua localização, esgotando-se os meios de busca. Pode também o juiz optar pela intimação do autor para que forneça novo endereço.
Recusado	Nesse caso é necessário expedir mandado para cumprimento por oficial de justiça, pois a recusa dá indício de que a pessoa mora no local, mas não quis receber a comunicação.

(continua)

(Quadro 6.2 – conclusão)

Motivo de retorno negativo do AR	Consequência processual do retorno negativo do AR
Não procurado	Também é caso de expedir mandado para cumprimento por oficial de justiça, pois o carteiro deixou aviso e não pode forçar o recebimento. Já o oficial tem amparo legal para citar pessoalmente (dispensando a assinatura no caso de recusa, pois tem fé pública) ou por hora certa, nos termos do CPC.
Ausente por três vezes	É necessário expedir mandado para cumprimento por oficial de justiça, que fará diligência para citar pessoalmente ou por hora certa ou, ainda, informará ao juízo o motivo da ausência (doença, viagem para o exterior etc.).
Falecido	Nesse caso, dependendo do tipo de ação, o processo será extinto ou irá voltar-se contra o espólio. Porém, pode o juiz expedir o mandado para que o oficial de justiça verifique a veracidade da informação questionando parentes e, muitas vezes, instrua a certidão com o atestado de óbito.
Outros	Aqui se abre um leque de possibilidades e o juiz deverá decidir os rumos do processo caso a caso, geralmente expedindo mandado para não causar nulidade.

O art. 247 do CPC traz os **casos em que a citação não poderá ocorrer pelo correio**, subentendendo que deve ser realizada por oficial de justiça:

» **Nas ações de estado**: são as relativas ao estado civil e compreendem os processos de divórcio, separação, reconhecimento e extinção de união estável, guarda, visitação e filiação.

» **Quando o citando for incapaz**: regra que existe para proteger aqueles que não têm pleno entendimento. A lei processual civil não diferencia o **absolutamente incapaz** (art. 3º, CC) do **relativamente incapaz** (art. 4º, CC), assim, entendemos que, em ambos os casos, não se fará citação pelo correio. Os absolutamente incapazes são pessoas que não podem realizar pessoalmente atos da vida civil e, por isso, necessitam da representação dos pais, de um tutor ou de curador – são eles os menores de 16 anos. Os relativamente incapazes não podem praticar certos atos – ou praticá-los de determinada maneira – sem que estejam assistidos, segundo o rol do art. 4º do CC: os maiores de 16 e menores de 18 anos; os ébrios habituais e os viciados em tóxicos; aqueles que, por motivo transitório ou permanente, não puderem exprimir a sua vontade; e os pródigos.

» **Quando o citando residir em local não atendido pela entrega de correspondência**: nesse caso, por razões óbvias, a citação deverá ocorrer por diligência do oficial de justiça.

» **Quando o autor, justificadamente, a requerer de outra forma**: nesse caso, o juiz irá analisar a justificativa e deferir ou não o pedido.

A citação de pessoa analfabeta não foi contemplada pela legislação processual, até porque não é possível saber de antemão se o destinatário é pessoa alfabetizada. Essa verificação só pode ocorrer quando se trata de mandado cumprido por oficial de justiça e, nesse caso, ele vai ler e explicar o teor do mandado e dispensar a assinatura. No entanto, tratando-se de envio pelo correio, a citação será considerada válida desde que volte positiva, com a digital ou assinatura de alguém responsável.

■ Citação por meio eletrônico

A citação por meio eletrônico é o meio usual quando se trata de empresas privadas de médio e de grande porte, empresas públicas, entidades da administração direta (União, estados, Distrito Federal e municípios) e indireta (autarquias, empresas públicas, sociedades de economia mista, fundações públicas). A regra é a do parágrafo 1º do art. 246:

> Art. 246 [...]
> § 1º [...] as empresas públicas e privadas são obrigadas a manter cadastro nos sistemas de processo em autos eletrônicos, para efeito de recebimento de citações e intimações, as quais serão efetuadas preferencialmente por esse meio.
> § 2º O disposto no § 1º aplica-se à União, aos Estados, ao Distrito Federal, aos Municípios e às entidades da administração indireta.

A informatização do processo judicial e a prática eletrônica de atos processuais são reguladas pela Lei n. 11.419/2006. Acerca das intimações (regras que entendemos válidas e aplicáveis por analogia às citações), essa lei dispõe o seguinte:

> Art. 5º As intimações serão feitas por meio eletrônico em portal próprio aos que se cadastrarem na forma do art. 2º desta Lei, dispensando-se a publicação no órgão Oficial, inclusive eletrônico.
> § 1º Considerar-se-á realizada a intimação no dia em que o intimando efetivar a consulta eletrônica ao teor da intimação, certificando-se nos autos a sua realização.
> § 2º Na hipótese do § 1º deste artigo, nos casos em que a consulta se dê em dia não útil, a intimação será considerada como realizada no primeiro dia útil seguinte.
> § 3º A consulta referida nos §§ 1º e 2º deste artigo deverá ser feita em até 10 (dez) dias corridos contados da data do envio da intimação, sob pena de considerar-se a intimação automaticamente realizada na data do término desse prazo.
> § 4º Em caráter informativo, poderá ser efetivada remessa de correspondência eletrônica, comunicando o envio da intimação e a abertura automática do prazo processual nos termos do § 3º deste artigo, aos que manifestarem interesse por esse serviço.

> § 5º Nos casos urgentes em que a intimação feita na forma deste artigo possa causar prejuízo a quaisquer das partes ou nos casos em que for evidenciada qualquer tentativa de burla ao sistema, o ato processual deverá ser realizado por outro meio que atinja a sua finalidade, conforme determinado pelo Juiz.
>
> § 6º As intimações feitas na forma deste artigo, inclusive da Fazenda Pública, serão consideradas pessoais para todos os efeitos legais.

Além desse regramento, o CPC (do art. 193 ao art. 199) também trouxe dispositivos acerca da prática eletrônica dos atos processuais, razão pela qual entendemos que a integração das normas permite a aplicação subsidiária à citação.

■ Citação pelo escrivão ou por chefe de secretaria

Essa modalidade de citação é possível no caso de a parte ir até a justiça para consultar os autos. É possível que a parte tenha notícia de que foi ajuizada uma ação e poderá ir até a justiça para saber a respeito. Por esse motivo, a lei incluiu essa possibilidade, embora a consideremos remota. Por exemplo: pode o oficial de justiça ter deixado recado para proceder citação futura e a parte se antecipar, indo até o foro, pois hoje, com a informática, é possível fazer uma consulta e localizar a ação já ajuizada.

Para que não se perca a oportunidade de dar início à relação processual, o escrivão ou o chefe de secretaria também estão aptos a citar e a certificar o ocorrido nos autos, uma vez que também têm fé pública.

■ Citação por edital

A citação por edital ocorre quando todos os meios de encontrar o réu ou o requerido foram frustrados, ineficientes, infrutíferos.

A legislação não poderia deixar de atender e cumprir o princípio da jurisdição consubstanciado no art. 5º, inciso XXXV, da CF, e livrar a parte de ser acionada porque ela é desconhecida ou se encontra em lugar incerto e não sabido, por exemplo.

Dessa forma, a previsão legal que institui essa espécie de citação é a seguinte:

> Art. 256. A citação por edital será feita:
> I – quando desconhecido ou incerto o citando;
> II – quando ignorado, incerto ou inacessível o lugar em que se encontrar o citando;
> III – nos casos expressos em lei.
> § 1º Considera-se inacessível, para efeito de citação por edital, o país que recusar o cumprimento de carta rogatória.
> § 2º No caso de ser inacessível o lugar em que se encontrar o réu, a notícia de sua citação será divulgada também pelo rádio, se na comarca houver emissora de radiodifusão.
> § 3º O réu será considerado em local ignorado ou incerto se infrutíferas as tentativas de sua localização, inclusive mediante requisição pelo juízo de informações sobre seu endereço nos cadastros de órgãos públicos ou de concessionárias de serviços públicos. (Brasil, 2015e)

O art. 257, por sua vez, estabelece os requisitos da citação por edital, para que se constitua de forma válida e regular:

> Art. 257. São requisitos da citação por edital:
> I – a afirmação do autor ou a certidão do Oficial informando a presença das circunstâncias autorizadoras;
> II – a publicação do edital na rede mundial de computadores, no sítio do respectivo tribunal e na plataforma de editais do Conselho Nacional de Justiça, que deve ser certificada nos autos;

III – a determinação, pelo juiz, do prazo, que variará entre 20 (vinte) e 60 (sessenta) dias, fluindo da data da publicação única ou, havendo mais de uma, da primeira;

IV – a advertência de que será nomeado curador especial em caso de revelia.

Parágrafo único. O Juiz poderá determinar que a publicação do edital seja feita também em jornal local de ampla circulação ou por outros meios, considerando as peculiaridades da comarca, da seção ou da subseção judiciárias.

A citação por edital é exceção, uma medida extrema aplicável apenas quando realmente for impossível a citação pessoal. A lei também prevê casos de obrigatoriedade desse procedimento, para fins de dar amplo conhecimento a possíveis interessados, conforme dispõe o art. 259 do CPC. A citação por edital é ficta porque há presunção de que a parte tomou conhecimento da ação, embora não haja certeza real, sendo, inclusive, pouco provável. Todavia, para efeitos da formalidade processual e do prosseguimento do feito, ela é considerada válida em casos extremos, como já foi dito.

Um requisito importante estabelecido no art. 257 é o teor da certidão do oficial de justiça informando que o réu é desconhecido ou que o lugar onde ele se encontra é ignorado, incerto ou inacessível. Trata-se de documento que irá influenciar os rumos do processo e deve ter informação completa: com quem o oficial obteve as informações (nome completo, endereço, RG ou CPF), bem como declinar as fontes de informação. Isso traz certeza e segurança para que o juiz determine a citação editalícia e não ocorra nulidade futura, causando prejuízo ao andamento do processo e às partes.

O entendimento jurisprudencial acerca do tema é no sentido de considerar nula a citação feita por edital no caso de o oficial de justiça não ter esgotado os meios de encontrar a parte ou de não ter diligenciado em todos os endereços constantes do processo. Vejamos (Brasil, 2017d, grifo nosso):

Superior Tribunal de Justiça
Revista Eletrônica de Jurisprudência
AGRAVO EM RECURSO ESPECIAL N° 1.050.314 – RJ
(2017/0022058-7)
[...]
EMENTA TRIBUTÁRIO. PROCESSUAL CIVIL. EXECUÇÃO FISCAL. OCORRÊNCIA DA CITAÇÃO POSTAL E CITAÇÃO POR OFICIAL DE JUSTIÇA. AUSÊNCIA DE ESGOTAMENTO DOS MEIOS DE LOCALIZAÇÃO DO DEVEDOR. CITAÇÃO POR EDITAL. INOPORTUNIDADE.

I. A jurisprudência do Superior Tribunal de Justiça é assente no sentido de que a citação por edital somente é cabível quando não exitosas as outras modalidades de citação, ou seja, pelo correio e por oficial de justiça. Nesse sentido o REsp 1.103.050/BA, Rel. Min. Teori Albino Zavascki, primeira seção, julgado em 25/3/2009, DJe 6/4/2009, sob o rito dos recursos repetitivos. Entretanto, na situação dos autos, as duas modalidades de citação já foram realizadas pelo juízo da execução, mas o julgador entendeu que seriam necessárias mais diligências para viabilizar uma citação efetiva.

II. A Súmula n. 414 do Superior Tribunal de Justiça deixa expresso que a citação por edital, na execução fiscal, somente é cabível quando frustradas as demais modalidades. O referido enunciado sumular deve ser interpretado abarcando a situação em que a inexecução da citação por oficial de justiça estiver relacionada com a ausência das diligências necessárias à persecução do devedor.

III. Nesse panorama, para determinar a citação por edital, sabidamente de menor efetividade e de maior custo para a máquina judicial, faz-se necessário o exaurimento das diligências que precedem a citação por oficial de justiça, indo, tal entendimento ao encontro do art. 231 do CPC/73, atual 256, II, do CPC/2015.

IV. Se a citação por oficial de justiça ocorreu sem o esgotamento prévio das diligências necessárias para a localização do devedor, não está o julgador autorizado a determinar, imediatamente, a citação editalícia, devendo, in casu, ser mantido o indeferimento do pedido de citação por esta modalidade.

V. Agravo conhecido para negar provimento ao recurso especial.

Para Freitas e Batista Junior (2013, p. 156), a certidão exarada pelo oficial no caso de não encontrar o réu no endereço do mandado não deve conter a expressão "em local incerto e não sabido", pois é necessário esgotar os meios e as fontes de pesquisa para encontrar a parte, e a consulta a essas fontes excede o momento da diligência a ser certificada. Melhor é que o oficial certifique circunstanciadamente a diligência em si, demonstrando que o réu não está naquele endereço e que não há notícias de seu paradeiro. Assim, o juiz pode determinar as buscas nos sistemas conveniados (Infoseg, cadastro de clientes da água e energia elétrica, Receita Federal, cartório eleitoral), firmar convicção de que a pessoa está em lugar incerto e não sabido e fundamentar a decisão da citação por edital, evitando posterior alegação de nulidade baseada na certidão do oficial, caso a parte comprove que tinha endereço fixo em local diverso.

No entanto, caso haja apenas a alegação de nulidade sem a comprovação do prejuízo, há entendimento de que ela não pode ser reconhecida. É o caso do julgado a seguir (Rio Grande do Sul, 2017d, grifo do original):

> Tribunal de Justiça do Rio Grande do Sul
> TJ-RS – Apelação Cível:AC 70073841421
> [...]
> **APELAÇÃO CÍVEL. USUCAPIÃO. BENS IMÓVEIS. CITAÇÃO POR EDITAL. NULIDADE. INOCORRÊNCIA. ESGOTAMENTO DAS POSSIBILIDADES DE LOCALIZAÇÃO DO RÉU. DEFENSORIA PÚBLICA. PREJUÍZO NÃO DEMONSTRADO. SENTENÇA MANTIDA.**
> A citação do apelante por edital ocorreu depois de esgotadas todas as possibilidades de localização nos endereços informados nos autos. Nomeação de curador especial para a defesa da parte, o que afasta a alegação de nulidade do processo. Recurso apresentado pela Defensoria Pública (curadora especial) postulando apenas a nulidade de citação, sem apresentar o endereço do curatelado, ônus que também lhe competia, uma vez que exerce função essencial à justiça (art. 134 CF). A doutrina e jurisprudência contemporâneas vêm exigindo, para a declaração de nulidade de qualquer ato processual, a demonstração de prejuízo à parte, com base nos arts. 244 e 249 do CPC, que expressamente introduziram os princípios da instrumentalidade das formas e do *pas de nullité sans grief* (sem prejuízo não há nulidade). Os apelantes se limitaram a alegar que o procedimento tramitou sem observar os ditames legais, deixando de demonstrar a existência de prejuízo a quem quer que fosse, o que inviabiliza o acolhimento da irresignação. Princípios da Celeridade e Economia processual. Manutenção da sentença.
> **NEGARAM PROVIMENTO AO APELO. UNÂNIME.**

Dessa forma, o reconhecimento da nulidade da citação por edital requer a comprovação do prejuízo. Além da alegação, cabe a demonstração de que, à época, o destinatário do ato possuía endereço válido.

■ Citação por oficial de justiça

A citação por oficial de justiça ocorrerá sempre que for frustrada a citação por correios e a eletrônica. Entende-se por citação frustrada aquela que voltou negativa, independentemente do motivo. Essa modalidade ocorrerá também nos casos do art. 247 do CPC (já analisado) e mediante pedido justificado da parte, que será submetido à análise do juiz, que determinará em despacho fundamentado que se faça por oficial de justiça mediante a expedição de mandado.

Expedido o mandado, existem duas possibilidades de distribuição: destiná-lo ao oficial que atende à vara ou sorteá-lo entre os oficiais que atendem à vara; ou então destiná-lo à Central de Mandados (Ceman), para que seja distribuído a um dos oficiais que atende à região, nas localidades onde há regionalização dos mandados (geralmente nas capitais e nas cidades de maior porte).

Uma vez que recebeu o mandado para fins de citação, o oficial se empenhará para localizar a pessoa física ou jurídica que consta como réu ou requerido. É importante frisarmos que o oficial de justiça, nesse caso, está para agir como pessoa especializada em resolver o problema de uma citação que não ocorreu pelas vias do correio e eletrônica, razão pela qual deverá empregar os esforços necessários para a localização da parte. Entendemos como *meios e esforços necessários* aqueles que estão dentro da legalidade, seja na consulta a órgãos conveniados para o levantamento de dados e endereços (Infoseg, Receita Federal, cartório eleitoral, companhias de abastecimento de água e energia elétrica), seja no questionamento junto a porteiros e prováveis vizinhos da parte, registrando as respostas em suas anotações para, posteriormente, certificar suas atitudes no intuito de localizar o destinatário do ato e fundamentar a devolução negativa do mandado, se for o caso. O mandado que retorna negativo e com informações inconsistentes afeta a certeza e a segurança necessárias ao andamento processual, razão de ser da distribuição para cumprimento por oficial de justiça, questão que veremos com mais profundidade ao estudarmos o teor das certidões.

O local da citação geralmente estará escrito no mandado e será o endereço da diligência, mas não há impeditivo de que o oficial cite a parte onde ela se encontrar. É comum efetuarmos diligência em local residencial e, mediante informação de um parente, por exemplo, obtermos o endereço comercial do requerido − e não há óbice para que ele seja citado no endereço comercial ou local de trabalho.

A lei processual é clara ao dizer que:

> Art. 243. A citação poderá ser feita **em qualquer lugar em que se encontre** o réu, o executado ou o interessado.
> Parágrafo único. O militar em serviço ativo será citado na unidade em que estiver servindo, se não for conhecida a sua residência ou nela não for encontrado.
> [...]
> Art. 251. Incumbe ao oficial de justiça procurar o citando e, **onde o encontrar**, citá-lo [...]
> (Brasil, 2015e, grifo nosso)

Portanto, não há restrição quanto à localidade. Pelo contrário, qualquer local onde o oficial encontrar o citando será apropriado para fazer a citação. Mesmo que o citando argumente que o mandado não está direcionado para o endereço onde foi encontrado, o endereço onde a citação efetivamente ocorreu deverá ser certificado, não havendo defeito nessa prática, pois a razão de ser do mandado está relacionada à pessoa a que se destina e não ao local. Ou seja, encontrado o destinatário, a citação será válida e regular onde quer que se opere: no local de trabalho, no clube, na academia, no aeroporto, na fila de um banco, no restaurante, no parque etc. Deve ser assim salvo as exceções explícitas na legislação, voltadas à dignidade do ser humano, relacionadas a determinados momentos, celebrações, ritos de passagem e condições de saúde. Vejamos:

> Art. 244. Não se fará a citação, salvo para evitar perecimento de direito:
> I – de quem estiver participando de ato de culto religioso;
> II – de cônjuge, de companheiro, ou de qualquer parente do morto, consanguíneo ou afim, em linha reta ou na linha colateral em segundo grau, no dia do falecimento e nos 7 (sete) dias seguintes;
> III – de noivos, nos 3 (três) primeiros dias seguintes ao casamento;
> IV – de doente, enquanto grave o seu estado.
> Art. 245 Não se fará a citação quando se verificar que o citando é mentalmente incapaz ou está impossibilitado de recebê-la. (Brasil, 2015e)

A lei, nesses casos, restringe localidades e também condições do recebimento da comunicação processual por entender que a pessoa, nas situações elencadas, não está no exercício de pleno entendimento e deliberação acerca da atitude processual que deverá tomar. Respeita-se o momento da pessoa e a sua dignidade, pois o bom andamento processual, nesses casos, esbarra nos direitos fundamentais protegidos constitucionalmente e na regra do bom senso e da razoabilidade.

Quando a pessoa não apresentar condições de saúde física ou mental, o oficial deverá fazer isso constar em certidão explicativa e o juiz poderá nomear um médico para examiná-la ou, ainda, um familiar poderá juntar aos autos uma declaração médica sobre o estado de saúde do citando, o que substituirá a inspeção médica. Reconhecida a impossibilidade pelo juiz, este nomeará um curador e a citação será feita na pessoa do curador (art. 245, § § 1º - 5º, CPC), que ficará responsável pela defesa do citando a partir de então.

Quando se tratar de pessoa jurídica, pode ocorrer que o endereço do mandado não seja a sede da pessoa jurídica, mas a residência do representante legal (sócio). Nesse caso, também não há impedimento para que se efetue a citação e conste na certidão que o endereço onde foi cumprido o mandado é uma residência e não a sede da empresa, complementando-se a certidão com o endereço da sede obtido junto ao representante legal. Essa informação é relevante e não pode ser omitida, sob pena de o juízo presumir que se trata do endereço da pessoa jurídica e direcionar todos os atos processuais àquela localidade. Se a empresa realmente não tem mais sede em outro local, ainda assim deverá constar na certidão que o endereço onde ocorreu a citação é o residencial do sócio, acrescentando-se a informação de que o sócio declarou que a empresa encerrou suas atividades e não tem mais sede (matriz ou filial) em local algum.

Também é importante qualificar a pessoa que se apresenta como sócio, colocando na certidão nome completo, RG e CPF. Isso irá evitar a irregularidade do ato (pois pode ser que a pessoa que se apresenta como sócio não o seja e, assim, declare intencionalmente para provocar a nulidade) e auxiliar em futuros mandados para localizar a pessoa do sócio, não havendo mais endereço da sede, por meio dos sistemas conveniados, tendo em vista que ele pode mudar de endereço residencial.

É possível citar o requerido (pessoa física ou jurídica) na pessoa de um procurador que apresente procuração com poderes específicos para recebimento de citações (art. 105, CPC). Nesse caso, o oficial deverá ficar com a procuração e juntá-la com a certidão aos autos do processo. Sem a procuração, há o risco de nulidade da citação, pois a pendência do documento tira a segurança de que a pessoa efetivamente tem poderes para ser citada no lugar do requerido.

■ Citação por hora certa

A citação por hora certa é expediente legal aplicável quando o oficial de justiça vai duas ou mais vezes ao endereço do citando e não o localiza, mesmo deixando recados para o agendamento da diligência, ficando evidente que a pessoa está praticando manobras com intenção de ocultação para frustrar a prática do ato.

Nesse caso, o oficial deve deixar recado com familiares, vizinhos ou conhecidos (pessoas que estejam no local) e confirmar o recebimento do recado por um destes, observando a situação para detectar se há indício de tentativa de ocultação, pois pode ser o caso de a pessoa estar em viagem, enfrentando problemas de saúde e internação hospitalar (de si ou de familiar). Caso perceba que se trate de manobras de ocultação, o CPC autoriza que ele proceda nos seguintes termos:

> Art. 252. Quando, por 2 (duas) vezes, o Oficial de Justiça houver procurado o citando em seu domicílio ou residência sem o encontrar, deverá, havendo suspeita de ocultação, intimar qualquer pessoa da família ou, em sua falta, qualquer vizinho de que, no dia útil imediato, voltará a fim de efetuar a citação, na hora que designar.
> Parágrafo único. Nos condomínios edilícios ou nos loteamentos com controle de acesso, será válida a intimação a que se refere o caput feita a funcionário da portaria responsável pelo recebimento de correspondência.
> Art. 253. No dia e na hora designados, o oficial de justiça, independentemente de novo despacho, comparecerá ao domicílio ou à residência do citando a fim de realizar a diligência.
> § 1º Se o citando não estiver presente, o oficial de justiça procurará informar-se das razões da ausência, dando por feita a citação, ainda que o citando se tenha ocultado em outra comarca, seção ou subseção judiciárias.

> § 2º A citação com hora certa será efetivada mesmo que a pessoa da família ou o vizinho que houver sido intimado esteja ausente, ou se, embora presente, a pessoa da família ou o vizinho se recusar a receber o mandado.
>
> § 3º Da certidão da ocorrência, o oficial de justiça deixará contrafé com qualquer pessoa da família ou vizinho, conforme o caso, declarando-lhe o nome.
>
> § 4º O Oficial de Justiça fará constar do mandado a advertência de que será nomeado curador especial se houver revelia.

A citação por hora certa não é considerada citação pessoal porque a parte não recebe pessoalmente o mandado. Ela é uma citação ficta ou presumida, pois se supõe que o citando teve ciência da ação pelo desencadeamento dos atos determinados na lei processual. Essa forma de citação existe para evitar que a parte, ao praticar manobras de ocultação, exima-se de saber que existe ação em andamento contra si e bloqueie o desenvolvimento válido e regular do processo, procrastinando o exercício da jurisdição.

É importante que o oficial efetue as diligências justificantes, anotando atentamente datas e horários em que as efetuou e que se certifique sobre os detalhes, deixando claro que seus recados foram transmitidos ao citando, que ficou sabendo que o oficial esteve à sua procura. Trata-se de uma convicção baseada em fatos que devem ser expostos ao juízo sob pena de não ser configurada a citação e ser determinada nova diligência ou anulada a citação feita, o que pode implicar prejuízo ao bom andamento processual e em falta funcional. Essa suspeita do oficial de justiça deve se basear em elementos objetivos e subjetivos a serem descritos nas diligências justificantes mediante a sua certidão.

O **mais relevante** é, efetivamente, fazer a **descrição pormenorizada** dos elementos que levaram à suspeita de ocultação. Por exemplo: o oficial diligencia em dias e horários diferentes e obtém a informação de parentes de que o requerido está viajando ou que mudou de endereço. A princípio deixa recado e contatos telefônicos com algum parente ou vizinho e confirma que foi dado o recado. Diligencia outra vez e, novamente, há a informação de que não está, mas junto a vizinhos (ou mesmo a um porteiro) obtém informação divergente de que o requerido não se mudou, acabou de sair ou de ser visto e que o recado deixado em dia anterior foi transmitido diretamente a ele. É a suspeita de ocultação que deve ficar evidenciada – e **suspeita**, nesse caso, não é certeza nem plena convicção, mas o conjunto de fatos que levam o oficial a duvidar da intenção da parte em receber a comunicação processual.

Há um temor perante a figura do oficial, um certo estigma de que este é portador de notícia indesejada, embora o seu real papel seja dar ciência às pessoas acerca de fatos processuais importantes, que terão efeitos positivos ou negativos sobre a sua realidade. Tais fatos são decorrências do andamento do processo, quer a parte tome ou não conhecimento, e não são provocados pelo oficial.

Antes de tomar as medidas da hora certa, é de bom alvitre que o oficial (além de diligenciar em dias e horários diferentes e de deixar recado expresso) comunique de forma clara que está à procura do requerido (uma comunicação prévia), embora não haja exigência legal em fazê-lo. Ao servidor, basta deixar cartão de visita ou recado com contato telefônico e anotar o nome da pessoa e o vínculo dela com o citando (familiar, porteiro, empregada, vizinho etc.).

Pode acontecer que, ao proceder à derradeira diligência antes de efetuar a hora certa, o citando esteja no local. Nesse caso ele fará a citação pessoal, podendo constar na certidão todos os procedimentos efetuados anteriormente (inclusive a intimação de vizinho, porteiro, pessoa da família do retorno no dia útil imediato). Aspecto muito relevante é a questão do retorno no dia útil imediato, pois isso restringe o oficial, constituindo-se em verdadeira exceção à regra do parágrafo 2º do art. 212 do CPC (que autoriza atos nas férias, feriados, sábados e domingos).

Dessa forma, Soares (2016, p. 117, grifo do original) exemplifica e explica com maestria:

   a. *Vamos supor que o Oficial intimou pessoa da família ou o porteiro do condomínio em um quinta-feira, o dia imediato é sexta-feira, porém é feriado;*

   b. *O Oficial de Justiça poderá retornar no sábado para concluir a citação ou intimação com hora certa do executado, requerido, demandado etc.?* **Não pode!** *(NCPC, art. 216, incluiu o sábado como feriado).*

   c. *Entretanto, alguns Oficiais podem se confundir com a norma do § 2º do art. 212, do NCPC, que lhes autoriza a execução de atos externos em férias, feriados, sábados e domingos. Efetivamente os autoriza, com exceção da citação ou intimação com hora certa, por se tratar de uma das formas determinadas de ato processual prescrita em Lei [...].*

Em virtude desse regramento, para que não haja nulidade, é necessário observar com atenção a diligência do dia anterior, quando o oficial marca para o dia subsequente o horário do retorno para efetivar a citação. Isso é necessário porque, se o dia subsequente não for útil, a validade do ato poderá ser questionada perante o juiz e o ato perderá a eficácia, anulando-se todos os atos posteriores que dele dependam (decretação de revelia, determinação de penhora de bem, leilão, arrematação etc.).

Uma vez realizada de acordo com a previsão legal, após a devolução do mandado certificado pelo oficial com citação por hora certa, cabe ao escrivão ou chefe de secretaria o procedimento do art. 254 do CPC, que estabelece:

> Art. 254. Feita a citação com hora certa, o escrivão ou chefe de secretaria enviará ao réu, executado ou interessado, no prazo de 10 (dez) dias, contado da data da juntada do mandado aos autos, carta, telegrama ou correspondência eletrônica, dando-lhe de tudo ciência.

Sem esse procedimento, a citação fica incompleta, pois a finalidade é assegurar que o citando recebeu notícia do processo e que, perante a lei processual e o próprio processo, ele está citado, conforme o procedimento efetuado (do qual ele obterá ciência por meio de correio eletrônico ou postal). Novamente, entende-se que, sendo meio postal, é necessário enviar por AR. Caso esse AR retorne negativo, a lei não prevê qual o procedimento nem qual a consequência. O AR pode voltar negativo por vários motivos, conforme já estudamos no Quadro 6.2 (AR negativo e reflexos no processo), neste mesmo capítulo.

■ Citação no processo trabalhista

O processo trabalhista denomina a citação inicial de *notificação da reclamação*. Aqui utilizaremos o termo *citação*, apenas para não causar confusão terminológica.

A CLT, Decreto-Lei n. 5.452, tem como regra geral a citação pelos correios e aciona o oficial de justiça apenas quando há problemas. Essa modalidade existe desde maio de 1943, início de vigência da CLT, e funciona com eficiência até os dias atuais, de forma que foi adotada pelo CPC.

O fato de se dar pela via postal não retira o valor da citação para o andamento do processo trabalhista, pois, havendo nulidade, ela se estenderá a todos os atos posteriores (audiência, provas, sentenças). Uma vez decretada a nulidade, o processo deverá iniciar da estaca zero, não importando o seu tempo de tramitação (o processo, muitas vezes, tramitou por longos anos), o que pode levar à prescrição e à decadência, afastando a possibilidade de nova análise do direito material pelo Poder Judiciário.

Quando a citação é feita por oficial de justiça, a lei trabalhista permite algumas possibilidades não previstas na lei processual civil. A citação na Justiça do Trabalho não precisa ser pessoal ao reclamado ou sócio-gerente da empresa. Porém, sendo possível, é melhor que o oficial de justiça assim proceda (entregando-a em mãos) para evitar futura alegação de nulidade. Não sendo possível, o oficial pode entregar a citação ao um empregado com poder de gerência: chefe do RH ou pessoa com procuração com poderes específicos (o ideal é tirar cópia ou foto da procuração e juntá-la aos autos). No caso de o reclamado ser pessoa física, é possível a entrega a um parente que reside no endereço do citando – desde que haja certeza de que ali é o seu endereço – e o oficial pode confirmar o recebimento mediante contato telefônico, certificando tal contato e registrando o número do telefone. Quanto maior for a qualificação das informações a respeito da pessoa que irá receber a citação (RG, CPF, endereço, vínculo com o reclamado etc.), menos problemas futuros ocorrerão a respeito de sua legalidade. Quanto mais segurança tenha o juízo daquilo que foi feito, mais regularidade haverá no ato e menos brechas para alegação de nulidade.

A citação e a intimação com hora certa não têm previsão na legislação trabalhista. Todavia, por força do art. 769 da CLT, o qual determina a aplicação subsidiária do CPC nos casos omissos, a jurisprudência entende cabível quando houver suspeita de ocultação do reclamado. Confira:

EMENTA – CITAÇÃO INICIAL – OFICIAL DE JUSTIÇA – HORA CERTA – PROCESSO DO TRABALHO – VALIDADE – A disposição contida no § 1º, do artigo 841, da CLT não afasta as demais formas previstas no processo comum, mormente se levarmos em conta que a citação por hora certa constitui, sem dúvida, forma de comunicação de ato processual muito mais benéfica para o réu do que aquela realizada por edital, não só em razão dos altos custos que terá que suportar com a publicação do edital, mas também porque, se realizada através de publicação na imprensa, é praticamente certo que o réu dela jamais terá conhecimento. Preliminar de nulidade que ora se rejeita. (Brasil, 2001b)

Dessa forma, a citação por hora certa será realizada nos mesmos moldes da lei processual civil, que será aplicada subsidiariamente, conforme previsto na própria CLT.

■ Citação na execução

A execução pode ser de título judicial ou extrajudicial, execução fiscal, execução para entrega de coisa e execução de obrigação de fazer ou não fazer. Em todas essas modalidades de execução, a citação pelos correios – para pessoas físicas e pessoas jurídicas de pequeno porte (microempresas e pequenas empresas) – é a regra. Os procedimentos que deverão suceder à citação (arresto, penhora, avaliação, registro e intimação da penhora) ocorrerão mediante a expedição de outro mandado, tão somente para os atos subsequentes, a ser cumprido por oficial de justiça (mandado de penhora, avaliação e registro, mandado de registro e avaliação, mandado de penhora e avaliação). Para as pessoas jurídicas de médio e grande porte, a regra é a citação por meio eletrônico, praticando o oficial os demais atos subsequentes.

Na execução fundada em título extrajudicial, cita-se o executado para pagar o débito ou nomear bem à penhora no prazo de três dias (art. 829, CPC). Na execução fiscal, o prazo para pagar ou nomear bem à penhora é de cinco dias, conforme consta no art. 8º da Lei n. 6.830, de 22 de setembro de 1980, a Lei de Execução Fiscal (Brasil, 1980). Na execução de título judicial, de entrega de coisa certa, de cumprimento de obrigação de fazer e não fazer, o prazo é de quinze dias (conforme consta nos arts. 513, 806, 815 e 822, CPC).

Não sendo exitosa a citação pelo correio e pela via eletrônica, ou havendo pedido fundamentado para que a citação ocorra por oficial de justiça, será expedido mandado para citação e demais atos (arresto, penhora, avaliação, registro e intimação da penhora). É o chamado *sincretismo processual*, que reúne em um mandado todos os atos relacionados às medidas de execução e que serão vistos mais detidamente em capítulo à parte.

No caso de cumprimento de mandado por oficial de justiça nas ações de execução fiscal, aplica-se subsidiariamente o CPC quando a legislação especial for omissa e quando não haja incompatibilidade de regras. Ocorrendo a citação por edital, os atos de constrição judicial serão praticados pelo oficial de justiça, mediante a expedição de mandado, de forma idêntica quando a citação se efetuar pelos correios ou eletronicamente.

- Citação na sucessão de empresas

Em se tratando de pessoa jurídica, pode ocorrer de o oficial se dirigir ao endereço e encontrar empresa com CNPJ e razão social diversos, mas com os mesmos sócios da empresa constante do mandado, o mesmo ramo de atividade e, às vezes, até o mesmo nome fantasia. Todavia, os sócios argumentam que a empresa procurada faliu, que a atual não tem nada a ver com o débito, e se negam a receber o mandado. Devido ao fato de não se tratar do mesmo CNPJ e a mesma razão social, em tese, o oficial fica impedido de cumprir o mandado naquela ocasião e, por isso, deve colher todas as informações pertinentes para elucidar o juízo a decidir se esse é um caso de sucessão de empresas, cuja finalidade principal é burlar o fisco e driblar os credores.

Essa visão da realidade só é possível ao oficial, que vai pessoalmente até o local informado como endereço sede da empresa. Seu dever é transmitir tal situação ao juiz de forma fidedigna. A consequência será uma decisão judicial no sentido de considerar as empresas envolvidas nessa cadeia sucessória corresponsáveis pelo débito. É o efeito inverso ao desejado com a abertura de empresas com CNPJ e razão social distintos, mas com os mesmos sócios e mesma atividade, tendo características de má-fé e de fraude. Porém, nesse caso, a citação dependerá de decisão judicial e expedição de novo mandado, cabendo ao oficial apenas o relato da realidade encontrada.

O oficial não tem poder decisório para citar uma empresa no lugar da outra, ainda que haja identidade de sócios, mas tem autonomia para citar a empresa antecessora que consta como requerida no mandado na pessoa do sócio (que se identifica e não opõe resistência) e relatar a situação real que encontrou no local. Caso o sócio oponha resistência, ou mesmo não se identifique como tal, cabe ao oficial relatar o impasse ao juiz, em certidão, a fim de que este determine qual o procedimento a ser executado.

Outra questão relevante quando se trata da citação de pessoa jurídica é a diferenciação da **citação do responsável tributário** como tal. Isso é necessário porque a pessoa jurídica é um ente abstrato distinto da pessoa física que existe por trás dela, administrando-a, ou dos sócios que a compõem. Quando nasce uma empresa, é necessário elaborar o contrato social, que é uma espécie de certidão de nascimento desse ente jurídico, e ali irá constar, entre outros itens relevantes, quem é o seu representante legal (art. 45-46, CC).

A importância de instituir essa representatividade, a princípio, para questões processuais, é saber quem está apto para receber citações e intimações e para ser depositário de bens penhorados e intimado de penhoras.

Na execução fiscal, de forma específica, a importância é para que posteriormente seja possível identificar-se o responsável tributário, que é a pessoa que tem a responsabilidade de recolher o tributo aos cofres públicos quando ocorre o seu fato gerador. Geralmente, o representante legal também é o responsável tributário, mas pode acontecer de não serem a mesma pessoa; o que vai definir isso são as atribuições constantes no contrato social.

Quando estiver cumprindo o mandado de citação/intimação na execução fiscal, o oficial de justiça tem autonomia para verificar quem representa legalmente a empresa. Ele poderá finalizar o ato perante aquele que se apresente como tal ou que esteja nominado no mandado, identificando-o (colhendo a assinatura, nome completo, RG, CPF).

Por força do art. 135 do Código Tributário Nacional (CTN), Lei n. 5.172, de 25 de outubro de 1966, há responsabilidade pessoal (da pessoa física que atua por trás da pessoa jurídica) nos seguintes termos:

> Art. 135. São pessoalmente responsáveis pelos créditos correspondentes a obrigações tributárias resultantes de atos praticados com excesso de poderes ou infração de lei, contrato social ou estatutos: [...] III – os diretores, gerentes ou representantes de pessoas jurídicas de direito privado. (Brasil, 1966)

Todavia, o reconhecimento de tal responsabilidade depende de determinação judicial, e o oficial de justiça não tem autonomia para identificar de plano (no ato da citação ou da intimação) o responsável tributário (isso deve ser determinado no conteúdo do mandado).

Assim ocorre porque a consequência é grave, uma vez que a pessoa física passa a ser responsável com seu patrimônio pessoal caso a pessoa jurídica não disponha de bens. O juiz é quem deverá analisar quais das pessoas físicas envolvidas com a pessoa jurídica (sócios, administradores, gerentes) tinham a obrigação legal de recolher o tributo e, a partir disso, irá redirecionar a execução para aquela ou aquelas pessoas físicas, expedindo novo mandado de citação no qual conste a ordem:

> Cite-se FULANO DE TAL na qualidade de responsável tributário da empresa TAL para que, no prazo de cinco (5) dias, pague ou nomeie bens à penhora (etc.).

Há juízes que entendem que o oficial deve citar a empresa na pessoa do representante legal e este na qualidade de responsável tributário, pois caso ambos não se concentrem na mesma pessoa, isso deverá ser comprovado posteriormente em defesa (exceção de pré-executividade ou embargos à execução). Nessa situação específica, o mandado deve conter no seu teor o seguinte:

> Cite-se a empresa TAL na pessoa de seu representante legal, FULANO DE TAL, e este na qualidade de responsável tributário, para que, no prazo de cinco (5) dias, pague ou nomeie bens à penhora (etc.).

A diferença entre essas duas hipóteses é que, na primeira, a pessoa jurídica será citada, representada legalmente pelo sócio, gerente ou administrador e, em um segundo momento, verificada a inexistência de bens e aplicado o teor do art. 135, inciso III, do CTN pelo juiz, haverá citação da pessoa física do responsável tributário e abertura de novo prazo para pagamento ou nomeação de bens à penhora. Até então, o processo era somente contra a empresa; em seguida, passa a ser também contra o sócio, gerente ou administrador (responsabilidade solidária). No segundo caso, o juiz pressupõe que o representante legal é também o responsável tributário e determina sua citação na mesma ocasião da citação da pessoa jurídica (em um ato apenas, na mesma diligência, o oficial cita). Essa presunção admite prova em contrário, mas prevalece até que a parte se manifeste no processo. Caso não se manifeste, entende-se que foi reconhecida e nada obsta que, a partir do decurso do prazo de cinco dias ficando inerte, bens do responsável tributário figurem como garantia de execução na falta de patrimônio empresarial.

Dessa forma, importa reconhecer que a representação legal da pessoa jurídica é uma coisa e que responsabilidade tributária é outra. Pode acontecer (e, na maioria das vezes, acontece) de ambas estarem concentradas na mesma pessoa (no mesmo sócio, gerente ou administrador). No entanto, a responsabilidade tributária depende da análise do critério legal "atos praticados com excesso de poderes ou infração de lei, contrato social ou estatutos", algo que não está ao alcance do oficial de justiça fazer e que cabe ao juiz reconhecer mediante decisão fundamentada.

Situação semelhante ocorre na despersonalização da pessoa jurídica, instituída pelo art. 50 do CC, que prescreve:

> Art. 50. Em caso de abuso da personalidade jurídica, caracterizado pelo desvio de finalidade, ou pela confusão patrimonial, pode o juiz decidir, a requerimento da parte, ou do Ministério Público quando lhe couber intervir no processo, que os efeitos de certas e determinadas relações de obrigações sejam estendidos aos bens particulares dos administradores ou sócios da pessoa jurídica. (Brasil, 2002)

Também nessa hipótese trata-se de um fato praticado (pelas pessoas físicas que atuam por trás da pessoa jurídica) que precisa ser reconhecido processualmente pelo juiz, o qual analisa os requisitos (abuso da personalidade jurídica, desvio de finalidade, confusão patrimonial) e profere decisão fundamentada, determinando a intervenção no patrimônio dos sócios ou administradores. Nesse caso específico, no entanto, não é necessário que a empresa não tenha bens em seu patrimônio, como exige a Lei de Execuções Fiscais (LEF), podendo haver gravame direto no patrimônio dos administradores ou sócios (Brasil, 1980).

- Citação por carta de ordem, precatória, rogatória e arbitral

O processo civil comporta a regra da cooperação jurídica nacional e internacional entre órgãos jurisdicionais. Disso vem a previsão de quatro tipos de carta, no art. 237 do CPC e regulamentadas no art. 260 e artigos seguintes. São elas: de ordem, precatória, rogatória e arbitral. Todas elas visam à superação da questão territorial, pois nem sempre a parte destinatária do ato está no território jurisdicional do juiz ou do tribunal no qual tramita o processo.

A **carta de ordem** é aquela expedida de um tribunal para um juízo de instância inferior a ele vinculado, a fim de que, no seu âmbito, seja praticado ato processual para o andamento do processo na instância superior. O tribunal pode ter sede localizada fora do território específico onde o ato necessita ser praticado e, por isso, a necessidade de expedição da carta de ordem.

A **carta precatória** é uma forma de colaboração entre juízes de mesma instância, mas de jurisdições diferentes, para que seja praticado ato necessário ao andamento do processo. O juiz que a expede é o deprecante e o juiz que a recebe é o deprecado. Ela pode ser expedida com a finalidade de citar, intimar, penhorar etc.

A **carta rogatória** assemelha-se à carta precatória, mas é de cunho internacional e serve para casos em que diligências e atos processuais precisam ser praticados fora do território nacional – por exemplo, oitiva de testemunha, citação do cônjuge na separação judicial. Deve ser expedida com observância aos tratados e às convenções internacionais e não se prestam à realização de qualquer ato de constrição patrimonial (penhora, arresto, sequestro, busca e apreensão). O Brasil também recebe cartas rogatórias de outros países e o seu cumprimento passa pelo crivo do Superior Tribunal de Jusitça – STJ (art. 105, I, "i", CF).

A **carta arbitral** existe quando as partes pactuaram a submissão de litígios ao juízo arbitral (cláusula compromissória), prevista nos arts. 3º a 12 da Lei n. 9.307, de 23 de setembro de 1996 (Brasil, 1996), e há necessidade da prática de algum ato fora dos limites territoriais do juízo arbitral. Nesse caso, o Poder Judiciário colabora com o juízo arbitral por meio da carta, nos termos do art. 237, inciso IV, e do art. 260 do CPC.

Cabe ressaltarmos que não apenas a citação pode ocorrer por meio dessas cartas, que são aplicáveis para a intimação e para outros atos processuais. A abordagem no presente capítulo é oportuna para fins didáticos.

- Citação no processo penal

A citação no processo penal tem certas peculiaridades em relação ao processo civil, razão pela qual merece o estudo à parte. No processo penal, a citação por mandado é a regra geral, diferentemente do processo civil e do trabalho, em que ela é a exceção.

Por força do art. 351 do Código de Processo Penal (CPP), Decreto-Lei n. 3.689, de 3 de outubro de 1941, a citação da pessoa acusada criminalmente ocorrerá por meio da expedição e distribuição de mandado para o oficial de justiça, não havendo previsão de citação postal nem eletrônica. Essa determinação legal é fruto da vigência das garantias constitucionais do contraditório e da ampla defesa, pois o resultado final do processo tende à restrição de liberdades e de direitos, sendo, portanto, necessária a absoluta certeza acerca da realização do ato que dá início ao processo. Uma vez realizada pessoalmente pelo oficial de justiça, inicia-se o decurso de prazo e forma-se regularmente a relação processual, que não corre o risco de ser anulada por irregularidade da citação. É a segurança jurídica do devido processo legal que está sendo preservada, nesse caso, por dupla via: garantia do exercício do contraditório e da ampla defesa, de um lado; garantia da regularidade processual, por outro. A inconsistência da citação em processo criminal pode gerar a prescrição da pretensão punitiva ou da pretensão executória, ambas prejudiciais à sociedade, pois o acusado poderá ficar impune mesmo sendo culpado.

O art. 352 do CPP expressa os requisitos formais que o mandado deve conter para que o acusado tenha pleno conhecimento da ação que é proposta contra a sua pessoa. Vejamos:

> Art. 352. O mandado de citação indicará:
> I – o nome do juiz;
> II – o nome do querelante nas ações iniciadas por queixa;
> III – o nome do réu, ou, se for desconhecido, os seus sinais característicos;
> IV – a residência do réu, se for conhecida;
> V – o fim para que é feita a citação;
> VI – o juízo e o lugar, o dia e a hora em que o réu deverá comparecer;
> VII – a subscrição do escrivão e a rubrica do juiz. (Brasil, 1941b)

O art. 357 expressa os requisitos inerentes à prática do ato, a serem cumpridos pelo oficial de justiça no ato da citação em si: "São requisitos da citação por mandado: I – leitura do mandado ao citando pelo Oficial e entrega da contrafé, na qual se mencionarão dia e hora da citação; II – declaração do Oficial, na certidão, da entrega da contrafé, e sua aceitação ou recusa".

A citação no processo penal não tem restrição de dia nem de horário. Pode ocorrer em qualquer um dos dias da semana, em finais de semana, em feriados, a qualquer hora do dia ou da noite, desde que respeitada a inviolabilidade de domicílio (sempre destacando que o oficial não precisa adentrar o domicílio para cumprir o seu trabalho, podendo fazê-lo no portão da residência, por exemplo).

Citação por hora certa

Caso verifique que o acusado se oculta, o art. 362 do CPP prevê a possibilidade de citação por hora certa, remetendo-nos ao CPC para formalizá-la. Uma vez formalizada, não comparecendo o acusado ao processo, para ele será nomeado defensor dativo, nos termos do parágrafo 2º do supracitado artigo. Ficam garantidos, assim, o exercício do contraditório e da ampla defesa, bem com o regular andamento do processo, o qual não terá nulidade.

Citação por carta

Existem três tipos de carta para citação do acusado em processo criminal e elas são aplicáveis quando ele não se encontra na comarca onde o processo tramita. São elas: precatória, de ordem e rogatória.

A **carta precatória** será expedida nos termos do art. 353 do CPP e nos moldes do art. 354 do mesmo diploma legal. O juízo que envia a carta precatória para esse fim é denominado *juízo deprecante*; já o juízo que a recebe é chamado de *juízo deprecado*. Caso o juízo deprecado tenha notícia de que o acusado reside em outra comarca fora de sua jurisdição, por força do parágrafo 1º do art. 355 do CPP, ele remeterá a precatória ao outro juízo, desde que haja tempo para o seu cumprimento. É a chamada "precatória itinerante". A lei não prevê qual medida a tomar caso não haja tempo, mas entendemos que deve ser a devolução da precatória ao juízo deprecante para que este tome as providências cabíveis no que diz respeito ao prazo para a prática do ato e expeça nova precatória para a comarca do endereço atual do acusado.

O processo criminal é uma corrida contra o tempo, uma vez que a prescrição da pretensão punitiva e da pretensão executória tira a sua eficácia, pois são causas extintivas de punibilidade. Ou seja, mesmo que o acusado seja culpado, não haverá punição pelo fato criminoso.

Também é possível a **citação por hora certa na carta precatória**, desde que estejam presentes as seguintes condições: a) o oficial de justiça do juízo deprecado certifique as diligências frustradas e a suspeita de ocultação; b) o juízo deprecado devolva a carta; c) o juízo deprecante autorize a citação por hora certa mediante despacho fundamentado. Essa é determinação do parágrafo 2º do art. 355 do CPP, que, a nosso ver, gera uma incoerência no andamento do processo, pois a lógica seria o juiz deprecado ter autonomia para determinar a hora certa e não retroceder o andamento da precatória para o juiz deprecante despachar, determinando-a e novamente remetendo-a ao juízo deprecado. É medida contraproducente, desprovida de coerência e razoabilidade, que possibilita ao acusado ocultar-se ainda mais, frustrando a persecução penal em razão da demora da citação.

A **carta de ordem** é o instrumento processual em que o tribunal de instância superior determina que o órgão de instância inferior cite o acusado no seu âmbito jurisdicional. Por exemplo: o STJ expede carta de ordem para citação de um réu residente na jurisdição de Curitiba. Isso geralmente ocorre em situações de foro privilegiado, nas quais o processo tramita perante um tribunal e a pessoa reside em comarca diversa da comarca onde está situada a sede. Normalmente, as cartas de ordem são expedidas por Superior Tribunal Federal (STF), Superior Tribunal de Justiça (STJ), Tribunal Superior Eleitoral (TSE), Tribunais Regionais Eleitorais

(TREs), Tribunais Regionais Federais (TRFs) e Tribunais de Justiça Estaduais.

A **carta rogatória** é expedida quando há necessidade de citar pessoa fora do país e ela tramita pela via diplomática, nos termos dos arts. 368 e 369 do CPP, perante o Itamaraty. Não é obrigatório que o país a que se destina cumpra a citação, mas, normalmente, há tratados internacionais de cooperação mútua nesse sentido. Caso o país destinatário não realize o ato por não haver qualquer tratado nem previsão em sua legislação interna, os tribunais entendem que se deve proceder à citação por edital.

Citação por edital

Caso o acusado não seja localizado, o art. 363, parágrafo 1º, do CPP prevê a citação por edital, aplicável quando esgotadas todas as vias de encontrá-lo. O esgotamento das vias ocorre com a utilização dos serviços conveniados para localização de outros eventuais endereços. Isso deve constar expressamente na certidão do oficial, de forma minuciosa, assim como os locais, as datas e os horários em que foram feiras as diligências e os motivos que frustraram o ato.

Essa certidão negativa do oficial de justiça é de suma importância e dará base jurídica para a fundamentação decisória do juiz pela citação editalícia, evitando nulidades futuras.

Tendo em vista a excepcionalidade dessa forma de citação – que não é pessoal, mas ficta (presumida) –, a legislação processual penal prevê a suspensão da prescrição, caso o acusado seja revel e esteja foragido com o intuito de dela se beneficiar (art. 366, CPP). Dessa forma, a citação por edital nada tem de vantajosa para ele, pelo contrário.

Os requisitos do edital são os seguintes:

Art. 365. O edital de citação indicará:
I – o nome do juiz que a determinar;
II – o nome do réu, ou, se não for conhecido, os seus sinais característicos, bem como sua residência e profissão, se constarem do processo;
III – o fim para que é feita a citação;
IV – o juízo e o dia, a hora e o lugar em que o réu deverá comparecer;
V – o prazo, que será contado do dia da publicação do edital na imprensa, se houver, ou da sua afixação.
Parágrafo único. O edital será afixado à porta do edifício onde funcionar o juízo e será publicado pela imprensa, onde houver, devendo a afixação ser certificada pelo oficial que a tiver feito e a publicação provada por exemplar do jornal ou certidão do escrivão, da qual conste a página do jornal com a data da publicação. (Brasil, 1941b)

Após realizar a publicação em edital, o serventuário (escrivão) deverá certificar tudo nos autos: onde foi afixado; em qual jornal de circulação foi veiculado; em quais datas etc. Caso o réu não compareça, será decretada a revelia e será nomeado defensor dativo para produção de provas, quando reconhecidamente necessárias e urgentes. É possível também a decretação de sua prisão preventiva, conforme o art. 312 do CPP. Os motivos de revelia estão elencados no art. 367 do CPP, sendo o não comparecimento em juízo para responder à denúncia no prazo legal, a ausência da residência por mais de oito dias sem comunicação ao juízo processante e a mudança de residência sem comunicação ao juízo processante.

Citação no processo penal conforme o cargo do acusado

O CPP também regrou a citação do funcionário público e do militar, considerando a peculiaridade de suas funções.

Para o militar na ativa, a previsão legal é de que seja oficiado o superior hierárquico, o qual, por sua vez, deverá encaminhar a citação ao acusado e certificar o ato perante o juiz. Nesse caso se dispensa a atuação do oficial de justiça, conforme o art. 358 do CPP.

O servidor público será citado mediante mandado cumprido pelo oficial de justiça, que também deverá notificar o superior hierárquico (chefe da repartição) da citação e a necessidade de comparecimento em juízo (art. 359, CPP). A finalidade dessa notificação é a liberação do servidor e sua substituição, caso haja necessidade, na data prevista para o comparecimento.

Citação no processo penal conforme a localização do acusado

A lei processual penal também previu o caso que trata de **réu preso**, determinando a citação por oficial de justiça, o qual, na mesma diligência, comunicará – normalmente mediante ofício – o diretor do presídio onde o acusado estiver custodiado para que tome as medidas necessárias para disponibilizá-lo no dia e no horário marcados, com banho tomado, refeição feita e em condições de se apresentar em juízo (também necessita ver a logística para abertura da carceragem, transporte e retorno do preso, entre outros detalhes).

Tratando-se de **réu residente no estrangeiro** em lugar certo e sabido, será expedida carta rogatória. Caso apenas se tenha notícia de que vive no estrangeiro, mas sem lugar certo e sabido, o caso é de citação por edital, conforme já vimos.

Por fim, a legislação também previu o caso de pessoas que trabalham em **legações estrangeiras** (consulados, embaixadas) e que não têm imunidade diplomática. Como essas localidades são consideradas território estrangeiro, mesmo estando geograficamente situadas dentro do Brasil, o procedimento a tomar é o juiz oficiar o ministro da Justiça para que este acione o ministro das Relações Exteriores, o qual, então, por vias diplomáticas, deve citar o acusado, devolvendo a citação ao juiz mediante ofício.

6.3 Intimação

O art. 269 do CPC traz o conceito de intimação, definido como o "ato pelo qual se dá ciência a alguém dos atos e dos termos do processo" (Brasil, 2015e). Ou seja, a intimação é a forma de avisar a uma das partes do processo um acontecimento relevante do seu decurso e tem característica de determinar a prática – ou a abstenção da prática – de algum ato pela parte.

O processo é dinâmico e constitui-se no conjunto de atos coordenados que são desencadeados de forma lógica e sequencial, de acordo com a prescrição legal.

> *As partes do processo precisam estar cientes dos acontecimentos, das fases, dos prazos e das atitudes que devem tomar para a garantia de seus direitos e para o bom andamento da causa. A intimação existe para essa finalidade e também é um ato de comunicação processual.*

Todavia, as partes do processo precisam estar cientes dos acontecimentos, das fases, dos prazos e das atitudes que devem tomar para a garantia de seus direitos e para o bom andamento da causa. A intimação existe para essa finalidade e também é um ato de comunicação processual.

Valem para as intimações as mesmas regras e cautelas aplicáveis às citações, inclusive no que diz respeito à hora certa e às intimações por meio eletrônico.

Excepcionalmente a intimação por oficial de justiça ocorrerá em situações nas quais a intimação por meio eletrônico ou pelo correio não teve êxito. Perceba que, aqui, há uma diferença em relação às citações, pois o meio eletrônico tem primazia sobre o meio postal.

Vejamos a redação do art. 275 do CPC:

> Art. 275. A intimação será feita por oficial de justiça quando frustrada a realização por meio eletrônico ou pelo correio.
>
> § 1º A certidão de intimação deve conter:
>
> I – a indicação do lugar e a descrição da pessoa intimada, mencionando, quando possível, o número de seu documento de identidade e o órgão que o expediu;
>
> II – a declaração de entrega da contrafé;
>
> III – a nota de ciente ou a declaração de que o interessado não a apôs no mandado.
>
> § 2º Caso necessário a intimação poderá ser efetuada com hora certa ou por edital. (Brasil, 2015e)

O art. 275 vem reforçar o teor do art. 274 e hierarquizar as intimações da seguinte forma, em relação aos advogados e às partes:

1º Intimação por meio eletrônico;

2º Intimação por correio;

3º Intimação por oficial de justiça: como exceção e não como regra, pois o *caput* do art. 275 é claro ao dizer que "a intimação será feita por oficial de justiça quando frustrada a realização por meio eletrônico ou pelo correio".

Entendemos que a aplicabilidade dessa sistemática é válida indistintamente para:

» as partes, seus representantes (no caso de assistência e representação), seus advogados;

» entes públicos como União, estados, DF e municípios;

» Ministério Público, Defensoria Pública e Advocacia Pública.

A lei processual também determina expressamente, no art. 77, inciso V, do CPC, que é dever das partes, de seus procuradores e de todos que, de alguma forma, participarem do processo dizer nos autos, na primeira oportunidade, em qual endereço receberão intimações e informar quando houver mudança de endereço, seja ela temporária ou definitiva. A regra é importante para evitar prejuízos para os atores processuais, tendo em vista que é dever e também interesse saber o que acontece no processo e nem sempre os sistemas conveniados irão solucionar os problemas de localização.

Os casos mais comuns de intimação pelo oficial de justiça são: intimação de **penhora**, intimação de **sentença** e intimação de **partes e testemunhas** para audiência. Todas são relevantes para o bom andamento processual.

Na intimação de penhora, é necessário deixar claro o prazo para a interposição dos embargos. Na de sentença, o mesmo vale para o prazo para interposição de recurso; na de partes e testemunhas para audiência, a data, o local e o horário da audiência.

Conforme expressa o parágrafo 2º do art. 77 do CPC, é possível a intimação por hora certa, que será realizada nos mesmos moldes da citação, ou seja, duas ou mais diligências. Se houver a suspeita de ocultação, o oficial irá intimar seu retorno no dia útil subsequente para efetuá-la.

A intimação geralmente traz um ônus à parte relacionado à prática de ato processual (comparecimento em audiência, manifestação acerca de documento juntado aos autos, recolhimento de custas etc.). No caso de testemunha intimada para audiência e que não comparece, fica bem claro que o descumprimento da ordem gera efeitos (art. 455, CPC), o que prevê a condução coercitiva e o pagamento das despesas geradas pelo não comparecimento.

O art. 455 do CPC também transfere aos advogados a responsabilidade de intimar ou notificar as testemunhas, nos seguintes termos:

> Art. 455. Cabe ao advogado da parte informar ou intimar a testemunha por ele arrolada do dia, da hora e do local da audiência designada, dispensando-se a intimação do juízo.
> § 1º A intimação deverá ser realizada por carta com aviso de recebimento, cumprindo ao advogado juntar aos autos, com antecedência de pelo menos 3 (três) dias da data da audiência, cópia da correspondência de intimação e do comprovante de recebimento.

> § 2° A parte pode comprometer-se a levar a testemunha à audiência, independentemente da intimação de que trata o § 1°, presumindo-se, caso a testemunha não compareça, que a parte desistiu de sua inquirição.
> § 3° A inércia na realização da intimação a que se refere o § 1° importa desistência da inquirição da testemunha. (Brasil, 2015e)

E o parágrafo 4° do mesmo artigo esclarece as exceções de quando há necessidade de expedição de mandado para cumprimento por oficial de justiça:

> Art. 455 [...]
> § 4° A intimação será feita pela via judicial quando:
> I – for frustrada a intimação prevista no § 1° deste artigo;
> II – sua necessidade for devidamente demonstrada pela parte ao juiz;
> III – figurar no rol de testemunhas servidor público ou militar, hipótese em que o juiz o requisitará ao chefe da repartição ou ao comando do corpo em que servir;
> IV – a testemunha houver sido arrolada pelo Ministério Público ou pela Defensoria Pública;
> V – a testemunha for uma daquelas previstas no art. 454.
> § 5° A testemunha que, intimada na forma do § 1° ou do § 4°, deixar de comparecer sem motivo justificado será conduzida e responderá pelas despesas do adiamento.

Por fim, também há possibilidade de os advogados se intimarem entre si, mediante ofício de intimação fornecido pelo cartório ou secretaria da vara, com cópia da decisão ou despacho do juiz, conforme os parágrafos 1° e 2° do art. 269 do CPC.

6.3.1 Intimação criminal

A intimação criminal está regrada no art. 370 e seguintes do CPP. É o ato pelo qual se dá ciência à parte do andamento do processo e para que ela realize algum ato processual, de forma que as regras atinentes à citação são aplicáveis à intimação. Portanto, no processo penal, é ato pessoal a ser realizado mediante a expedição de mandado por oficial de justiça, sendo cabível intimação por hora certa. A intimação por edital ocorrerá quando o réu estiver em local incerto e não sabido, esgotados todos os meios de localização. Conforme já dissemos, os mandados de intimação mais comuns são: de audiência para oitiva de testemunhas, de audiência para interrogatório do réu, intimação para que o acusado constitua novo advogado nos autos e intimação de sentença. Nada obsta, no entanto, que qualquer outro acontecimento processual seja comunicado via intimação.

Em relação à testemunha – devidamente intimada – que não comparece, a lei processual penal é mais rigorosa que a processual civil, pois ela estabelece: a condução coercitiva, o pagamento de multa, o pagamento de custas da diligência e a responsabilidade criminal por desobediência (arts. 218-219, CPP). A desobediência é crime previsto no art. 330 do CP, Lei n. 2.848, de 7 de dezembro de 1940, com pena de detenção de 15 dias a seis meses e multa. Dessa forma, o não comparecimento da pessoa regularmente intimada transformará a mera testemunha em ré de um processo criminal.

Pode ocorrer de a pessoa intimada não poder comparecer na data e no local designados para a audiência, por motivo de viagem inadiável, saúde ou outro fato relevante. Nesse caso, ela deverá informar o juízo com antecedência, para que a data seja remarcada. Se ocorrer algum imprevisto e não for possível comunicar o juízo em tempo hábil, é de bom alvitre comunicar o quanto antes – juntando prova, se possível – e solicitar o reagendamento. Isso evitará a futura expedição de mandado de condução coercitiva e a incidência das penalidades referidas no parágrafo anterior. Esse procedimento é válido quer se trate de audiência em processo criminal, cível, previdenciário ou mesmo execução fiscal na qual haja necessidade de produzir prova testemunhal.

6.3.2 Intimação por *WhatsApp* nos juizados especiais

Uma decisão recente do CNJ (Brasil, 2017a), em procedimento de controle administrativo, entendeu que é válida a intimação realizada com a utilização do aplicativo WhatsApp nos Juizados Especiais Cíveis e Criminais. O fundamento está no fato de se tratar de processos que têm a desburocratização, a informalidade e o consenso como características.

Vejamos a ementa da decisão (Brasil, 2017a, grifo do original):

Conselho Nacional de Justiça
Autos: PROCEDIMENTO DE CONTROLE ADMINISTRATIVO – 0003251-94.2016.2.00.0000
Requerente: GABRIEL CONSIGLIERO LESSA
Requerido: CORREGEDORIA-GERAL DE JUSTIÇA DO ESTADO DE GOIÁS
  PROCEDIMENTO DE CONTROLE ADMINISTRATIVO. JUIZADO ESPECIAL CÍVEL E CRIMINAL. INTIMAÇÃO DAS PARTES VIA APLICATIVO WHATSAPP. REGRAS ESTABELECIDAS EM PORTARIA. ADESÃO FACULTATIVA. ARTIGO 19 DA LEI N. 9.099/1995. CRITÉRIOS ORIENTADORES DOS JUIZADOS ESPECIAIS. INFORMALIDADE E CONSENSUALIDADE. PROCEDÊNCIA DO PEDIDO.

1. O art. 2º da Lei n. 9.099/1995 estabelece que o processo dos Juizados será orientado pelos "*critérios da oralidade, simplicidade, informalidade, economia processual e celeridade, buscando, sempre que possível, a conciliação ou a transação*".
2. O art. 19 da Lei n. 9.099/1995 prevê a realização de intimações na forma prevista para a citação ou por "*qualquer outro meio idôneo de comunicação*".
3. A utilização do aplicativo *whatsapp* como ferramenta para a realização de intimações das partes que assim optarem não apresenta mácula.
4. Manutenção dos meios convencionais de comunicação às partes que não se manifestarem ou que descumprirem as regras previamente estabelecidas.

Procedência do pedido para restabelecer os termos da Portaria que regulamentou o uso do aplicativo *whatsapp* como ferramenta hábil à realização de intimações no âmbito dos Juizados Especiais Cíveis e Criminais da Comarca de Piracanjuba/GO.

A intimação guarda semelhança com a notificação, mas dela difere porque esta normalmente não implica na prática de um ato processual.

6.4 Notificação

A notificação é ato processual de caráter informativo na esfera civil, penal e trabalhista. Ela não gera ônus para a parte, mas lhe dá ciência acerca de fato relevante do processo.

Segundo Soares (2016, p. 110), são alguns exemplos: notificação da autoridade coatora de que foi impetrado mandado de segurança contra ela; ao credor hipotecário de que houve penhora sobre o bem hipotecado; ao senhorio direto de que foi arrematado prédio emprazado; aos vendedores com direito à preferência na nova venda; ao réu, de que foi extinta a punibilidade etc.

6.5 Como se conta o prazo

A contagem de prazo é de suma importância para que o ato seja praticado tempestivamente, pois a preclusão, nesse caso, terá efeitos processuais prejudiciais à parte, como a revelia. Um prazo que se esgota sem a prática do ato correlato pode se tornar fatal para a parte. Para que isso não ocorra, a legislação processual possui regramento expresso a seu respeito.

> Os **prazos** podem ser **legais**, quando fixados por lei; ou **judiciais**, quando a lei é omissa e o juiz fixa de acordo com a natureza do ato a ser praticado, podendo inclusive prorrogá-lo mediante solicitação justificada da parte.

Um ato praticado **antes** do início do prazo é considerado tempestivo. Um ato praticado **após** o término do prazo é intempestivo e não há necessidade de que o juiz se pronuncie a respeito (art. 223, CPC).

> *Um prazo que se esgota sem a prática do ato correlato pode se tornar fatal para a parte. Para que isso não ocorra, a legislação processual possui regramento expresso a seu respeito.*

Pode ocorrer de a parte não tê-lo praticado dentro do prazo por justo motivo, assim considerada aquela circunstância alheia à vontade da parte que a impediu de praticá-lo, por si ou por mandatário, conforme parágrafos do art. 223, ocasião em que o juiz permitirá a prática em prazo que estipular.

É importante esclarecermos que **os prazos processuais são contados em dias**, não em meses ou anos. Além disso, os prazos processuais serão contados somente em dias úteis (art. 219, CPC), excluindo-se os feriados (sábados, domingos e dias sem expediente forense), conforme o art. 216 do mesmo diploma legal. Por fim, lembramos que o recesso forense (de 20 de dezembro a 20 de janeiro) está estipulado no art. 220 do CPC, ocasião em que não haverá expediente forense, período em que os prazos ficarão suspensos em razão disso. Como já estudamos, o fato de serem dias não úteis não impede a prática de atos de citação, intimação e penhora pelo oficial de justiça, pois a regra se refere à contagem de prazos e não à prática de atos pelo oficial. Os maiores beneficiários dessa forma de contagem de prazos são os operadores do direito, especialmente os advogados, pois a contagem em dias corridos retira-lhes o direito ao descanso e ao lazer, sobrecarregando esse profissional.

Estabelecidas as regras quanto ao conteúdo dos prazos (dias úteis), também temos as **regras relativas ao início do decurso do prazo**. Isso ocorre porque o início de contagem do prazo é o marco mais importante para a prática do ato no tempo certo.

Em relação a esse assunto, temos o disposto no art. 231 do CPC, que assim estipula:

> Art. 231. Salvo disposição em sentido diverso, considera-se **dia do começo do prazo**:
> I – a data de juntada aos autos do aviso de recebimento, quando a citação ou a intimação for pelo correio;
> II – a data de juntada aos autos do mandado cumprido, quando a citação ou a intimação for por oficial de justiça;
> III – a data de ocorrência da citação ou da intimação, quando ela se der por ato do escrivão ou do chefe de secretaria;
> IV – o dia útil seguinte ao fim da dilação assinada pelo juiz, quando a citação ou a intimação for por edital;

> V – o dia útil seguinte à consulta ao teor da citação ou da intimação ou ao término do prazo para que a consulta se dê, quando a citação ou a intimação for eletrônica;
> VI – a data de juntada do comunicado de que trata o art. 232 ou, não havendo esse, a data de juntada da carta aos autos de origem devidamente cumprida, quando a citação ou a intimação se realizar em cumprimento de carta;
> VII – a data de publicação, quando a intimação se der pelo Diário da Justiça impresso ou eletrônico;
> VIII – o dia da carga, quando a intimação se der por meio da retirada dos autos, em carga, do cartório ou da secretaria.
> § 1º Quando houver mais de um réu, o dia do começo do prazo para contestar corresponderá à última das datas a que se referem os incisos I a VI do caput.
> § 2º Havendo mais de um intimado, o prazo para cada um é contado individualmente.
> § 3º Quando o ato tiver de ser praticado diretamente pela parte ou por quem, de qualquer forma, participe do processo, sem a intermediação de representante judicial, o dia do começo do prazo para cumprimento da determinação judicial corresponderá à data em que se der a comunicação.
> § 4º Aplica-se o disposto no inciso II do caput à citação com hora certa. [(Brasil, 2015e, grifo nosso)

Quando a citação ou intimação for feita pela **via postal**, o início de contagem do prazo é a data da juntada do AR devidamente cumprido aos autos do processo, seja processo físico ou eletrônico. A data em que o AR foi assinado é comprobatória apenas do dia do recebimento da correspondência pela parte, mas não é considerada para fins de contagem de prazos.

Quando a citação ou a intimação for feita por **oficial de justiça**, o início da contagem do prazo é a data da juntada do mandado, devidamente cumprido, aos autos do processo, com a respectiva certidão – seja processo físico ou eletrônico, seja citação pessoal ou com hora certa. A data em que a parte assinou o mandado não é considerada para fim de contagem de prazos, pois apenas comprova o dia do recebimento do mandado. Todavia, existe exceção a essa regra no art. 829 do CPC quando trata da execução por quantia certa, ao estabelecer o prazo de três dias para pagamento de dívida pelo executado, contado da citação em si (e não da juntada do mandado de citação).

No caso de citação e intimação realizada por **escrivão** ou **chefe de secretaria**, a contagem do prazo é o dia dessa citação ou intimação, ou seja, o dia em que a pessoa esteve em cartório/secretaria e efetivamente tomou ciência, foi citada ou intimada. É importante ressaltar que dessa citação ou intimação constará certidão lavrada pelo escrivão ou chefe de secretaria, mas a data que conta é a da assinatura da parte, do ato em si, e não da lavratura ou juntada da certidão.

Se a citação ou intimação for **por edital**, conta-se o dia útil seguinte ao fim da dilação assinada pelo juiz. Mas o que quer dizer isso? O art. 257, inciso III, do CPC faculta ao juiz a fixação de prazo entre 20 e 60 dias, para que a parte tome conhecimento da citação ou intimação. Pois bem, findo esse prazo (a dilação assinada pelo juiz), contado da publicação do primeiro ou único edital, entendemos que, no primeiro dia útil seguinte, inicia-se a contagem para a prática do ato em si – por exemplo, 15 dias para apresentar a contestação. Isso ocorre porque não é possível saber em qual dia a parte efetivamente tomou conhecimento do edital, razão pela qual esse prazo deve se esgotar para que se inicie a contagem do prazo fatal para a prática do ato em si, o que faz sentido e vigora em respeito aos princípios do contraditório e da ampla defesa. Se houver mais de um edital, a contagem do prazo considera a publicação do primeiro edital.

Para citações ou intimações **eletrônicas**, conta-se o dia útil seguinte ao da consulta de seu teor ou, ainda, o dia útil seguinte ao término do prazo para que ocorra a referida consulta. A contagem se dá dessa maneira porque pode acontecer de o destinatário não efetuar a consulta, que é de sua responsabilidade, em tempo hábil.

Vamos a um exemplo prático:

> Prazo para apelar em processo eletrônico
> » Prazo legal para interposição do recurso: 15 dias úteis (art. 1.009, c/c* art. 219 do CPC).
> » Intimação eletrônica do despacho que determinou a manifestação da recorrida: 17/08/2016.
> » Transcurso dos 10 dias corridos para consulta eletrônica da intimação: 27/08/2016 (sábado).
> » Início do prazo para apresentação da contestação: 29/08/2016 (segunda-feira).
> » Término do prazo para apresentação da contestação: 19/09/2016 (segunda-feira).
> **Atenção**: Contagem considerando somente os dias úteis. Excluídos da contagem os finais de semana e feriados (07/09)

No que diz respeito ao prazo para a prática de atos pela via eletrônica, é importante frisarmos o teor do art. 213 do CPC: "A prática eletrônica de ato processual pode ocorrer em qualquer horário até as 24 (vinte e quatro) horas do último dia do prazo" (Brasil, 2015e).

Quando a citação ou intimação se efetuar por **carta precatória, rogatória** ou **de ordem**, o termo inicial de contagem será a data da informação eletrônica de sua ocorrência do juízo deprecado ao deprecante (art. 232, CPC) ou, na sua falta, a data da juntada da carta devidamente cumprida aos autos no juízo deprecante (autos de origem). Intimações que ocorram pelo **Diário de Justiça**, tanto na versão **impressa** quanto na **eletrônica**, terão prazo contado da data da publicação.

---

* No Direito, o termo **c/c** significa "combinado com".

Intimação concomitante à **carga dos autos** em secretaria tem prazo inicial contado do dia da retirada em carga. Portanto, se o advogado esteve em cartório ou secretaria e fez carga dos autos – e havendo nestes intimação para a prática de ato –, considera-se o dia em que ele fez a carga como o termo inicial do prazo.

Em processos com **mais de um réu**, considera-se o início da contagem do prazo para a contestação a data última em que houver conhecimento da citação, seja qual for a espécie (pelo correio, por oficial, por edital, eletrônica, por cartas precatória, rogatória ou de ordem). O marco inicial de contagem do prazo sempre será a última data a que se refere cada um dos incisos do art. 231. É oportuno lembrar que a citação pode ser diferente para cada um dos réus. Um deles pode ser citado via postal, outro por oficial de justiça, outro por edital, outro por carta precatória etc. O início do prazo será o da citação do último réu e a forma de contagem é a estabelecida para o tipo de citação que efetivamente ocorreu (pelo correio, por oficial, por edital etc.).

Se houver **mais de um intimado**, o prazo será contado individualmente e não haverá interdependência, como no caso de mais de um réu. Cada intimação será considerada para cada intimado, computando seu prazo de forma totalmente independente.

Por fim, o parágrafo 3º do art. 231 dispõe que atos **a serem praticados diretamente pela parte**, sem mandatário, terão prazo inicial na data em que se der a comunicação judicial. É o caso, por exemplo, de prazo para desocupação de imóvel, que começa na data em que o oficial de justiça comunica à parte a determinação do juiz.

Havendo **audiência prévia de conciliação**, o termo inicial do prazo para a contestação obedecerá o estabelecido no art. 335 do CPC. A lei estabelece que:

> Art. 335. O réu poderá oferecer contestação, por petição, no prazo de 15 (quinze) dias, cujo termo inicial será a data:
> I – da audiência de conciliação ou de mediação, ou da última sessão de conciliação, quando qualquer parte não comparecer ou, comparecendo, não houver autocomposição;
> II – do protocolo do pedido de cancelamento da audiência de conciliação ou de mediação apresentado pelo réu, quando ocorrer a hipótese do art. 334, § 4º, inciso I;
> III – prevista no art. 231, de acordo com o modo como foi feita a citação, nos demais casos. (Brasil, 2015e)

A audiência é uma oportunidade de pôr fim ao litígio e, por isso, se ela estiver marcada marcada, somente poderá iniciar o prazo caso não tenha acontecido o acordo, seja porque as partes não se conciliaram, seja porque não compareceram. Esse dia da audiência será, então, considerado para o início da contagem do prazo da contestação. Pode acontecer também de a audiência não se realizar a pedido das partes e, nesse caso, o dia inicial do prazo da contestação será o mesmo do protocolo do pedido de cancelamento da audiência.

Além da **suspensão de prazos** em feriados, dias sem expediente forense e recesso forense de 20 de dezembro a 20 de janeiro (art. 220, CPC), temos mais duas previsões: a do art. 221 e a do art. 222 do CPC. Vejamos:

> Art. 221. Suspende-se o curso do prazo por obstáculo criado em detrimento da parte ou ocorrendo qualquer das hipóteses do art. 313, devendo o prazo ser restituído por tempo igual ao que faltava para sua complementação.
> Parágrafo único. Suspendem-se os prazos durante a execução de programa instituído pelo Poder Judiciário para promover a autocomposição, incumbindo aos tribunais especificar, com antecedência, a duração dos trabalhos.

A lei processual trouxe como causa suspensiva qualquer obstáculo criado em prejuízo da parte, havendo necessidade de comprovar tanto o obstáculo como o prejuízo e ficando a critério do juiz decidir a respeito. Também a ocorrência das hipóteses taxativas do art. 313 do CPC são causas de suspensão (por exemplo, morte de uma das partes, acordo entre as partes).

O art. 222 do CPC prevê a hipótese de **prorrogação de prazo** processual quando se tratar de local de difícil acesso (prorrogação por até dois meses) ou ocorrência de calamidade pública (pode exceder dois meses).

A presente abordagem não tem o intuito de esgotar o tema dos prazos processuais, dada a sua vastidão e complexidade, mas busca esclarecer acerca da contagem dos prazos relacionados aos atos praticados pelo oficial de justiça.

6.6 Nulidade da citação

A lei processual civil prevê ocasiões em que a citação pode conter vício que a torna nula. O art. 280 do CPC assim dispõe: "As citações e as intimações serão nulas quando feitas sem observância das prescrições legais" (Brasil, 2015e).

Como a lei estabelece as formalidades necessárias para a citação válida e regular, determinando aspectos intrínsecos (conteúdo do mandado) e extrínsecos (forma de cumprimento), o rol de nulidades é amplo e não foi estabelecido taxativamente, cabendo ao juiz a análise, caso a caso, confrontando também com as consequências para as partes e para o bom andamento do processo.

A maior consequência da nulidade reconhecida é tornar sem efeito todos os atos praticados posteriormente ao ato nulo e que dele dependam, sendo válidos os que dele sejam independentes (art. 281, CPC).

No caso da citação, uma vez decretada a sua nulidade, entende-se que não se aproveitam os atos subsequentes por respeito aos princípios da ampla defesa e do contraditório.

São exemplos de **citação nula**: citação por hora certa de pessoa que não estava efetivamente se ocultando (a pessoa estava comprovadamente em viagem e a suspeita de ocultação se mostrou infundada); citação por edital de pessoa que tinha endereço certo, mas, por equívoco, o oficial afirmou estar em lugar incerto e não sabido; citação de menor de idade sem assistência ou representação; citação de deficiente mental; citação de pessoa jurídica em terceira pessoa que não tem qualquer poder de representatividade.

A nulidade representa um gravame ao bom andamento do processo e, por isso, deve ser reconhecida excepcionalmente. De acordo com o art. 282 do CPC, caberá ao juiz pronunciá-la e declarar quais atos foram atingidos e quais deverão ser repetidos. Atos passíveis de nulidade que não causaram prejuízo à parte não serão repetidos. É o caso do réu que se manifesta processualmente para alegar a falta (citação inexistente) ou a nulidade (citação irregular) da citação. Conforme o parágrafo 1º do art. 239, esse comparecimento espontâneo supre a falta ou a nulidade e abre o prazo da contestação ou dos embargos à execução. Em outras palavras, o demandado comparece e alega a nulidade ou a inexistência da citação e, a partir desse comparecimento espontâneo, inicia-se a contagem do prazo para a defesa, pois a lei entende que esse comparecimento supre o vício, e o processo tem regular prosseguimento. Caberá ao juiz apenas reconhecer se houve prejuízo e determinar quais atos processuais praticados posteriormente à citação inexistente ou irregular deverão ser repetidos. Isso é assim porque pode já ter sido decretada a revelia, ter ocorrido produção de prova etc., hipóteses em que imperam os princípios processuais da ampla defesa e do contraditório; se houve efetivo prejuízo, os atos deverão ser repetidos. Atos não atingidos serão aproveitados, desde que não haja prejuízo para qualquer das partes. Por exemplo: se a citação foi considerada nula, a decretação de revelia e a confissão também serão nulas porque uma é decorrência direta da outra. No mesmo sentido, se a penhora for declarada nula, o leilão dela decorrente também será declarado nulo.

Pode acontecer de o juiz não reconhecer a nulidade da citação e afirmar que ela ocorreu de forma regular e válida (por exemplo, o requerido alegou – mas não provou – que estava em viagem ou internado em hospital na ocasião em que houve suspeita de ocultação e o oficial efetuou a citação por hora certa). Nesse contexto, aplica-se o disposto no art. 239, parágrafo 2º: no processo de conhecimento, decreta-se a revelia com seus efeitos; no processo de execução, esta terá prosseguimento sem a suspensão que os embargos à execução ocasionariam.

Os arts. 336 e 337 do CPC apresentam o argumento da inexistência ou nulidade da citação como alegação prévia (preliminar) a ser feita antes de discutir o mérito (direito material em questão) na peça da contestação e, portanto, no prazo de apresentação desta. Se o requerido apresenta a contestação sem essa alegação preliminar, entende-se que passou (precluiu) o momento oportuno, e o processo prosseguirá sem a análise; nesse caso, o vício estará automaticamente sanado pela própria apresentação tempestiva da contestação. Não será possível alegar e discutir a questão nem após nem em fase recursal.

A citação é o mais relevante ato de comunicação processual. Pela gravidade das consequências da decretação da sua nulidade é que está instituída a preclusão processual, de forma a evitar que seja utilizada como uma "carta na manga" para invalidar o processo e ser usada como forma de procrastinação.

Síntese

Neste capítulo, estudamos especificamente os atos praticados pelo oficial de justiça. Vimos que esse serventuário da justiça atua na prática dos seguintes atos: comunicação processual (que são as citações, as intimações e as notificações); execução (que são as penhoras, os arrestos, os sequestros, a busca, a apreensão e a remoção de bens); avaliação; constatação (que são verificação, inspeção e constatação socioeconômica); e atos de força (que são a condução coercitiva, a prisão, o afastamento do lar, a desocupação forçada e o despejo).

Em seguida, demonstramos que a **citação** é o chamamento do requerido ao processo, que a **intimação** é a comunicação de fatos e atos processuais que implicam algum procedimento a ser executado pela parte e que a **notificação** é de caráter informativo. Estudamos as modalidades de citação e de intimação: eletrônica, postal, por escrivão ou chefe de secretaria, por oficial de justiça, por edital, por carta precatória, rogatória, de ordem e arbitral; na esfera civil, nas execuções, no processo penal e trabalhista. Estudamos a citação e a intimação de pessoa física e de pessoa jurídica, inclusive na sucessão de empresas e do responsável tributário. Analisamos os requisitos para que o oficial proceda à citação por hora certa, realizada quando há suspeita fundada de ocultação da parte. Refletimos sobre o tempo e o lugar nos quais se deve proceder à citação e verificamos quando não se deve proceder à citação. Vimos que a citação pode ser feita na pessoa de um procurador que tenha poderes específicos para tanto, outorgados por instrumento de mandato.

Na sequência, estudamos ainda sobre a contagem de prazos e vimos que prazos processuais são contados em dias e que a regra geral é a contagem ser feita apenas dos dias úteis, sendo excluídos feriados e dias sem expediente forense, quando há interrupção ou suspensão da contagem. Também vimos que há regras específicas sobre prazos no processo eletrônico.

Adentramos na questão das nulidades da citação e da intimação, as quais, quando arguidas, afetam os atos subsequentes que delas dependam, mas não contaminam os atos independentes, e que elas devem ser decretadas quando houver efetivo prejuízo, ocasionando a repetição dos atos afetados.

Questões para revisão

1) Assinale a alternativa **incorreta**:
   a. A citação é ato de comunicação processual que assegura o exercício do contraditório e da ampla defesa.
   b. Mediante a citação, a parte fica ciente de que contra ela foi ajuizada uma ação.
   c. A citação por hora certa ocorre quando o oficial visita a parte por duas vezes consecutivas e não a encontra.
   d. A citação por oficial de justiça das pessoas físicas, microempresas e pequenas empresas é uma exceção à regra geral de que se efetive pelos correios.

2) A respeito da **citação**, assinale a alternativa correta:
   a. A citação de pessoa jurídica pode ser feita pelo correio.
   b. A citação de microempresa deve ser feita pelo meio eletrônico.
   c. A citação ordenada por juiz incompetente constitui em mora ao devedor e interrompe a prescrição.
   d. A citação por hora certa é considerada citação pessoal, pois a parte a recebe de pessoa da família ou de vizinho.

3) Analise as proposições a seguir e, depois, assinale a alternativa correta:
   I. No processo trabalhista, a citação pelos correios é a regra geral.
   II. No processo penal, a citação por oficial de justiça é a regra geral.
   III. É possível a intimação por hora certa tanto no processo civil como no processo criminal, e deve ser realizada nos mesmos moldes da citação por hora certa.
   a. Somente I está correta.
   b. Somente I e II estão corretas.
   c. Somente II e III estão corretas.
   d. Todas estão corretas.

4) Como se conta o prazo em processos com mais de um réu?

5) Quais são as hipóteses de suspensão de prazos na lei processual civil?

Questões para reflexão

1) O oficial de justiça tem autonomia para citar a empresa na pessoa do representante legal e este na qualidade de responsável tributário no mesmo ato? Justifique.

2) É possível a comunicação de atos processuais via aplicativo WhatsApp? Justifique.

Para saber mais

Para que você possa se aprofundar nas questões tratadas neste capítulo, indicamos as seguintes leituras:

CARNEIRO, F. N. G. **Oficial de justiça**: prática legal. Sousa, PB: Gráfica Cópias e Papéis Editora, 2017.

FREITAS, M. A.; BATISTA JUNIOR, J. C. **Oficial de justiça**: elementos para capacitação profissional. 2. ed. rev. e ampl. São Paulo: Triunfal Gráfica e Editora, 2013.

OAB – Ordem dos Advogados do Brasil. **Novo Código de Processo Civil anotado**. Porto Alegre, 2015. Disponível em: <http://www.oabrs.org.br/novocpcanotado/novo_cpc_anotado_2015.pdf>. Acesso em: 19 abr. 2018.

SOARES, M. de P. **Novo manual prático-teórico do oficial de justiça avaliador federal e estadual**. 3. ed. Curitiba: Juruá, 2016.

VII

Conteúdos do capítulo:

» Atos de execução praticados pelo oficial de justiça.
» Penhoras, arrestos, sequestros, busca e apreensão de bens e remoção de bens.
» Atos de avaliação.

Após o estudo deste capítulo, você será capaz de:

1. avaliar os atos processuais de execução que são praticados por oficial de justiça;
2. diferenciar atos processuais realizados por oficial de justiça;
3. compreender os conceitos de penhora, arresto, sequestro, busca e apreensão e remoção de bens;
4. analisar e compreender as regras sobre avaliação de bens.

Atos de execução

Os atos de execução considerados em sentido estrito são aqueles que envolvem constrição de bens e implicam intervenção no patrimônio do executado. Eles se diferenciam dos demais pela forma, pelo conteúdo e pelo momento processual em que ocorrem.

São eles a penhora, o arresto, o sequestro, a busca e apreensão e a remoção. Detalharemos cada um deles a seguir.

7.1 Penhora

A penhora é ato de constrição judicial por excelência. Trata-se da medida que vem em seguida à citação ou à intimação do executado e que figura como garantia por ser o ato material expropriatório típico da execução, embora também possível na concessão de tutela de urgência relacionada à depreciação de bens. Não há alteração de substância do bem penhorado, pois o que ocorre é uma restrição relativa à disponibilidade do mesmo por parte do executado, que fica proibido de vendê-lo, permutá-lo, doá-lo, transferi-lo ou de se desfazer dele por qualquer outro ato.

O executado pode ficar na posse direta do bem penhorado – quando for nomeado depositário –, ou não. Neste último caso, um terceiro ficará como depositário e exercerá a posse temporária sobre o bem até que ele seja arrematado em leilão.

A penhora tem quatro fases:
   a. atos de documentação;
   b. apreensão e depósito;
   c. inscrição no órgão competente (veículos e imóveis);
   d. atos subsequentes.

Primeiramente, o executado é citado ou intimado para pagamento, depósito do valor exequendo, nomeação de bem à penhora em prazo determinado ou embargos à execução (com exceção da execução fiscal, na qual os embargos são posteriores à penhora). Também nesse mesmo prazo o executado poderá procurar o exequente e formalizar um acordo de parcelamento do débito, suspendendo a execução até o pagamento integral das parcelas. Caso ele não execute nenhum desses cinco procedimentos, o juiz determinará a penhora em tantos bens quanto bastem à garantia da execução. O mandado, nesse caso, sai com uma ordem genérica, não há indicação de bem específico e caberá ao oficial buscar e encontrar o bem (ou bens) no patrimônio do executado.

Pode, porém, ser expedido mandado de penhora com ordem específica, caso o autor tenha indicado o bem petição na inicial e o juiz tenha determinado a penhora desse bem. O art. 831 esclarece o seguinte: "A penhora deverá recair sobre tantos bens quantos bastem para o pagamento do principal atualizado, dos juros, das custas e dos honorários advocatícios".

A penhora, dessa forma, serve para garantir não apenas o principal da dívida, mas a correção monetária, os juros, as custas processuais e os honorários advocatícios, sob pena de ser insuficiente e haver necessidade de reforço de penhora. Por esse motivo, o ideal é que conste no mandado o valor da dívida atualizado e acrescido da correção, dos juros, das custas e dos honorários, ou seja, o montante total.

Conforme observa Cunha (2004), a penhora tem por finalidade individualizar e apreender os bens que se destinam aos fins expropriatórios da execução; conservar esses bens para que não sejam escondidos, deteriorados ou alienados em prejuízo da execução em curso, garantindo a preferência e a satisfação do exequente, bem como do juízo de execução, dando eficácia à tutela jurisdicional. Os efeitos imediatos para o executado são a perda da disponibilidade do bem para si ou para negociações dele com terceiros.

Se o executado aliena ou onera os bens no intuito de frustrar a execução, ele pode incorrer em fraude. A fraude à execução e suas consequências são prevista no CPC, que assim dispõe:

> Art. 792. A alienação ou a oneração de bem é considerada fraude à execução:
> I – quando sobre o bem pender ação fundada em direito real ou com pretensão reipersecutória, desde que a pendência do processo tenha sido averbada no respectivo registro público, se houver;
> II – quando tiver sido averbada, no registro do bem, a pendência do processo de execução, na forma do art. 828;
> III – quando tiver sido averbado, no registro do bem, hipoteca judiciária ou outro ato de constrição judicial originário do processo onde foi arguida a fraude;
> IV – quando, ao tempo da alienação ou da oneração, tramitava contra o devedor ação capaz de reduzi-lo à insolvência;
> V – nos demais casos expressos em lei.
> § 1º A alienação em fraude à execução é ineficaz em relação ao exequente.
> § 2º No caso de aquisição de bem não sujeito a registro, o terceiro adquirente tem o ônus de provar que adotou as cautelas necessárias para a aquisição, mediante a exibição das certidões pertinentes, obtidas no domicílio do vendedor e no local onde se encontra o bem.

A penhora garante que, não havendo a quitação espontânea da dívida, o bem penhorado seja levado a leilão e vendido. O dinheiro resultante será usado para pagamento do débito em execução, acrescido de custas e honorários.

7.1.1 Ordem preferencial para penhora

Ao efetuar a penhora, o oficial de justiça deve atentar para a ordem de preferência estabelecida no art. 835 do Código de Processo Civil

(CPC), Lei n. 13.105, de 16 de março de 2015. A legislação estabelece o seguinte:

> Art. 835. A penhora observará, preferencialmente, a seguinte ordem:
> I – dinheiro, em espécie ou em depósito ou aplicação em instituição financeira;
> II – títulos da dívida pública da União, dos Estados e do Distrito Federal com cotação em mercado;
> III – títulos e valores mobiliários com cotação em mercado;
> IV – veículos de via terrestre;
> V – bens imóveis;
> VI – bens móveis em geral;
> VII – semoventes;
> VIII – navios e aeronaves;
> IX – ações e quotas de sociedades simples e empresárias;
> X – percentual do faturamento de empresa devedora;
> XI – pedras e metais preciosos;
> XII – direitos aquisitivos derivados de promessa de compra e venda e de alienação fiduciária em garantia;
> XIII – outros direitos.
> § 1º É prioritária a penhora em dinheiro, podendo o Juiz, nas demais hipóteses, alterar a ordem prevista no caput de acordo com as circunstâncias do caso concreto.
> § 2º Para fins de substituição da penhora, equiparam-se a dinheiro a fiança bancária e o seguro garantia judicial, desde que em valor não inferior ao do débito constante da inicial, acrescido de trinta por cento.
> § 3º Na execução de crédito com garantia real, a penhora recairá sobre a coisa dada em garantia, e, se a coisa pertencer a terceiro garantidor, este também será intimado da penhora. (Brasil, 2015e)

Em regra, a **penhora de dinheiro** é efetuada pelo sistema BacenJud, sem a atuação do oficial de justiça e sem conhecimento prévio do devedor, nos termos do art. 854 do CPC. O BacenJud é um sistema eletrônico de convênio entre o Poder Judiciário e o Banco Central que fornece informações de instituições financeiras e permite a consulta de saldo, o bloqueio, o desbloqueio e a transferência de valores existentes em contas dos clientes. Nele também é possível ver se há aplicações financeiras e ainda é possível obter o endereço dos clientes por esse meio. Como é feita *on-line*, a penhora não necessita da expedição de mandado e efetua-se por ato do juiz, que tem uma credencial, ou por ato do chefe de secretaria ou do escrivão, que atuará mediante determinação expressa e específica do juiz, já que se trata de acesso a dados confidenciais restritos.

Os **títulos da dívida pública**, também conhecidos como ***títulos públicos***, são documentos emitidos pela União, pelos estados ou pelo Distrito Federal, que representam investimento em renda fixa. Para obtê-los, é necessário comprá-los; assim, o ente público arrecada recursos para saldar a dívida pública. Esses títulos são ativos de renda fixa, seu valor é mensurável no momento do investimento, são passíveis de resgate com juros e quem os emite é o Tesouro Nacional, mediante um programa em parceria com a BM&F Bovespa que vende títulos federais para pessoas físicas na internet. Sendo um investimento seguro, também é uma **boa garantia** no caso de penhora e está em segundo lugar na ordem de preferência justamente por isso.

Os **títulos e valores mobiliários com cotação em mercado** são aqueles títulos negociáveis no meio de investimentos mobiliários. A lei que regulamenta esses títulos é a Lei n. 6.385 e os títulos constam elencados no art. 2º.

São eles (Brasil, 1976):

» Cupom cambial: modalidade de títulos cuja remuneração corresponde à variação cambial acrescida de uma taxa.
» As ações, debêntures e bônus de subscrição.
» Os cupons, direitos, recibos de subscrição e certificados de desdobramento relativos aos valores mobiliários.

» Os certificados de depósito de valores mobiliários.
» As cédulas de debêntures.
» As cotas de fundos de investimento em valores mobiliários ou de clubes de investimento em quaisquer ativos.
» As notas comerciais.
» Os contratos futuros, de opções e outros derivativos, cujos ativos subjacentes sejam valores mobiliários.
» Outros contratos derivativos, independentemente dos ativos subjacentes.
» E quando ofertados publicamente, quaisquer outros títulos ou contratos de investimento coletivo, que gerem direito de participação, de parceria ou de remuneração, inclusive resultantes da prestação de serviços, cujos rendimentos advêm do esforço do empreendedor ou de terceiros.

Embora o rol seja abrangente, é pouco comum a penhora sobre valores mobiliários, pois é um percentual baixo da população que tem o hábito de investir na bolsa de valores. Todavia, fez bem o legislador em elencar no rol de preferência, pois o demandado que as tenha poderá evitar que a penhora recaia sobre outros bens de sua propriedade, causando gravame maior.

Os **veículos de via terrestre** estão na quarta posição na ordem preferencial e podem ser constritos mediante o sistema Restrições Judiciais sobre Veículos Automotores (RenaJud), o qual, à semelhança do BacenJud, é um sistema *on-line* de restrição judicial de veículos criado pelo CNJ, interligando o Judiciário com o Departamento Estadual de Trânsito (Detran), o que propicia a inserção e a retirada das seguintes restrições*:
» transferência do veículo a terceiros;

---

* Para mais informações, consulte: BRASIL. Conselho Nacional de Justiça. **Renajud**. Disponível em: <http://www.cnj.jus.br/sistemas/renajud>. Acesso em: 19 abr. 2018.

» licenciamento, ao impedir novo licenciamento para o veículo;
» circulação do veículo, que deverá ser recolhido pela autoridade quando encontrado (nesse caso, não é possível efetuar transferência ou licenciamento);
» registro da penhora com inserção no Renavam de todos os dados do processo, como número do processo, vara de tramitação, partes litigantes, montante do débito, valor da avaliação etc.

Essas restrições via RenaJud são aplicáveis quando não há apresentação espontânea do veículo por parte do devedor (ocultação do bem, tentativa de fraudar a execução com a transferência do bem). O devedor poderá nomear o veículo dentro do prazo legal ou, ainda, o oficial pode efetuar a penhora após decorrido o prazo, sem que ele tenha oferecido, mas mediante a apresentação espontânea na diligência posterior à citação. Nesse caso, a única restrição que irá constar será a penhora em si, mas a pessoa poderá continuar utilizando o veículo, ficando impedida apenas de transferi-lo a terceiros (poderá circular com ele). Tais restrições são importantes porque, além de garantir o juízo, evitam que terceiro adquira o bem; com essa restrição explícita, o terceiro não pode alegar ser adquirente de boa-fé, uma vez que um adquirente prudente irá verificar a documentação do veículo com antecedência.

É importante ressaltarmos que a penhora de veículos não é *on-line*, apenas o seu registro ocorre via RenaJud (bem como o registro das outras restrições aqui elencadas). A penhora pode ocorrer por termo, em cartório, quando o executado indica espontaneamente o bem e não há expedição de mandado. Quando se expede mandado, no entanto, é ato exclusivo do oficial de justiça e a penhora será feita fisicamente, com a vistoria do veículo para fins de avaliação, levantamento fotográfico, anotação da quilometragem etc., o que permite ao futuro adquirente no leilão mensurar as vantagens de sua aquisição.

Essa forma de registro (tanto da penhora como das eventuais restrições anteriores a ela) garante rapidez e desburocratiza a penhora, tornando-a meio eficaz de garantia do juízo*. No caso de o veículo ser indispensável para o sustento da parte, que o utiliza como meio de ganho – ou seja, comprovadamente necessária ou útil ao exercício profissional do executado –, poderá ser reconhecida pelo juízo a sua impenhorabilidade. Trata-se de entendimento interpretativo e jurisprudencial porque não há previsão legal expressa a esse respeito e é da alçada do juiz decidir acerca de tal impenhorabilidade; ao oficial cumpre efetuar a penhora determinada e orientar a parte a alegar a necessidade em juízo, submetendo os argumentos e as provas à apreciação e posterior decisão, que poderá ser favorável (determinando o levantamento de penhora) ou não (mantendo a penhora).

Para a pesquisa da existência de **bens imóveis** há o Sistema de Registro Eletrônico de Imóveis (SREI), desde o Provimento n. 47 do CNJ (Brasil, 2015c), que permite ao judiciário obter junto aos ofícios de registro de imóveis a busca de imóveis, por CPF ou CNPJ, a visualização e a obtenção de certidões e matrículas. O portal de integração do SREI é gerenciado pela Coordenação Nacional das Centrais Estaduais de Serviços Eletrônicos Compartilhados, vinculada ao Instituto de Registro Imobiliário do Brasil (Irib). Esse sistema é incipiente e não está sendo utilizado em todo o território nacional porque é gerenciado por cartorários de São Paulo.

Importa ressaltar que a pesquisa de imóveis pode ser feita mediante o SREI, mas não há obrigatoriedade de que ela seja feita por esse meio. Em estados onde não é feita pelo SREI, caberá ao

---

* A **garantia do juízo** é o depósito prévio ou o oferecimento de bem à penhora para que, ao final, havendo razão por parte do exequente, haja satisfação do crédito. O art. 914 do CPC, no entanto, dispõe o seguinte: "O executado, independentemente de penhora, depósito ou caução, poderá se opor à execução por meio de embargos" (Brasil, 2015e).

exequente fazê-lo ou a cada juízo em particular, utilizando-se ou não do meio eletrônico. Este é mais expedito, mas não é todo cartorário ou vara que o adota e, como não há obrigatoriedade, existem localidades em que o levantamento é feito mediante consulta em balcão. O registro da penhora ainda é feito mediante a apresentação do mandado e do auto de penhora correspondente ao Cartório de Registro de Imóveis respectivo, o qual registrará a constrição na matrícula. Tal ato poderá ser feito por encaminhamento eletrônico de ofício pelo juízo processante ou por apresentação direta do mandado e do auto pelo oficial de justiça que efetuou a penhora, nas localidades em que não se processe via internet. Esse registro da penhora é de suma importância para garantia do juízo e salvaguarda ao terceiro de boa-fé, o qual, ao tramitar a documentação para aquisição do imóvel, não terá como deixar de observar que o mesmo está penhorado, o que impossibilita a transferência da propriedade. O art. 844 do CPC transfere essa responsabilidade ao exequente, mas a praxe é de que o juízo processante o faça por medida de cautela. Esse é o objetivo do gravame: impedir que o executado consiga fraudar a execução e cause prejuízo ao andamento do processo, ao credor e a terceiros. Os casos de impenhorabilidade serão estudados em capítulo à parte.

A penhora de **bens móveis em geral** recairá sobre bens de valor considerável, excluídos desse rol os bens que guarnecem a residência e que são indispensáveis a uma vida digna, com o mínimo de conforto (assunto a ser tratado em capítulo à parte acerca das impenhorabilidades). Ela geralmente se dá sobre obras de arte, bens em duplicidade e bens de elevado valor que ultrapassem as necessidades comuns correspondentes a um médio padrão de vida.

Semoventes são os bens que se movem por si mesmos, compõem bandos (bovinos, ovinos, suínos, caprinos, equinos etc.), integram o patrimônio do executado e podem ser negociados (vendidos) com finalidade lucrativa. A penhora pode recair sobre rebanho e, nesse caso, haverá necessidade de nomeação de um administrador-depositário, na forma do art. 862 do CPC, pois é necessário que alguém se ocupe da engorda, da reprodução e da inseminação, das pastagens e da manutenção do rebanho em geral. Outra possibilidade é a penhora recair sobre um pequeno lote de animais, caso em que será nomeado apenas um depositário, como é feito na penhora dos bens móveis.

7.1.2 Bens impenhoráveis

A Lei n. 8.009, de 29 de março de 1990, estabeleceu a impenhorabilidade do **bem de família**, assim considerado o único imóvel utilizado como moradia permanente pela entidade familiar (art. 1º e 5º). Nesse caso, a entidade familiar tem conceito abrangente, aplicando-se ao casamento, à união estável, à entidade monoparental ou a de outra origem. Dessa forma, a lei assegura à família que o único imóvel de sua propriedade e onde reside não responderá por qualquer tipo de dívida contraída pelos cônjuges, pais ou filhos, seja civil, comercial, fiscal, previdenciária ou de outra natureza (Brasil, 1990a). A impenhorabilidade alcança construções, plantações, benfeitorias, equipamentos e móveis que guarnecem a casa*.

Como toda a regra, o art. 3º da citada lei traz as exceções, **admitindo a penhora do bem de família** nas seguintes condições: a dívida decorre de contrato de financiamento para aquisição ou construção do imóvel (que, nesse caso, ficou como garantia hipotecária); dívida de pensão alimentícia (protegendo o direito de coproprietário ou do cônjuge atual); dívida de IPTU, taxas e contribuições

---

* O art. 2º da mesma lei traz as exceções do veículo de transporte, das obras de arte e dos adornos suntuosos, os quais poderão ser objeto da penhora mesmo estando no imóvel de moradia da família.

de melhoria relativas ao imóvel; execução de hipoteca sobre garantia real oferecida pelo casal ou entidade familiar; imóvel produto de crime; garantia em fiança locatícia.

Por se tratar de matéria controversa, a jurisprudência pátria tem mais de um posicionamento acerca do assunto, dos quais destacamos os seguintes:

» Entendimento do Tribunal Superior do Trabalho (TST) que reconhece a impenhorabilidade do bem de família (Brasil, 2015g, grifo do original):

> Tribunal Superior do Trabalho TST – RECURSO DE REVISTA 18374920125150092.
> Publicação DEJT 21/08/2015.
> Julgamento 19/08/2015
> **Ementa**
> AGRAVO DE INSTRUMENTO. EXECUÇÃO. IMPENHORABILIDADE DO BEM DE FAMÍLIA.
> Deve ser provido o agravo de instrumento da terceira embargante, com o fim de melhor exame da violação do art. 6º da Constituição Federal, em face da determinação de penhora em bem de família. Agravo de instrumento provido. RECURSO DE REVISTA. EMBARGOS DE TERCEIROS. EX-CÔNJUGE DO SÓCIO RETIRANTE. VALOR DO IMÓVEL X EXECUÇÃO TRABALHISTA. IMPENHORABILIDADE DO BEM DE FAMÍLIA. RELATIVIZAÇÃO INDEVIDA DO DIREITO DE PROPRIEDADE. O princípio da efetividade jurisdicional não viabiliza mitigar o princípio constitucional que impede a penhora do bem de família, em respeito à garantia da moradia, que viabiliza a harmonia e o equilíbrio das relações sociais. Nesse sentido, não se recepciona a tese de que o pagamento da execução, pela penhora do bem de família, pode ser flexibilizada em casos

em que o valor do imóvel é de importe superior ao valor objeto da condenação, eis que o princípio constitucional insculpido no art. 226 c/c art. 6º da Constituição Federal consagra proteção especial à família, com o fim de preservar, pelo direito à moradia, o princípio da dignidade da pessoa humana. Recurso de revista conhecido e provido.

» Entendimento do TST que não reconhece a impenhorabilidade em sede de fraude à execução (Brasil, 2015h, grifo do original):

Tribunal Superior do Trabalho TST – AGRAVO DE INSTRUMENTO EM RECURSO DE REVISTA: AIRR 9222520135 020254 Publicação DEJT 18/08/2015
Julgamento 12/08/2015
Ementa
AGRAVO DE INSTRUMENTO. FRAUDE À EXECUÇÃO. IMPENHORABILIDADE DE BEM DE FAMÍLIA.
Não se verifica violação literal do art. 5º, II, XXII, XXXVI, LIV e LV, da Constituição Federal, quando a decisão regional, em razão de reconhecimento de fraude na execução, afastou a garantia legal do bem de família. A ofensa ao dispositivo invocado remete à alegação da embargante de que a compra do imóvel foi realizada diretamente a terceiros que não integram a reclamação trabalhista, o que não foi objeto de análise pelo eg. Tribunal Regional. Incidência da Súmula 297/TST. Agravo de instrumento a que se nega provimento.

» Entendimento do Superior Tribunal de Justiça (STJ) em sentido contrário que considera a impenhorabilidade, mesmo no caso de fraude à execução (Brasil, 2014e, grifo do original):

Superior Tribunal de Justiça STJ – RECURSO ESPECIAL:
REsp 1.227.366 RS 2011/0000140-0
Órgão Julgador T4 – QUARTA TURMA
Publicação
DJe 17/11/2014
Julgamento 21/10/2014
Relator Ministro LUIS FELIPE SALOMÃO

Ementa

PROCESSO CIVIL. LEI N. 8.009/1990. RECURSO ESPECIAL. DOAÇÃO DO IMÓVEL À FILHA. NÃO CONFIGURAÇÃO DE FRAUDE À EXECUÇÃO. IMPENHORABILIDADE DO BEM DE FAMÍLIA. BEM INCINDÍVEL. IMPENHORABILIDADE DA TOTALIDADE DO BEM.

1. A impenhorabilidade do bem de família, via de regra, sobrepõe-se à satisfação dos direitos do credor, ressalvadas as situações previstas nos arts. 3º e 4º da Lei n. 8.009/1990, os quais devem ser interpretados restritivamente. Precedentes.

2. O reconhecimento da ocorrência de fraude à execução e sua influência na disciplina do bem de família deve ser aferida casuisticamente, de modo a evitar a perpetração de injustiças – deixando famílias ao desabrigo – ou a chancelar a conduta ardilosa do executado em desfavor do legítimo direito do credor, observados os parâmetros dos arts. 593, II, do CPC ou 4º da Lei n. 8.009/1990. 3. Quando se trata da alienação ou oneração do próprio bem impenhorável, nos termos da Lei n. 8.009/90, entende-se pela inviabilidade – ressalvada a hipótese prevista no art. 4º da referida Lei – de caracterização da fraude à execução, haja vista que, consubstanciando imóvel absolutamente insuscetível de constrição, não há falar em sua vinculação à satisfação da execução, razão pela qual carece ao exequente interesse jurídico na declaração de ineficácia do negócio

jurídico. Precedentes. 4. O parâmetro crucial para discernir se há ou não fraude contra credores ou à execução é verificar a ocorrência de alteração na destinação primitiva do imóvel – qual seja, a morada da família – ou de desvio do proveito econômico da alienação (se existente) em prejuízo do credor. Inexistentes tais requisitos, não há falar em alienação fraudulenta. 5. No caso, é fato incontroverso que o imóvel litigioso, desde o momento de sua compra – em 31/5/1995 –, tem servido de moradia à família mesmo após a separação de fato do casal, quando o imóvel foi doado à filha, em 2/10/1998, continuando a nele residir, até os dias atuais, a mãe, os filhos e o neto; de forma que inexiste alteração material apta a justificar a declaração de ineficácia da doação e a penhora do bem. 6. A proteção instituída pela Lei n. 8.009/1990, quando reconhecida sobre metade de imóvel relativa à meação, deve ser estendida à totalidade do bem, porquanto o escopo precípuo da lei é a tutela não apenas da pessoa do devedor, mas da entidade familiar como um todo, de modo a impedir o seu desabrigo, ressalvada a possibilidade de divisão do bem sem prejuízo do direito à moradia. Precedentes. 7. Recurso especial provido.

Além dessa previsão específica do bem de família, a lei processual civil, no art. 833, trouxe o rol de bens que **não** podem ser objeto de penhora. São eles:

> » Os bens inalienáveis e os declarados, por ato voluntário, não sujeitos à execução, tais como recebidos em doação ou testamento, gravados com inalienabilidade pelo doador ou testamentário. Mesmo assim, a respeito desses, o art. 834 do CPC autoriza a penhora sobre frutos e rendimentos dos bens inalienáveis, como aluguéis.

» Os bens que guarnecem a residência do executado, exceto os de elevado valor que ultrapassem as necessidades de um médio padrão de vida (ex.: quadros de pintores famosos, obras de arte, relíquias).
» Vestuário e bens de uso pessoal, exceto os de alto valor.
» Os vencimentos, os subsídios, os soldos, os salários, as remunerações, os proventos de aposentadoria, as pensões, os pecúlios e os montepios, bem como as quantias recebidas por liberalidade de terceiro e destinadas ao sustento do devedor e de sua família, os ganhos de trabalhador autônomo e os honorários de profissional liberal (exceto se for para pagamento de pensão alimentícia).
» Os bens necessários ao exercício profissional do executado (livros, veículo, maquinário etc.)*.
» Seguro de vida.
» Os materiais necessários para obras em andamento, salvo se essas forem penhoradas.
» A pequena propriedade rural (definida pela lei e trabalhada pela família).
» Recursos públicos recebidos por instituições privadas para aplicação em educação, saúde e assistência social.
» Valores em caderneta de poupança até o limite de 40 salários mínimos. Exceto se for para pagamento de pensão alimentícia.
» Recursos de fundo partidário pertencentes a partido político.

---

* Incluem-se na impenhorabilidade prevista no inciso V do *caput* do art. 383 os equipamentos, os implementos e as máquinas agrícolas pertencentes a pessoa física ou a empresa individual produtora rural, exceto quando tais bens tenham sido objeto de financiamento e estejam vinculados em garantia a negócio jurídico ou quando respondam por dívida de natureza alimentar, trabalhista ou previdenciária.

» Os créditos (valores) oriundos de alienação de unidades imobiliárias, sob regime de incorporação imobiliária, vinculados à execução da obra.

Esse rol taxativo é de suma importância, mas a sua aplicabilidade não está a critério do oficial de justiça, que é um cumpridor de ordens judiciais. Na dúvida, cabe-lhe efetuar a penhora determinada no mandado e, caso se trate de bem impenhorável, a parte deve impugnar a penhora mediante argumento fático e comprovação do mesmo perante aquele que tem poder decisório para determinar o levantamento da penhora: o juiz da causa.

7.1.3 Requisitos da penhora

Para que seja existente, válida e eficaz, a penhora deve ser realizada com a observância de requisitos estabelecidos pelo CPC no que diz respeito a sua forma e ao seu conteúdo. Além disso, a penhora precisa ter publicidade sob pena de não se estabelecer como efetiva garantia perante o processo e perante terceiros.

Com relação à **publicidade da penhora**, o art. 867 do CPC estabelece a possibilidade de registro eletrônico para a penhora de dinheiro, de bens móveis e de imóveis. Ficará a cargo do CNJ a adoção de normas e critérios uniformes de segurança desse registro.

O **auto de penhora** (elaborado pelo oficial de justiça) e o **termo de penhora** (elaborado pelo escrivão ou pelo chefe de secretaria) são os documentos formais que materializam a penhora. Segundo o art. 838 do CPC, devem conter em seu corpo os seguintes itens: "I – a indicação do dia, do mês, do ano e do lugar em que foi feita; II – os nomes do exequente e do executado; III – a descrição dos bens penhorados, com as suas características; IV – a nomeação do depositário dos bens" (Brasil, 2015e).

Se for penhorado mais de um bem, o parágrafo único do supracitado artigo determina que seja feito um auto de penhora para cada bem. Isso facilita a individualização, o posterior registro e eventuais desdobramentos relacionados à substituição futura de uma das penhoras.

A nomeação de depositário deve ser feita segundo a ordem preferencial do art. 840 do CPC, que é a seguinte:

> Art. 840. Serão preferencialmente depositados:
> I – as quantias em dinheiro, os papéis de crédito e as pedras e os metais preciosos, no Banco do Brasil, na Caixa Econômica Federal ou em banco do qual o Estado ou o Distrito Federal possua mais da metade do capital social integralizado, ou, na falta desses estabelecimentos, em qualquer instituição de crédito designada pelo Juiz;
> II – os móveis, os semoventes, os imóveis urbanos e os direitos aquisitivos sobre imóveis urbanos, em poder do depositário judicial;
> III – os imóveis rurais, os direitos aquisitivos sobre imóveis rurais, as máquinas, os utensílios e os instrumentos necessários ou úteis à atividade agrícola, mediante caução idônea, em poder do executado.
> § 1º No caso do inciso II do caput, se não houver depositário judicial, os bens ficarão em poder do exequente.
> § 2º Os bens poderão ser depositados em poder do executado nos casos de difícil remoção ou quando anuir o exequente.
> § 3º As joias, as pedras e os objetos preciosos deverão ser depositados com registro do valor estimado de resgate.
> (Brasil, 2015e)

Trata-se de uma ordem preferencial a ser seguida, mas que não implica nulidade ou ilegalidade da penhora caso não seja observada. Normalmente, o oficial de justiça nomeia o depositário público como depositário dos bens móveis, imóveis e semoventes, exceto se o mandado contém determinação judicial diferente, apontando para o exequente ou para o próprio executado. O executado pode se negar a ficar como depositário, já que este é um ônus de guarda, conservação e apresentação do bem. Nas localidades onde não há depositário público, é ainda mais frequente a nomeação do próprio executado, o qual permanece na posse do bem até a remoção do mesmo para leilão, momento em que é obrigado a apresentá-lo em boas condições (semelhantes às da época da penhora). Se houver impossibilidade de nomeação de depositário, lavra-se o auto de penhora e, mediante certidão, explica-se ao juiz tal impasse, devendo o magistrado apontar a solução para o caso concreto. O que não se deve fazer é deixar de proceder à penhora pela falta do depositário. Nesse caso, a "apreensão" do bem se resumirá ao bloqueio do mesmo no órgão competentes (Detran, CRI etc.), de acordo com Soares (2016, p. 334), e o juiz decidirá, posteriormente, a medida cabível à nomeação de depositário. Isso quer dizer que a penhora pode não ser concomitante a essa nomeação. É a exegese do art. 839 do CPC, que prevê o desmembramento do auto de depósito no caso de apreensão (penhora) e depósito ocorrerem em dias distintos.

O que é importante entendermos é que a penhora só se aperfeiçoa com a nomeação de depositário (Freitas; Batista Junior, 2013, p. 176), encargo que só pode ser assumido por pessoa física e que, geralmente, é aquele que detém a posse do bem e que poderá apresentá-lo quando o juiz determinar.

O encargo de depositário tem algumas implicações porque é um ato que lhe impõe dever de guarda e conservação do bem, responsabilidade de apresentá-lo quando o juízo assim determinar e utilização. Portanto, não pode ser uma imposição, pois necessita da concordância da pessoa que será nomeada depositária – inclusive porque, no caso de inobservância desses deveres, haverá responsabilização civil, criminal e aplicação de sanção por ato atentatório à dignidade da justiça.

7.1.4 Lugar de realização da penhora

O art. 845 do CPC determina o local de situação dos bens como local de realização da penhora, mesmo que estejam em posse de terceiros. Pode acontecer de o executado não estar na posse direta do bem, mas isso não impede que se leve a efeito a penhora. Nesse caso, o oficial de justiça irá mencionar a localidade onde está o bem e, de preferência, nomeará o possuidor direto como depositário.

O parágrafo 1º do art. 854 prevê a hipótese de nomeação de imóvel ou veículo pelo executado com a apresentação da matrícula ou do certificado de propriedade perante o escrivão do cartório ou chefe de secretaria da vara. Também determina que, nesse caso, a penhora seja feita por termo de penhora, nomeando o executado como depositário e, posteriormente, expedindo auto de avaliação ou de avaliação e registro em separado, caso o registro não se faça pela via eletrônica.

O parágrafo segundo determina a expedição de carta precatória quando o imóvel ou o veículo estiverem em outro foro ou comarca (outra circunscrição ou mesmo jurisdição territorial) para finalidade de penhora, avaliação, registro e leilão no local de situação desses bens.

7.1.5 Da necessidade de arrombamento e força policial

Pode ocorrer de a parte resistir ao cumprimento da ordem de penhora ou mesmo ausentar-se para que não ocorra a penhora, ocultando o bem no interior da residência e dificultando o trabalho do oficial de justiça. Para transpor esses obstáculos, o CPC trouxe a medida extrema do arrombamento.

Isso consta expressamente no art. 846 do CPC:

Art. 846. Se o executado fechar as portas da casa a fim de obstar a penhora dos bens, o oficial de justiça comunicará o fato ao Juiz, solicitando-lhe ordem de arrombamento.

§ 1º Deferido o pedido, 2 (dois) oficiais de justiça cumprirão o mandado, arrombando cômodos e móveis em que se presuma estarem os bens, e lavrarão de tudo auto circunstanciado, que será assinado por 2 (duas) testemunhas presentes à diligência.

§ 2º Sempre que necessário, o juiz requisitará força policial, a fim de auxiliar os oficiais de justiça na penhora dos bens.

§ 3º Os oficiais de justiça lavrarão em duplicata o auto da ocorrência, entregando uma via ao escrivão ou ao chefe de secretaria, para ser juntada aos autos, e a outra à autoridade policial a quem couber a apuração criminal dos eventuais delitos de desobediência ou de resistência.

§ 4º Do auto da ocorrência constará o rol de testemunhas, com a respectiva qualificação.

A ordem de arrombamento é posterior à verificação, pelo oficial, de que o executado se oculta para dificultar a penhora. Mediante certidão, o oficial comunica os fatos ao juiz, que poderá autorizá-lo. O mandado que for expedido com a ordem de arrombamento, ou a própria ordem de arrombamento complementar ao mandado já expedido, conterá a previsão de requisição de força policial. O arrombamento é medida que, normalmente, o oficial já executa com a força policial, porque a cautela relacionada a sua integridade física é preventiva, pois a reação do executado que se evade ou se oculta para impedir o cumprimento de ordem judicial é imprevisível e pode ser fatal. Já houve caso de oficial arrombar e encontrar cães ferozes e famintos no interior de imóvel ou, pior, uma armadilha com fuzil engatilhado pronto para disparar mediante a abertura da porta. Esses são os riscos profissionais difíceis de prevermos e imaginarmos, e a presença da polícia no local assegura a aplicabilidade das medidas para evitar que, no desempenho de suas funções, o oficial venha a ser alvo de um crime fatal.

A lei visa, com a presença ostensiva da polícia, ao cumprimento da ordem judicial mas, sobretudo, à proteção da integridade física e moral do oficial de justiça. E a polícia pode, inclusive, efetuar prisão em flagrante daquele que opõe resistência, pratica desobediência ou desacato.

O Código Penal (CP), Decreto-Lei n. 2.848, de 7 de dezembro de 1940 (Brasil, 1940), é claro ao dispor que:

> Art. 329 – Opor-se à execução de ato legal, mediante violência ou ameaça a funcionário competente para executá-lo ou a quem lhe esteja prestando auxílio:
> Pena – detenção, de dois meses a dois anos.
> § 1º – Se o ato, em razão da resistência, não se executa:
> Pena – reclusão, de um a três anos.
> § 2º – As penas deste artigo são aplicáveis sem prejuízo das correspondentes à violência.
> Art. 330 – Desobedecer a ordem legal de funcionário público:
> Pena – detenção, de quinze dias a seis meses, e multa.
> Art. 331 – Desacatar funcionário público no exercício da função ou em razão dela:
> Pena – detenção, de seis meses a dois anos, ou multa.
> (Brasil, 1940)

Não se pode requerer força policial sem que haja determinação judicial, tampouco é possível efetuar arrombamento sem ordem judicial. Lembramos que o oficial de justiça tem por parâmetro o teor do mandado e os despachos do juiz relativos ao seu cumprimento como instrumento de legalidade para o desempenho de suas funções, e qualquer excesso pode ser imputado à sua pessoa como falta funcional passível de punição administrativa, civil e criminal. Também a presença dos policiais no local deve ser respaldada pela ordem judicial, pois desdobramentos do cumprimento do mandado podem resultar na ação policial e até em acontecimentos drásticos, como a prisão em flagrante, razão pela qual a ordem do juiz é fundamental. O arrombamento deve ser feito mediante a contratação de chaveiro, às expensas do exequente e, por medida de cautela, o oficial de justiça deve fotografar tudo (mesmo o que não será objeto da penhora), com o objetivo de evitar que, futuramente, o executado alegue alteração no estado das coisas que não eram objeto da penhora em si ou mesmo no bem objeto da penhora.

Por essas razões, a própria lei processual determina a presença de duas testemunhas no local e na lavratura de auto circunstanciado, que requer um documento com a narrativa de todas as circunstâncias ocorridas durante o cumprimento do mandado. Dessa diligência resultarão três documentos: o **auto circunstanciado**, o **auto de penhora** e a **certidão**.

7.1.6 Penhora nula, ineficaz, insuficiente e excessiva

A **penhora nula** ocorre quando um dos seus requisitos essenciais não é observado. Os requisitos essenciais do auto ou termo de penhora estão no art. 838 do CPC e são: a indicação do dia, do mês, do ano e do lugar de realização, nome do exequente e do executado, descrição do bem penhorado e nomeação de depositário. A nomeação de depositário pode ficar temporariamente pendente, mas deve ser sanada mediante determinação do juiz, geralmente recaindo sobre o depositário público. Essa nulidade deve ser alegada na primeira oportunidade processual, mas também pode ser decretada de ofício pelo juiz, pois não há preclusão porque se trata de vício que não pode ser sanado. Nesse caso, o juiz decreta a nulidade e determina a realização da penhora nos moldes do art. 838, e todos os atos que dela dependeriam deverão ser repetidos.

A **penhora ineficaz** é aquela na qual o bem penhorado não alcança o pagamento das custas da execução ou é totalmente absorvido por ele. Todo processo tem um custo que chamamos de *custas processuais*, o qual é pago no ato de ajuizamento da ação e deve ser reembolsado quando se consegue reverter em dinheiro, por meio do leilão, o bem penhorado. O art. 836 do CPC é claro quanto a isso, demonstrando que, se houver insuficiência patrimonial nesse grau, a penhora é desnecessária e inócua. Nesse caso, o próprio oficial de justiça irá verificar essa insuficiência e certificar nos autos que os bens encontrados são de valor ínfimo, podendo descrevê-los. É o caso, por exemplo, de um veículo a ser penhorado, mas que se encontra acidentado e com perda total no quintal da casa do executado. É possível levar a efeito a penhora para que seja vendido como sucata, mas se sequer o valor das custas será coberto, então essa penhora é desnecessária.

A **penhora insuficiente** ocorre quando o valor de avaliação do bem penhorado não atinge o valor da execução. Caso o executado tenha mais bens no seu patrimônio, o exequente pode solicitar **reforço de penhora** ou **substituição de penhora**, os quais serão determinados pelo juiz, após ouvir a parte contrária (no prazo de três dias, conforme consta no art. 853 do CPC), mediante despacho com a expedição de novo mandado no qual a penhora será ampliada ou substituída por bem de maior valor. O ideal é que a penhora recaia sobre um bem que exceda em certa medida os valores da dívida, das custas e dos honorários, pois até a realização do leilão pode haver oscilações de mercado. Nesse sentido, o parágrafo 2º do art. 835 do CPC indica um parâmetro ideal de 30% do valor do bem a ser penhorado acima do valor da dívida.

O **excesso de penhora** acontece quando o valor do bem penhorado excede significativamente o valor da dívida em execução ou, ainda, em se tratando de dinheiro, depósito ou aplicação financeira, o valor tornado indisponível exceda o valor da execução (art. 854, CPC). No primeiro caso pode haver **substituição da penhora** ou **redução da penhora** e, no segundo, redução da penhora. Nessas duas circunstâncias há necessidade de requerimento da parte interessada, manifestação da outra parte (no prazo de três dias, art. 853, CPC) e despacho do juiz determinando a expedição de mandado para execução do ato.

Em relação à insuficiência e ao excesso de penhora, o art. 874 do CPC dispõe o seguinte:

> Art. 874. Após a avaliação, o juiz poderá, a requerimento do interessado e ouvida a parte contrária, mandar:
> I – reduzir a penhora aos bens suficientes ou transferi-la para outros, se o valor dos bens penhorados for consideravelmente superior ao crédito do exequente e dos acessórios;
> II – ampliar a penhora ou transferi-la para outros bens mais valiosos, se o valor dos bens penhorados for inferior ao crédito do exequente. (Brasil, 2015e)

O **excesso de penhora** será alegado pelo executado no prazo de 10 dias contados da intimação da penhora (art. 847, CPC). O parágrafo 1º do mesmo artigo enumera as situações em que o juiz deverá autorizar a substituição da penhora.

A **insuficiência da penhora** deverá ser alegada na primeira oportunidade em que o exequente se manifestar nos autos após a penhora, ou no caso do art. 850, que será visto a seguir.

Além do caso de excesso da penhora, o art. 848 do CPC enumera **outras situações** em que poderá ser solicitada a substituição da penhora. Vejamos:

> Art. 848. As partes poderão requerer a substituição da penhora se:
> I – ela não obedecer à ordem legal;
> II – ela não incidir sobre os bens designados em lei, contrato ou ato judicial para o pagamento;

> III – havendo bens no foro da execução, outros tiverem sido penhorados;
> IV – havendo bens livres, ela tiver recaído sobre bens já penhorados ou objeto de gravame;
> V – ela incidir sobre bens de baixa liquidez;
> VI – fracassar a tentativa de alienação judicial do bem; ou
> VII – o executado não indicar o valor dos bens ou omitir qualquer das indicações previstas em lei.
> Parágrafo único. A penhora pode ser substituída por fiança bancária ou por seguro garantia judicial, em valor não inferior ao do débito constante da inicial, acrescido de trinta por cento. (Brasil, 2015e)

A substituição da penhora será feita sob a lavratura de novo termo de penhora pelo escrivão ou pelo chefe de secretaria ou, ainda, mediante a expedição de mandado para cumprimento pelo oficial de justiça (art. 849, CPC).

Por fim, existe a previsão legal do art. 850 do CPC de **redução da penhora**, **reforço de penhora** e **substituição de penhora**, quando houver alteração significativa no valor de mercado do bem penhorado que justifique uma dessas medidas de ajuste.

■ **É possível a segunda penhora?**

No caso de ser expedido mandado de reforço de penhora, este não é considerado uma segunda penhora. A lei prevê, porém, a possibilidade de **segunda penhora** no art. 851 do CPC e ela acontecerá quando:

» A primeira penhora for anulada.
» Quando o produto do leilão não bastar para o pagamento integral da dívida. Nesse caso, fica um saldo remanescente e a execução prossegue com possibilidade de nova penhora.
» O exequente desistir da primeira penhora por serem litigiosos os bens ou por já terem sido penhorados, arrestados ou sequestrados em outra ação judicial.

Entendemos, dessa forma, que o reforço de penhora é um ato complementar que integra a primeira penhora e difere da segunda, pois esta irá ocorrer nas hipóteses do art. 851 do CPC, sem correlação com a anterior. Vejamos a seguir as espécies de penhora.

7.1.7 Espécies de penhora

A penhora é ato que visa estabelecer a garantia do pagamento do débito e, conforme vimos, há ordem preferencial, requisitos essenciais e inúmeras regras que demonstram sua complexidade. Em função disso, o legislador processual trouxe a previsão legal de algumas espécies de penhora (extraídas do rol preferencial do art. 835 do CPC), com regramento específico.

Elas são:

» **Penhora de dinheiro em depósito ou aplicação financeira** (art. 854, CPC): o exequente deve requerê-la, o juiz a determina sem que o executado saiba de antemão e a autoridade do sistema financeiro nacional executa a ordem, tornando os valores indisponíveis no limite da execução. A instituição financeira sujeita-se à responsabilidade do parágrafo 8º do art. 854.

» **Penhora de créditos** (arts. 855 - 860, CPC): quando o devedor/executado tem valores a receber de terceiros, eles podem ser penhorados. Se o credor do executado tem obrigação futura, basta que seja intimado para não efetuar o pagamento ao executado para que se considere feita a penhora. Se o crédito é representado por letra de câmbio, nota promissória, duplicata ou cheque, basta a apreensão do documento. Caso não haja o documento, mas o terceiro confesse a dívida, ela só será quitada se ele depositar em juízo o respectivo valor. Se o terceiro deixar de pagar por conluio com o executado, então existirá fraude à execução e ambos deverão depor em juízo a respeito disso se o exequente requerer.

» **Penhora de quotas ou ações de sociedades personificadas** (art. 861, CPC): o juiz, nesse caso, dará prazo não superior a três meses para que os sócios apresentem balanço especial, ofereçam as quotas penhoradas aos demais sócios e, se não houver interesse de aquisição, para que liquidem as quotas ou ações mediante o depósito em dinheiro do valor das quotas em juízo. Essas quotas também poderão ser leiloadas pelo juiz, caso a liquidação das ações resulte em valores altos e a sociedade não consiga depositar.

» **Penhora de empresa, de outros estabelecimentos e de semoventes** (arts. 862 - 865, CPC): nesse caso, o juiz nomeará o administrador-depositário, o qual deverá elaborar, em dez dias, um plano de administração. As partes poderão ajustar esse plano e quem será o administrador – nesse caso, o juiz vai apenas homologá-la. Caso se trate de edifício com incorporação imobiliária, a penhora deve recair apenas sobre as unidades não vendidas. A administração também poderá recair sobre a comissão dos adquirentes quando o incorporador estiver afastado da administração. A penhora de concessionária (por exemplo, o pedágio) ou autorizada será feita sobre a renda, sobre determinados bens ou sobre todo o patrimônio, conforme o valor da dívida, e um dos diretores será nomeado depositário pelo juiz. A penhora de navios e aeronaves não impede sua circulação e esta se fará mediante comprovação do seguro usual contra riscos. Essas espécies de penhora só serão feitas na inexistência de outro meio de satisfação do débito.

» **Penhora de percentual de faturamento de empresa** (art. 866, CPC): ocorre quando o executado não tem outros bens ou quando estes são de difícil alienação ou insuficientes para pagamento da dívida. O percentual fica a critério do juiz, mas não pode inviabilizar as atividades da empresa (o juiz, geralmente, a fixa em 10%). Comprova-se o faturamento mediante apresentação do balancete mensal pelo administrador-depositário nomeado pelo juiz; ele efetuará os depósitos mensais e apresentará o respectivo comprovante. Fica, dessa forma, obrigado mensalmente a efetuar os depósitos mensais e juntá-los aos autos com os balancetes mensais.

» **Penhora de frutos e rendimentos de coisa móvel ou imóvel** (arts. 870 - 875, CPC): quando o juiz perceber que é mais eficiente e menos gravosa ao executado, poderá determinar a penhora de frutos e rendimentos de bem móvel ou imóvel. O executado perde o direito de gozo do bem até o pagamento integral da dívida, inclusive custas e honorários. Quando a penhora recair sobre fruto ou rendimento de bem imóvel, será averbada mediante certidão de inteiro teor do processo, sem necessidade de mandado judicial. A publicação da determinação da penhora a torna válida perante terceiros quando não se tratar de imóvel. Nesse caso, também haverá necessidade de nomeação de administrador-depositário, que pode ser o exequente, o executado ou profissional habilitado nomeado pelo juiz quando não houver concordância entre as partes. Essa pessoa ficará responsável pelo repasse das quantias recebidas perante as quais o exequente irá dar quitação mediante termo nos autos.

Trata-se de um rol que não é taxativo e que não mencionou a penhora de bem imóvel e de veículos, por exemplo, uma vez que estes já constam no rol preferencial do art. 835 do CPC e não contém normas específicas como as das espécies aqui citadas – basta que seja observado o teor do art. 838 do CPC e o ato se perfectibiliza.

Além dessas espécies, podemos mencionar também a penhora no rosto dos autos, aquela que é feita quando o executado tem alguma ação em andamento que poderá resultar em valores a receber ou mesmo em inventário aberto em razão do falecimento de executado que deixou patrimônio.

7.1.8 Intimação da penhora

A **intimação da penhora** é ato sequencial à penhora (art. 829, § 1º, CPC). Ela é importante porque, por meio dela, o executado irá tomar conhecimento de que houve a constrição judicial sobre o bem, ciência do valor da avaliação e ciência do prazo para embargos à execução. É um ato que **tem tripla finalidade**: dar ciência da **penhora**, da **avaliação** e do **prazo** para oposição de embargos. Caso penhora e avaliação tenham ocorrido em momentos distintos e documentos separados (auto de penhora e laudo de avaliação), nada obsta que o executado seja intimado de ambas em um mesmo momento posterior (expedição de mandado de intimação da penhora e da avaliação) ou, ainda, que seja intimado da penhora em um dado momento e da avaliação em outro momento. Quando o ato (penhora, avaliação e intimação de ambas ou intimação da penhora e da avaliação) se concentra em um único momento, temos um único prazo e uma única oportunidade de impugnação via embargos, o que é melhor para o bom andamento processual.

Quando o executado estiver presente no momento da penhora ele estará automaticamente intimado. É o teor do parágrafo 3º do art. 841 do CPC, que trata do assunto. Quando o executado não estiver presente e tiver advogado constituído nos autos, a intimação será feita na pessoa do advogado ou da sociedade de advogados a que este pertença (art. 841, § 1º, CPC).

Se não tiver advogado constituído, o executado será intimado pessoalmente, preferencialmente por via postal (art. 841, § 2º, CPC).

Quando, por algum motivo, a intimação pela via postal não se perfectibilizar, a intimação deverá ser feita pelo oficial de justiça, aplicando ao caso as regras da intimação estudadas na Seção 5.1.2, no Capítulo 5, sendo possível, inclusive, a intimação por hora certa havendo suspeita de ocultação.

A lei processual também previu o caso do executado que mudou de endereço (temporária ou definitivamente), mas não comunicou isso ao juízo, hipótese em que se aplica o art. 274 do CPC e, ainda que não tenha sido recebida por ele, a intimação é considerada válida e regular.

Quando a penhora recair sobre imóvel ou direito real sobre imóvel, além de intimar o executado, é necessário intimar seu cônjuge, se casado for (art. 842, CPC). Normalmente, o oficial observa nos dados da matrícula e pergunta ao executado, que pode ocultar tal fato com o intuito de tornar nula a penhora. Portanto, o oficial deve ser firme e incisivo e registrar a resposta negativa. Todavia, se houver na matrícula menção do cônjuge, deverá imprimir esforços para intimá-lo. Somente não deverá fazê-lo quando casados sob o regime de separação total de bens, o que é revelado na certidão de casamento, devendo o oficial solicitá-la ao executado e certificar seu teor ou juntar cópia.

O art. 843 do CPC fala da penhora que recair sobre bem indivisível, bem no qual há copropriedade por força da indivisibilidade (por exemplo, um apartamento pertencente aos herdeiros do executado ou mesmo a um casal). Mesmo sem fazer menção, entende-se que os coproprietários deverão ser intimados do ato, até porque eles terão preferência em igualdade de condições na arrematação do bem, que é quando ele é levado a leilão. E, ainda, o bem deverá ser vendido no todo e se reserva a parte pertencente ao coproprietário ou cônjuge, que nada tem a ver com a dívida, em cálculo sobre o total da avaliação. Por exemplo: se o bem foi avaliado em

R$ 100.000,00 e a quota-parte for 50%, mesmo que a dívida seja no valor de R$ 100.000,00, a quota-parte do coproprietário será preservada e a ele restituída após a arrematação em leilão.

7.1.9 Levantamento da penhora

O levantamento da penhora ocorre quando o executado efetua o pagamento do débito. Igualmente, haverá levantamento da penhora quando o juiz julga procedentes os embargos à execução. Nesse caso, a procedência reflete sobre o objeto da execução (o débito exequendo) e, por essa razão, a penhora não pode subsistir (art. 917, I, CPC).

Outra possibilidade de levantamento da penhora é o caso de cumprimento integral do acordo de parcelamento do débito (art. 916, CPC). O pagamento parcial não dá ensejo ao levantamento, conforme consta na decisão a seguir (Rio Grande do Sul, 2017c, grifo nosso e do original):

> **Ementa:** APELAÇÃO CÍVEL. EXECUÇÃO FISCAL. EMBARGOS À **PENHORA**. ALEGAÇÃO DO DEVEDOR DE QUITAÇÃO INTEGRAL DO **PARCELAMENTO** QUE NÃO RESTOU COMPROVADA. COMPROVANTES DE PAGAMENTO JUNTADOS QUE NÃO VÃO ALÉM DE DEMONSTRAR PAGAMENTO PARCIAL SOBRE O QUE NEM GRASSOU A CONTROVÉRSIA. REALIZAÇÃO DE **PENHORA** DO IMÓVEL OBJETO DO TRIBUTO QUE COROA A BUSCA EFETIVA DA SATISFAÇÃO DO CRÉDITO POR PARTE DO MUNICÍPIO, O QUAL ATUOU DILIGENTEMENTE NO ANDAMENTO DO FEITO, NÃO HAVENDO FALAR EM PRESCRIÇÃO INTERCORRENTE. APELAÇÃO DESPROVIDA.
> (Apelação Cível Nº 70073651051, Vigésima Primeira Câmara Cível, Tribunal de Justiça do RS, Relator: Marcelo Bandeira Pereira, Julgado em 12/07/2017)

O reconhecimento de embargos de terceiro acerca da penhora por parte do juiz com o respectivo reconhecimento de que o terceiro é o proprietário do bem penhorado é causa de levantamento. Nesse sentido, temos estes dois julgados para exemplificar:

» **Exemplo 1** (Rio Grande do Sul, 2017b, grifo nosso e do original):

Ementa: APELAÇÃO CÍVEL. EMBARGOS DE TERCEIRO. PROMESSA DE COMPRA E VENDA. FRAUDE A EXECUÇÃO NÃO RECONHECIDA. LEVANTAMENTO DE PENHORA. IMÓVEL ADQUIRIDO POR TERCEIRO DE BOA-FÉ. HONORÁRIOS ADVOCATÍCIOS. SÚMULA 303. SUCUMBÊNCIA RECURSAL. ART. 85, §11, CPC/15.

1. Ao terceiro cabe se valer de embargos de terceiro para levar à discussão matéria atinente a **penhora** de bem, que teria adquirido, mas que foi penhorado em processo de execução.
2. Havendo prova de que a compra e venda foi firmada pela parte embargante em data anterior à constrição efetuada, deve ser reconhecida a boa-fé alegada pela embargante, o que culmina na procedência do pedido.
3. A venda de imóvel para adquirente de boa-fé, antes do registro da **penhora** a matrícula do imóvel não evidencia fraude à execução, devendo, para a configuração do instituto, ser provado, satisfatoriamente, o *consilium fraudis*.
4. No caso dos autos, restou demonstrado que a aquisição do bem pela embargante ocorreu em data anterior à **penhora**, ainda que o registro da constrição tenha sido posterior, inclusive a requerente já exercia a posse sobre o imóvel em discussão há cerca de um ano quando foi cientificada da **penhora** efetivada na matrícula do bem.

5. Sentença de procedência dos embargos mantida.
6. Em embargos de terceiro, quem deu causa à constrição indevida deve arcar com os ônus de sucumbência (Súmula 303 do STJ).
7. O art. 85, §11º, do CPC/15 estabelece que o Tribunal, ao julgar recurso, majorará os honorários fixados anteriormente levando em conta o trabalho adicional realizado em grau recursal.
8. Sucumbência recursal reconhecida e honorários fixados em prol do procurador da parte embargada/apelada majorados.
NEGARAM PROVIMENTO AO APELO. (Apelação Cível Nº 70073223232, Décima Nona Câmara Cível, Tribunal de Justiça do RS, Relator: Eduardo João Lima Costa, Julgado em 31/08/2017). **Publicação:** Diário da Justiça do dia 04/09/2017

» **Exemplo 2** (Rio Grande do Sul, 2017e, grifo nosso e do original):

Ementa: APELAÇÃO CÍVEL. TRIBUTÁRIO E PROCESSUAL CIVIL. **EMBARGOS** DE TERCEIRO. EXECUÇÃO FISCAL. **PENHORA.** BEM IMÓVEL. ESCRITURA PÚBLICA DE COMPRA E VENDA NÃO LEVADA A REGISTRO. **LEVANTAMENTO** DA CONSTRIÇÃO. POSSIBILIDADE. ANÁLISE DO CASO CONCRETO.

1. O fato de a Escritura Pública de Compra e Venda não ter sido levada a registro não impede a oposição de **Embargos** de Terceiro, haja vista o contido em antiga Súmula 84 do STJ. Hipótese em que a aquisição da posse é bem anterior à própria existência dos débitos objeto da Execução Fiscal, com o que é cabível o cancelamento do registro da **penhora**, não se cogitando, nas circunstâncias, de eventual configuração de fraude (sequer alegada pela parte apelante/embargada/exequente), o que afasta a aplicação do REsp nº 1141990/PR, submetido ao rito dos recursos repetitivos e do disposto no artigo 185 do Código Tributário Nacional, com a redação dada pela Lei Complementar nº 118/2005.

2. A par do disposto no art. 85, § 11, do CPC, no caso, não cabe a fixação de honorários recursais, pois implicaria em "reformatio in pejus", já que, embora **procedentes** os **Embargos** de Terceiro, a condenação sucumbencial recaiu sobre a parte Embargante/Apelada por incidência da Súmula 303 do STJ. APELAÇÃO DESPROVIDA. (Apelação Cível N° 70074626359, Segunda Câmara Cível, Tribunal de Justiça do RS, Relator: Ricardo Torres Hermann, Julgado em 30/08/2017).

O reconhecimento de nulidade da penhora por parte do juiz também pode ensejar o levantamento. Nesse caso não é o objeto da execução que deixa de existir, mas a penhora – a qual não subsiste nos termos em que foi realizada e deve ser tornada sem efeito.

O levantamento da penhora é feito mediante ordem judicial, com a respectiva expedição de mandado de levantamento de penhora. O oficial de justiça lavra auto de levantamento de penhora, destitui o depositário e o auto é levado a registro no órgão competente (Detran, Registro de Imóveis, instituição bancária etc.), tornando sem efeito a penhora realizada em razão da ação de execução onde foi perpetrada.

7.2 Arresto

É a apreensão judicial dos bens do devedor como medida de efetivação da tutela de urgência de natureza cautelar quando presentes os indícios do perigo de dano (*periculum in mora*) e, dessa forma, visa salvaguardar o direito do credor. Ou seja, é um instituto processual que tem por objetivo não deixar que o devedor dilapide ou esconda o próprio patrimônio (alienando bens ou transferindo-os a terceiros) para se esquivar de futura penhora. O juiz poderá determinar tal medida quando o credor demonstrar evidência de que há uma dívida líquida e certa e que o devedor pratica atos tendentes a causar prejuízo ao credor (por exemplo, anunciar imóvel, tentar permutar o bem, procurar o cartorário para fazer doação). O arresto com tais características está previsto no art. 301 do CPC e no art. 136 do CPP, e depende de iniciativa da parte, pois o juiz não poderá deduzir de ofício a presença dos critérios. É medida que depende do reconhecimento da necessidade da tutela de urgência e vai materializar os efeitos de sua concessão, porque de nada adianta reconhecer a necessidade sem um efeito prático que assegure o credor acerca do direito pleiteado. Conforme consta na lei: "Art. 301. A tutela de urgência de natureza cautelar pode ser efetivada mediante arresto, sequestro, arrolamento de bens, registro de protesto contra alienação de bem e qualquer outra medida idônea para asseguração do direito" (Brasil, 2015e).

Também existe o arresto como medida constritiva dos arts. 829 e 830 do CPC, que é ato sequencial do cumprimento de mandado de execução por quantia certa contra devedor solvente ou da execução fiscal (art. 7º, III, Lei n. 6.830/1980). Tem as mesmas características e finalidades do arresto do art. 301 (garantir a execução), mas independe de ordem judicial e ocorre quando o oficial não encontra o devedor em seu domicílio ou tem fundada suspeita de que ele se oculta para frustrar o ato. Aqui não é necessária a decisão judicial específica reconhecendo perigo de dano e determinando o arresto. É o oficial de justiça que tem discricionariedade para verificar o requisito da ausência ou da ocultação e efetuar a medida. Vejamos:

> Art. 830. Se o oficial de justiça não encontrar o executado, arrestar-lhe-á tantos bens quantos bastem para garantir a execução.
>
> § 1º Nos 10 (dez) dias seguintes à efetivação do arresto, o Oficial de Justiça procurará o executado 2 (duas) vezes em dias distintos e, havendo suspeita de ocultação, realizará a citação com hora certa, certificando pormenorizadamente o ocorrido.
>
> § 2º Incumbe ao exequente requerer a citação por edital, uma vez frustradas a pessoal e a com hora certa.
>
> § 3º Aperfeiçoada a citação e transcorrido o prazo de pagamento, o arresto converter-se-á em penhora, independentemente de termo. (Brasil, 2015e)

Perceba que o arresto não depende de qualquer ação por parte do executado, pois ocorre sem que ele seja, a princípio, localizado e justamente pelo fato de ele não ter sido localizado e antes mesmo de qualquer uma das espécies de citação. Tudo para evitar que, ao se ocultar, o devedor aproveite para ocultar seu patrimônio ou dele se desfazer, ou, ainda, mesmo não se ocultando, mas no intuito de não alcançar o direito ao credor, adotar prátiocas que frustrem a concretização do direito.

A **diferença** entre o arresto e a penhora é que esta tem utilidade exclusiva no processo de execução e é consequência lógica do andamento deste quando não há pagamento ou parcelamento do débito. Já o arresto é tutela assecuratória que pode ser autônoma (não estar vinculada à execução) e visa assegurar direito que depende de reconhecimento e, portanto, é incerto e tem pressupostos diferentes da penhora (perigo de dano e urgência). No arresto, o depositário é dispensável; já a penhora pode ser feita sem o depositário *a priori*, mas, para o andamento regular do processo, haverá necessidade de nomear depositário.

O futuro processual do arresto é ser convertido em penhora e, dessa forma, tornar eficaz a garantia do juízo. Ocorrendo a conversão do arresto em penhora, o juiz determinará também a nomeação de depositário para o bem. Dessa forma, o arresto será formalizado mediante a lavratura do auto de arresto pelo oficial de justiça, com a intimação do órgão competente (cartório de registro de imóveis, Detran) para que efetue o registro.

Como medida de urgência que é, não se exige que o oficial nomeie depositário, vistorie e avalie o bem, pois esses atos, na maioria das vezes, ficam prejudicados em razão

> *A diferença entre o arresto e a penhora é que esta tem utilidade exclusiva no processo de execução e é consequência lógica do andamento deste quando não há pagamento ou parcelamento do débito. Já o arresto é tutela assecuratória que pode ser autônoma (não estar vinculada à execução) e visa assegurar direito que depende de reconhecimento e, portanto, é incerto e tem pressupostos diferentes da penhora (perigo de dano e urgência).*

da ocultação do devedor. A intimação do devedor, nesse caso, normalmente será por hora certa ou edital.

7.3 Sequestro

O sequestro de bens no processo civil é medida constritiva de tutela de urgência de natureza cautelar cuja intenção é assegurar o exercício de um direito correlato à titularidade de um bem específico que corre o risco de perecer ou sofrer dano. O bem, nesse caso, é o objeto da discussão. Ele não existe apenas para garantia de uma dívida em si; é aquilo que as partes visam obter no final do litígio.

No processo penal o sequestro visa assegurar que o indiciado não venha a desfrutar de bens imóveis adquiridos com dinheiro ilícito (produto do crime), ainda que ele os tenha transferido a terceiros ou utilizado o nome de terceiros para esconder a sua procedência ilícita.

7.4 Remoção de bens

A remoção de bem se faz necessária quando o executado não aceita o encargo de depositário do bem penhorado e este é confiado ao depositário público. O depósito é instituto que vai além da mera formalidade de nomeação porque implica encargo material relativo a dever de guarda, conservação e apresentação da coisa, havendo necessidade de posse direta sobre a mesma. O instituto da remoção está previsto no art. 840 do PC e no parágrafo 3º do art. 11 da Lei de Execução Fiscal n. 6.830/1980.

O depositário não responde pelo perecimento do bem proveniente de caso fortuito ou força maior, seja ele público ou mesmo o executado. Caso receba indenização de seguro ou dos causadores do dano, ele deverá transferi-la ao depositante.

Quando se fizer necessário o arrombamento para efetuar a remoção, temos a prática de um ato de força sucedido por um ato de execução, devendo ambas as ordens constar expressamente no mandado. Remetemos à Seção 7.1.5 (Da necessidade de arrombamento e força policial) do presente capítulo, no qual analisamos as hipóteses de arrombamento.

7.5 Atos de avaliação

Entre as atribuições do oficial de justiça está a avaliação de bens. Dessa forma, o oficial pratica atos de avaliação daqueles bens que servem de garantia nos processos judiciais, atribuição inerente ao cargo* e da qual não pode se esquivar, salvo algumas exceções que devem ser justificadas, conforme veremos a seguir.

O art. 870 do CPC expressa o seguinte a respeito: "A avaliação será feita pelo Oficial de Justiça. Parágrafo único. Se forem necessários conhecimentos especializados e o valor da execução o comportar, o juiz nomeará avaliador, fixando-lhe prazo não superior a 10 (dez) dias para entrega do laudo" (Brasil, 2015e).

Dessa forma, a própria sistemática legal prevê os casos em que não será possível ao oficial de justiça realizar a avaliação em virtude da complexidade técnica que excede a sua capacidade cognitiva. A avaliação é momento de suma importância da qual derivarão outros acontecimentos processuais e é grande a responsabilidade pessoal do oficial ao procedê-la. A partir dela será estabelecido o

---

* Por força da Lei n. 11.232/2005 e da Lei n. 11.382/2006, essa nova funcionalidade passou a integrar oficialmente as atribuições do cargo de oficial de justiça em todo o território nacional, embora no âmbito federal já estivesse sendo desempenhada há vários anos, abrangendo os oficiais de justiça dos estados (Brasil, 2005, 2006b).

conceito de suficiência ou insuficiência da penhora, de preço vil, o valor para adjudicação e o valor inicial (ponto de partida dos lances) para arrematação em leilão.

A regra geral é de que a avaliação será feita pelo oficial, mas comporta a exceção quando for necessária a nomeação de um perito técnico que a faça com maior precisão em virtude dos conhecimentos técnicos em relação à natureza do bem a ser avaliado. Essa análise fica a critério do juiz, que poderá fazê-la com base em certidão do oficial, reconhecendo que não tem a aptidão suficiente ou, ainda, mediante solicitação das partes, tudo por meio de justificativa fundamentada e despacho também fundamentado. A atuação de perito nomeado é mais onerosa às partes, que deverão arcar com os honorários periciais, bem como mais demorada, ao passo que a atuação do oficial de justiça não é onerosa e geralmente é mais rápida. Por isso a nomeação de perito técnico se dá em casos excepcionais.

O laudo de avaliação é o documento que expressa o valor do bem nos autos do processo. O oficial de justiça elabora o laudo mediante vistoria do bem, podendo fazer auto de vistoria à parte ou formalizar o ato de vistoria juntamente com o laudo. Ou, ainda, poderá concentrar, no auto de penhora, de forma sincrética a penhora, a vistoria e o laudo, com a descrição pormenorizada, acompanhada de levantamento fotográfico, descrição dos critérios e métodos avaliativos adotados e expressão final do valor da avaliação*. Essa documentação é passível de impugnação pelas partes, tendo em vista que a

---

* Soares (2016, p. 361) entende que o oficial deve fazer constar num só auto a penhora e o depósito, consubstanciando-os em auto de penhora e depósito e apresentar em documento separado a avaliação, ou seja, laudo de avaliação e vistoria. No entanto, por razões práticas, desde que cumpridos na íntegra os preceitos da penhora, do depósito, da vistoria e da avaliação, não vemos problema em concentrá-los todos no auto de penhora, avaliação e depósito.

avaliação é ato processual que interfere no resultado do processo e está sujeito às regras do contraditório e da ampla defesa, como qualquer outro ato processual. Faz parte da dinâmica processual a impugnação da penhora em razão do valor de avaliação ou mesmo de um pedido de explicação, que expressa inconformidade ou dúvida, sendo que a inconformidade deve ser resolvida pelo juiz e a dúvida pode ser sanada por simples complementação do laudo pelo oficial. Em ambos os casos o juiz pode determinar ao oficial que complemente ou explique seu trabalho para melhor elucidação e tomada de decisão final.

A avaliação é, ao mesmo tempo, ato complexo e crucial no andamento processual, pois é a expressão numérica do grau de intervenção no patrimônio do devedor e da possibilidade de satisfação do credor. O bem não pode ser superavaliado nem subavaliado, sob pena de causar prejuízo a uma das partes e, nesse caso, a penhora não se presta à finalidade processual. Quem homologa a avaliação do oficial (e também de perito nomeado) é o juiz do processo, após a manifestação das partes, que têm prazo para impugnar justificadamente o laudo (art. 873, CPC). Havendo concordância das partes, prevalece o valor expresso no laudo do oficial de justiça.

O oficial é o **sujeito da avaliação**, é aquele que irá procedê-la, a princípio. O **objeto da avaliação** é um bem. O **destinatário imediato** da avaliação é o **juiz**, pois ele tem poder para homologá-la ou não; os **destinatários mediatos** são as partes. A **finalidade da avaliação** é a determinação do **valor do bem** para uma ação judicial. Para atingir essa finalidade, o oficial de justiça precisa definir e adotar **critérios e métodos**. A **vistoria** do bem é o **mecanismo material de avaliação**. O **documento** formal que expressa a avaliação é o **laudo de avaliação**.

7.5.1 Vistoria

A vistoria consiste em ver o bem que é objeto da avaliação, de forma que isso é a essência do ato de avaliar. Somente em casos excepcionais, quando realmente for impossível ter acesso ao bem avaliado, poderá ser admitida uma situação paradigmática (avaliação por estimativa), a qual deverá ser autorizada pelo juiz e constar explicitamente no laudo.

O objetivo da vistoria é caracterizar e individualizar o bem a ser avaliado para, posteriormente, valorá-lo perante o mercado e quantificá-lo na condição de garantia processual, registrando suas características físicas, sua utilidade e todo e qualquer aspecto tendente a definir o seu valor. A vistoria fixa os parâmetros de apreciação do bem para que, a partir disso, possam ser aplicados os métodos e os critérios para definição do seu valor.

O laudo de vistoria, além de levantamento fotográfico, deve conter descrição minuciosa do local e do estado de conservação em que está o bem, sua marca, modelo, ano de fabricação, número de série, cor, nome do fabricante e qualquer outra característica que permita sua individualização.

Quando se tratar de veículo, deve ainda conter número da placa, do chassi, quilometragem rodada até a data da vistoria e minuciosa descrição do estado da lataria, dos vidros, do motor e do estofamento. Quando se tratar de imóvel, deve conter toda a descrição constante da matrícula e tudo o que for verificado *in loco* pelo oficial, mesmo edificações que não estiverem registradas no CRI mas que existam de fato, pois a vistoria existe justamente para verificar a realidade e o laudo não é um documento meramente formal de reprodução da matrícula.

Soares (2016, p. 362) cita ainda a menção de fatores que influenciam na definição do valor do imóvel, tais como: padrão das benfeitorias; características; metragens; conservação; se está em área de risco, de preservação ambiental permanente, em local alagadiço, próximo de áreas de enchente; se tem energia elétrica, instalações de água e esgoto, acesso viário; se está próximo ao comércio local etc.

■ Vistoria impossível e avaliação por estimativa

Pode ocorrer a impossibilidade de vistoriar o bem nomeado ou disponível para penhora por circunstâncias alheias à vontade das partes e do oficial. É o caso, por exemplo, de um grande terreno rural não demarcado, em que mesmo o proprietário não sabe dizer com precisão a localização, ou, ainda, terreno localizado em região de mata fechada onde não foi aberto loteamento. São inúmeros casos nos quais o oficial pode não ter acesso ao bem, embora disponha de habilidade técnica para avaliá-lo. O oficial deverá certificar essas impossibilidades, deixando ao juiz da causa, que poderá ouvir as partes, tomar a decisão. Se o juiz da causa determinar uma avaliação por estimativa, sem a vistoria e a verificação real das condições do bem, o oficial poderá adotar critérios de semelhança, como valor de bem com metragem e localização análogas, valor do hectare divulgado pelo Instituto Nacional de Colonização e Reforma Agrária (Incra) ou valor do Imposto Predial e Território Urbano (Iptu) divulgado pela prefeitura municipal.

O que é importante diante de tal impossibilidade é o oficial não deixar de efetuar a apreensão judicial do bem, lavrando o auto de penhora, arresto ou sequestro de forma individualizada e hábil a garantir o juízo (sem proceder à vistoria e à avaliação), praticando o ato constritivo possível no momento oportuno.

7.5.2 Espécies de bens na avaliação

Um **bem** pode ser definido como coisa que tem valor, que é suscetível de utilização e que pode ser objeto de direito, que integra um patrimônio. Os bens podem ser tangíveis e intangíveis.

Bens tangíveis são aqueles que podem ser identificados materialmente:

» imóveis;
» equipamentos;
» mobiliário e utensílios;
» matérias-primas e outras mercadorias;
» infraestruturas;
» recursos naturais;
» culturas agrícolas;
» máquinas;
» veículos;
» acessórios;
» instalações;
» recursos ambientais;
» semoventes.

Bens intangíveis são aqueles que não podem ser identificados materialmente, como:

» empreendimentos de base imobiliária, industrial ou rural;
» fundos de comércio;
» marcas e patentes.

Os bens intangíveis diferem dos tangíveis justamente pelo fato de estes serem corpóreos.

7.5.3 Métodos de avaliação

A **avaliação técnica** é atividade regulamentada pela Associação Brasileira de Normas Técnicas (ABNT) que tem regramentos específicos denominados NBRs (Normas Brasileiras). Essas normas fixam diretrizes e procedimentos para que os profissionais habilitados mensurem valores de acordo com esses critérios preestabelecidos e, dessa forma, realizem trabalho científico na análise de atributos de um bem.

A Lei n. 6.496, de 7 de dezembro de 1977 (Brasil, 1977), dispõe sobre a responsabilidade técnica da prestação de serviços do engenheiro, do arquiteto e do agrônomo, mediante atuação do Conselho Regional de Engenharia Arquitetura e Agronomia (Crea). Entre esses serviços está a avaliação regulamentada pelas NBRs. Entre essas normas constam:

Quadro 7.1 – Normas da ABNT sobre avaliação de bens

NBR 14653-1:2001 Avaliação de bens Parte 1 Bens em geral	Fixa diretrizes para a avaliação de bens em geral quanto à classificação de sua natureza, instituição de terminologias, definições, símbolos e abreviaturas, descrição das atividades básicas, definições de metodologias básicas, especificação das avaliações, requisitos básicos de laudos e pareceres técnicos de avaliações.
NBR 14653-2:2004 Avaliação de bens Parte 2 Imóveis urbanos	Fixa diretrizes para a avaliação de imóveis urbanos, segundo os parâmetros descritos da NBR 16653-1:2001, objetivando a identificação do valor de mercado do imóvel urbano.
NBR 14653-3:2004 Avaliação de bens Parte 3 Imóveis rurais	Detalha as diretrizes e os padrões específicos de procedimentos para a avaliação de imóveis rurais, segundo os parâmetros descritos na NBR 14653-1:2001, objetivando a identificação do valor de mercado do imóvel rural.

(continua)

(Quadro 7.1 – conclusão)

NBR 14653-4:2002 Avaliação de bens Parte 4 Empreendimentos	Fixa diretrizes para a avaliação de empreendimentos segundo os parâmetros descritos na NBR 14653-1:2001.
NBR 14653-5:2006 Avaliação de bens Parte 5 Máquinas, equipamentos, instalações e bens industriais em geral	Fixa as diretrizes para avaliação de máquinas, equipamentos, instalações e bens industriais em geral segundo os parâmetros descritos na NBR 14.653-1:2001.

Fonte: Adaptado de ABNT, 2001, 2002, 2004, 2006, citado por Soares, 2016, p. 357.

É importante ressaltarmos que essas normas e diretrizes técnicas são aplicáveis sob o âmbito profissional a que se destinam: engenheiros, arquitetos e agrônomos no exercício de atividade técnica avaliativa. Para o oficial de justiça, essas regras são bastante úteis, mas ele realiza a **avaliação judicial**, a qual não está sujeita a esse rigor técnico. Essas normas são norteadoras e fornecedoras de linguagem apropriada e de metodologia que auxilia no desempenho de sua função processual de atribuir valores a bens penhorados. De acordo com Freitas e Batista Junior (2013, p. 2524):

> Com o intuito de determinar um valor condizente com o mercado, o Oficial deve recorrer a técnicas que conduzam a esse resultado. O auto de avaliação lavrado pelo Oficial não é uma perícia técnica nem se reveste das características dos laudos de engenharia, mas os métodos utilizados pelos profissionais da área podem ser observados como ferramentas eficientes para posicionar a avaliação realizada pelo Oficial o mais próximo possível da realidade de mercado. Embora não estejamos obrigados a utilizar os métodos descritos nas normas da ABNT, o fato de utilizarmos critérios consagrados na norma técnica confere à nossa avaliação maior precisão. [...]

O auto/laudo de avaliação lavrado pelo Oficial de Justiça pode ser apresentado de forma simplificada, como a própria norma admite. Não é necessário apresentar o resultado no formato de laudo de engenharia, com demonstrativos longos e complicados, mas a essência do método deve ser mantida, ou seja, os procedimentos básicos de coleta de dados e escolha das amostras e o cálculo do preço médio devem ser feitos.

Dessa forma, podemos concluir que o rigor técnico exigido do oficial de justiça na avaliação de bens perante o juízo não é o mesmo rigor técnico aplicado aos profissionais da área da engenharia, arquitetura e agronomia, mesmo porque a sua formação é totalmente diferente. Isso não impede ao oficial que busque subsídios nas normas para realização de um trabalho mais preciso e de maior qualidade na avaliação.

O oficial de justiça está sujeito especificamente às normas do CPC, arts. 870 a 875, no que diz respeito às avaliações. Quando entender que lhe falta habilitação técnica para avaliar determinado bem, o oficial deve, mediante certidão circunstanciada, expor as dificuldades ao juiz da causa. Isso deve ser assim porque, nessa hipótese, o CPC prevê a nomeação de perito técnico. É o caso da avaliação de maquinários específicos não disponíveis no mercado, jazidas de ouro, fontes de água mineral, obras de arte ou mesmo pedras preciosas. Tal reconhecimento não é demérito para o oicial mas, sim, garante segurança ao andamento do processo. Nomeando um perito oficial juramentado, o juiz evitará que o bem receba avaliação aquém ou além da realidade, já que, normalmente, quando a própria parte nomeia o bem (no prazo legal que lhe é conferido), costuma supervaliá-lo, atribuindo valor acima do valor de mercado.

7.5.4 Método comparativo de dados do mercado

No dia a dia, o oficial de justiça utiliza dois métodos principais para efetuar as avaliações: o **método comparativo de dados do mercado** e o **método evolutivo**.

O oficial, no primeiro método citado, faz uma pesquisa comparativa fundamentado em uma amostra que coincide com as características do bem vistoriado a ser avaliado e aplica a média aritmética. Geralmente é utilizado para a avaliação imobiliária, mas também é aplicável à avaliação de veículos.

Devido à possibilidade proporcionada pela consulta de *sites* na internet, é trabalho relativamente fácil verificar esses parâmetros comparativos e aplicá-los, sempre com atenção à localização geográfica, pois os preços e os valores variam significativamente de um lugar para outro não só no território nacional, mas inclusive entre bairros de uma mesma cidade, especialmente quando se trata de imóveis. Daí vem a importância da vistoria porque é por meio dela que se estabelecerão as amostras que têm similaridade com o bem avaliado, estabelecendo paradigmas sem discrepância que possibilitarão a aplicação da média de um universo de três ou quatro similares para obtenção do valor final. É importante constar no laudo a indicação das fontes de anúncio utilizadas na coleta das amostras.

Segundo Soares (2016, p. 357), a adoção do método comparativo dispensa a aplicação das normas da ABNT, rigor que o CPC efetivamente não impõe ao oficial de justiça que, nesse caso, buscará "dados vigentes de mercado assemelhados quanto aos seus característicos intrínsecos e extrínsecos", devendo ser nomeado um perito sempre que esse método não for suficiente para refletir o efetivo valor de mercado do bem.

O método comparativo, de fato, é o mais utilizado em razão da simplicidade e da facilidade de sua aplicação e compreensão, além da ampla gama de bens existentes no mercado a que pode ser aplicado.

Na maioria das vezes vale a regra de que "menos é mais" pois, ao procurar empregar termos técnicos e normas da ABNT, o oficial pode dar margem à impugnação da avaliação, incidente que poderá lhe causar o transtorno de explicar algo sobre assunto que não domina, trazendo insegurança para o processo e risco funcional porque as partes e o próprio magistrado entenderão que essa imprecisão é uma negligência ou imperícia. É uma situação que deve ser evitada com a busca de bens similares disponíveis em anúncios no mercado e a aplicação da média dos valores. É algo simples e eficaz, que não dá margens a impugnações ou divergências.

A seguir mostramos um exemplo hipotético de avaliação de imóvel pelo método comparativo. Consideramos nele construções em padrões parecidos no mesmo bairro do imóvel a ser avaliado. Confira:

Quadro 7.2 – Método comparativo

	Imóvel 1	Imóvel 2	Imóvel 3
Foto	ND700/ Shutterstock	slonme/ Shutterstock	Trong Nguye/ Shutterstock
Anunciante	X Imóveis	Y Imóveis	Z Imóveis
Referência:	0502230010	32581469800	4512369871
Endereço:	Rua A	Rua B	Rua C
Bairro:	Qualquer	Qualquer	Qualquer
Área total:	120,00 m²	150,00 m²	130,00 m²
Valor anunciado	R$ 150.000,00	R$ 195.000,00	R$ 162.000,00
Valor médio do m²	R$ 1.250,00	R$ 1.300,00	R$ 1.246,00

Com base nessas informações, vejamos a seguir o cálculo da média.

$$\begin{array}{r}\text{R\$ 1.250,00}\\ \text{R\$ 1.300,00}\\ \text{+ R\$ 1.246,00}\\ \hline \text{R\$ 3.796,00}\end{array} \longrightarrow \frac{\text{R\$ 3.796,00}}{3} = \text{R\$ 1.265,00}$$

Uma vez obtida a média, vejamos o cálculo do valor do imóvel.

$$\begin{array}{rr}\text{Área} & 115{,}40\,\text{m}^2\\ \text{Valor do m}^2\,\text{médio na região} & \times\ \text{R\$ 1.265,00}\\ \hline \text{Valor do imóvel} & \text{R\$ 145.981,00}\end{array}$$

Dessa forma, demonstramos na prática o cálculo efetuado, com a aplicação do método comparativo. Analisaremos a seguir o método evolutivo.

7.5.5 Método evolutivo

Esse método é utilizado para a avaliação de imóvel rural ou urbano quando não houver amostragens disponíveis em razão de particularidades ou de peculiaridades do bem. Consiste em estabelecer o preço do terreno por método comparativo e somar a ele o valor do custo das benfeitorias com a depreciação relativa à idade e ao estado de conservação do imóvel. Trata-se de método mais complexo, com mais variáveis e aplicável quando o método comparativo se revelar insuficiente, por ausência de parâmetro para o caso concreto.

Para aplicar o método é necessário pesquisar o valor de terrenos semelhantes ao que será avaliado, calculando sua média. Multiplica-se a média pela metragem do terreno e se obtém o valor do terreno. Posteriormente, calcula-se o valor da construção com base no Custo Unitário Básico (CUB, por m²)* e o valor do imóvel é a soma da casa mais o terreno. Havendo outras benfeitorias, devem ser consideradas e integrar o valor total – no caso de imóvel rural, por exemplo, galpões, pomares, rios, cercas etc. Assim se obtém o valor completo de uma propriedade.

7.5.6 Dispensa da avaliação

A lei processual civil, no art. 871, prevê os casos em que a avaliação é dispensável:

> Art. 871. Não se procederá à avaliação quando:
> I – uma das partes aceitar a estimativa feita pela outra;
> II – se tratar de títulos ou de mercadorias que tenham cotação em bolsa, comprovada por certidão ou publicação no órgão oficial;
> III – se tratar de títulos da dívida pública, de ações de sociedades e de títulos de crédito negociáveis em bolsa, cujo valor será o da cotação oficial do dia, comprovada por certidão ou publicação no órgão oficial;
> IV – se tratar de veículos automotores ou de outros bens cujo preço médio de mercado possa ser conhecido por meio de pesquisas realizadas por órgãos oficiais ou de anúncios de venda divulgados em meios de comunicação, caso em que caberá a quem fizer a nomeação o encargo de comprovar a cotação de mercado.
> Parágrafo único. Ocorrendo a hipótese do inciso I deste artigo, a avaliação poderá ser realizada quando houver fundada dúvida do Juiz quanto ao real valor do bem.

---

* Essa referência é amplamente utilizada no mercado imobiliário e a NBR 14.653-2 a indica como referência para o cálculo de valor de benfeitorias.

Essa previsão existe para tornar mais ágil o andamento do processo. Todavia, as hipóteses não são fatores impeditivos para que o juiz determine a expedição de mandado para fins de vistoria e avaliação pelo oficial de justiça ou mesmo nomeie técnico para esse fim. A análise de cada caso concreto poderá levar ou não à aplicação da dispensa e, mediante argumentos da parte e fundamentação do juiz, pode ser afastado o art. 871 e feita a vistoria e a avaliação pelo oficial ou pelo perito.

7.5.7 Impugnação da avaliação

Pode ocorrer de a parte não se conformar com o valor atribuído pelo oficial de justiça ao bem e impugnar a avaliação. Ela deverá fazer isso fundamentadamente porque, na ausência de impugnação, o juiz irá homologá-lo e o bem será oferecido em leilão (hasta pública) tendo esse valor como ponto de partida.

A previsão legal da impugnação está no art. 873 do CPC:

> Art. 873. É admitida nova avaliação quando:
> I – qualquer das partes arguir, fundamentadamente, a ocorrência de erro na avaliação ou dolo do avaliador;
> II – se verificar, posteriormente à avaliação, que houve majoração ou diminuição no valor do bem;
> III – o juiz tiver fundada dúvida sobre o valor atribuído ao bem na primeira avaliação.
> Parágrafo único. Aplica-se o art. 480 à nova avaliação prevista no inciso III do caput deste artigo.

Uma vez lavrado o laudo de vistoria e avaliação, havendo determinação no mandado, o oficial de justiça deverá intimar a parte expropriada. Esta poderá impugnar o ato observando os seguintes prazos, que deverão ser contados na forma descrita no art. 231 do CPC:

a. 15 dias, na execução por quantia certa (art. 525, CPC);
b. no prazo dos embargos à execução, 15 dias (art. 917, II, CPC);
c. e antes da publicação do edital de leilão (art. 13, Lei n. 6.830/1980) na execução fiscal.

Entendendo que é procedente a impugnação da avaliação, o juiz poderá determinar ao oficial que efetuou a primeira avaliação que se manifeste em relação aos argumentos, mantendo ou não o valor. O juiz também poderá determinar de plano ao oficial que proceda à reavaliação, atentando para os argumentos da parte inconformada. Por fim, poderá ainda, entendendo tratar-se de questão complexa, exigir conhecimento técnico, nomeando perito.

No caso da avaliação errônea ou intencionalmente aquém ou além do valor de mercado é necessário à parte impugnar fundamentadamente perante o juiz, para que este determine nova avaliação. Além disso, a avaliação errônea ou praticada com dolo poderá acarretar responsabilidade administrativa, civil e criminal ao oficial de justiça. Por isso, esse profissional deve cercar-se de todas as cautelas, fazendo **avaliação segura**, **real** e **correta**, demonstrando claramente os critérios e parâmetros utilizados, ciente de que a impugnação faz parte da sistemática processual, mas cairá por terra frente a um trabalho bem feito.

Síntese

Nos atos de execução, estudados neste capítulo, vimos que a apreensão judicial pode se dar por penhora, arresto e sequestro de bens – todos realizados mediante a lavratura de auto e tendentes a garantir o pagamento do débito. A lei estabelece quais bens são impenhoráveis e também determina requisitos específicos de uma penhora válida e eficaz: indicação do dia, do mês e do ano, o nome das partes do processo, a descrição do bem penhorado e a nomeação de depositário. Estudamos que o depósito e a avaliação podem ou não ser concomitantes à penhora, mas que esta só será perfeita havendo depositário. Vimos que há casos em que é necessário o arrombamento e a força policial para efetivar a penhora. Analisamos as hipóteses de penhora ineficaz, na qual o valor do bem não alcança o suficiente para pagar as custas da execução; insuficiente, quando não atinge o valor da dívida; e excessiva, quando ultrapassa consideravelmente o valor exequendo. Demonstramos, então, que é possível requerer redução, reforço ou substituição da penhora e até solicitar segunda penhora. Mostramos que há uma ordem preferencial de bens penhoráveis estabelecida pela lei e a correlacionamos com as espécies de penhora. Percebemos que a intimação da penhora tem a tripla finalidade de cientificar o executado da penhora, de avaliação e do prazo para os embargos.

Estudamos de forma específica o arresto e o sequestro. O arresto é medida de urgência que visa assegurar um direito e o seu futuro é converter-se em penhora; já o sequestro tem por objeto um bem específico e a discussão sobre sua propriedade ou a reposição de dinheiro ilícito ao erário, em caráter punitivo. Compreendemos, na avaliação, que o oficial atribui valor ao bem mediante a vistoria e a aplicação de métodos e técnicas (comparativa de dados do mercado ou evolutiva), cujo resultado consta no laudo de avaliação. Quando for impossível vistoriar o bem, ele relata isso ao juiz, que poderá autorizar avaliação por estimativa. Soubemos que a lei traz casos de dispensa da avaliação e também que é possível impugnar a avaliação, dentro de prazos fixados no CPC.

Questões para revisão

1) Considere a seguinte afirmação:

   A penhora é medida constritiva que recai sobre o patrimônio do devedor, podendo ser sobre bens móveis ou imóveis, e serve para garantia da dívida posta em execução.

   Dentre os requisitos da penhora está:
   a. a descrição pormenorizada do bem penhorado.
   b. o nome do exequente e do executado.
   c. o dia, o mês, o ano e o local onde foi feita.
   d. todas as alternativas estão corretas.

2) É possível às partes requerer a modificação da penhora:
   a. quando o executado quiser ficar na posse do bem penhorado.
   b. quando o bem penhorado for suficiente para garantia da satisfação do débito.
   c. quando a penhora tiver sido realizada fora da ordem preferencial.
   d. quando a penhora for integral.

3) Sobre o arresto, é correto afirmar que:
   a. Pode ser efetuado pelo oficial de justiça quando não encontra o executado, mas encontra seus bens.
   b. É medida que ocorre face ao não pagamento da dívida pelo executado, no prazo de cinco dias a contar da citação.
   c. Deve ser convertido em sequestro, após a citação por edital do devedor cujo endereço seja desconhecido.
   d. Visa evitar que o indiciado se locuplete, adquirindo patrimônio de procedência ilícita.

4) Quais são as finalidades da intimação da penhora?
5) É possível modificar penhora já realizada? Justifique.

Questões para reflexão

1) Em quais casos é necessária a remoção de bens?
2) Explique quais são os elementos integrantes da avaliação.

Para saber mais

Para você se aprofundar nos temas estudados neste capítulo, sugerimos as seguintes leituras:

SANTOS, O. J. **Penhora e impenhorabilidade**: à luz do novo Código de Processo Civil. Santa Cruz da Conceição: Vale do Mogi, 2015.

SOARES, M. de P. **Novo manual prático-teórico do oficial de justiça avaliador federal e estadual**. 3. ed. Curitiba: Juruá, 2016.

VIII

Conteúdos do capítulo:

» Atos de constatação praticados pelo oficial de justiça.
» Constatação, verificação, inspeção, constatação socioeconômica e arrolamento.

Após o estudo deste capítulo, você será capaz de:

1. indicar, de forma específica, quais os atos processuais de constatação praticados por oficial de justiça;
2. avaliar os atos de constatação: verificação, inspeção judicial, constatação socioeconômica e arrolamento;
3. diferenciar atos processuais de comunicação, de execução, de avaliação e de constatação realizados por oficial de justiça.

Atos de constatação

Neste capítulo, veremos os atos de constatação praticados pelo oficial de justiça de forma detalhada. Estudaremos também a diferença destes perante os demais atos processuais por ele realizados.

8.1 Constatação

Os atos de constatação são aqueles relacionados à verificação de uma realidade que tem importância para o deslinde de uma questão judicial. Em uma grande parcela de processos, pode ocorrer de o juiz necessitar saber alguma situação fática difícil de provar ou mesmo arriscada no sentido de que a prova documental ou testemunhal pode desvirtuar o desfecho da questão, dada a suscetibilidade de ser alterada de má-fé pela parte que a produz. Dessa forma, a lei processual traz também esse encargo ao oficial de justiça, na qualidade de *longa manus* do magistrado e detentor de fé pública, para trazer as informações fidedignas ao processo e, dessa forma, garantir a prestação jurisdicional fiel à realidade encontrada.

O cumprimento desse tipo de mandado traz segurança às decisões do juiz porque a realidade fática deve ser capturada pelo oficial e trazida aos autos de forma perspicaz e tendente a verificar a existência de inverdades, fraudes ou omissões de fatos relevantes que podem levar a um desfecho totalmente oposto do processo.

Nesse contexto, o oficial é peça fundamental para buscar a verdade *real* (e não apenas *formal*) e trazê-la para o âmbito decisório do processo. Sem essa atuação, a decisão final poderia se pautar em inverdades e não promover a justiça; pelo contrário, poderia se prestar à perpetuação de uma **injustiça**.

8.2 Verificação

A **verificação** – ou a **constatação** – é um termo genérico que pode embasar a expedição de qualquer mandado para a constatação de uma realidade fática necessária à elucidação de um processo que não dependa de conhecimento técnico específico. Quando ocorrer esta última situação, o juiz deverá nomear um perito técnico.

Na inspeção, temos a presença do juiz no cumprimento do mandado (em diligência externa, pessoalmente) e o oficial na condição de auxiliar para a lavratura do auto respectivo e levantamento fotográfico, conforme veremos a seguir.

A verificação serve para qualquer tipo de processo no qual o juiz vislumbre a necessidade de determinar a um oficial de justiça que vá *in loco* constatar situação fática relevante para o andamento do processo. Nas ações possessórias, há maior probabilidade de expedição dessa espécie de mandado. Todavia, nada obsta que seja expedido em qualquer outro tipo de ação e, geralmente, como substitutivo da inspeção judicial, que é algo mais trabalhoso para o juiz porque demanda deixar seus compromissos diários e deslocar-se em diligência externa, algo incomum e que move todo o aparato do judiciário (com a necessidade de veículo oficial, agentes de segurança e envolvendo risco pessoal).

Como exemplos de verificações cumpridas em mais de 15 anos de carreira, citamos os seguintes: cumprimento de um mandado no litoral paranaense, para verificação das condições ambientais em uma propriedade em ação civil pública na qual houve alteração da mata nativa e modificação no curso de um rio pelo detentor de uma propriedade privada que ocupava parte em terrenos de Marinha e parte em área de preservação permanente; verificação em áreas de preservação permanente que foram objeto de invasão e ação de reintegração de posse pela União; verificação em áreas de manguezal em ação civil pública para conter dano ambiental pela indevida construção de casas com aterro.

Em todos esses casos, o mandado foi expedido para verificar as condições da ocupação física, efetuar levantamento fotográfico, nominar e identificar ocupantes e dar ao juiz um panorama da situação encontrada *in loco*. Em alguns deles foi necessária a requisição de força policial em razão de obstrução e ameaça de ocupantes que, uma vez deferida pelo juiz, possibilitou o cumprimento integral da ordem de verificação constante no respectivo mandado.

8.3 Inspeção judicial

A inspeção judicial está prevista nos arts. 481 e seguintes do Código de Processo Civil (CPC), Lei n. 13.1065, de 16 de março de 2015 e é ato privativo do juiz. O oficial de justiça participará da inspeção, cuja finalidade é buscar o esclarecimento de qualquer fato relativo a pessoas ou coisas em que haja interesse para a solução da causa, quando o juiz assim determinar.

Trata-se de estratégia que facilita a condução da diligência e a posterior lavratura de auto circunstanciado, nos termos do art. 484 do CPC. O papel do oficial, nesse caso, será idêntico ao desempenhado na verificação, com a diferença de que irá registrar no auto aquilo que o juiz considerar relevante, e não o que ele próprio determinar. É um papel auxiliar na documentação da inspeção, já que, com a presença pessoal do juiz, fica mais a cargo dele a observância daquilo que é relevante para a decisão final.

Atualmente, a inspeção judicial cede espaço para a verificação pelo oficial em face do risco pessoal e do aparato que necessita ser movido para deslocamento externo do juiz. Todavia, em alguns casos, o magistrado prefere analisar pessoalmente a realidade fática que é objeto da discussão, colhendo os elementos de convicção para, futuramente, decidir a causa.

8.4 A constatação socioeconômica e previdenciária

A constatação socioeconômica ocorre nos processos em que é preciso verificar as condições socioeconômicas de pessoa que pleiteia benefício assistencial (ou benefício de prestação continuada – BPC) perante o INSS e há necessidade de provar sua condição de pobreza ou miserabilidade alegada na petição inicial. Esse tipo de trabalho seria normalmente feito por assistente social; porém, na Justiça Federal, vem sendo feito por oficial de justiça, por força do Enunciado n. 50 do Fórum Nacional dos Juizados Especiais Federais (Fonajef).

O texto assim dispõe: "Sem prejuízo de outros meios, a comprovação da condição socioeconômica do autor pode ser feita por laudo técnico confeccionado por assistente social, por auto de constatação lavrado por oficial de justiça ou através de oitiva de testemunha" (Fonajef, 2018).

A questão é controversa no sentido de que se alega que o oficial não é profissional habilitado como assistente social e estaria em desvio de função, realizando trabalho de outra área. Por essa razão, no âmbito de alguns tribunais regionais, iniciou-se o cadastramento de assistentes sociais para contratação para tal intuito.

Como se trata de mais um custo para o processo, em outros tribunais os oficiais seguem desempenhando esse trabalho mediante determinação de juiz e respectiva expedição de mandado (por força do art. 154, II, CPC) como prática de ato processual de natureza externa, de acordo com a Lei n. 8.742, de 7 de dezembro de 1993, conhecida como *Lei Orgânica da Assistência Social – Loas* (Brasil, 1993a). Isso se enquadra como mais uma de suas atribuições, nos termos da Lei n. 11.416, de 15 de dezembro de 2006, a qual dispõe sobre as carreiras do Poder Judiciário e enquadra o executante de mandados como oficial de justiça avaliador federal na execução de atos processuais de natureza externa.

O benefício assistencial tem previsão no art. 203, inciso V, da CF/1988, e está regulamentado na Loas. Pode ser requerido por pessoa em estado de pobreza ou necessidade, acima dos 65 anos, ou deficiente, em qualquer idade, que não tem condições de se inserir no mercado de trabalho em igualdade de condições com os demais membros da sociedade.

Esse tipo de trabalho é extremamente necessário e relevante, pois há pessoas que ingressam em juízo para obter o benefício sem preencher os requisitos – como no caso de uma senhora que residia em uma bela casa no litoral e tinha outra casa na capital. Essa mulher alegou estar doente e não ter marido, embora vivesse com um companheiro em um dos imóveis. Além disso, foi constatado que ela trabalhava como confeitieira, atendendo a pedidos por encomenda, sendo, inclusive, renomada em seu ramo de atuação, no município do litoral onde tinha residência. Ou, ainda, o caso de uma mãe desesperada porque tinha um filho viciado em drogas, mas alegou que ele era doente mental e inspirava cuidados permanentes e que, por isso, nem ela, nem ele podiam exercer atividade remunerada; também o caso de uma senhora que se instalou, por um período, em uma casa humilde, onde foi feita a constatação. Em momento posterior, o oficial soube, mediante informações de vizinhos, que essa mulher era proprietária de inúmeros imóveis, de excelente acabamento, os quais locava para terceiros e dos quais auferia sua renda, embora fosse pessoa só e adoentada.

Temos ainda os casos citado por Soares (2016, p. 194): uma esposa que colocou o autor/constatado para residir em uma casa suntuosa, alegando que ele era um primo doente e abandonado que necessitava de "aposentadoria" para sobreviver; ou um pai que, para obter o benefício, colocou a filha/constatada em uma cama, alegando que ela não andava.

Antevendo a possibilidade de ardis fraudulentos, como os mencionados, serem praticados, o mandado que determina a constatação das condições socioeconômicas da pessoa que pleiteia um benefício assistencial é destinado a verificar as seguintes informações:

» **Composição e a dinâmica familiar:** qualificação das pessoas que vivem na residência (idade, sexo, estado civil, grau de parentesco, escolaridade, emprego); renda mensal líquida de cada membro da família; e renda mensal total do grupo familiar.

» **Condições de moradia:** sua infraestrutura, se ela é própria, alugada, emprestada, invadida, financiada, doada; se é de madeira ou de alvenaria; seu estado de conservação; quantos cômodos tem; o estado da mobília; se é servida de instalações de água, luz e esgoto; se está situada em local pavimentado; teor e o valor das despesas fixas (água, luz, gás, aluguel) e como e por quem são custeadas; se os moradores recebem alguma ajuda de terceiros (doações), de instituições privadas ou do governo para o custeio de despesas com moradia.

» **Sondagem com vizinhos:** o oficial de justiça deverá, ainda, diligenciar na casa de dois vizinhos, qualificá-los e verificar a veracidade de todas as informações obtidas.

» **Impressões objetivas e subjetivas do oficial de justiça:** além de todos os questionamentos relacionados, pode ser que o oficial perceba outros fatos relevantes que possam contribuir para a verificação da existência dos requisitos legais de concessão do benefício.

» **Levantamento fotográfico**: de suma importância para trazer ao processo uma visualização das condições efetivas de moradia daquele que pleiteia o benefício. As imagens, nesse caso, revelam detalhes que as palavras, às vezes, podem não revelar.

Toda essa sistemática visa trazer a verdade para o processo, com segurança, rapidez (pois o benefício é para fim alimentar) e certeza para o juízo. Em virtude disso, há a preferência em designar o oficial, pessoa dotada de imparcialidade, confiança, fé pública e percepção cuidadosa e acurada, elementos que dão segurança, efetividade, celeridade e presteza à prestação jurisdicional.

A constatação previdenciária vai decorrer de situação fática relacionada – por exemplo: o vínculo de parentesco com segurado falecido, quando se tratar de percepção de pensão por morte. Ela existe com a finalidade de verificar se o que é alegado nos autos é verdade – por exemplo: vínculo em união estável. O juiz estabelecerá os quesitos a serem respondidos pelo oficial, que diligencia *in loco* para verificar a situação fática em moldes parecidos aos da constatação socioeconômica.

Não há impedimento para que constatações semelhantes sejam determinadas em ações de família, ações cíveis, processos trabalhistas etc. Toda e qualquer ação que demandar o vislumbre de uma situação fática pode ensejar esse tipo de mandado, com a formulação de quesitos, especificados pelo juiz, que irão elucidar a sua decisão.

8.5 O arrolamento

O arrolamento está previsto no art. 836 e no art. 301 do CPC. Ele consiste na descrição pormenorizada dos bens encontrados pelo oficial de justiça em posse do executado, pessoa física ou jurídica, estejam eles em sua residência ou estabelecimento comercial.

Essa descrição deve ser minuciosa e também contar com levantamento fotográfico. O oficial deve "descrever minuciosamente todos os bens ou mercadorias, suas qualidades e quantidades, de modo que suas características as diferenciem entre si, e umas das outras, registrando, ainda, quaisquer ocorrências e fatores que tenham interesse para sua conservação" (Soares, 2016, p. 197).

Desse arrolamento, o oficial lavrará auto de depósito provisório, indisponibilizando temporariamente os bens, até ulterior decisão do juiz determinando ou não a sua penhora. Após ser determinada a penhora, será lavrado outro auto, dessa vez de penhora, avaliação e depósito. Se não for determinada a penhora, a parte deverá solicitar a destituição da nomeação provisória.

8.6 A fiscalização de prisão domiciliar

A prisão domiciliar é aplicável nos três tipos de regime prisional existentes no Brasil: fechado, semiaberto e aberto. No regime aberto, aplicável a crimes com penas de até quatro anos, o preso pode sair para trabalhar durante o dia e se recolhe à noite e aos finais de semana nas casas de albergado. No regime semiaberto, no qual as penas vão de quatro a oito anos, o detento fica em colônias (agrícolas ou industriais) onde trabalha durante o dia e ali permanece à noite e aos finais de semana. No regime fechado, aplicável a crimes com previsão de pena superior a oito anos, o preso deve ser recolhido ao estabelecimento prisional de segurança média ou máxima. A prisão domiciliar é aplicável tanto para a prisão provisória como para a definitiva, em que houve trânsito em julgado da sentença condenatória.

O art. 117 da Lei de Execuções Penais (Lei n. 7.210, de 11 de julho de 1984) prevê as hipóteses de prisão domiciliar (Brasil, 1984, art. 117):

> *Somente se admitirá o recolhimento do beneficiário de regime aberto em residência particular quando se tratar de:*
> *I – condenado maior de 70 (setenta) anos;*
> *II – condenado acometido de doença grave; III – condenada com filho menor ou deficiente físico ou mental;*
> *IV – condenada gestante.*

No caso de não haver o monitoramento eletrônico mediante uso de tornozeleiras, quem efetuará a verificação da regularidade do cumprimento do recolhimento do apenado é o oficial de justiça. Isso será feito por meio da expedição de mandado de fiscalização, no qual constarão as condições (dias e horários) em que o beneficiário deve estar recolhido, no endereço determinado.

Síntese

Neste capítulo aprendemos sobre os atos de constatação: a verificação, a inspeção judicial, a constatação socioeconômica e o arrolamento. Compreendemos que esses atos são importantes para trazer ao processo a verificação de uma realidade relevante para a solução do litígio e que ao oficial de justiça cabe lavrar o auto respectivo, no qual deve relatar toda a situação fática encontrada na diligência de modo que o juiz disponha de elementos decisórios de convicção que amparem sua decisão.

Questões para revisão

1) Sobre os atos de constatação é correto afirmar:
   a. São aplicáveis quando não houver outro meio de produção de prova processual.
   b. Podem ser determinados pelo juiz para verificação de uma situação fática importante para a solução do litígio.
   c. São modalidades de constatação a investigação, a verificação e a inspeção judicial.
   d. São realizados diretamente pelo juiz ou pelas partes. Os atos são documentados por meio de laudo acompanhado de respectivo levantamento fotográfico.

2) A constatação socioeconômica para concessão de benefício assistencial destina-se:
   a. a verificar situação fraudulenta na concessão do benefício determinada pelo juiz.
   b. a investigar com os vizinhos se o beneficiário depende economicamente do pensionista.
   c. a verificar o estado de pobreza ou necessidade da pessoa acima de 65 anos ou deficiente que requereu o benefício.
   d. a verificar o estado de necessidade e as condições de moradia do aposentado.

3) A inspeção judicial:
   a. é ato praticado diretamente pelo oficial de justiça, por determinação do juiz.
   b. é ato praticado diretamente pelas partes, mediante acompanhamento do oficial de justiça.
   c. é ato praticado pelo juiz, que pode determinar o acompanhamento do oficial de justiça para que documente o ato.

d. é ato praticado por auxiliar da justiça, acompanhado das partes, que elaboram auto circunstanciado a ser assinado pelo juiz.

4) Quais os principais elementos de verificação do mandado de constatação socioeconômica?

5) Em quais hipóteses o juiz pode determinar a verificação?

Questões para reflexão

1) Em quais hipóteses o oficial de justiça deve realizar o arrolamento?

2) Como é feito o arrolamento?

Para saber mais

Para que você possa se aprofundar nas questões tratadas neste capítulo, indicamos a seguinte obra:

PIEROTTI, W. O. **O benefício assistencial a idosos e portadores de deficiência**. São Paulo: Leud, 2011.

IX

Conteúdos do capítulo:

» Atos de força praticados pelo oficial de justiça.
» Condução coercitiva, prisão, afastamento do lar, desocupação forçada e despejo.

Após o estudo deste capítulo, você será capaz de:

1. avaliar de forma específica os atos processuais de força que são praticados por oficial de justiça;
2. diferenciar atos processuais de comunicação, de execução, de avaliação, de constatação e de força realizados por oficial de justiça;
3. entender as formalidades dos principais atos de força que o oficial de justiça pratica.

Atos de força ou coerção

Atos de força ou coerção são aqueles nos quais a lei determina o uso de meios coercitivos para a prática do comando contido no teor do mandado. Coerção é o ato de forçar alguém a fazer algo mediante ameaça, intimidação ou força. Em processos judiciais, a coerção é exercida pela força do comando legal contido na decisão judicial, acompanhado da previsão de uma sanção.

Os atos de força ou de coerção são aqueles geralmente urgentes, cuja prática necessita de um comando imperativo para cumprimento imediato, acompanhados da previsão de uma sanção no caso de desobediência do destinatário.

No caso do oficial de justiça, entendemos que o uso da força coercitiva pode acontecer de duas formas:

1. **O uso da força em potência**: é a **coerção** propriamente dita relacionada à **força que pode vir a ser utilizada** (iminente) caso a parte não se submeta à ordem contida no mandado. É característica do direito (como lei) a imperatividade quando as normas não são espontaneamente observadas, ao mesmo tempo que se lhe atribui um padrão ético e moral advindo da própria sociedade e reserva a aplicação da força em casos específicos. Pode ocorrer de a parte deixar de resistir e obedecer à ordem mediante a ameaça de utilização dessa força potencial e dar-se o cumprimento do mandado sem a necessidade de utilização da força efetiva.

2. **O uso da força em ato**: força em ato é a que está sendo aplicada para fazer valer o teor do mandado, é **força efetiva**, é **coação**. Ela ocorre excepcionalmente, quando os meios de convencimento, a força em potência e a própria imperatividade da lei não foram suficientes para a prática do ato. Aplica-se em casos específicos diante da resistência.

Toda e qualquer situação de emergência, na qual exista risco de dano, pode ser submetida à apreciação do Poder Judiciário por meio de requerimento de uma tutela provisória de urgência*. Uma vez concedida a tutela de urgência, será necessária a expedição de mandado para cumprimento por oficial de justiça. Trata-se de ato de força com a possibilidade de requisição de reforço policial para cumprimento. Como já expressamos, o reforço policial, nesses casos, assegura a integridade do oficial de justiça, bem como a obediência do jurisdicionado à ordem emanada pelo juiz porque, caso ofereça resistência, ele poderá ser preso e responderá a processo criminal.

Analisaremos, a seguir, as principais hipóteses legais nas quais o oficial de justiça pratica atos de força.

9.1 Entendendo as espécies de prisão

Para que tenhamos um entendimento acerca dos atos de força, é fundamental a compreensão das espécies de prisão existentes no ordenamento jurídico brasileiro. Valemo-nos, pois, das definições do Supremo Tribunal Federal - STF (Brasil, 2009) no texto a seguir:

> **Entenda as diferenças entre os diversos tipos de prisão no Brasil**
> Entenda as diferenças entre prisão temporária, preventiva, em flagrante, civil e para efeitos de extradição – modalidades permitidas pela justiça brasileira.

---

* Esse assunto foi visto na Seção 4.1, no Capítulo 4 desta obra. Recomendamos a releitura desse tópico para melhor compreensão desta unidade.

Prisão Temporária: A prisão temporária é uma modalidade de prisão utilizada durante uma investigação. Geralmente é decretada para assegurar o sucesso de uma determinada diligência "imprescindível para as investigações". Conforme a Lei 7.960/89, que regulamenta a prisão temporária, ela será cabível: I – quando imprescindível para as investigações do inquérito policial; II – quando o indicado não tiver residência fixa ou não fornecer elementos necessários ao esclarecimento de sua identidade; III – quando houver fundadas razões, de acordo com qualquer prova admitida na legislação penal, de autoria ou participação do indiciado nos seguintes crimes de homicídio, sequestro, roubo, estupro, tráfico de drogas, crimes contra o sistema financeiro, entre outros.

O prazo de duração da prisão temporária, em regra, é de 5 dias. Entretanto, existem procedimentos específicos que estipulam prazos maiores para que o investigado possa permanecer preso temporariamente.

Prisão Preventiva: A prisão preventiva atualmente é a modalidade de prisão mais conhecida e debatida do ordenamento jurídico. Ela pode ser decretada tanto durante as investigações, quanto no decorrer da ação penal, devendo, em ambos os casos, estarem preenchidos os requisitos legais para sua decretação. O artigo 312 do Código de Processo Penal aponta os requisitos que podem fundamentar a prisão preventiva, sendo eles: a) garantia da ordem pública e da ordem econômica (impedir que o réu continue praticando crimes); b) conveniência da instrução criminal (evitar que o réu atrapalhe o andamento do processo, ameaçando testemunhas ou destruindo provas); c) assegurar a aplicação da lei penal (impossibilitar a fuga do réu, garantindo que a pena imposta pela sentença seja cumprida).

O STF rotineiramente vem anulando decretos de prisão preventiva que não apresentam os devidos fundamentos e não apontam, de forma específica, a conduta praticada pelo réu a justificar a prisão antes da condenação. A Constituição Federal determina que uma pessoa somente poderá ser considerada culpada de um crime após o fim do processo, ou seja, o julgamento de todos os recursos cabíveis.

Prisão em Flagrante: A prisão em flagrante possui uma peculiaridade pouco conhecida pelos cidadãos, que é a possibilidade de poder ser decretada por "qualquer do povo" que presenciar o cometimento de um ato criminoso. As autoridades policiais têm o dever de prender quem esteja em "flagrante delito".

Prisão para execução da pena: A prisão que objetiva o início da aplicação de uma pena foi objeto de discussão de um recente debate pelo Plenário do Supremo Tribunal Federal. Os ministros entenderam que ela somente pode ser iniciada quando forem julgados todos os recursos cabíveis a serem interpostos, inclusive àqueles encaminhados ao Superior Tribunal de Justiça (STJ – Recurso Especial) e Supremo Tribunal Federal (STF – Recurso Extraordinário). Entretanto, isso se aplica aos condenados que responderam o processo em liberdade, pois contra estes não existiam fundamentos para decretação da prisão preventiva. Caso surjam novos fatos que justifiquem a prisão preventiva, os condenados poderão ser recolhidos antes do julgamento dos recursos.

Esta modalidade de prisão é regulamentada pela Lei de Execuções Penais (Lei 7.210/1984), que possibilita, inclusive, o sistema de progressão do regime de cumprimento das penas, trata dos direitos e deveres dos presos e determina as sanções às faltas disciplinares, entre outros temas.

Prisão preventiva para fins de extradição: Medida que garante a prisão preventiva do réu em processo de Extradição como garantia de assegurar a efetividade do processo extradicional. É condição para se iniciar o processo de Extradição. A Extradição será requerida depois da Prisão Preventiva para Extradição, por via diplomática ou, na falta de agente diplomático do Estado que a requerer, diretamente de governo a governo. O Ministério das Relações Exteriores remeterá o pedido ao Ministério da Justiça, que o encaminhará ao STF, cabendo ao Ministro Relator ordenar a prisão do extraditando, para que seja colocado à disposição do Supremo Tribunal Federal.

A importância da prisão preventiva para extradição se dá pelo fato de que seria impossível para o país, que pretende julgar um criminoso, apresentar pedido de extradição para um determinado estado onde o procurado foi localizado, mas logo após este fugir para outro país.

Também de nada adiantaria conceder um pedido de extradição, mas na hora de entregar o estrangeiro ao Estado requerente, não estar com ele em mãos. Entretanto, em casos excepcionais, o STF tem autorizado que estrangeiros com pedido de extradição em curso possam aguardá-lo em liberdade.

Prisão civil do não pagador de pensão alimentícia: Esta é a única modalidade de prisão civil admitida na Justiça brasileira. Recentemente o Supremo reconheceu a ilegalidade de outra espécie de prisão civil, a do depositário infiel.

A prisão civil do não pagador de pensão alimentícia tem por objetivo fazer com que o pai ou mãe, ou outro responsável, cumpra sua obrigação de prestar alimentos ao seu filho. Existem debates sobre a possibilidade do filho também possuir o dever de prestar alimentos aos pais, quando estiverem passando necessidades.

Entendidas as modalidades de prisão, a seguir passaremos ao estudo dos atos de força em si. Lembramos que as prisões são realizadas pelas polícias (Civil e Federal), e os atos de força, que são objeto deste estudo, são realizados pelo oficial de justiça, acompanhado ou não da polícia, a depender da resistência oferecida pelo destinatário do ato e da existência de risco na execução da medida judicial.

9.2 Condução coercitiva de testemunha

A oitiva de testemunhas é uma das formas que o juiz tem para firmar convicção a respeito de quem tem razão em um litígio. A prova testemunhal pode ser fundamental para a solução de uma causa posta em juízo. A testemunha é pessoa estranha ao processo, mas que tem conhecimento de fatos relevantes a ele por tê-los presenciado ou mesmo ter ouvido falar a seu respeito. Por mais que esse meio de prova seja criticado, ainda não se encontrou um substitutivo justamente porque aquele que presenciou (viu, ouviu, sentiu, percebeu) tem melhores condições de relatar, mesmo considerando a falibilidade da memória e as questões emocionais. Essa espécie probatória humaniza o processo e está prevista em toda a legislação pátria: Código Civil (CC), Código de Processo Civil (CPC), Código de Processo Penal (CPP) e Consolidação das Leis de Trabalho (CLT).

A testemunha será trazida ao processo para elucidação de fatos controvertidos; pessoas incapazes, impedidas ou suspeitas não podem ser testemunhas. É o que diz o art. 447 do CPC, Lei n. 13.015, de 16 de março de 2015, que ainda explica em seus parágrafos cada uma dessas restrições.

A testemunha normalmente é intimada a comparecer em dia, local e horário constantes do mandado, sob pena de condução coercitiva.

Havendo falta à audiência, o juiz pode expedir, em caráter de plantão, o mandado de condução coercitiva, ou pode agendar nova data e determinar a expedição de mandado de condução coercitiva. A segunda hipótese é a mais comum, pois existe uma pauta de audiências para cada dia e esperar o retorno do oficial com a testemunha conduzida atrasaria as demais audiências e prejudicaria pessoas alheias àquele processo e que foram pontuais. Por isso, o usual é marcar uma nova data e distribuir o mandado de condução ao oficial, que ficará incumbido de intimar a parte com antecedência e aguardá-la no foro no dia da audiência. Caso seja constatada sua ausência, é necessário diligenciar novamente para efetuar a condução, utilizando-se da força policial quando entender necessário. É provável o oficial ter de "achar" onde se encontra o jurisdicionado, e já houve casos de o oficial precisar retirar a pessoa da fila de um banco, de um supermercado, de um restaurante, da casa de uma vizinha, do local de trabalho etc., justamente porque a testemunha resolveu não comparecer ao ato por liberalidade própria ou total esquecimento.

Uma vez encontrada e intimada, a testemunha não pode se recusar a comparecer, pois sua presença "é considerada um serviço público" (Freitas; Batista Junior, 2013, p. 265); somente a força maior é admitida como causa de não comparecimento. O reconhecimento dos motivos de força maior ficarão a critério do juiz e podem ser exemplificados como problema de saúde próprio ou de ente da família, nascimento de um filho, falecimento de um familiar, calamidade, acidente ou impossibilidade de acesso por residir em localidade distante sem condição de deslocamento.

Relativamente à condução coercitiva, importa sabermos que é ato de força por natureza, na essência. O art. 455 do CPC assim prevê em seus parágrafos e incisos:

Art. 455. [...]
[...]
§ 4º A intimação será feita pela via judicial quando:
I – for frustrada a intimação prevista no § 1º deste artigo;
II – sua necessidade for devidamente demonstrada pela parte ao juiz;
III – figurar no rol de testemunhas servidor público ou militar, hipótese em que o juiz o requisitará ao chefe da repartição ou ao comando do corpo em que servir;
IV – a testemunha houver sido arrolada pelo Ministério Público ou pela Defensoria Pública;
V – a testemunha for uma daquelas previstas no art. 454.
§ 5º **A testemunha que, intimada na forma do § 1º ou do § 4º, deixar de comparecer sem motivo justificado será conduzida e responderá pelas despesas do adiamento.** (Brasil, 2015e, grifo nosso)

O CPP, Decreto-Lei n. 3.689, de 3 de outubro de 1941, nos arts. 218 e 219, dispõe de maneira semelhante:

Art. 218. Se, regularmente intimada, a testemunha deixar de comparecer sem motivo justificado, o juiz poderá requisitar à autoridade policial a sua apresentação ou determinar seja conduzida por oficial de justiça, que poderá solicitar o auxílio da força pública.

Art. 219. O juiz poderá aplicar à testemunha faltosa a multa prevista no art. 453, sem prejuízo do processo penal por crime de desobediência, e condená-la ao pagamento das custas da diligência. (Brasil, 1941b)

A CLT, Decreto-Lei n. 5.425, de 10 de maio de 1943, também traz a seguinte previsão legal:

> Art. 825. As testemunhas comparecerão a audiência independentemente de notificação ou intimação.
>
> Parágrafo único – As que não comparecerem serão intimadas, ex officio ou a requerimento da parte, ficando sujeitas a condução coercitiva, além das penalidades do art. 730[*], caso, sem motivo justificado, não atendam à intimação.

O Código de Processo Penal Militar – CPPM, Decreto-Lei n. 1.002, de 21 de outubro de 1969, também tem previsão legal de condução (Brasil, 1969b, grifo nosso):

> Art. 347. As testemunhas serão notificadas em decorrência de despacho do auditor ou deliberação do Conselho de Justiça, em que será declarado o fim da notificação e o lugar, dia e hora em que devem comparecer.
>
> [...]
>
> § 1º O comparecimento é obrigatório, nos termos da notificação, não podendo dele eximir-se a testemunha, salvo motivo de força maior, devidamente justificado.
>
> [...]
>
> § 2º A testemunha que, notificada regularmente, deixar de comparecer sem justo motivo, **será conduzida por oficial de justiça e multada pela autoridade notificante na quantia de um vigésimo a um décimo do salário mínimo vigente no lugar.** Havendo recusa ou resistência à condução, o juiz poderá impor-lhe prisão até quinze dias, sem prejuízo do processo penal por crime de desobediência.

---

*. Art. 730. Aqueles que se recusarem a depor como testemunhas, sem motivo justificado, incorrerão na multa de Cr$ 50,00 (cinquenta cruzeiros) a Cr$ 500,00 (quinhentos cruzeiros).

Em todas as hipóteses legais, a condução coercitiva vem acompanhada de uma sanção de multa, além do indiciamento por crime de desobediência, previsto no art. 330 do CP, com pena de detenção de 15 dias a seis meses e multa. São as previsões legais que respaldam o uso da força em potência e o uso da força em ato. Ou seja, o oficial de justiça, ao portar um mandado de condução coercitiva, empregará os meios de convencimento argumentativo – o chamado *convencimento racional*, segundo Freitas e Batista Junior (2013, p. 267) –, esclarecendo as penalidades, no limiar da força em ato. Caso não obtenha êxito, deverá executar o mandado, e, se houver necessidade, mediante força policial.

A força policial é recurso último e deve ser exercida pela polícia; não é trabalho do oficial de justiça que, nesse caso, executa a ordem verbalmente, mas quem põe em prática a força policial é o agente, pessoa preparada e dotada de arma, algemas e viatura para transportar a testemunha. Em circunstâncias como essa, não cabe ao oficial conduzir a testemunha em carro próprio. Se a diligência chegar a esse ponto, o oficial deverá manter-se calmo e evitar confronto verbal com o conduzido, para que o cumprimento do mandado não venha ter desdobramentos como a prisão por desacato, por exemplo.

Freitas e Batista Junior (2013, p. 266) esclarecem que, na maioria das vezes, a testemunha deixa de comparecer por esquecimento, doença, dificuldade de deslocamento, medo de perder o emprego, resistência e orgulho. Acrescentamos, ainda, que ela pode achar que não tem nada a dizer para o juiz a respeito dos fatos, pode ter medo de sair presa da audiência, ter medo de estar diante de um juiz, ter vergonha; no entanto, é preciso ficar claro que isso não faz com que ela se transforme em "bandido", de forma que a abordagem do convencimento racional é o melhor caminho.

Assim expõem, de forma esclarecedora, os autores Freitas e Batista Junior (2013, p. 266):

> *Vamos descrever a técnica utilizada por quase todos os Oficiais de Justiça e que garante o comparecimento da imensa maioria das testemunhas objeto do mandado de condução coercitiva: o primeiro passo é a intimação prévia. Esse é praticamente o único jeito de se encontrar a testemunha no dia e horário da audiência, pois nesse ato o Oficial a cientifica da data e horário e solicita que permaneça disponível. É importante alguma antecedência, um mês ou 15 dias, para que a pessoa possa se preparar e não esquecer o compromisso marcado. Dê-lhe ciência de que se trata de uma obrigação legal, de que poderá ser processado por crime de desobediência, pagar multa pesada no valor de um salário mínimo. Peça que providencie justificativa para sua ausência na audiência anterior. Por fim, diga-lhe que não deseja utilizar reforço policial para uma situação que ele pode resolver simplesmente comparecendo. Esses argumentos devem ser suficientes para obter cooperação. O Oficial deve anotar todos os telefones de contato da testemunha, residencial e comercial e especialmente o celular. Um dia antes da audiência telefone para a testemunha para lembrá-la. Peça que confirme a presença e solicite que compareça em um local determinado com antecedência. O melhor lugar para marcar o encontro é no próprio fórum com antecedência razoável antes da audiência. Telefone novamente para a testemunha e confirme se ela está a caminho. Depois é só encontrá-la e acompanhá-la até a secretaria. [...]*

O sucesso que a técnica da intimação prévia tem demonstrado indica que essa é uma maneira eficiente de cumprir esse mandado.

A utilização desse *modus operandi* vai evitar que o oficial precise conduzir a testemunha em veículo próprio, pois a utilização de veículo próprio não é o meio adequado, tampouco é legalmente exigível do oficial, pois coloca a testemunha em risco de acidente e também coloca em risco a integridade do oficial (pois, imprevisivelmente, a testemunha pode agredi-lo, assediá-lo etc.). A condução forçada deverá ocorrer com o uso de viatura policial; em hipótese nenhuma deve ser no veículo particular do oficial de justiça, que o utiliza como um meio necessário para cumprir o seu trabalho, o que não inclui a obrigação de transportar pessoas convocadas pelo juízo. Conforme pontuam Freitas e Batista Junior (2013, p. 268), se houver um acidente com danos à testemunha, ela poderá intentar ação contra o oficial para obter indenização e, mesmo que a responsabilidade objetiva seja do Estado ou da União, o transtorno e as despesas para o oficial seriam inevitáveis.

A despeito desse entendimento, existe polêmica acerca do assunto. Há juízes que compartilham do entendimento de que se não houver vedação legal expressa de condução da testemunha no carro particular do oficial de Justiça, este está obrigado a conduzi-la em seu veículo. No Tocantins, houve um caso em que o oficial recusou-se a fazê-lo e foi indiciado pelo magistrado, com tal entendimento, por crime de desobediência. O incidente resultou na impetração de um *habeas corpus* preventivo, diante de ameaça de prisão do oficial de justiça, conforme a ementa que segue (Tocantins, 2017, grifo do original):

HABEAS CORPUS N° 0020672-46.2016.827.0000
ORIGEM: TRIBUNAL DE JUSTIÇA DO ESTADO DO TOCANTINS PACIENTE: JOSÉ LEOTÁSIO PINTO
IMPETRANTE: SINDOJUS-TO – SINDICATO DOS OFICIAIS DE JUSTIÇA DO TOCANTINS
IMPETRADO: JUÍZO DA 1ª VARA CRIMINAL DE PORTO NACIONAL
RELATORA: DESEMBARGADORA ÂNGELA PRUDENTE
EMENTA: HABEAS CORPUS PREVENTIVO. POSSÍVEL PRISÃO POR CRIME DE DESOBEDIÊNCIA. OBRIGATORIEDADE DO OFICIAL DE JUSTIÇA, NO CUMPRIMENTO DE MANDADOS JUDICIAIS, TRANSPORTAR, EM SEU PRÓPRIO VEÍCULO, TESTEMUNHAS, VÍTIMAS E/OU PARTES. INEXISTÊNCIA DE PREVISÃO LEGAL. COAÇÃO ILEGAL OU VIOLÊNCIA A SER EVITADA. ORDEM PARCIALMENTE CONCEDIDA.

1. A Lei Complementar Estadual n° 10/1996 (Lei Orgânica do Poder Judiciário do Estado do Tocantins), não possui previsão de atribuição dos Oficiais de Justiça de transportar, em seu veículo próprio, testemunha ou vítima, mesmo que de forma espontânea ou, ainda, no caso de condução coercitiva.

2. A inexistência de obrigação do Oficial de Justiça de transportar em seu veículo próprio testemunha ou vítima a ser conduzida coercitivamente já foi, inclusive, reconhecida pela Diretoria do Foro da Comarca de Porto Nacional, em decisão proferida no Processo Administrativo n° 2.236/2011, publicada no DJ n° 2610 de 21/03/2011, bem como pela Corregedoria Geral de Justiça, através do

Despacho nº 8.402/2015 – CGJUS/ASJCGJUS, subscrito pelo Corregedor-Geral da Justiça em resposta a suscitação de dúvida.

3. Não se verificando previsão legal de obrigatoriedade de condução de testemunha, vítimas e/ou partes, não há que se falar em crime de desobediência, o que demonstra claramente a existência de coação ilegal ou violência a ser evitada pelo presente *Writ*, restando demonstrado a existência de justa causa a embasar o salvo-conduto, bem como para determinar o trancamento de eventual procedimento criminal instaurado em seu desfavor, com base na determinação judicial ora fustigada.

PEDIDO DE EXTENSÃO AOS PROFISSIONAIS DA CATEGORIA. NÃO CONHECIMENTO. AUSÊNCIA DE PROVA PRÉ-CONSTITUÍDA.

4. Não se conhece do pedido de extensão do presente *Writ* a toda categoria, ou seja, aos Oficiais de Justiça do Estado do Tocantins que estariam em situação semelhante ao paciente, uma vez que o *habeas corpus* pressupõe prova pré-constituída do direito alegado, devendo a parte demonstrar, de maneira inequívoca, por meio de documentos que evidenciem a pretensão aduzida, a existência do aventado constrangimento ilegal, ônus do qual não se desincumbiu a defesa.

5. Ordem parcialmente concedida, ratificando-se a liminar deferida nos autos.

Por tal precedente, firmou-se o entendimento de que o oficial não é legalmente obrigado a conduzir a testemunha, o acusado ou a vítima em seu veículo particular. Acrescentamos que a justiça a que está vinculado deverá providenciar os meios (carro oficial e motorista ou agente de segurança) para a referida condução quando não houver necessidade de fazê-lo mediante força policial (pois, nessa hipótese, não haverá viatura).

Em razão do disposto no art. 96 da CF/1988, que garante aos tribunais brasileiros competência privativa para a organização e o funcionamento de seus órgãos jurisdicionais e administrativos, o Conselho Nacional de Justiça (CNJ) entende que cabe ao tribunal definir o tratamento específico da matéria. A Justiça Federal de Curitiba disponibiliza um agente de segurança (que tem porte de arma) e um veículo oficial para que sejam efetuadas as conduções coercitivas.

Por fim, o próprio juiz pode entender que não há necessidade de ouvir a testemunha faltosa e deixar de determinar – ou mesmo indeferir – o pedido de condução coercitiva. Nesse caso, cabe ao interessado provar que isso gerou prejuízo.

Os servidores públicos, quando intimados como testemunhas, têm os mesmos deveres de um cidadão comum e estão sujeitos à condução coercitiva caso deixem de comparecer injustificadamente, comunicando-se com o superior hierárquico.

9.3 Condução coercitiva da vítima

Da mesma forma que a testemunha pode ser conduzida coercitivamente, a lei processual penal prevê a condução do ofendido ou vítima. Confira o que diz a legislação:

> Art. 201. Sempre que possível, o ofendido será qualificado e perguntado sobre as circunstâncias da infração, quem seja ou presuma ser o seu autor, as provas que possa indicar, tomando-se por termo as suas declarações. (Redação dada pela Lei nº 11.690, de 2008)

> § 1º Se, intimado para esse fim, deixar de comparecer sem motivo justo, o ofendido poderá ser conduzido à presença da autoridade. (Incluído pela Lei nº 11.690, de 2008). (Brasil, 1941b)

Essa previsão existe justamente porque a vítima pode prestar esclarecimentos sobre a autoria e as circunstâncias do crime, muitas vezes acontecimentos que somente ela sabe, fundamentais ao processo. Pode ocorrer de ser intimada e não comparecer nem justificar e, daí, o motivo dessa previsão legal.

Caso a condução seja para exame pericial e a vítima não compareça, a condução só é lícita se o exame não for considerado invasivo. A sua ausência não caracteriza crime de desobediência nem há imposição de multa, pois estas são previsões aplicáveis à testemunha.

9.4 Condução coercitiva do indiciado e do acusado

A condução coercitiva, nesse caso, é uma *"medida cautelar de coação pessoal"* (Greco, 2016, grifo do original) que se destina a levar o indiciado ou o acusado à presença do delegado de polícia ou do juiz e, dessa forma, interfere na liberdade de ir e vir do indivíduo (protegida constitucionalmente pelo art. 5º, XV, CF). Essa medida não se confunde com as medidas cautelares previstas nos arts. 319 e 320 do CPP e não pode ser utilizada como substitutiva à prisão temporária e à prisão preventiva, pois estas têm previsão, requisitos e garantias específicos (como o flagrante delito, por exemplo).

O art. 5º, LXI, da CF também assegura expressamente que "ninguém será preso senão em flagrante delito ou por ordem escrita e fundamentada de autoridade judiciária competente, salvo nos casos de transgressão militar ou crime propriamente militar, definidos em lei" (Brasil, 1988). Dessa forma, a condução coercitiva não pode ter contornos de prisão sob pena de infringir essa garantia constitucional.

O indiciamento de uma pessoa ocorre durante o inquérito policial e significa que ela é suspeita da prática de um ilícito penal perante a autoridade policial (delegado de polícia) e que a autoridade reuniu no inquérito elementos suficientes que apontam que ela é autora do crime (indícios de autoria). Quando a autoridade policial encerra o inquérito com o indiciamento, este é remetido ao Ministério Público que, considerando a suficiência de provas contra o indiciado, poderá oferecer a denúncia ao Judiciário. Uma vez aceita a denúncia pelo Judiciário, o indiciado passa à condição de acusado pela prática de um crime, acusação para a qual há garantias constitucionais (de contraditório e ampla defesa) e infraconstitucionais, as quais exercerá no decurso da ação penal, que poderá resultar em absolvição ou condenação.

Esclarecida a diferença entre indiciado e acusado, há jurisprudência que considera a condução coercitiva do indiciado como um constrangimento ilegal porque ainda não há contra ele uma denúncia formal. Vejamos o seguinte julgado (Bahia, 2013):

> EMENTA: RECURSO EM SENTIDO ESTRITO (ART. 581, X DO CPP) – HABEAS CORPUS – ORDEM DENEGADA – CONDUÇÃO COERCITIVA DO PACIENTE À DELEGACIA DE POLÍCIA – INEXISTÊNCIA DE INQUÉRITO POLICIAL – CONSTRANGIMENTO ILEGAL – TRANCAMENTO DO INQUÉRITO POLICIAL – PLEITO PREJUDICADO – RECURSO PARCIALMENTE PROVIDO.
>
> A condução coercitiva da recorrente, sem ordem judicial ou estado de flagrância, para ser ouvido pela autoridade policial, constitui constrangimento ilegal, quanto mais diante da ausência

de inquérito policial instaurado. De tal modo, evidencia-se a existência de constrangimento ilegal capaz de afrontar o direito de ir e vir da recorrente, uma vez que seu comparecimento à Corregedoria da Polícia Civil do Estado da Bahia, imposto de modo informal e coercitivo, revela-se sem causa, constituindo procedimento arbitrário e ilícito da autoridade policial que impõe, por isso, o provimento neste ponto do recurso. Parecer da Procuradoria de Justiça pelo parcial provimento do recurso. Recurso conhecido e parcialmente provido para sustar a condução coercitiva da recorrente e declarar prejudicado o pedido de trancamento do inquérito policial.

Trata-se de questão polêmica. Também há julgado que considera a possibilidade de condução coercitiva, sem a existência de inquérito, de pessoa suspeita pela prática de um crime em estado de flagrância, com fundamento no art. 6º do CPP e conforme se deduz da ementa a seguir (Rio Grande do Sul, 2015b):

HABEAS CORPUS PREVENTIDO. IRRESIGNAÇÃO QUANTO AO INDERIMENTO DO PLEITO ATINENTE À IRREGULARIDADE DA DETERMINAÇÃO DA AUTORIDADE POLICIAL. POSSIBILIDADE DE CONDUÇÃO COERCITIVA DO PACIENTE À DELEGACIA DE POLÍCIA PARA PRESTAR DECLARAÇÕES. INTELIGÊNCIA DO ART. 6º DO CPP E DO ART. 144, §4º, DA CF. MANUTENÇÃO DA DECISÃO DE PRIMEIRO GRAU.
Habeas corpus desprovido.

Situação emblemática em nosso país ocorreu quando da condução coercitiva do ex-presidente Lula, investigado na operação Lava Jato, que resultou na seguinte nota de esclarecimento do Ministério Público Federal (MPF) à sociedade (Brasil, 2016d):

Nota de esclarecimento da força-tarefa Lava Jato do MPF em Curitiba

[...]

Após a deflagração da 24ª fase da Operação Lava Jato na última sexta-feira, 4 de março de 2016, instalou-se falsa controvérsia sobre a natureza e circunstâncias da condução coercitiva do senhor Luiz Inácio Lula da Silva, motivo pelo qual a força-tarefa da Procuradoria da República em Curitiba vem esclarecer:

1. Houve, no âmbito das 24 fases da operação Lava Jato (desde, portanto, março de 2014), cerca de 117 mandados de condução coercitiva determinados pelo Juízo da 13ª Vara Federal de Curitiba.
2. Apenas nesta última fase e em relação a apenas uma das conduções coercitivas determinadas, a do senhor Luiz Inácio Lula da Silva, houve a manifestação de algumas opiniões contrárias à legalidade e constitucionalidade dessa medida, bem como de sua conveniência e oportunidade.
3. Considerando que em outros 116 mandados de condução coercitiva não houve tal clamor, conclui-se que esses críticos insurgem-se não contra o instituto da condução coercitiva em si, mas sim pela condução coercitiva de um ex-presidente da República.
4. Assim, apesar de todo respeito que o senhor Luiz Inácio Lula da Silva merece, esse respeito é-lhe devido na exata medida do respeito que se deve a qualquer outro cidadão brasileiro, pois hoje não é ele titular de nenhuma prerrogativa que o torne imune a ser investigado na operação Lava Jato.

5. No que tange à suposta crítica doutrinária, o instituto da condução coercitiva baseia-se na lei processual penal (cf. Código de Processo Penal, arts. 218, 201, 260 e 278 respectivamente e especialmente o poder geral de cautela do magistrado) e sua prática tem sido endossada pelos tribunais pátrios.

6. Nesse sentido, a própria Suprema Corte brasileira já reconheceu a regularidade da condução coercitiva em investigações policiais (HC 107644) e tem entendido que é obrigatório o comparecimento de testemunhas e investigados perante Comissões Parlamentares de Inquérito, uma vez garantido o seu direito ao silêncio (HC 96.981).

7. Trata-se de medida cautelar muito menos gravosa que a prisão temporária e visa atender diversas finalidades úteis para a investigação, como garantir a segurança do investigado e da sociedade, evitar a dissipação de provas ou o tumulto na sua colheita, além de propiciar uma oportunidade segura para um possível depoimento, dentre outras.

8. Superadas essas questões, há que se afirmar a necessidade e conveniência da medida.

9. É notório que, desde o início deste ano, houve incremento na polarização política que vive o país, com indicativos de que grupos organizados, com tendências políticas diversas, articulavam manifestações em favor de seu viés ideológico, especialmente se alguma medida jurídica fosse tomada contra o senhor Luiz Inácio Lula da Silva.

10. Esse fato tornou-se evidente durante o episódio da intimação do senhor Luiz Inácio Lula da Silva para ser ouvido pelo Ministério Público de São Paulo em investigação sobre desvios ocorridos na Bancoop.

11. Após ser intimado e ter tentado diversas medidas para protelar esse depoimento, incluindo inclusive um habeas corpus perante o TJSP, o senhor Luiz Inácio Lula da Silva manifestou sua recusa em comparecer.
12. Nesse mesmo HC, o senhor Luiz Inácio Lula da Silva informa que o agendamento da oitiva do ex-presidente poderia gerar um "grande risco de manifestações e confrontos".
13. Assim, para a segurança pública, para a segurança das próprias equipes de agentes públicos e, especialmente, para a segurança do próprio senhor Luiz Inácio Lula da Silva, além da necessidade de serem realizadas as oitivas simultaneamente, a fim de evitar a coordenação de versões, é que foi determinada sua condução coercitiva.
14. Nesse sentir, apesar de lamentarmos os incidentes ocorridos, poucos, felizmente, mas que, por si só, confirmam a necessidade da cautela, há que se consignar o sucesso da 24ª fase, não só pela quantidade de documentos apreendidos, mas também por, em menos de cinco horas, realizar com a segurança possível todos os seus objetivos.
15. Por fim, tal discussão nada mais é que uma cortina de fumaça sobre os fatos investigados.
16. É preciso, isto sim, que sejam investigados os fatos indicativos de enriquecimento do senhor Luiz Inácio Lula da Silva, por despesas pessoais e vantagens patrimoniais de grande vulto pagas pelas mesmas empreiteiras que foram beneficiadas com o esquema de formação de cartel e corrupção na Petrobras, durante os governos presididos por ele e por seu partido, conforme provas exaustivamente indicadas na representação do Ministério Público Federal.

17. O Ministério Público Federal reafirma seu compromisso com a democracia e com a República, princípios orientadores de sua atuação institucional.

**Assessoria de Comunicação – Ascom
Procuradoria da República no Estado do Paraná**

A condução coercitiva do indiciado é assunto polêmico na doutrina e na jurisprudência. O entendimento mais adequado, ao nosso ver, é o de que há necessidade de ordem judicial (a chamada *cláusula de reserva de jurisdição*) que determine a condução de pessoa indiciada perante a autoridade policial ou judicial, que, uma vez intimada, negou-se a comparecer (Greco, 2016). Se for necessário efetuar prisão temporária do indiciado, nos termos da Lei n. 7.960, de 21 de dezembro de 1989 (Brasil, 1989), então deverá haver decisão judicial fundamentada nesse sentido. Perceba que a condução é instituto diferente da prisão temporária e que, em ambos os casos, para que não haja excesso, são realizadas por meio de decisão judicial fundamentada. A condução do indiciado será realizada pela polícia porque ao oficial de justiça cabe a condução do acusado que responde processo criminal em andamento, como veremos a seguir.

O CPP prevê expressamente a condução coercitiva do acusado. Vejamos o que diz o art. 260 do citado código:

> Art. 260. Se o acusado não atender à intimação para o interrogatório, reconhecimento ou qualquer outro ato que, sem ele, não possa ser realizado, a autoridade poderá mandar conduzi-lo à sua presença.
> Parágrafo único. O mandado conterá, além da ordem de condução, os requisitos mencionados no art. 352, no que lhe for aplicável. (Brasil, 1941b)

Trata-se, obviamente, do não comparecimento injustificado porque, se há justificativa plausível (incluídos o caso fortuito e a força maior), o ato deve ser adiado, mesmo em se tratando do acusado (pois não é a sua condição que vai modificar a regra).

A lei reserva ao acusado o direito de permanecer calado, o que não autoriza que, uma vez intimado, negue-se a comparecer perante a autoridade policial ou judicial sob tal argumento. O acusado ou indiciado regularmente intimado tem o dever de comparecer, ainda que seja para a simples qualificação e o exercício do direito de permanecer em silêncio quanto aos fatos, o que será registrado em ata ou termo. No entanto, é necessário que seja observado o devido processo legal, com respeito às garantias constitucionais e infraconstitucionais, sob pena de a condução ser considerada irregular.

9.5 Condução coercitiva do perito

O perito que deixar de comparecer sem justo motivo perante a autoridade também está sujeito à condução, nos termos do art. 278 do CPP. Trata-se de medida extrema, pouco usual, mas prevista para caso excepcional em que não houver outro meio de produção da prova e o perito realmente não atender a determinação do juiz, ficando também sujeito à aplicação de multa. O art. 51 do CPPM também tem previsão idêntica.

9.6 Outras modalidades de condução coercitiva

O art. 187 do Estatuto da Criança e do Adolescente (ECA) estabelece que: "se o adolescente, devidamente notificado, não comparecer, injustificadamente à audiência de apresentação, a autoridade judiciária designará nova data, determinando sua condução coercitiva" (Brasil, 1990b).

A condução coercitiva também pode ser requerida ao juiz (e por ele deferida ou não) em outras hipóteses e casos específicos como os dos seguintes julgados:

» Condução coercitiva de parturiente para submissão à parto cesariano (Rio Grande do Sul, 2014, grifo nosso e do original):

Ementa
MEDIDA DE PROTEÇÃO. PROVIDÊNCIA DE **CONDUÇÃO COERCITIVA** DA GESTANTE PARA SE SUBMETER AO PARTO PELA VIA DA CESAREANA, CONFORME RECOMENDAÇÃO MÉDICA, VISANDO RESGUARDAR A VIDA DO NASCITURO. PEDIDO DE PROVIDÊNCIAS DE PROTEÇÃO SUPERVENIENTES QUE EXTRAPOLAM OS LIMITES DA AÇÃO PROPOSTA.
1. Se foi proposta medida de proteção visando adoção das providências necessárias para a **condução coercitiva** da gestante a fim de se submeter ao parto pela via da cesareana, conforme recomendação médica, visando resguardar a vida do nascituro, e o parto se consumou, recebendo a gestante alta hospitalar, exauriu-se o objeto da ação.
2. Descabe manter por tempo indeterminado o curso da ação, que teve objeto específico e já exaurido.
3. A verificação de eventual situação de risco superveniente e o acompanhamento e amparo ao núcleo familiar são providências extrajudiciais que podem ser desempenhadas tanto pelo órgão do Ministério Púbico quanto pelo Conselho Tutelar, sendo, aliás, atribuição própria deste órgão ex vi do art. 136 do ECA. Recurso desprovido. (Agravo de Instrumento Nº 70059625418, Sétima Câmara Cível, Tribunal de Justiça do RS, Relator: Sérgio Fernando de Vasconcellos Chaves, Julgado em 13/05/2014)

» Condução coercitiva de menor para internamento psiquiátrico compulsório (Rio Grande do Sul, 2006, grifo nosso e do original):

Ementa
APELAÇÃO. ECA. PEDIDO DE BUSCA E APREENSÃO DE **MENOR** PARA **CONDUÇÃO COERCITIVA** A TRATAMENTO PSIQUIÁTRICO. MEDIDA QUE, PELO SEU CARÁTER RESTRITIVO, NÃO PRESCINDE DE DECISÃO JUDICIAL.
O Conselho Tutelar não tem poderes para ordenar ou executar pessoalmente a busca e apreensão do **menor** e sua adesão **coercitiva** ao tratamento. Tal medida, restritiva do direito de ir e vir do adolescente, somente pode ser adotada mediante ordem judicial, executada pelos oficiais de proteção, como o necessário acompanhamento do Conselho Tutelar, que não somente pode como deve fiscalizar a efetividade do tratamento e a eventual necessidade de internação compulsória. DERAM PROVIMENTO. UNÂNIME. (SEGREDO DE JUSTIÇA) (Apelação Cível N° 70014114250, Sétima Câmara Cível, Tribunal de Justiça do RS, Relator: Luiz Felipe Brasil Santos, Julgado em 03/05/2006)

» Condução coercitiva de infantes para exercício de visitação pelos avós (Rio Grande do Sul, 1998, grifo nosso e do original):

Ementa: DIREITO DE VISITAS. INTERESSE DOS INFANTES. ADEQUAÇÃO. SE OS INFANTES, QUE ESTÃO NA GUARDA PATERNA, SE REBELAM COM A IMPOSIÇÃO DAS VISITAS AOS AVÓS MATERNOS, EM CUJA COMPANHIA MORA A MÃE ENFERMA, EM ESTADO VEGETATIVO, DEVEM SER REALIZADOS ESTUDOS PSICOLÓGICOS E SOCIAL PARA SER REDEFINIDA A FORMA DE APROXIMAÇÃO POSSÍVEL E NÃO TRAUMÁTIA. INACEITÁVEL A **COERCITIVA** DOS INFANTES PARA UMA VISITAÇÃO INDESEJADA. RECURSO PROVIDO EM PARTE.
(Agravo de Instrumento Nº 598472728, Sétima Câmara Cível, Tribunal de Justiça do RS, Relator: Sérgio Fernando de Vasconcellos Chaves, Julgado em 16/12/1998)

» Condução coercitiva da gestante para exame de DNA (Rio Grande do Sul, 2016):

Ementa
AGRAVO DE INSTRUMENTO. AÇÃO DE INVESTIGAÇÃO DE PATERNIDADE. CONDUÇÃO COERCITIVA DA GENITORA PARA REALIZAÇÃO DO EXAME DE DNA. INVIABILIDADE. MANUTENÇÃO DA DECISÃO AGRAVADA. AGRAVO DE INSTRUMENTO DESPROVIDO.
(Agravo de Instrumento Nº 70067649277, Sétima Câmara Cível, Tribunal de Justiça do RS, Relator: Jorge Luís Dall'Agnol, Julgado em 16/03/2016)

» Condução coercitiva do suposto pai para exame de DNA* (Rio de Janeiro, 2006):

> **Ementa**
> AGRAVO DE INSTRUMENTO. AÇÃO DE INVESTIGAÇÃO DE PATERNIDADE. REALIZAÇÃO DE EXAME DE DNA. CONDUÇÃO COERCITIVA. IMPOSSIBILIDADE. Embora a recusa ao exame de DNA possa militar em desfavor do Investigado, consistindo em uma indução da paternidade, o Réu não pode ser conduzido coercitivamente para prestar o exame, o que implica em violação à liberdade de ir e vir. Precedentes desta Corte e do Superior Tribunal de Justiça. Conhecimento e provimento do Agravo.
> [Agravo de Instrumento nº 00174187320058190000, 16ª Câmara Cível, Tribunal de Justiça do Rio de Janeiro, Relator: Mario Robert Mannheimer, Julgado em 09/05/2006].

Em todas as hipóteses aqui citadas, vemos que a condução coercitiva pode ser decretada pelo juiz em hipóteses não previstas pela lei, em situações peculiares, de forma que entendemos que, de acordo com a interpretação do caso concreto, há discricionariedade do magistrado que, assim, atua com o intuito de solucionar adequadamente o litígio.

---

* Nesse sentido, a Súmula n. 301 do STJ (Brasil, 2017g) já pacificou a matéria: "Em ação investigatória, a recusa do suposto pai a submeter-se ao exame de DNA induz presunção juris tantum de paternidade".

9.7 Prisão civil

Se a condução coercitiva já é um assunto polêmico, o que dizer da prisão? Ora, a lei processual elenca (no art. 154, I, CPC) como uma das incumbências do oficial a realização de prisões. Note-se que a lei não especifica as espécies de prisões e entende-se que seriam as prisões civis, tais como a prisão por não pagamento de pensão alimentícia, prevista no art. 5º, inciso LXVII da CF*. Mas a problemática surge porque, sem a intervenção da polícia, não é possível efetuar qualquer tipo de prisão. O oficial de justiça não tem porte de arma e não recebe qualquer tipo de treinamento para efetuar abordagens nesse sentido. Ele se dirige aos jurisdicionados de "peito aberto", portando caneta e papel. Portanto, carece das condições objetivas necessárias para levar a efeito o ato em si, não sendo admissível que arrisque a sua vida no cumprimento do mister. Essa determinação só faz sentido e só é exequível se ele estiver acompanhado da polícia para cumprir o mandado de prisão.

Instaura-se a polêmica porque já houve entendimento de que, se a lei determina que a prisão é incumbência do oficial, ele deverá estar ciente de que é uma das atribuições do cargo e não poderá negar-se a cumprir a ordem. Foi o posicionamento de um magistrado de Goiás, conforme notícia a seguir (Sindojus, 2013, grifo do original):

---

* Conforme já comentado no quadro-resumo sobre as prisões, a única prisão civil que subsiste em nosso sistema é a do responsável (pai, mãe ou responsável) pelo pagamento de pensão alimentícia, pois o Supremo Tribunal Federal (STF) decidiu pela inconstitucionalidade da prisão civil do depositário infiel. Consta na Súmula n. 25: "É ilícita a prisão civil de depositário infiel, qualquer que seja a modalidade de depósito" (Brasil, 2018f).

DECISÃO JUDICIAL: Mesmo sujeito a riscos, oficiais de justiça são os responsáveis por cumprir mandados de prisão

Mesmo que no cumprimento de mandados de prisão esteja sujeito a riscos e agressões, a atividade é atribuição dos oficiais de justiça. O entendimento foi exposto pelo juiz da 3ª Vara da Fazenda Pública Estadual, Ari Ferreira de Queiroz, ao julgar Ação Declaratória Coletiva com pedido de tutela antecipada, feito pelo Sindicato dos Servidores e Serventuários da Justiça de Goiás (Sindjustiça).

O sindicato queria a abstenção dos oficiais de justiça da atividade para garantir a incolumidade física e psíquica dos profissionais, além de pedir o direcionamento do ato à Delegacia de Capturas. Porém, o magistrado observa que esses profissionais sabem ou deveriam saber desde que prestaram concurso público para o cargo quais seriam suas atribuições. "Sendo que o cumprimento de algumas delas, como a realização de prisões, os exporiam a riscos de agressões", pondera.

Segundo relata o Sindjustiça, os oficiais de justiça estão expostos a agressões, insultos e ameaça de forma real ou potencial, ou seja, vivem insalubridade psicológica. Fato que ocorre, particularmente, em face das atribuições específicas, como o cumprimento de mandados de citações, intimações, penhoras, arrestos, prisões de caráter civil, busca e apreensões de bens e pessoas.

Dentre essas diversidades de mandados, os oficiais de justiça alegam correr riscos quanto ao cumprimento de mandados de prisão por não terem direito ao porte de arma e, tampouco, receberem adicional de periculosidade ou risco de vida. O sindicato chega a citar situações em que os profissionais foram afrontados no cumprimento de suas funções e até ameaçados com arma de fogo.

Queiroz lembra, no entanto, que o Código de Processo Civil é claro, assim como o Código de Organização Judiciária de Goiás, ao incluir entre as atribuições dos oficiais de justiça o cumprimento pessoal de mandados de citações, prisões e outras formas de constrição pessoal ou real.

"Logicamente não se exige dos oficiais de Justiça a postura de heróis", diz o magistrado. Ele ressalta que, para os casos de possíveis ameaças ou resistências no cumprimento de mandados, o mesmo Código de Processo Civil autoriza o uso da força policial em apoio a esse trabalho.

O magistrado declara que se vê facilmente em dispositivos da lei não ser o oficial de justiça obrigado a enfrentar sozinho nenhum tipo de ameaça que extrapole o normal de suas funções. Segundo Queiroz, até mesmo o arrombamento de móveis ou imóveis para realização de penhora, medida bem mais simples que a efetivação de prisões, requer o cumprimento por dois oficiais de justiça, sem prejuízo do auxílio da força policial determinada pelo juiz.

Da mesma forma, diz, o art. 842 do Código de Processo Civil [art. 536, parágrafo 1º do atual CPC] prevê que o mandado de busca e apreensão cautelar seja feito por dois oficiais de Justiça e ainda na companhia de duas testemunhas, providências claras para evitar abusos, por um lado, e agressões, por outro.

O que torna a situação de todos os oficiais de justiça ainda mais complexa é que o CNJ tampouco adota posição porque não lhe cabe interferir na autonomia administrativa dos tribunais para unificar o entendimento. Cria-se, assim, o impasse e proliferam decisões divergentes no território nacional no âmbito de cada justiça. Nesse caso, é por meio dos sindicatos e associações que, mediante o diálogo com a cúpula dos tribunais, são buscadas as soluções viáveis, tomadas de acordo com reivindicações específicas, e não há unidade de tratamento acerca do tema.

Com maestria, Freitas e Batista Junior (2013, p. 264) observam:

> *O Oficial não usa de força própria, não algema as pessoas, não prende nem imobiliza. Também não arromba portas e não transporta bens ou pessoas. Existem profissionais habilitados para esses atos. A polícia prende, algema, coloca na viatura. O chaveiro arromba as portas. O leiloeiro faz o transporte e armazenamento dos bens. E o Oficial faz o quê? Somente o que esses outros agentes não têm o poder de fazer: pratica o ato processual e garante a legalidade da ação de todos no momento da diligência.*
>
> *Não cabe ao Oficial de Justiça realizar atos típicos de policiais. Nós não portamos armas e coletes à prova de balas nem temos treinamento para esse tipo de ação. Portanto, não se espera que arrisquemos a vida mais do que já estamos arriscando somente pelo fato de estarmos presentes na zona de perigo. [...]*
>
> *O Oficial não deve colocar em risco a sua integridade física [...].*
>
> *[...] Os atos de força devem ser previamente autorizados e realizados por dois Oficiais de Justiça e com reforço policial.*

A experiência, no entanto, é a melhor conselheira para a busca de soluções equilibradas e o bom senso deve imperar. Nesse caso, sempre que o oficial se sentir ameaçado, não dispuser dos meios para a execução da prisão e houver risco à sua integridade, deve especificar a situação nos autos e solicitar ao magistrado a solução. Caso essa resposta não lhe assegure os meios nem minimize os riscos, poderá salvaguardar-se no sindicato ou na associação respectivos, que buscará resolução por via administrativa ou judicial.

Por mais delicada que seja a questão, é melhor buscar a solução administrativa ou judicial do que se arriscar para a prática de um ato que requer preparo e aparelhamento de que não dispõe.

9.8 Afastamento do lar conjugal

O **afastamento do lar conjugal** existe para que um dos cônjuges saia ou seja retirado, espontânea ou compulsoriamente, do lar comum. Ocorre quando, entre o casal, não há mais condições de coabitar e há o desejo de se separar, divorciar, dissolver sociedade de fato ou extinguir a união estável. Nessas hipóteses, havendo ou não a violência doméstica, responsável pela maioria das medidas de afastamento, o cônjuge requer o afastamento do outro ou o próprio e, se o juiz reconhecer a necessidade, irá determinar a expedição de mandado para que o oficial de justiça execute a medida.

A **separação de corpos** é prevista nos arts. 1.562, 1.575, 1.580 e 1.585 do CC, Lei n. 10.406, de 10 de janeiro de 2002. Ela afeta o dever de coabitação estabelecido entre aqueles que são casados ou vivem em união estável mas não dispõem mais das condições mínimas de convívio e coabitação no que diz respeito à dignidade, à integridade, ao convívio harmonioso e ao ambiente para prosseguir residindo sob o mesmo teto. A lei civil, dessa forma, prevê a possibilidade de requerer ao juiz, antes de ajuizar a ação respectiva (declaratória de nulidade do casamento, anulação do casamento, divórcio, dissolução de união estável), a separação de corpos ou, de forma incidental, durante o andamento da ação respectiva.

O afastamento do lar conjugal e a separação de corpos vêm sendo empregados como sinônimos inclusive porque o CPC não faz menção expressa ao afastamento. Todavia, há entendimento de que o afastamento do lar seria uma medida mais drástica do que a separação de corpos.

O afastamento do lar deve ser requerido como tutela provisória ou na modalidade de tutela de urgência antecipada (art. 303, CPC), ou como tutela de urgência cautelar (art. 305, CPC), não havendo pormenores quanto à nomenclatura, apenas o momento e a abrangência do pedido, de forma que há fungibilidade nesse aspecto. Por exemplo: é possível à parte solicitar como medida de urgência antecipada o afastamento do lar conjugal e que, ao final da ação, seja decretada a dissolução da união estável. Também é admissível solicitar ao juiz, como tutela de urgência cautelar, o afastamento do lar para evitar dano após já ter ingressado com o divórcio onde haja discussão sobre a divisão de bens, a guarda dos filhos menores e a pensão alimentícia. Em qualquer uma dessas hipóteses deverá ficar claro o perigo de dano ou o risco ao resultado útil do processo, geralmente relacionados a agressões físicas e ameaças, inclusive de morte.

Uma vez decretado o afastamento, há uma restrição ao cônjuge afastado, o qual ficará proibido de se aproximar a um determinado raio de distância do outro, de ir ao seu local de trabalho e de permanecer na sua presença. Isso ocorre porque há justo receio de que o requerente seja agredido fisicamente ou verbalmente pelo requerido. A urgência, nesse caso, é preservar a integridade de uma das partes.

A separação de corpos, por sua vez, não tem como requisito o perigo de dano ou o risco ao resultado útil do processo. Basta que sejam expostos os motivos que demonstrem a insustentabilidade da vida em comum, da coabitação, da manutenção da união entre o casal casado ou em união estável, do desejo de permanecerem juntos, mesmo que não haja briga ou desentendimento, mesmo que se dê amigavelmente (consensualmente). Sob tal fundamentação, o juiz poderá conhecer e dar procedência ao pedido. E também aqui o pedido pode ser feito de forma preparatória ou incidental, em caráter de urgência ou não. Isso porque, a despeito de não haver agressão ou ameaça, pode haver uma incompatibilidade tão grande que, para garantir a integridade moral e psíquica de um dos cônjuges, o juiz entenda por decretar de plano a separação de corpos. É o caso, por exemplo, de uma traição conjugal à qual não houve uma reação agressiva, mas que torna demasiadamente penoso a um dos cônjuges, sob o aspecto moral e psicológico, permanecer na presença do outro; ou, ainda, um casal que, por motivos pessoais, não tem mais afinidade e se vê sem possibilidades de viver juntos e deseja se desvincular de imediato, para que cada um prossiga com a própria vida. A urgência, nesse caso, é reconhecer que não há mais dever de coabitação e está havendo desvinculação entre o casal (casado ou em união estável).

Em ambas as hipóteses – de afastamento do lar conjugal e de separação de corpos –, quem vai cumprir a medida concedida pelo juiz será o oficial de justiça. Antes de conceder a medida, o juiz poderá marcar audiência de justificação – pouco usual nos casos de violência doméstica, pois pode resultar em danos irreparáveis e até em morte. Uma vez expedido e distribuído o mandado, ele deverá atentar para todas as peculiaridades e dar cumprimento ao ato, o que, na maioria das vezes, precisa ser feito com o uso da força policial. Isso se dá devido ao caráter drástico dessa medida, que envolve ímpetos emocionais e estados psicológicos. Quando não for concedida em situação protetiva, o oficial deverá fazê-lo sem o uso da força policial, mas solicitá-la sempre que perceber a necessidade pois, em situações como essa, pode haver alteração de ânimos e risco pessoal a este profissional.

9.9 A desocupação forçada

A desocupação forçada é a medida que visa retirar a pessoa que ocupa indevidamente um imóvel urbano ou rural, público ou privado, com a restituição a seu legítimo proprietário ou possuidor. Ela é típica das ações possessórias (art. 560, CPC): manutenção e reintegração de posse e também na ação de despejo.

Para um entendimento claro sobre o tema da desocupação forçada, precisamos compreender alguns conceitos:

» **Reintegração de posse**: visa recuperar o terreno do suposto proprietário com a restauração da posse perdida ou esbulhada de forma violenta, clandestina ou com abuso de confiança por terceiro. *Esbulho* quer dizer que houve violência ou grave ameaça à pessoa para retirá-la da posse. Resulta na expedição de um mandado de reintegração de posse, com previsão de data-limite para cumprimento.

» **Manutenção de posse**: visa recuperar o terreno do possuidor que se vê impedido de exercer a posse de forma livre e irrestrita. Por exemplo: pessoa que abre um caminho de passagem no terreno alheio ou que ocupe parte do terreno alheio. Resulta na expedição de um mandado de manutenção de posse.

» **Interdito proibitório**: medida assecuratória para prevenir a invasão em uma propriedade. Resulta na expedição de um mandado proibitório com previsão de multa caso haja desobediência. Por exemplo: pessoas acampadas em frente a um prédio público e que ameaçam invadi-lo. Caso a invasão se concretize, a ação pode se transformar em manutenção ou reintegração de posse; ou seja, não é necessário ingressar com nova ação por causa da nomenclatura pois há fungibilidade, conforme o art. 554 do CPC.

» **Ordem de despejo**: é expedida em ações de despejo por falta de pagamento ou de retomada para uso próprio, quando a ocupação do imóvel decorre de um vínculo contratual entre as partes e não há desocupação espontânea por parte do locatário. Quando o juiz reconhece a procedência do pedido, ele determina a desocupação forçada com a ordem de despejo, a qual é geralmente cumprida com o auxílio de força policial.

Em todos os casos citados, com exceção do despejo, a ordem judicial de desocupação pode ser expedida em caráter liminar, estando presentes os requisitos legais, ou o juiz pode marcar uma audiência de justificação prévia para decidir posteriormente, ou, ainda, decidir somente ao final da instrução processual, em sentença. O mandado será expedido com previsão de prazo para a desocupação espontânea. Se não houver **desocupação espontânea**, o prazo deverá ser cumprido de plano pelo oficial de justiça, com o uso de força policial, quando necessário.

9.10 Busca e apreensão de menor

A busca e apreensão de menor é a medida que visa assegurar os valores sensíveis do direito de família, da criança e do adolescente, e ela é concedida em caráter provisório em situações que demandam a tutela preventiva prevista nos art. 303 e seguintes do CPC*, conforme estudamos nesta obra.

A busca e apreensão de menor é uma tutela provisória que visa proteger o menor, e também da pessoa que detém ou que disputa a sua guarda, de sofrer lesão ou de ameaça de lesão a direito. Uma vez concedida provisoriamente a busca e apreensão, o direito correlato (por exemplo, a guarda) pode ser definitivamente reconhecido em sentença.

---

* A tutela provisória está dividida no CPC em **tutela de urgência** e **tutela de evidência** (art. 294). A tutela de urgência poderá ser cautelar e antecipada, concedida de forma antecedente ou incidental (parágrafo único, art. 294) mediante justificação prévia ou liminarmente (art. 300, § 2º).

A medida é específica para as causas em que se discute a guarda do menor, sua fixação ou sua alteração. Deve estar presente o requisito do risco de dano grave, evidenciado, nesses casos, por uma série de fatores aos quais um menor está exposto, tais como: situação de abandono, abuso físico e psicológico, exposição à drogadição, exploração sexual, exploração econômica, alienação parental, maus tratos etc.

A busca e apreensão de menor não está prevista de forma específica no CPC porque este traz a tutela provisória em contraposição à tutela definitiva. Todavia, a previsão cabe a sempre que houver risco de lesão estabelecido de forma genérica, justamente para ser analisado caso a caso. Dessa forma, a busca e apreensão poderá ser de bens, pessoas ou coisas (incluídas aqui a busca e apreensão de autos e documentos).

9.11 Busca e apreensão de veículo

A busca e apreensão de veículo objeto de alienação fiduciária ocorre quando o juiz reconhece a inadimplência do devedor, liminarmente ou em sentença, e determina ao oficial de justiça que realize a sua apreensão e restitua o veículo à instituição financeira. Isso ocorre porque, nessa modalidade contratual (alienação fiduciária), o veículo é a garantia do credor, embora o devedor exerça a posse direta sobre ele e assuma a obrigação de efetuar o pagamento das prestações.

A Lei n. 13.043, de 13 de novembro de 2014 (Brasil, 2014d), alterou os dispositivos do Decreto-Lei 911/1969, dentre os quais, o art. 3º, que vigora com o seguinte teor:

> [...]
> Art. 3º. O proprietário fiduciário ou credor poderá, desde que comprovada a mora, na forma estabelecida pelo § 2º do art. 2º, ou o inadimplemento, requerer contra o devedor ou terceiro a busca e apreensão do bem alienado fiduciariamente, a qual será concedida liminarmente, podendo ser apreciada em plantão judiciário.
>
> § 1º Cinco dias após executada a liminar mencionada no caput, consolidar-se-ão a propriedade e a posse plena e exclusiva do bem no patrimônio do credor fiduciário, cabendo às repartições competentes, quando for o caso, expedir novo certificado de registro de propriedade em nome do credor, ou de terceiro por ele indicado, livre do ônus da propriedade fiduciária.
>
> [...]
>
> § 9º Ao decretar a busca e apreensão de veículo, o juiz, caso tenha acesso à base de dados do Registro Nacional de Veículos Automotores – RENAVAM, inserirá diretamente a restrição judicial na base de dados do Renavam, bem como retirará tal restrição após a apreensão.
>
> [...]
>
> § 13. A apreensão do veículo será imediatamente comunicada ao juízo, que intimará a instituição financeira para retirar o veículo do local depositado no prazo máximo de 48 (quarenta e oito) horas.
>
> § 14. O devedor, por ocasião do cumprimento do mandado de busca e apreensão, deverá entregar o bem e seus respectivos documentos. (Brasil, 1969a)

Conforme a previsão legal, não é necessário aguardar a decisão final mediante sentença para que seja expedido o mandado. Basta que haja decisão liminar (no caso, em tutela de urgência) para que o mandado seja expedido – inclusive em caráter de plantão – e cumprido pelo oficial de justiça.

O oficial, obviamente, deverá tomar as cautelas necessárias para encontrar o bem, porque, se ele age inadvertidamente "avisando" o devedor, é possível que haja ocultação do item. Portanto, não é prudente efetuar contato telefônico com o devedor, tampouco diligência prévia.

9.12 As atribuições do oficial de justiça no tribunal do júri

O tribunal do júri é aquele que tem competência constitucionalmente estabelecida (art. 5º, XXXVIII, CF) para julgar os crimes dolosos contra a vida, que são: homicídio; induzimento, instigação e auxílio ao suicídio; infanticídio; e aborto provocado pela gestante ou aborto provocado por terceiro com e sem consentimento da gestante. O júri é composto por um juiz presidente e por sete jurados, órgão colegiado que recebe o nome de *conselho de sentença*. O poder decisório é do conselho de sentença; porém, quem elabora a sentença e faz a dosimetria da pena (fixa o tempo da pena segundo as condições do crime e do acusado) é o juiz presidente.

No contexto do tribunal do júri, as atribuições do oficial de justiça são:

» **Fazer o pregão** (art. 463, parágrafo 1º, CPP), isto é, apregoar ou chamar as partes e testemunhas no *hall* ou corredor do foro e certificar a diligência nos autos.

» **Assegurar a incomunicabilidade dos jurados e das testemunhas** (art. 463, parágrafo 2º, CPP), pois é essencial, para que exista isenção no julgamento, que entre eles não haja influência no processo decisório, que ocorre mediante a convicção individual e a emissão de voto secreto, geralmente feito em quesitos e em sala separada do local onde ocorre o júri.

O oficial deve certificar essa incomunicabilidade nos autos e também recolher as cédulas de votação, para depositá-las na urna ou no receptáculo, o que fará repetidamente a cada quesito apresentado. Recolhidas as cédulas, o juiz as apresenta para todos e passa à votação seguinte, na presença dos jurados, do acusado, de seu advogado e do promotor de justiça. De tudo é lavrado termo pelo escrivão e todos os presentes assinam o documento. Depois disso, no salão do júri, é feita a leitura da sentença.

Essas atribuições no tribunal do júri estão relacionadas com o papel direto que o oficial de justiça exerce como auxiliar da justiça. Elas, portanto, diferem das atividades externas relacionadas à comunicação e à execução de atos processuais.

Síntese

Neste capítulo, estudamos os atos de força ou coerção: a condução coercitiva da testemunha, do perito, do ofendido, do acusado ou indiciado e outras modalidades de condução, a prisão civil, o afastamento do lar conjugal, a reintegração e a manutenção de posse, o despejo e a busca e apreensão de menor. Vimos que se caracterizam como atos de força porque dispensam a voluntariedade do jurisdicionado e são executados mediante o poder de coerção imposto pela lei e pela autoridade judicial e policial.

Por fim, vimos quais são as atribuições do oficial de justiça no tribunal do júri e entendemos que o pregão e a certeza acerca da incomunicabilidade dos jurados são fundamentais, pois asseguram que a decisão final obedeceu, principalmente, ao sigilo das votações, encargo inerente a essa atuação específica ao oficial de justiça determinada em lei.

Questões para revisão

1) Considere as seguintes afirmativas e assinale a alternativa correta:
   I. A coerção é utilizada quando os meios de convencimento para cumprimento da decisão judicial não são suficientes para que o destinatário cumpra a ordem.
   II. A coação é aplicada quando os meios de convencimento, a força em potência, a imperatividade da lei e a previsão de sanção não foram suficientes para o cumprimento da ordem judicial.
   III. O cumprimento de um ato de força inicia-se com a coação e, frustrada esta, termina com a coerção.
   a. Apenas a afirmativa I está correta.
   b. Apenas as afirmativas I e II estão corretas.
   c. Apenas as afirmativas II e III estão corretas.
   d. Apenas a afirmativa II está correta.
   e. Todas as afirmativas estão corretas.

2) Assinale a alternativa correta:
   a. No processo criminal, a testemunha que deixa de comparecer imotivadamente poderá ter prisão decretada pelo juiz.
   b. A vítima que, mesmo intimada, não comparece perante a autoridade responderá por desobediência e incorrerá em multa.
   c. O acusado pode se negar a comparecer perante a autoridade policial ou judicial com base no direito de permanecer calado.
   d. O perito que, intimado, deixa de comparecer imotivadamente perante o juiz pode ser conduzido pelo oficial de justiça, conforme o art. 278 do CPC.

3) Acerca da condução coercitiva, é correto afirmar que:
   a. O oficial de justiça tem a obrigação legal de utilizar veículo próprio para a condução.
   b. A força policial é obrigatória em toda e qualquer condução.
   c. O oficial de justiça poderá ter êxito em convencer o destinatário da ordem de condução e, nesse caso, o uso da força policial é dispensado.
   d. O uso da força policial é inerente à condução e, se não for aplicada, esta deixa de ser um ato de força.
4) Como o oficial de justiça efetua, na prática, a prisão civil?
5) Quais são as hipóteses de desocupação forçada? Explique-as.

Questão para reflexão

1) Qual é a diferença do uso da força em potência e do uso da força em ato pelo oficial de justiça?

Para saber mais

Para aprofundamento das matérias estudadas neste capítulo, sugerimos as seguintes obras:

CARNEIRO, F. N. G. **Oficial de justiça**: prática legal. Sousa, PB: Gráfica Cópias e Papéis Editora, 2017.

FREITAS, M. A.; BATISTA JUNIOR, J. C. **Oficial de justiça**: elementos para capacitação profissional. 2. ed. rev. e ampl. São Paulo: Triunfal Gráfica e Editora, 2013.

SOARES, M. de P. **Novo manual prático-teórico do oficial de justiça avaliador federal e estadual**. 3. ed. Curitiba: Juruá, 2016.

X

Conteúdos do capítulo:

» Diligência e certidão do oficial.
» Mandado judicial.
» A comunicação "juiz-oficial-parte-juiz".
» Fé pública.
» Coerência entre a diligência e a certidão.
» Complemento da diligência e da certidão.
» Responsabilidades do cargo.
» Abuso de poder e desacato à autoridade, resistência e desobediência.

Após o estudo deste capítulo você será capaz de:

1. estabelecer a conexão entre a diligência e a certidão do oficial;
2. justificar o fato de o mandado judicial ser instrumento que legitima os atos praticados pelo oficial;

Diligências e certidões

3. avaliar a importância do oficial na condição de intermediador da comunicação do juiz com a parte e de comunicador direto com ambos;
4. identificar a importância da fé pública e do poder certificante;
5. reconhecer a necessidade da coerência entre a diligência e a certidão;
6. discernir quando uma diligência ou uma certidão necessita ser complementada;
7. elencar as responsabilidades do cargo;
8. diferenciar abuso de poder, desacato à autoridade, resistência e desobediência.

Iremos estudar, neste capítulo, os meios para a realização prática das diligências e a elaboração do conteúdo das certidões pelo oficial de justiça. Veremos quais são as responsabilidades do cargo e também os casos de abuso de poder, desacato à autoridade, resistência e desobediência, bem como as suas consequências.

10.1 Mandado judicial

O instrumento que confere legalidade aos atos praticados pelo oficial de justiça e baliza a sua atuação funcional é o mandado. Atualmente, aceitam-se decisões judiciais e ofícios como se fossem mandados. Assim, algumas decisões que dão ordens de cumprimento, como "conduza-se a testemunha para a audiência designada", dispensam a elaboração de um mandado específico para isso, pois basta acrescentar ao seu final: "Esta decisão servirá como mandado".

O **mandado judicial** é um documento que expressa ordem ou decisão judicial emanada de um juiz e que determina a prática de ato ou a realização de diligência em ação judicial ou processo sob sua jurisdição.

Trata-se, portanto, de documento formal que deve ser redigido com a observância de requisitos e de regras estabelecidos pela legislação. O Código de Processo Civil (CPC), Lei n. 13.015 de 16 de março de 2015, estabelece o seguinte em relação ao teor dos mandados:

> Art. 250. O mandado que o oficial de justiça tiver de cumprir conterá:
> I – os nomes do autor e do citando e seus respectivos domicílios ou residências;
> II – a finalidade da citação, com todas as especificações constantes da petição inicial, bem como a menção do prazo para contestar, sob pena de revelia, ou para embargar a execução;
> III – a aplicação de sanção para o caso de descumprimento da ordem, se houver;
> IV – se for o caso, a intimação do citando para comparecer, acompanhado de Advogado ou de Defensor Público, à audiência de conciliação ou de mediação, com a menção do dia, da hora e do lugar do comparecimento;
> V – a cópia da petição inicial, do despacho ou da decisão que deferir tutela provisória;
> VI – a assinatura do escrivão ou do chefe de secretaria e a declaração de que o subscreve por ordem do juiz.
> (Brasil, 2015e)

Esses são requisitos mínimos, mas não há impedimento de que o mandado contenha informações e conteúdos mais específicos, para que atinja de forma satisfatória a finalidade à qual se destina.

10.2 A comunicação "juiz-oficial-parte-juiz"

A comunicação processual é elemento fundamental para o andamento do processo. O oficial de justiça é, em primeira e última instância, um comunicador (além de executor de ordens judiciais). Ele, como *longa manus* do juiz, vai comunicar à parte o acontecimento processual e, uma vez tendo concluído essa etapa do seu trabalho, deverá reportar-se ao juiz, por meio de certidão, comunicando-lhe o teor da diligência (o que fez, o que deixou de fazer, como, onde e quando, por qual motivo etc.).

A atividade de comunicação do oficial é dinâmica e multifacetada. A relação entre os envolvidos, nesse caso, não ocorre em condições de igualdade, entre pares. Pelo contrário, ela é hierarquizada pela própria natureza, pois o Estado avocou para si o ônus de dizer o Direito, solucionar os conflitos sociais, o que é feito pelo exercício da jurisdição, que se dá sob esses mecanismos. A atividade do oficial advém de uma relação de poder que o Estado exerce sobre o indivíduo e ele representa, fisicamente, o exercício concreto desse poder estatal perante a parte. Por outro lado, o próprio oficial de justiça responde pessoalmente pelos atos que pratica, sendo que a fé pública da qual é detentor lhe impõe responsabilidades penal,

> *É de suma importância que o oficial compreenda a dimensão da comunicação, domínio que precisa aperfeiçoar não apenas na teoria, mas, sobretudo, na prática, reconhecendo a importância da correta decodificação da mensagem, identificando os fatores condicionantes da comunicação, as possíveis barreiras entre ele e seus destinatários, o uso da linguagem adequada para com eles etc.*

civil e administrativa, demonstração de que o mesmo poder estatal que ele representa também o sujeita.

Para um melhor desempenho de suas habilidades socioprofissionais, é de suma importância que o oficial compreenda a dimensão da comunicação, domínio que precisa aperfeiçoar não apenas na teoria, mas, sobretudo, na prática, reconhecendo a importância da correta decodificação da mensagem, identificando os fatores condicionantes da comunicação, as possíveis barreiras entre ele e seus destinatários, o uso da linguagem adequada para com eles etc. Expressão de origem latina, "*communicare*", a palavra *comunicar* significa "pôr em comum", "transmitir informação", "dar conhecimento de", "fazer saber", como já falamos no Capítulo 6 desta obra. Isso só pode ser comum se o interlocutor e o receptor falam a mesma linguagem. Trata-se do primeiro desafio do oficial de justiça, muitas vezes a única pessoa com quem a parte terá contato e que tem a incumbência de decodificar o teor do mandado, documento redigido em linguagem técnica, abstrata e fora do dia a dia do cidadão comum. Para enfrentar esse desafio, o oficial precisa entender que não há comunicação sem interação e inter-relação, ou seja, é necessário estabelecer um vínculo com o destinatário por meio de linguagem verbal e não verbal.

No quadro a seguir temos os elementos do processo de comunicação:

Quadro 10.1 – *Elementos no processo de comunicação*

Emissor	Aquele que emite ou transmite a mensagem; é o ponto de partida de qualquer mensagem. Deve ser capaz de perceber quando e como entra em comunicação com o(s) outro(s). Deve ser capaz de transmitir uma mensagem compreensível para o receptor.
Interlocutor	Indivíduo que fala com outros e/ou em nome de outros recebendo o *feedback* da pessoa com quem se comunica.

(continua)

(Quadro 10.1 – conclusão)

Receptor	Aquele para o qual se dirige a mensagem. Deve estar sintonizado com o emissor para entender a sua mensagem.
Mensagem	É o conteúdo da comunicação. É o conjunto de sinais com significado.
Canal	É todo o suporte que serve de veículo a uma mensagem, sendo o mais comum o ar. Existem muitos outros canais, como a carta, o livro, o cartaz, o telefone, a rádio, a televisão etc.
Código	São sinais com certas regras, que todos entendem, como, por exemplo, o idioma. O emissor codifica a mensagem e o receptor interpreta a mensagem, descodifica.

No caso da comunicação de atos processuais, o emissor é o juiz; o interlocutor é o oficial de justiça; o receptor é o jurisdicionado (conceito amplo que engloba as partes, os advogados, interessados, agentes públicos, testemunhas etc.); a mensagem é o teor da decisão judicial; o canal é o mandado judicial; o código é a linguagem escrita no mandado e também a linguagem falada pelo oficial de justiça.

Existem fatores que podem ser obstáculos à comunicação, dificultando a transmissão da mensagem ao destinatário. Citaremos alguns que mais influenciam a atividade do oficial:

» abordagem inicial traumática para o destinatário;
» dificuldade de expressar de forma clara, simples e concisa o teor da decisão;
» falta de espontaneidade devido a nenhuma intimidade com a parte (timidez);
» linguagem demasiadamente rebuscada;
» frieza;
» desinteresse manifestado em relação à mensagem;

» precipitação e avaliação prematura de todas as partes (interlocutor, receptor e emissor);
» interrupção que impede o interlocutor de explicar até o fim o teor da mensagem;
» omissões;
» ironias;
» agressividade;
» manipulação do receptor para não ouvir a mensagem, desviando do assunto ou utilizado o assunto para divagar sobre causas e consequências;
» rejeição imediata a tudo aquilo que o interlocutor diz (negação);
» *stress* ou fadiga de alguma das partes, o que causa distorções e julgamentos imprecisos e inoportunos;
» utilização de linguagem abstrata e exageradamente técnica.

Desses obstáculos podem surgir fatores efetivos que barram a comunicação fluida. São eles:

» **Fatores pessoais**: seria o conjunto de aspectos relacionados às pessoas – nesse caso o oficial, o jurisdicionado e o magistrado. Por exemplo: o nível de conhecimento que a pessoa tem e revela, a aparência, a postura, a expressão facial, o volume e o timbre de voz etc.
» **Fatores sociais**: o nível de escolaridade, a educação, a cultura, os traumas, as crenças, os papéis sociais, as vivências.
» **Fatores fisiológicos**: por causa de características físicas, a pessoa pode ficar "travada" ou mesmo ela ser o elemento que dificulta a comunicação (surdez, baixa estatura, dificuldade em olhar nos olhos etc.).
» **Fatores de personalidade**: medo, autossuficiência, confusão, tendência à complicação e ao desespero.

» **Fatores de linguagem**: confusão entre a realidade e as interferências sobre a tal realidade; confusão entre o problema e a pessoa que comunica o problema; polarizações; discriminações.

» **Fatores psicológicos**: são relacionados à forma como a pessoa enquadra o processo de comunicação, se tem uma tendência generalista, pré-julgadora, se prefere seguir pelo raciocínio lógico, se tem dificuldades em escalonar valores, se é centralizadora etc. Esses aspectos interferem nos padrões de comunicação e de reciprocidade.

Ao considerar essa complexa teia que envolve a comunicação de atos processuais (decisões judiciais), o oficial de justiça deve atentar para as áreas de domínio da linguagem utilizando-se das linguagens escrita, corporal, visual e verbal, todas direcionadas ao objetivo de se fazer compreender pelos receptores – nesse caso, o jurisdicionado em primeiro plano e o magistrado como destinatário do *feedback* expresso na certidão.

A superação desses obstáculos e o aprimoramento do trabalho do oficial passa pela adoção e pela aplicação de técnicas que ajudam na comunicação e funcionam como fatores facilitadores. São elas:

» **A capacidade e a habilidade**: utilização da linguagem escrita, visual, corporal e verbal disponíveis para a transmissão da mensagem.

» **Atitudes**: de acordo com Freitas e Batista Júnior (2013, p. 74), o oficial de justiça pode assumir três tipos de postura ou atitude: a passiva, a agressiva e a assertiva. A **passiva** seria ideal para evitar conflitos, mas é inócua no ato de comunicar uma ordem ou uma decisão judicial. A **agressiva** é arriscada e desnecessária porque, além de colocar o oficial em risco, é contrária ao escopo de pacificação social preconizada pelo judiciário. A **assertiva** é a ideal e revela que o oficial tem o domínio racional da situação, consciência de suas prerrogativas funcionais, objetividade, persuasão e capacidade intelectual para transmitir a mensagem do mandado. Ser assertivo, nesse caso, é garantia de bom resultado para a diligência, que transcorrerá sem discussões e de forma a transmitir ao jurisdicionado uma visão de que a função do oficial também é garantir ao cidadão o exercício do contraditório e da ampla defesa, apesar da crença generalizada de que ele está ali para oprimir e que ele representa um lado ruim do poder estatal.

» **Conhecimentos**: o oficial, em regra, levará à parte notícia da qual ela não tem conhecimento ou, embora tenha, o assunto é de uma área que não domina. O vocabulário utilizado deve ser acessível (deve-se evitar ao máximo o "juridiquês"*), o oficial precisa deixar claro que tem informação de interesse do jurisdicionado e que detém conhecimentos para orientar juridicamente a pessoa acerca da informação contida no mandado. Não se trata de prestar consultoria jurídica, mas dar orientação à parte, instruí-la sobre o que deve fazer a respeito do documento judicial que está recebendo, quais são os prazos e as atitudes que necessita tomar, se há possibilidade de um acordo, de ser atendido por um defensor público etc.

» **Sistema sociocultural**: a abordagem nesse sentido deve ter urbanidade e respeito, com humildade, em tom de voz calmo e discreto, mas, ao mesmo tempo, com firmeza. O domínio sob a condução da diligência é fundamental e depende da postura do oficial, que não deve responder a provocações, não deve descontrair demasiadamente, dando intimidade à parte a ponto de abrir brechas para situações embaraçosas que coloquem em risco sua integridade física ou moral. Ele também deve

---

* Uso excessivo de termos técnicos do Direito, de jargões jurídicos, palavras demasiadamente rebuscadas.

procurar transmitir a notícia do processo de forma positiva, ainda que a notícia em si seja negativa. Valemo-nos do que dizem Freitas e Batista Júnior (2013, p. 85) acerca do teor da diligência modelo, que basicamente deve conter:

a. **A saudação ou o cumprimento inicial**: importante, pois é o contato inicial com a parte e evita "entrar de sola" no assunto de modo antipático e arrogante.

b. **Identificação**: dizer o nome e o sobrenome, estender a mão e falar que é da Justiça do Trabalho, Justiça Federal, oficial de justiça etc. Em tom discreto, principalmente quando houver mais pessoas no local da abordagem, para não constranger a pessoa. Soares (2016, p. 87) entende que fazer o uso ostensivo da identidade funcional é da essência do ato de apresentação, especialmente em condomínios comerciais e residenciais, para evitar que sofra constrangimentos em relação a sua presença e sua circulação. O citado autor também observa que o oficial não pode ser constrangido a ter a sua imagem capturada por câmeras de vídeo ou fotográficas sem o seu consentimento, por questões de segurança do condomínio, pois isso é violação da imagem (art. 5º, V e X, CF/1988) e pode colocar esse profissional em risco. Entendemos que é no "caso a caso" que o oficial vai perceber a necessidade de portar ostensivamente a identidade e de permitir ou não a captura de sua imagem.

c. **Oferecer privacidade**: procurar falar a sós com a parte, possibilitando a conversa privada e atenciosa. Caso a pessoa não demonstre interesse nessa discrição, o oficial pode dar continuidade à comunicação do ato onde estiver (no portão, na portaria, no corredor etc.).

d. **Informar sobre o processo e resumir o mandado**: seria entrar no assunto propriamente dito, referenciando o ano e o local de tramitação do processo e o teor da informação documentada no mandado, o prazo (se houver) e o que a parte deve fazer a respeito.

e. **Entregar a contrafé**: a contrafé é uma cópia idêntica do mandado, acrescida das principais peças processuais relacionadas ao ato de comunicação processual. A entrega da contrafé é um direito da parte e um dever do oficial. A parte, no entanto, pode se negar a recebê-la, mas nem por isso o ato será inválido. Também por força da fé pública, o oficial pode certificar que a parte se negou a receber a contrafé, tomando ciência apenas daquilo que o oficial verbalizou (art. 251, I-II, CPC). É comum no caso de negativa da parte o oficial deixá-la na caixa de correios, sobre a mesa, no portão etc., pois ali estão todas as informações essenciais do processo. O que deve ficar claro é que essa recusa (de assinar e também de receber a contrafé) não exime a parte dos prazos e das obrigações decorrentes da citação ou da intimação.

f. **Não discutir sobre a assinatura**: uma vez que o oficial deu ciência integral à parte sobre o teor do mandado (mesmo que de forma resumida), a assinatura da parte não é obrigatória porque, em razão da fé pública, o oficial irá certificar quando a parte se recusar a assinar, não necessitando mencionar os motivos alegados pela parte, apenas informando ao juízo que a parte não assinou (art. 251, III, CPC) e ficou com a contrafé.

Por fim, assim como se apresentou, entendemos que o oficial deve despedir-se, mesmo que de forma breve. É conduta protocolar que atende ao pressuposto da urbanidade e demonstra consideração e educação para com o jurisdicionado. Perceba que há casos em que o oficial encontrará outras vezes a parte naquele ou em outros mandados, e faltar com a educação ou com o respeito, além de causar má impressão, pode levar a dificuldades futuras sem necessidade alguma.

10.3 Fé pública

Os atos praticados e os documentos lavrados pelo oficial de justiça são dotados de fé pública. Mas, afinal, o que vem a ser a **fé pública**? Trata-se de uma presunção de veracidade conferida por lei aos agentes públicos que exercem poder de Estado com o objetivo de conferir autenticidade e segurança jurídica aos cidadãos e aos órgãos públicos. Sem a fé pública, os atos praticados pelo oficial ficariam vulneráveis e passíveis de ataques sob qualquer argumento frívolo, instalando-se a insegurança na atuação externa, nos atos processuais por ele praticados e no processo como um todo, dados incompatíveis com o exercício da jurisdição e seu escopo de pacificação social.

O **poder certificante** é consequência direta da fé pública e é o que lhe dá conteúdo, pois de nada adiantaria a fé pública sem a condição de materializar aquilo de que se dá fé em um documento. Os processos judiciais são formais por natureza e a prática de atos está sujeita a uma série de regras rígidas e imperativas como condição de existência, validade e eficácia.

Soares (2016, p. 85, grifo do original) observa com propriedade a importância do exercício do poder certificante para materialização da fé pública como corolário da segurança jurídica:

> *Vimos que a segurança de um ato praticado por Oficial de Justiça está assentada pela sua fé pública e pelo teor de sua Certidão, à qual dá vida e movimento à ação. É por meio dela que os Juízes firmam suas decisões, agilizando ou retardando a prestação jurisdicional, razão pela qual a lavratura de qualquer certidão deve ser clara, transparente, compreensível, e, por vezes, minuciosa e detalhada [...].*

A fé pública, no entanto, não é absoluta e, nos casos em que a certidão contiver inverdades, incoerências ou obscuridades intencionais, estas devem ser provadas de forma cabal e irrefutável, apontando a falsidade ideológica cometida. O oficial estará sujeito a apuração e eventual punição.

A fé pública, nesse caso, é da essência do ato. Tendo em vista que o oficial exerce atividade solitária e sem supervisão, como contrapartida a essa fé pública inerente ao cargo existe a previsão de responsabilidade administrativa, civil e penal pelos atos que pratica e pelos documentos que lavra.

10.4 Coerência entre a diligência e a certidão

Vimos que a **comunicação processual** é elemento fundamental para o andamento do processo. Um aspecto que torna essa forma de comunicação complexa é a inexistência de assimetria entre os interlocutores. Primeiramente, há determinação do juiz perante o oficial de justiça, que é seu subordinado. Posteriormente, há a abordagem da parte pelo oficial de justiça, que representa um poder estatal e que impõe condutas. Por fim, o oficial de justiça presta contas ao juiz que conduz o processo.

Portanto, a comunicação do oficial com o juiz da causa por meio da certidão deve ser formal, protocolar, técnica e respeitosa. Freitas e Batista Junior (2013, p. 109) observam com propriedade que:

> *A imagem do Oficial de Justiça está ligada em grande parte à qualidade das certidões e autos que ele lavra. A certidão é o retrato de seu autor. Ela é a única coisa que*

as partes, o Juiz e os colegas servidores da Vara podem ver de nossa atuação. Eles não sabem as dificuldades da diligência, nem quantas horas você esperou para encontrar aquele executado, quanto tempo passou na empresa descrevendo bens ou quanta pesquisa fez para avaliá-los. Não sabem das técnicas de convencimento e psicologia que você utilizou para obter o resultado positivo ou para estimular o acordo que deu fim ao processo. Não sabem que seu trabalho exige capacidades superiores para as quais você se preparou em sua vida de estudos e em seu dia a dia de diligências. Sabem apenas o que podem ver nos autos: a sua certidão.

A certidão, que é o relato, o registro formal daquilo que ocorreu na diligência, deve ser vista como o ápice do trabalho do oficial.

Mesmo no caso de certidões padronizadas quanto à forma (tendência normal dado ao volume de trabalho e às necessidades objetivas do processo), ao oficial cabe imprimir pessoalidade em seu conteúdo e qualificá-lo com linguagem adequada, conferindo a relevância àquilo que merece destaque (fatos da diligência).

> A certidão deve ter linguagem formal, simples, objetiva, pertinente ao contexto do processo e da diligência, com texto organizado de forma lógica e cronológica, em português claro e correto.

Para melhor compreensão do tema, apresentaremos a seguir um modelo de mandado* e sua respectiva certidão, como exemplos práticos da correspondência entre o que o juiz determina, o que ocorre na diligência e o que o oficial de justiça por fim certifica:

---

* São fictícios o número do processo, o nome das partes e a identidade do bem. Os documentos foram produzidos pela autora a título exemplificativo.

JUSTIÇA FEDERAL
SEÇÃO JUDICIÁRIA DO PARANÁ
04A VF DE CURITIBA
AV. ANITA GARIBALDI, 888, AHÚ, Tel. **3040-5060**, CURITIBA/PR, 80540-180
Atendimento ao Público das 13 horas às 18 horas
MANDADO DE BUSCA E APREENSÃO
AÇÃO DE BUSCA E APREENSÃO EM ALIENAÇÃO FIDUCIÁRIA: 40506070

Exequente: BANCO X

Executado: JOÃO DA SILVA

**Local onde o veículo se encontra:

1º Batalhão da Polícia Militar de Curitiba:

Rua Brasílio Itiberê, 2001, ITIBERÊ, Curitiba – PR.

A Dra. Maria Aparecida das Neves, Juíza Federal Substituta da 4ª Vara, na forma da lei etc.

M A N D A a um dos Oficiais de Justiça Avaliadores deste Juízo Federal, a quem este for apresentado, que em seu cumprimento, proceda à:

a. BUSCA E APREENSÃO, no endereço do 1º Batalhão da Polícia Militar de Curitiba: Rua Brasílio Itiberê, 2001, ITIBERÊ, Curitiba – PR, do veículo FIAT/PALIO ELX FLEX, ano 2016, modelo 2016, chassi 9CC17140LA5475495, placa AFJ8040, alienado fiduciariamente no contrato nº 47786437.

b. ENTREGA do bem apreendido ao preposto da autora, a ser indicado pela Sra. Amanda Inácio (telefone: 0xx31-2222-9946 0xx31-8889-9611).

*Fica nomeada para o encargo de fiel depositária a Sra. Antonia Maria Oliveira, CPF 402.725.916-68, Fones (31)2222-9446/(31)8449-9611, leiloeira contratada pela Caixa Econômica Federal.

ANEXOS: Eventos 17 e 20.

**Cientifico que todas as peças processuais se encontram disponíveis para consulta no endereço eletrônico www.jfpr.jus.br, SISTEMA E-PROC, CONSULTA PÚBLICA, RITO ORDINÁRIO, nº Processo 40506070 Chave nº 0308814.

CUMPRA-SE, na forma e sob as penas da lei, cientificado o interessado de que este Juízo funciona no Fórum da Justiça Federal, localizado na Av. Anita Garibaldi, 888, 4º andar, Ahú, no horário das 13 às 18 horas.

EXPEDIDO na cidade de Curitiba – PR, em 5 DE AGOSTO DE 2017. Eu, MARILÉA SHULTZ, conferi e assino, por ordem da MM. Juíza Federal Substituta.

Documento eletrônico assinado por Maria Aparecida das Neves (MAN), Magistrada, em 20/05/2018 16:08:52 na forma do artigo 1º, inciso III, da Lei nº 11.419, de 19 de dezembro de 2006, e Resolução TRF 4ª Região nº 17, de 26 de março de 2010. A conferência da autenticidade do documento está disponível no endereço eletrônico http://www.jfpr.jus.br/mandado/verifica, mediante o preenchimento do código verificador 1029414 e, se solicitado, do código CRC 9A0C38AE.

Observe a seguir a conexão entre os elementos do mandado e os da certidão respectiva ao seu cumprimento:

JUSTIÇA FEDERAL
SEÇÃO JUDICIÁRIA DO PARANÁ
AÇÃO DE BUSCA E APREENSÃO EM ALIENAÇÃO FIDUCIÁRIA: 40506070
Exequente: BANCO X
Executado: JOÃO DA SILVA

CERTIDÃO

Certifico e dou fé que, por ordem da MM. Juíza da 4ª Vara Federal de Curitiba, e em cumprimento ao mandado expedido nos autos em epígrafe, em 19 de agosto de 2017 dirigi-me ao 1º Batalhão de Polícia Militar de Curitiba, Rua Brasílio Itiberê, 2001, Itiberê, Curitiba, onde **BUSQUEI E APREENDI** o veículo FIAT/PALIO ELX FLEX, ano 2016, modelo 2016, chassi 9CC17140LA5475495, placa AFJ8040, conforme auto de busca e apreensão em anexo.

No 1º Batalhão fui atendida pelo Ten. Thomaz Flores, que explicou tratar-se de veículo apreendido em "blitz", havendo necessidade de liberação no DETRAN. Após liberação pelo DETRAN, retornei àquela unidade e entreguei o veículo à Sra. Antonia Maria Oliveira, CPF 402.725.916-68, que assumiu o encargo de depositária, sob as penas da lei.

Curitiba, 30 de agosto de 2017.
Nome e assinatura do Oficial de Justiça

Dessa forma foi possível entender, de modo prático, o que há de comum entre o teor do mandado judicial e o da certidão. Há casos em que a certidão não está em total correspondência com o que foi determinado pelo juiz, havendo, portanto, necessidade de complemento. Na seção a seguir, apresentamos um exemplo.

10.4.1 Complemento da diligência e da certidão

Em alguns casos, pode acontecer de o oficial não cumprir todas as determinações constantes no mandado e essa lacuna ficar evidente na certidão. Existem atos processuais complexos, que se desdobram em outros atos específicos e dilatam a diligência.

Por exemplo: o oficial pode ter feito a penhora, nomeado depositário, ter feito a vistoria e a avaliação, mas não ter procedido ao registro no órgão competente (por lapso, pois nem sempre o mandado contém tal determinação). Nesse caso, é o escrivão, o chefe de secretaria ou o próprio juiz que se dá conta e redistribui o mandado ao oficial, com a determinação de que este complete a diligência, cumprindo o inteiro teor da ordem. Pode ocorrer de o oficial perceber o lapso depois que já devolveu o mandado. Nesse caso, ele deve certificar o ocorrido e solicitar que lhe seja redistribuído o mandado, para que complemente a diligência. Assim, ele complementa a diligência e não dá ensejo a futura nulidade ou irregularidade processual, lavrando certidão posterior ao ato praticado.

O oficial, em outros casos, pode ter cumprido na íntegra o mandado, mas a certidão ficar vaga ou imprecisa quanto a datas e especificidades contidas no mesmo. Por exemplo: o oficial pode, por lapso, ter esquecido de colocar na certidão o dia em que citou o requerido; ou, ainda, pode se esquecer do endereço onde ele foi encontrado. Pode também ter deixado de expressar que citou o representante legal nessa qualidade e também como responsável tributário ou, ainda, informar ao juízo de que há parcelamento do débito (apresentando a documentação pertinente). Pode ser que o mandado contenha determinação de verificar se a empresa continua ativa, se há gerente, empregados e estoque no estabelecimento, devendo constar tais informações de forma clara na certidão.

Todas essas ocorrências devem constar da certidão lavrada pelo oficial na devolução do mandado, mas podem ser informadas posteriormente, mediante certidão complementar a pedido do juiz, ou espontaneamente pelo oficial, observando este o tempo hábil para não prejudicar o andamento do processo. Vejamos um exemplo prático, no qual o oficial não deixou explícito na certidão anterior se efetuou a diligência no endereço sede da empresa*:

JUSTIÇA FEDERAL
Seção Judiciária do Paraná
Central de Mandados de Curitiba
Autos de Execução Fiscal n° 20017.40.08.000.103-8
Exequente: Fazenda Nacional
Executado: Control Print Del Ltda.

CERTIDÃO

Em complemento à certidão firmada anteriormente, certifico e dou fé que **no endereço diligenciado para cumprimento do mandado do evento 16 (Rua Gatupê, 222, Bairro Alto, Curitiba) verifiquei que é a residência do Sr. Arnoldo Temporão, representante legal da executada.** Na data da citação ele informou que a empresa encerrou irregularmente suas atividades há cerca de dois meses, que houve a desocupação da sala comercial no centro da Cidade e, desde então, não está emitindo notas fiscais, que fez "acerto" com os funcionários e só não providenciou a baixa na Junta Comercial do Estado do Paraná por conta da dívida com a Receita Federal, relativa à presente execução fiscal.

Local, dia, mês e ano.
Nome e assinatura do Oficial

---

* Número do processo, nome das partes e identidade do bem fictícios. Os documentos foram produzidos pela autora a título exemplificativo.

A certidão complementar, dessa forma, integra a certidão anteriormente firmada e presta ao juízo as informações que estavam determinadas no mandado e ficaram pendentes sem que haja necessidade de novo despacho nem nova confecção e distribuição de mandado. Essas incorreções não podem ser atribuídas ao oficial como intencionais e praticadas com dolo ou má-fé. A responsabilidade pelos atos que pratica, obviamente, não é pequena, e erros ou lapsos podem prejudicar o bom andamento do processo. Todavia, todo o profissional é suscetível a cometer lapsos esporádicos ao longo de uma carreira, pois isso é inerente ao ser humano e o oficial não está imune a falhas. O mais importante é considerar que o oficial faz parte de uma cadeia decisória e de um conjunto sequencial de atos e que seu trabalho é revisto por outros colegas servidores e pelo próprio magistrado, que também visam prestar serviço de excelência, e não há razão para desmerecer seus esforços quando são detectadas incorreções que podem ser sanadas.

Nesse aspecto é preciso diferenciar dolo, negligência, imprudência e imperícia da falhas humanas eventuais, que podem acontecer por vários fatores nessa complexa atividade, como: acúmulo de serviço, situações pessoais, dificuldades no trânsito, violência urbana, pressão de prazos etc. Muitas vezes, esses eventos de certidão ou mandado incompletos ou com erros são tratados com uma rispidez que beira o assédio moral, sendo registradas nos autos reprimendas vergonhosas que em nada contribuem ao processo ou ao aperfeiçoamento desse profissional, e causam um distanciamento constrangedor entre ele, os colegas servidores e o próprio magistrado ao qual está subordinado.

Veremos, no próximo capítulo, que, por outro lado, existem situações de desvio funcional específicas que demandam correção disciplinar e responsabilização na esfera criminal e civil.

10.5 Responsabilidades do cargo

No desempenho de suas funções, o oficial de justiça é investido de autoridade porque nele se concentra a expressão do poder que está representando ao efetuar o cumprimento de um mandado. É o poder estatal de dizer o Direito pelo exercício da jurisdição e de cumprir a pacificação social a que se propõe. Do exercício desse poder decorre o poder/dever decisório do juiz, que determina algo em relação à pessoa envolvida no processo (seus bens, seu estado etc.) e que será comunicado/executado pelo oficial de justiça com o cumprimento do mandado, que corporifica o teor da decisão.

Podemos expressar o poder concentrado na pessoa do oficial de justiça no seguinte organograma:

Figura 10.1 – A função do oficial de justiça na cadeia decisória

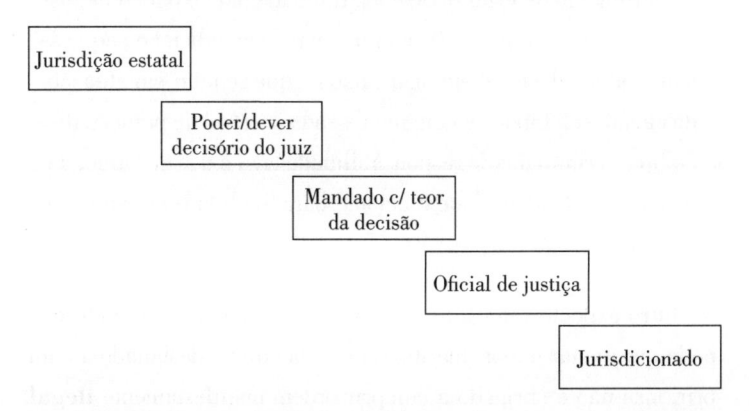

```
Jurisdição estatal
    └── Poder/dever
        decisório do juiz
            └── Mandado c/ teor
                da decisão
                    └── Oficial de justiça
                        └── Jurisdicionado
```

Esse organograma demonstra, de forma clara e sequencial, a maneira como o Estado exerce seu papel de afirmar o Direito e qual função tem o oficial de justiça na cadeia decisória. É ele quem dá conhecimento às partes do teor da decisão formal que emana do Estado/juiz, exercendo materialmente a pacificação social.

Por expressar concretamente o poder que emana do Estado, o oficial de justiça é inteiramente responsável pelos atos que lhe são designados, na forma e no conteúdo, pelas abordagens no intuito de dar cumprimento às decisões e pelos documentos e certidões que lavra. A responsabilidade, nesse caso, é administrativa, civil e criminal. Embora a literatura não traga uma tipologia específica acerca da responsabilidade do oficial de justiça, entendemos que essa tríplice responsabilidade é suficiente.

> *Outro aspecto relevante da atividade do oficial é que ele não pode questionar o teor (mérito) da decisão que é designado a cumprir, mas não é obrigado a cumprir ordem manifestamente ilegal.*

É de suma importância entendermos claramente que o mandado é instrumento de legalidade e legitimidade para o oficial de justiça exercer sua função. Sem ter um mandado judicial ou equivalente (ofício, decisão) em mãos, não há que se falar em atuação do oficial, sob hipótese nenhuma, sendo passível de punição disciplinar, criminal e de responsabilidade civil o uso do cargo, da insígnia ou da identidade funcional para finalidade estranha ao exercício de sua função.

Outro aspecto relevante da atividade do oficial é que ele não pode questionar o teor (mérito) da decisão que é designado a cumprir, mas não é obrigado a cumprir ordem manifestamente **ilegal**. Não é comum constar no mandado ordem judicial que não tenha amparo na legislação, pois o juiz precisa fundamentar juridicamente suas decisões e também responde pessoalmente por seus excessos. Todavia, importa ao oficial preservar-se e expressar por escrito motivos de recusa ao cumprimento de ordem manifestamente ilegal, uma vez que está respaldado pelo art. 116, IV, da Lei n. 8.112, de 11 de dezembro de 1990. Nesse caso, a hierarquia encontra limites e o vínculo de subordinação não prepondera.

Entretanto, em relação às ordens manifestamente legais, é dever funcional do oficial cumpri-las; quando não o fizer, deve esclarecer os motivos também por escrito (em certidão), para que não cometa desvio funcional, pois a hierarquia lhe impõe o dever de obediência e a observância das atribuições do cargo.

A Lei n. 8.112/1990 traz os seguintes dispositivos acerca da responsabilidade civil, administrativa e criminal dos servidores públicos federais:

> Art. 121. O servidor responde civil, penal e administrativamente pelo exercício irregular de suas atribuições.
>
> Art. 122. A responsabilidade civil decorre de ato omissivo ou comissivo, doloso ou culposo, que resulte em prejuízo ao erário ou a terceiros.
>
> § 1º A indenização de prejuízo dolosamente causado ao erário somente será liquidada na forma prevista no art. 46, na falta de outros bens que assegurem a execução do débito pela via judicial.
>
> § 2º Tratando-se de dano causado a terceiros, responderá o servidor perante a Fazenda Pública, em ação regressiva.
>
> § 3º A obrigação de reparar o dano estende-se aos sucessores e contra eles será executada, até o limite do valor da herança recebida.
>
> Art. 123. A responsabilidade penal abrange os crimes e contravenções imputadas ao servidor, nessa qualidade.
>
> Art. 124. A responsabilidade civil-administrativa resulta de ato omissivo ou comissivo praticado no desempenho do cargo ou função.
>
> Art. 125. As sanções civis, penais e administrativas poderão cumular-se, sendo independentes entre si.

> Art. 126. A responsabilidade administrativa do servidor será afastada no caso de absolvição criminal que negue a existência do fato ou sua autoria.
>
> Art. 126-A. Nenhum servidor poderá ser responsabilizado civil, penal ou administrativamente por dar ciência à autoridade superior ou, quando houver suspeita de envolvimento desta, a outra autoridade competente para apuração de informação concernente à prática de crimes ou improbidade de que tenha conhecimento, ainda que em decorrência do exercício de cargo, emprego ou função pública.
>
> (Brasil, 1991a)

A **responsabilidade administrativa** decorre do regime disciplinar da Lei n. 8.112/1990 no descumprimento dos deveres do art. 116 ou no cometimento das proibições do art. 117. Ambos podem ensejar a abertura de sindicância ou um processo administrativo disciplinar, nos termos da referida lei. Isso pode acarretar penalidades de advertência, suspensão, demissão, cassação de aposentadoria ou disponibilidade, destituição de cargo em comissão e destituição de função comissionada, observando-se o contraditório, a ampla defesa e a proporcionalidade entre a gravidade do ato cometido, os danos causados para o serviço público e a penalidade aplicável, sob fundamentação legal (art. 128, Lei n. 8.112/1990).

Além desse regime genérico, o oficial também responde especificamente em relação às atribuições do cargo (art. 154, CPC). Aos oficiais de justiça estaduais, aplica-se o Código de Organização e Divisão Judiciárias do tribunal do estado ao qual estão vinculados e onde são definidas as faltas e punições disciplinares. Em relação aos atos de improbidade administrativa tratados na Lei n. 8.429/1992, remetemos o leitor à exposição que consta na Seção 3.3.4, "Princípio da moralidade", no Capítulo 3 desta obra.

A **responsabilidade penal** depende da conduta de ação ou de omissão de autoria e materialidade comprováveis e que necessite de uma resposta punitiva com a aplicação de pena. Os crimes de funcionário público estão no Código Penal (CP), Decreto-Lei n. 2.848, de 7 de dezembro de 1940, do art. 312 ao art. 327, e o oficial está sujeito à persecução penal se os praticar. Além disso, existe a previsão específica do art. 299 do CP, que assim atesta:

> Art. 299 – Omitir, em documento público ou particular, declaração que dele devia constar, ou nele inserir ou fazer inserir declaração falsa ou diversa da que devia ser escrita, com o fim de prejudicar direito, criar obrigação ou alterar a verdade sobre fato juridicamente relevante:
> Pena – reclusão, de um a cinco anos, e multa, se o documento é público, e reclusão de um a três anos, e multa, se o documento é particular.
> Parágrafo único – Se o agente é funcionário público, e comete o crime prevalecendo-se do cargo, ou se a falsificação ou alteração é de assentamento de registro civil, aumenta-se a pena de sexta parte. (Brasil, 1940)

A **responsabilidade civil** está expressamente prevista no art. 155 do CPC. O texto da lei diz que: "O escrivão, o chefe de secretaria e o Oficial de Justiça são responsáveis, civil e regressivamente, quando: I – sem justo motivo, se recusarem a cumprir no prazo os atos impostos pela lei ou pelo Juiz a que estão subordinados; II – praticarem ato nulo com dolo ou culpa" (Brasil, 2015e).

Essa espécie de responsabilidade depende da existência de dano e do nexo causal entre a falta cometida e o dano causado por ação ou omissão, com dolo (intenção) ou culpa (negligência, imprudência ou imperícia). Os limites da lei e do mandado é que darão segurança ao oficial no desempenho de suas funções. Se houver risco de dano ou grave ameaça, ele pode reportar-se ao juiz da causa por escrito, expondo a situação e buscando decisão que respalde integralmente a sua atuação. Existem decisões que intervêm sobremodo na vida dos jurisdicionados, especialmente as relativas à guarda de menores e à posse e propriedade, as quais, muitas vezes, vão requerer atuação enérgica do oficial de justiça, que não pode atuar com medo de qualquer tipo de represália. No entanto, existem os limites da lei, da ordem judicial e da previsão legal das causas de nulidade a balizar a atuação do oficial, norteando sua conduta juntamente com o que dispõe a Lei n. 8.112/1990, aplicável a todo o servidor público (federal, nesse caso).

O oficial de justiça é responsável pelos atos nulos que pratica com dolo ou culpa. Todavia, o Estado é objetivamente responsável pelos atos que o oficial de justiça pratica, independentemente de dolo ou culpa, desde que sejam realizados fora da previsão legal ou fora daquilo que está determinado na decisão judicial e causem prejuízo à parte ou a terceiros. Se o Estado é acionado e condenado a indenizar, cabe-lhe ação regressiva contra o oficial. Raíssa Alves dos Santos (2016, p. 4-5) elucida bem a matéria ao observar que:

> *foi através de um acentuado processo de modificação do direito público que surgiu a Teoria do Risco Administrativo que, por consequência, deu origem à responsabilidade do Estado por atos administrativos como conhecemos hoje, objetiva ou sem necessidade de demonstrar culpa. Assim, responde o Estado da mesma forma e sob os mesmos fundamentos, tanto em relação aos atos administrativos praticados pelo Executivo, quanto pelo Legislativo e pelo Judiciário, quando estes atos ocasionarem prejuízo aos administrados.*
>
> *[...] A responsabilidade do Estado pelos atos judiciários não é diferente, admitindo atualmente a jurisprudência a responsabilidade objetiva. No Código de Processo Civil de 1973 havia a previsão de responsabilidade pessoal do Juiz nos casos de dolo, fraude, recusa, omissão ou retardamento injustificado de providências de seu ofício, nos*

termos do art. 133. No entanto, com o advento do Novo Código de Processo Civil, de 2015, há expressa previsão de que o Juiz responderá regressivamente nos casos supracitados.

Se o entendimento é aplicável aos magistrados, a expressa previsão do mencionado art. 155 do CPC, combinado com o art. 37, parágrafo 6º, da CF, deixa clara a responsabilidade civil subjetiva do oficial de justiça que incorrer em dolo ou culpa e causar dano por ato eivado de nulidade. A sua responsabilidade é concomitante à responsabilidade civil objetiva do Estado – teoria da dupla garantia, segundo a supracitada autora – que, ao indenizar, pode agir regressivamente contra o oficial. Vejamos (Santos, 2016, p. 7-8):

> *Ainda em análise do dispositivo constitucional, ao Estado é assegurado o direito de agir regressivamente contra o causador do dano, desde que culpado, para dele cobrar o ressarcimento do prejuízo decorrente do ato danoso. Só existe direito de regresso, então, quando o agente teve culpa ou dolo comprovados e o Estado indenizou a vítima do dano, sendo a propositura deste tipo de ação obrigatória após o trânsito em julgado da decisão que condenar o Estado. A obrigatoriedade da ação regressiva se justifica pelo legítimo interesse público em repor o prejuízo sofrido pelo erário.*
>
> *[...]*
>
> *Como se percebe, a causa de pedir da ação regressiva a ser ajuizada pelo Estado se fundamenta em uma conduta danosa causada por culpa ou dolo do agente. Destarte, quando o fato danoso tiver sido provocado pela atividade estatal e não for possível identificar o agente causador (culpa anônima do serviço), o Estado será obrigado a reparar o dano, em virtude da responsabilidade objetiva,*

mas não poderá exercer o seu direito de regresso, tendo em vista que não foi identificado o agente.

Na esfera criminal, a absolvição só afasta a condenação civil e administrativa se ficar provada a inexistência do ato imputado ao oficial ou a negativa de sua autoria. Todavia, se a absolvição for por insuficiência de provas, ou por ausência de culpa ou dolo, é possível ocorrer punição disciplinar ou responsabilização na esfera civil, pois se trata de jurisdições independentes.

Todas as previsões de responsabilidade servem para que o oficial de justiça exerça as atribuições do cargo de forma consciente e responsável, fazendo o uso da fé pública que lhe é conferida sem desvios, abusos e arbitrariedades, sendo verdadeiro e transparente na sua atuação externa e nas certidões que lavra, trazendo segurança ao processo e ao juiz da causa, pois exerce cargo de confiança.

10.6 Abuso de poder, desacato à autoridade, resistência e desobediência

Entendemos que o abuso de poder, o desacato à autoridade, a resistência e a desobediência são assuntos correlatos às responsabilidades do oficial de justiça e, devido a sua proximidade, resolvemos tratá-los neste capítulo.

O **abuso de poder** é espécie do abuso de autoridade. O abuso de autoridade está tipificado na lei penal e o abuso de poder é mencionado na Lei do Servidor (Lei n. 8.112/1990). O abuso de poder ocorre quando a autoridade excede os limites legais do exercício do seu cargo ou de sua função pública, por ação (fazendo o que não deveria fazer) ou por omissão (deixando de fazer o que está legalmente obrigado a fazer). Dessa forma, o abuso de poder tem três configurações: o excesso de poder, o desvio de poder – ou de finalidade – e a omissão. O oficial de justiça está totalmente sujeito e vinculado à lei e à ordem judicial contida no mandado e deve ter muita cautela ao cumpri-la, pois a discricionariedade, nesse caso, é quase inexistente. Quanto mais agir com base nessa vinculação, estará menos sujeito a responsabilização.

Se age respaldado pelas normas legais e pela decisão judicial consubstanciada no mandado, o oficial está seguro e sabe até onde pode ir. Isso também vale para os casos onde ele pode, no desempenho de suas funções, sofrer desacato. O **desacato** está previsto no art. 331 do CP e consiste em "Desacatar funcionário público no exercício da função ou em razão dela" (Brasil, 1940). O oficial de justiça está permanentemente exposto a esse tipo de conduta, mas nem todo desagravo constitui desacato. O jurisdicionado, muitas vezes, fala coisas em tom de desabafo e não com a intenção de desacatar. Em outras ocasiões, o jurisdicionado expõe intencionalmente toda a sua indignação e até agressividade sobre a pessoa do oficial, que está ali apenas para cumprir seu trabalho, e o faz justamente na intenção de intimidá-lo e dissuadi-lo a desempenhar o seu papel.

Podemos citar alguns exemplos de desacato: insultar verbalmente o funcionário, agredi-lo fisicamente, falar palavrões, usar trajes sumários, cuspir na contrafé do mandado, ameaçar, lançar objeto, bater a porta "na cara", disparar arma de fogo para o alto, gritar, debochar, utilizar expressões grosseiras, rasgar documentos, jogar documentos no chão, ameaçar com cachorro, provocar escândalo, fazer gesto ofensivo etc.

Quando um oficial de justiça é desacatado, considerando que ele é a *longa*

> *O oficial de justiça está totalmente sujeito e vinculado à lei e à ordem judicial contida no mandado e deve ter muita cautela ao cumpri-la.*

manus do juiz, entende-se que o próprio juiz o foi e também o próprio Poder Judiciário (observando-se a cadeia de representatividade expressa no organograma do capítulo anterior). Dessa forma, a apuração e a punição existem justamente para defender o exercício da jurisdição, do órgão jurisdicional e da função pública que o oficial de justiça representa genericamente e dos quais está investido especificamente quando age no exercício de suas atribuições.

O desacato pode ser levado a conhecimento do juiz por meio da certidão ou de auto de desacato no qual o oficial de justiça irá narrar tudo o que o jurisdicionado verbalizou, mesmo as palavras de baixo calão, entre aspas, pois são elas que configuram a prática do crime.

Em decisão recente, na apelação criminal no processo nº 0324660-16.2013.8.05.0001, a 5ª Turma do STJ entendeu que a tipificação do desacato fere o art. 13 do Pacto de São José da Costa Rica (Convenção Interamericana de Direitos Humanos) e coloca o indivíduo numa situação de sujeição perante o Estado e o agente público, incompatível com os direitos humanos, o Estado democrático e a igualdade, ferindo a liberdade de expressão e o direito à informação (Moreira, 2017).

Embora se trate de decisão isolada, não de jurisprudência ou súmula, lamentavelmente esse entendimento afeta a atividade solitária e insegura do oficial de justiça. Dessa forma, esse servidor, assim como outros agentes de atividade externa que representam o poder estatal, fica sujeito a agressões e riscos graves à sua integridade física e psicológica, invertendo-se os valores de respeito ao ser humano, às instituições e às decisões judiciais. Esse profissional do direito sente na pele a crise de identidade dos Três Poderes e o enfraquecimento gradual das instituições em face de interpretações baseadas em valores obscuros que repercutem em desrespeito e falta de temor pernicioso e autofágico.

Além do desacato, temos as figuras penais da resistência e da desobediência. Freitas e Batista Junior (2013, p. 286) diferenciam claramente os institutos. Vejamos:

O desacato consiste em ofender o Oficial de Justiça no exercício de sua função ou em razão dela (art. 331 do CP) e a resistência consiste em opor-se à execução do ato legal mediante violência ou ameaça ao servidor (CP, art. 329). Se o ato não se realiza em face da resistência a pena é agravada.

A resistência e o desacato podem ocorrer juntos, mas não estão necessariamente juntos, pois o sujeito pode desacatá-lo sem ameaçar ou usar de violência. Também pode usar de violência sem desacatá-lo, somente ameaçando ou se colocando em seu caminho. Dependendo da conduta praticada, lavre Auto de Desacato ou Auto de Resistência e peça providências penais que o juiz entender cabíveis ao caso.

É preciso frisar que a conduta típica da resistência exige ameaça ou violência, de forma que fechar a porta não a caracteriza para efeitos penais. Se o sujeito fecha a porta não se caracteriza o crime, pois não houve desacato, nem violência ou ameaça. A consequência do fechamento de porta é simplesmente a ordem de arrombamento [...].

Uma vez tendo lavrado auto de desacato, resistência ou desobediência e o encaminhado ao juiz, este irá comunicar a autoridade policial e terá início o inquérito policial para a apuração do fato e a punição do autor. Por esse motivo, o oficial deve agir objetivamente, levando a conhecimento do juiz o que for relevante, na medida dos fatos ocorridos, sempre tomando a cautela para que nada omita e o jurisdicionado não venha a inverter os fatos e representar contra o oficial. Em situações como essa, o ideal é o oficial chamar a polícia e efetuar prisão em flagrante, com o registro de ocorrência e a lavratura do respectivo auto.

Síntese

Analisamos, neste capítulo, em que consiste efetivamente a diligência do oficial de justiça. Inicialmente verificamos o teor do mandado judicial, instrumento de legalidade para os atos que o oficial pratica. Entendemos que a comunicação processual é fundamental para o andamento do processo e a sua eficácia compreende o emprego de técnicas específicas que garantem ao oficial a interlocução bem sucedida entre juiz-oficial-parte-juiz, a iniciar-se com a abordagem e se finalizar com o teor das certidões, dos autos e dos laudos que lavra.

Incursionamos nos conceitos de fé pública e de poder certificante, refletimos sobre a coerência entre diligência e certidão e observamos os casos em que há necessidade de complementá-las. Posteriormente, passamos à análise das responsabilidades do cargo: a administrativa, a civil e a penal, percebendo sua correlação direta com a posição de confiança a ele atribuído. Por fim, distinguimos os institutos do abuso de poder, desacato à autoridade, resistência e desobediência, situações práticas a que o oficial está sujeito em seu dia a dia.

Questões para revisão

1) São requisitos do mandado judicial:
   I. Nome e endereço do destinatário.
   II. Assinatura do escrivão ou do chefe de secretaria.
   III. Finalidade do ato com a menção do prazo de defesa.

Está(ão) correta(s):
a. Apenas a afirmativa I.
b. Apenas as afirmativas I e II.
c. Apenas as afirmativas II e III.
d. Apenas as afirmativas I e III.
e. Todas as afirmativas.

2) Em relação à fé pública, é correto afirmar que:
a. É totalmente dispensável aos atos do oficial de justiça, tendo em vista que este está investido de autoridade e pode certificar o que quiser.
b. É medida pelo conteúdo da certidão do oficial, que pode ou não conter a verdade, desde que ele dê a fé sobre os documentos que lavra.
c. É presunção de veracidade conferida aos documentos lavrados pelo oficial de justiça com o objetivo de conferir certeza e segurança jurídica sobre os atos que pratica e se materializa no poder certificante, que dá vida e movimento à ação.
d. É uma ficção do legislador para que as partes não contestem os atos do oficial.

3) O oficial de justiça é responsável administrativa, civil e criminalmente pelos atos que pratica e o mandado é instrumento de:
a. certeza.
b. identidade.
c. constrangimento.
d. legalidade.
e. autoria.

4) A certidão do oficial de justiça deve ser um espelho do teor do mandado? Explique.

5) Em quais situações o oficial de justiça é responsável civilmente pelos atos que pratica?

Questões para reflexão

1) Há diferença entre desacato à autoridade e desobediência? Qual?

2) O oficial de justiça pode inserir uma declaração falsa em auto, laudo ou certidão em razão de sua fé pública? Justifique.

Para saber mais

Para se aprofundar nos conteúdos deste capítulo, sugerimos as seguintes leituras:

FREITAS, M. A.; BATISTA JUNIOR, J. C. **Modelos**. Disponível em: <http://www.manualoficialdejusticalivro.com/Manual-do-Oficial-de-Justica/modelos>. Acesso em: 23 abr. 2018.

_____. **Oficial de justiça**: elementos para capacitação profissional. 2. ed. rev. e ampl. São Paulo: Triunfal Gráfica e Editora, 2013. p. 109-131.

XI

Desafios e perspectivas para os oficiais de justiça

Conteúdos do capítulo:

» Desafios e perspectivas do oficial de justiça.
» Processo eletrônico.
» Ferramentas tecnológicas.
» Desafios: os riscos, as despesas, o apoio operacional, a aposentadoria, o não reconhecimento como atividade de Estado.
» Portal *Justiça em Números* e o CNJ.
» Direito comparado: sistema judicial, extrajudicial, misto e administrativo.
» Formação continuada.
» Perspectivas.

Após o estudo deste capítulo, você será capaz de:

1. avaliar os desafios do oficial de justiça;
2. determinar como o processo eletrônico afeta as atribuições do cargo de oficial;

3. elencar as ferramentas tecnológicas que auxiliam o trabalho do oficial;
4. indicar os desafios a que está exposto o oficial em relação aos riscos, às despesas, ao apoio operacional, à aposentadoria e ao reconhecimento como atividade de Estado;
5. utilizar-se dos dados do estudo do portal *Justiça em Números*;
6. analisar as realizações do CNJ;
7. incursionar nos sistemas de outros países quanto à execução de ordens judiciais;
8. refletir sobre a formação continuada no Poder Judiciário;
9. vislumbrar as perspectivas de futuro da carreira do oficial de justiça.

A carreira dos oficiais de justiça, como a de todo e qualquer profissional, enfrenta desafios de ordem formal (relacionados a aspectos legais) e de ordem material (relativos a fatores do dia a dia em si). Neste capítulo, iremos abordar os principais desafios e as perspectivas desses auxiliares permanentes da justiça, com olhos voltados para as futuras possibilidades.

Para tanto, iremos considerar os avanços tecnológicos e relacioná-los com as demandas enfrentadas pelos oficiais de justiça tanto no âmbito administrativo quanto no âmbito internacional.

11.1 Processo eletrônico

O processo eletrônico foi instituído pela Lei n. 11.419, de 19 de dezembro de 2006. Desde então, o CNJ determinou sua obrigatoriedade para todas as unidades judiciárias brasileiras, e sua implementação vem sendo efetuada no âmbito dos tribunais do país, alcançando todas as comarcas e instâncias.

O Poder Judiciário não pode se furtar de acompanhar a evolução tecnológica. A implementação do processo eletrônico é, ao mesmo tempo, consequência dessa evolução e condição existencial do próprio Judiciário, que não pode ficar à margem do progresso sob pena de sua obsolescência constituir-se em um desserviço ao cidadão.

Em relação aos atos praticados pelo oficial de justiça, a inovação mais significativa está no art. 9º da Lei n. 11.419, que ordena: "No processo eletrônico, todas as citações, intimações e notificações, inclusive da Fazenda Pública, serão feitas por meio eletrônico, na forma desta Lei" (Brasil, 2006d).

O primeiro efeito prático dessa norma é imprimir rapidez ao andamento do processo na medida em que substitui a prática física dos atos pela prática eletrônica. Assim, os atos de comunicação processual estudados no Capítulo 6, em regra, serão cumpridos pelo meio eletrônico e excepcionalmente serão cumpridos por oficial de justiça. É uma intervenção específica da tecnologia e do seu reconhecimento legal nas atribuições do oficial, que passa gradativamente à prática cada vez menor de atos de comunicação para a prática cada vez maior de atos de constatação, execução e força. Existem, obviamente, casos em que a comunicação não poderá ser feita pela via eletrônica, como bem observam Freitas e Batista Junior (2013, p. 290), trazendo como exemplo a intimação de testemunhas, a intimação pessoal da parte que ainda não é representada processualmente por advogado ou a intimação de terceiros alheios ao processo. Nesses casos, a via eletrônica é impossível e inócua, sendo necessário recorrer à via postal, por oficial e por edital, consecutivamente. O mesmo ocorre quando houver algum problema técnico que inviabilize o uso do meio eletrônico, conforme previsão do parágrafo 2º do art. 9º da Lei n. 11.419/2006.

De acordo com os arts. 4º e 5º da referida lei, a comunicação eletrônica dos atos deverá ocorrer por publicação em Diário da Justiça Eletrônico ou ciência via portal próprio, não sendo reconhecido legalmente o uso de *e-mail* para esse fim. Não é possível, em regra, o uso concomitante da publicação no Diário e a utilização de portal porque, como veremos, a contagem de prazo é diferente e a lei instituiu o uso alternativo e excludente de comunicação do ato (ou um meio, ou outro). Porém, na prática, há juízos que o fazem em duplicidade e, nesse caso, o Supremo Tribunal de Justiça (STJ) decidiu qual prevalece (Brasil, 2017e):

> **Intimações eletrônicas prevalecem sobre comunicações feitas pelo Diário de Justiça**
> Nas situações em que são realizadas intimações em duplicidade via portal eletrônico e no *Diário de Justiça* eletrônico (DJ-e), a contagem de prazo deve ter como referência a data da publicação no portal de intimações, que prevalece sobre a intimação pelo DJ-e.
> Com base nesse entendimento, a Terceira Turma do Superior Tribunal de Justiça (STJ) reconheceu a tempestividade de agravo em recurso especial apresentado após intimação no portal eletrônico do site do Tribunal de Justiça do Rio de Janeiro.
> As duas formas de intimação estão previstas na Lei 11.419/06, que regulamentou a informatização do processo judicial. Em seu artigo 4º, a lei prevê a criação dos diários de justiça eletrônicos pelos tribunais, que substituem outros meios de divulgação para todos os efeitos legais.
> Já no artigo 5º, a legislação estipula que as intimações serão feitas por meio eletrônico em portal próprio aos advogados cadastrados, dispensando-se, nesses casos, as publicações, inclusive em meio eletrônico.

Conflito normativo

O ministro Paulo de Tarso Sanseverino lembrou que o STJ conta com alguns julgados no sentido da prevalência da intimação via DJ-e, entendendo-se que prevaleceria a regra do artigo 4º da Lei 11.419/06.

Porém, ao reexaminar a questão, o ministro propôs que fosse dada prevalência à intimação via portal eletrônico, pois essa modalidade de intimação dispensa a publicação no DJe, conforme previsto no já aludido artigo 5º da Lei 11.419/06.

O ministro lembrou, ainda, que o novo Código de Processo Civil consolidou a prevalência da intimação eletrônica, especialmente em seus artigos 270 (intimações prioritariamente por meio eletrônico) e 272 (intimações por órgão oficial quando não for possível a comunicação eletrônica), de modo que o entendimento proposto se harmoniza com o novo diploma processual.

O voto foi acompanhado de forma unânime pela Terceira Turma.

Na publicação em Diário da Justiça Eletrônico, presume-se que houve conhecimento do destinatário, contando-se o prazo respectivo a partir do primeiro dia útil seguinte à disponibilização efetiva no Diário. Dessa forma, publica-se em diário na data de hoje, mas, para efeitos de prazo, conta-se a partir de amanhã, se for dia útil (exclui-se o dia da publicação em si e conta-se a partir do primeiro dia útil seguinte).

A comunicação por portal próprio depende da sua criação e manutenção por órgão ou tribunal para que, mediante a identificação digital, esteja acessível aos advogados, que tomarão ciência das notificações e intimações, visualizando-as e, dessa forma, iniciando a contagem do prazo processual. Aqui também teve espaço o conhecimento ficto, pois a própria lei estabeleceu o prazo de dez dias para que seja considerado sabido pelo destinatário, independentemente de ter acessado o portal (art. 5º, § 3º, Lei n. 11.419/2006). Assim são evitadas manobras para retardar o andamento do feito com ocultação e alegação de nulidades.

A Lei n. 11.419/2006 não atribuiu aos oficiais de justiça a prática de atos pela via eletrônica, deixando-a para os servidores das varas e secretarias. Isso, em tese e a princípio, trouxe um esvaziamento da atividade do oficial, pois houve significativa redução da prática de atos de comunicação. Considerando-se a previsão do Código de Processo Civil (CPC), Lei n. 13.015, de 16 de março de 2015, de que esses atos de comunicação, quando não feitos pela via eletrônica, serão feitos, *a priori*, pela via postal, percebemos que o oficial de justiça fica com a atribuição – que anteriormente exercia como regra – apenas em casos excepcionais. Isso reduz em muito seu campo de atuação, mas não diminui sua importância ou mesmo exclui a necessidade desse profissional, dada a vasta gama de atos de outra natureza que faz parte de suas funções, como atos de execução (arrestos, sequestros, penhoras, buscas e apreensões), constatação (vistoria, inspeção e constatações socioeconômicas), avaliação (vistoria e avaliação) e força (condução coercitiva de testemunha, prisão civil, afastamento do lar conjugal, desocupação forçada, despejo, busca e apreensão de menor, busca e apreensão de autos), estudados no Capítulo 5 desta obra.

O oficial atua no processo eletrônico anexando aos autos eletrônicos as certidões, autos e laudos que lavra, de acordo com a sistemática adotada no âmbito de cada órgão ou tribunal e do sistema processual eletrônico adotado em cada um deles, tendo em vista que não há uniformidade no território nacional (cada justiça adota sistema próprio).

Mesmo assim, houve um impacto para essa categoria profissional, pois a maioria dos tribunais, de início, entendeu por reduzir as vagas, não abrindo concurso para o cargo e desconsiderando as baixas por aposentadoria, as remoções em localidades com claros de lotação e as licenças permanentes para tratamento de saúde, desde a edição da referida lei. Isso ocorreu porque se criou a falsa ideia de que o oficial estaria sendo substituído pela prática eletrônica de atos. Conforme pontuam acertadamente Freitas e Batista Junior (2013, p. 297), a automatização não acabará com a utilidade do oficial de justiça, pois a ele cabe a dupla função de comunicar e impor a vontade do juízo. O que de fato ocorreu é que esse profissional, com formação superior e alto desempenho, passou a ficar desonerado do ato simples de "dar o recado" do juiz, para exercer funções complexas que exigem conhecimento e aptidão, sendo, de fato, a *longa manus* do magistrado, trazendo efetividade aos procedimentos complexos, garantindo ao processo o efeito prático de realização verdadeira da tutela jurisdicional a que se destina e chegando ao fim último de pacificação social.

Com o tempo, esse impacto tende a ser minimizado, e tudo aponta para uma redefinição das funções e da própria carreira do oficial de justiça, como um imperativo de gestão à política judiciária e à administração da justiça, assunto que veremos ao abordar os desafios e perspectivas para os oficiais de justiça.

11.2 Ferramentas tecnológicas

A evolução tecnológica também trouxe novas condições de trabalho ao oficial de justiça. Se, antigamente, esse profissional utilizava-se de mapas físicos para localizar endereços, hoje ele dispõe também de uma gama de aplicativos compatíveis com o telefone móvel, além do GPS. Se, antigamente, ele não dispunha de ferramentas de pesquisa de endereços dos jurisdicionados, hoje ele tem acesso remoto a sistemas conveniados. Se, antigamente, não dispunha de meio de comunicação hábil com os jurisdicionados, hoje a facilidade do uso de celulares auxilia na localização e agendamento de diligências, inclusive com o uso de aplicativos de comunicação instantânea extremamente eficazes. Se, outrora, precisava decifrar a localização de um terreno em várias visitas a prefeituras e órgãos públicos, hoje há aplicativos que operam via satélite e garantem localização segura. Se, no passado, precisava fazer suas certidões e anexá-las aos autos físicos, atualmente ele o faz mediante acesso remoto, eletronicamente, inclusive de sua própria residência, caso não queira deslocar-se até o fórum. Todas essas ferramentas proporcionam agilidade ao seu trabalho, incrementando positivamente o desempenho de suas funções, garantindo a prestação ágil e eficiente, que é a base principiológica de funcionamento do sistema jurídico.

Freitas e Batista Junior (2013, p. 316) citam algumas utilidades que facilitam o trabalho de busca dos oficiais: convênios com companhias de energia elétrica, acesso a *sites* das juntas comerciais, Sistema Integrado de Informações sobre ICMS (Sintegra), registro de domínios, Departamento Estadual de Trânsito (Detran), Restrições Judiciais de Veículos Automotores (Renajud), Sistema de Informações ao Judiciário (Infojud), Serasajud, Sistema Nacional de Integração de Informação em Justiça e Segurança Pública (Infoseg), Banco Central (Bacen), Registro de Imóveis, Cadastro Municipal, Central Notarial de Serviços Eletrônicos Compartilhados (Censec), Central Nacional de Informações Processuais e Extraprocessuais (Cnipe), Cadastro Nacional de Advogados do Conselho da OAB, redes sociais e compartilhamento interno de informações por sistema interno dos tribunais. Além disso, como ferramentas para melhor desempenho na elaboração de documentos, temos a digitalização, a criação de documentos em PDF, o registro digital de imagens por celulares ou máquinas e sua compactação e anexação aos processos, a identificação, a localização e o cálculo de área de imóveis pela *web* com aplicativos, bem como a visita virtual da rua e as pesquisas de preços em *sites* nas avaliações.

Todos esses meios otimizam o trabalho diferencial de inteligência que o oficial pode agregar ao andamento do processo no desempenho de seu papel.

11.3 Desafios

Embora cercado de evoluções tecnológicas, o oficialato ainda enfrenta desafios, alguns persistentes no tempo, todos relacionados às suas condições de trabalho. Todavia, nem por isso esses obstáculos não atingem apenas a categoria, pois cada vez que o sistema fecha os olhos para os problemas da realidade desse profissional, isso traz consequências internas, perante o próprio Judiciário, e externas, que refletem diretamente no cidadão.

A sistemática de trabalho do oficial de justiça é bastante peculiar. Ele atua sozinho, em itinerário aleatório que depende do endereço dos mandados que tem para cumprir, em horário indefinido (pois o expediente é externo e depende de encontrar pessoas), sem conhecimento prévio preciso dos riscos das diligências que efetua. Portando caneta e mandado, coloca seu veículo pessoal a serviço do Estado para, na maioria das vezes, levar notícia indesejada, praticar ato de constrição patrimonial ou condução pessoal ou, ainda, ato que irá interferir profundamente na vida do destinatário e, ainda, sem saber o histórico desse indivíduo.

Assim o oficial realiza seu mister. Enquanto outras profissões similares adaptaram suas práticas aproveitando-se da tecnologia para se defender da crescente violência urbana, aparelhando-se com o porte de arma, utilizando rádio transmissor para comunicação rápida, efetuando abordagem em duplas (como agentes de trânsito, guardas municipais, auditores fiscais, policiais etc.), o oficial segue, desde o princípio, atuando da mesma forma, a despeito das mudanças ocorridas no decurso dos anos.

Além disso, nacionalmente, não há uma sistematização geral acerca da vinculação e da distribuição dos fluxos de trabalho. No âmbito da Justiça Federal e do Trabalho, por exemplo, o oficial pode estar vinculado às Centrais de Mandados (existentes nas cidades de grande e médio porte onde haja mais de duas varas) ou diretamente às secretarias das varas, subordinados diretamente a seus juízes.

As Centrais de Mandados são convenientes no sentido de organizar todo o fluxo de trabalho, efetuando distribuição regionalizada e por equipes de trabalho (intimações, constatações, execuções e força), ao passo que, quando vinculados às secretarias, os oficiais cumprem mandados de toda espécie em toda a jurisdição (sem regionalização territorial). Essa sistemática de vinculação a varas é regra geral na Justiça Estadual.

A abordagem que iremos fazer doravante está voltada às condições de trabalho do oficial, com olhos atentos a seu papel na engrenagem do Poder Judiciário e o seu aparelhamento para o bom desempenho das suas atribuições. Sem demagogias ou sofismas, sem torná-lo herói ou vítima, mas com vistas ao entendimento transparente das questões que enfrenta no dia a dia e que são correlatas à prestação jurisdicional feita pelo Estado.

11.4 Riscos

Por ser um profissional de atuação externa, o oficial está sujeito a riscos e intempéries. Por exemplo: há o risco de acidentes de trânsito, risco à saúde (exposição a doenças de contágio, doenças posturais por dirigir muito, mordidas de cachorros, atropelamento e outros acidentes), riscos causados pela violência urbana (como assaltos e sequestros), além, é claro, dos riscos relacionados a agressões físicas, verbais, ameaças, cárcere privado e até morte.

São perigos reais aos quais o oficial, devido a sua função externa, está permanentemente exposto. A maioria dessas situações está relacionada à violência e à mobilidade urbana, mas também há aqueles casos específicos relativos às abordagens nas diligências.

Apesar dessa exposição contínua, não há previsão legal de insalubridade ou periculosidade. No Brasil inteiro, em todas as instâncias e em todos os tribunais, o oficial de justiça não tem o reconhecimento desses direitos inerentes a qualquer trabalhador comum em situação de risco à saúde ou perigo.

É importante entendermos que o oficial de justiça, conforme estudamos, em inúmeras situações, tem incumbências semelhantes às atribuições dos policiais. Podemos, por exemplo, citar as seguintes: fazer pessoalmente prisões, penhoras, arrestos, arrombamentos, condução de testemunha, desocupação forçada, buscas e apreensões e medidas provisórias, como afastamento do lar e busca e apreensão de menor.

Esses riscos o oficial enfrenta sozinho e de "peito aberto", portando caneta e mandado, já que a lei também não lhe assegura o porte de arma, instrumento necessário para a defesa pessoal e que pode preservar-lhe a vida em situações extremas. A Lei n. 10.826, de 22 de dezembro de 2003, não reconheceu a atividade do oficial de justiça como atividade de risco para fins de concessão de porte de arma, mas também não proibiu a sua concessão, deixando a seguinte margem (Brasil, 2003):

> Art. 10. A autorização para o porte de arma de fogo de uso permitido, em todo o território nacional, é de competência da Polícia Federal e somente será concedida após autorização do Sinarm.
>
> § 1º A autorização prevista neste artigo poderá ser concedida com eficácia temporária e territorial limitada, nos termos de atos regulamentares, e dependerá de o requerente:
>
> I – demonstrar a sua efetiva necessidade por exercício de atividade profissional de risco ou de ameaça à sua integridade física [...]. (Brasil, 2003)

Atualmente, com intuito de obtenção do porte de arma funcional, há dois projetos de lei no Congresso Nacional: PL n. 3722/2012 e MP n. 693/2015 (citados por Lima Filho, 2016). De acordo com Lima Filho (2016), até a concessão efetiva desse direito, os tribunais poderiam solicitar à Polícia Federal o porte para aqueles oficiais que o desejassem, acompanhado da realização de cursos e treinamentos periódicos.

Também em muitas varas espalhadas pelo Brasil não há coletes à prova de balas, necessários nas diligências de força. O mesmo autor citado observa o grave risco diário que estes profissionais enfrentam. Vejamos:

> *Com isso, a despeito de toda violência social, os oficiais se dirigem à casa de um desconhecido (que pode responder a processos ou mesmo ter sido condenado por homicídio, estupro, roubo, entre outros crimes, ou por todos esses tipos penais) para realizar atos que causam uma grande insatisfação, como afastamento do lar, penhora, arresto, sequestro, busca e apreensão, despejo, reintegração de posse etc. Caso aconteça algo na diligência, ninguém*

terá conhecimento enquanto o oficial não se desvencilhar da situação de perigo.

A atividade do oficial de justiça se aproxima muito daquela realizada pela Polícia Judiciária no que diz respeito aos riscos. Enquanto, na fase de inquérito, os policiais realizam as intimações com todo o aparato de segurança (no mínimo, dupla de policiais, armados, treinados, com coletes balísticos, viaturas oficiais e pesquisas prévias dos riscos), por exemplo, na fase judicial, esse mesmo ato é praticado por um único oficial de justiça desarmado, desprovido de equipamentos de segurança, sem treinamento e sem qualquer informação sobre os riscos envolvidos.

Esse modelo de trabalho torna o oficial extremamente vulnerável às reações agressivas dos destinatários da diligência. Inclusive, mesmo com muitos casos registrados, ainda se pode identificar uma cifra oculta, caracterizada pela existência de diversas ocorrências sem registro.

Isso porque o oficial está submetido a uma sobrecarga de trabalho tão extenuante, que evita despender tempo em uma delegacia para fazer o registro. (Lima Filho, 2016)

Uma iniciativa que merece destaque é a implantação, no âmbito do Tribunal Regional do Trabalho (TRT) da 13ª Região, na Paraíba, em parceria com a Secretaria Estadual de Segurança e Defesa Social da Paraíba (Sesds), do projeto Mapeamento de Ocorrências e Riscos com os Oficiais de Justiça (Brasil, 2016e). Isso é fruto da preocupação do Tribunal em adotar medidas profiláticas e efetivas que deem ao oficial de justiça segurança na realização de seu trabalho.

Existem estudos e relatórios esparsos em diversos estados brasileiros que enumeram atos de violência contra os oficiais de justiça. Vão desde ameaças verbais e agressões em vias de fato, passam pelas agressões físicas (mordidas, pauladas, facadas), afogamento, cárcere privado, assalto, sequestro e chegam ao homicídio com uso de arma de fogo, por atropelamento, latrocínio etc. Por essa carga de tensão, os problemas de saúde que mais acometem os oficiais de justiça são estresse, síndrome do pânico e depressão*.

Essa dura realidade tem sido enfrentada pela maioria dos tribunais de forma pontual, pois cada administração toma para si as questões que lhe são levadas e procura gerenciá-las e buscar soluções internas que possibilitem a atuação do oficial com menos riscos e danos à saúde. No entanto, falta uma política judiciária voltada especificamente a esses temas de ordem tão relevante, capazes de afetar não só o andamento dos processos, mas toda a expressão da justiça ágil, segura e eficaz preconizada pela Constituição Federal (CF), pelo Conselho da Justiça Federal (CJF) e todos os órgãos do Poder Judiciário.

11.5 Despesas

Em virtude de trabalhar em veículo próprio, que coloca a serviço da Justiça, também pesam sobre o oficial as despesas relativas à

---

* Mais informações sobre atos de violência praticados contra oficias de justiça disponíveis neste *link*: (Assojafgo, 2011): <https://pt.scribd.com/document/59996293/Dossie-Crimes-contra-Oficiais-de-Justica>.

sua manutenção. Estas incluem itens como revisões, seguro, troca de pneus etc.

Os oficiais de justiça federais recebem indenização de transporte e os oficiais de justiça estaduais recebem as custas das diligências efetuadas, mas esses valores têm a função de cobrir as despesas de combustível apenas. Na esfera federal não há isonomia quanto aos valores (há diferença da justiça do trabalho para a justiça federal) e tanto na justiça estadual como na federal encontram-se defasados, há vários anos sem o reajuste vinculado ao real preço do combustível. Na esfera estadual, esses valores precisam ser recolhidos previamente pelas partes para que se efetue a diligência.

Por outro lado, não se pode exigir desses profissionais que utilizem carros obsoletos, pois isso aumenta o fator *risco*, e a quilometragem rodada diariamente gera desgaste maior do veículo em menor tempo se comparado ao uso normal (que não seja para o trabalho).

Não obstante, tampouco há reconhecimento legal com redução ou mesmo isenção de Imposto sobre Produtos Industrializados (IPI) e Imposto sobre Circulação de Mercadorias e Serviços (ICMS) quando da aquisição de veículo por um oficial de justiça. Frisamos que ele coloca o seu carro pessoal a serviço do Estado e tem apenas indenizado o seu combustível.

Além disso, não goza de isenção de pedágio nem de travessias de *ferryboat* quando está no desempenho de suas funções, o que pode se tornar extremamente dispendioso nas localidades que demandem deslocamentos diários onde há pedágio e travessias. Não desfruta de isenção em estacionamentos rotativos, tarifados em muitos municípios, devendo desembolsar essa quantia várias vezes por dia nos endereços em que diligencia e que têm essa peculiaridade.

11.6 Apoio operacional

Muitas vezes o oficial se vê diligenciando em locais de difícil acesso, em zonas rurais ou áreas de conflito, como comunidades . A Justiça como um todo não dispõe de apoio especializado para esses casos, dependendo tão somente da polícia, cujo efetivo é pequeno e disponível para situações específicas de requisição de força mediante ordem judicial ou em caráter emergencial (prisão em flagrante, por exemplo).

A carência de apoio especializado em situações específicas não tem um regramento uniforme e há tribunais que só dão tratamento específico quando ocorre algum fato grave, reagindo tardiamente. Outros tribunais procuram contornar a situação mediante a adoção de medidas próprias, como determinar a realização da diligência por mais de um oficial ou o acompanhamento de agentes de segurança, pois a maioria tem um quadro reduzido de agentes, nem todos equipados suficientemente. Todavia, estas são medidas paliativas que podem ser retiradas a qualquer momento, a depender do entendimento dos gestores. Não há previsão ou garantia legal de apoio.

Em muitas localidades do Brasil, existem situações peculiares em que o oficial precisa se deslocar com o uso de embarcações (regiões onde há ilhas)* ou estradas não pavimentadas em área rural, indo a locais inóspitos e ermos, correndo o risco inerente a esses

---

* Em relação a esse assunto, medidas pontuais são tomadas por iniciativa das associações. É o que ocorreu no TRT 5, em que foi firmado convênio de gratuidade de embarque para os oficiais da justiça do trabalho que necessitem fazer a travessia entre Salvador e a Ilha de Itaparica (Fenassojaf, 2017).

deslocamentos, totalmente solitário e incomunicável*. Isso sem falar nos grandes centros, nos quais é necessário adentrar comunidades e locais dominados por facções.

A falta de apoio operacional especializado para casos e situações específicas aumenta o fator *risco* e deixa o oficial sem suporte para realizar seu trabalho, onerando-o e colocando-o a depender de fatos imprevisíveis, como boa vontade de particulares e até de outros órgãos para desempenhar seu papel.

Aposentadoria

Apesar de exercer atividade sob risco e exposição permanentes, com alto nível de tensão e pressões de toda ordem, também não existe reconhecimento legal para aposentadoria especial. Dessa forma, um oficial de justiça deve exercer suas atividades em condições adversas e desgastantes, mas em tempo de serviço igual a um servidor que não exerce atividade externa e não está sujeito ao mesmo desgaste. Isso fere o princípio constitucional da isonomia, ao qual a própria administração pública está sujeita.

---

* No TRT-2 e no TRF-4, têm sido disponibilizados, de forma bem-sucedida, o apoio dos agentes de segurança junto aos oficiais de justiça. Trata-se de profissionais submetidos a rigorosa seleção e treinamento permanente para o uso de armas, equipamentos de proteção e viaturas que têm atendido a contento a demanda em diligências de risco (Fenassojaf, 2016).

11.7 Modificação da nomenclatura do cargo de oficial de justiça

A abordagem que fazemos neste capítulo se refere ao oficial de justiça federal e à forma como, historicamente, houve uma perda da identidade do cargo, devido a nomenclaturas e especificações adotadas em sucessivos planos de cargos e salários do servidor público federal, embora permaneçam as atribuições e responsabilidades.

Valemo-nos do acurado estudo feito por Vasconcelos e Freire (2009). Em perspectiva histórica demonstra como chegamos à situação atual. Primeiramente, a Lei n. 9.421, de 24 de dezembro de 1996 (revogada pela Lei n. 11.416/2006), criou as seguintes carreiras: auxiliar judiciário, técnico judiciário e analista judiciário. Também estabeleceu o nível de escolaridade, as classes e os padrões nas diversas atividades do Poder Judiciário da União. No entanto, ignorou a existência do cargo de oficial de justiça e considerou-o uma atribuição do cargo de analista judiciário, designando-o "executante de mandados", como se essa fosse uma das funções do cargo de analista. Essa renomeação constituiu anomalia sistêmica, pois a legislação processual permaneceu com a nomenclatura e as atribuições inerentes ao cargo, demonstrando que há especificidade quanto aos atos que pratica, não podendo ter nomenclatura genérica, pois isso traz uma série de consequências quanto às funções que exerce a às prerrogativas a que faz jus. Um analista judiciário que não tem o mesmo enquadramento funcional não pode cumprir mandados judiciais porque não detém as atribuições específicas para o desempenho da função para a qual prestou o concurso e, da mesma forma, o oficial de justiça não pode desempenhar as funções do analista, sob pena de desvio funcional, pois sua especialidade é a execução de mandados. Criou-se o impasse, pois a nomenclatura do cargo deixou de existir perante a legislação de organização dos quadros da administração pública federal e permaneceu existindo nos códigos. Em 27 de junho de 2002, a Lei n. 10.475/2002 (também revogada pela Lei n. 11.416/2006) instituiu novo plano de cargos e salários, mas o cargo de oficial de justiça não foi recriado, a despeito de reivindicações e lutas da Federação Nacional das Associações dos Oficiais de Justiça Avaliadores Federais (Fenassojaf) nesse sentido. A comissão apenas constou que, para fins de identificação funcional, os ocupantes do cargo de **analista judiciário – executante de mandados** podem utilizar a nomenclatura de **oficial de justiça avaliador federal**.

Com o advento do terceiro plano de cargos e salários (PCS 3), o impasse também não foi superado. Na Lei n. 11.416/2006 também não houve a recriação do cargo, reconhecendo-se tão somente a gratificação por atividade externa (GAE) inerente ao desempenho da função de executante de mandados e a inclusão da denominação do cargo de oficial apenas para fins de identificação funcional quando o oficial se dirige às partes no cumprimento de um mandado.

Essa recriação do cargo de oficial de justiça não ocorreu propositadamente porque, de alguma forma, a administração reservou a possibilidade de abranger esse cargo na nomenclatura *analista judiciário*, com a finalidade de evitar o desvio de função caso, no futuro, pretenda que o oficial de justiça exerça outras atribuições. O paradoxo situa-se justamente neste ponto: o oficial de justiça não agrega outras atribuições diferentes das que, especificamente (segundo a descrição legal), são inerentes ao cargo.

Conforme apropriadamente concluem Vasconcelos e Freire (2009, p. 58-59):

> *No Plano de Cargos e Salários em vigência no Poder Judiciário Federal (Lei 11.416/2006), há opção pela adoção de cargos largos, especificando funções distintas*

para uma mesma denominação de cargo. Entendemos que, dessa forma, uma das vantagens mais nítidas da adoção do chamado "cargo largo", a possibilidade de permitir maior mobilidade na estrutura interna do cargo, é perdida, pois a mobilidade está condicionada ao fato de o cargo não agregar diferentes funções. Deve-se lembrar que os cargos continuam a ser um conjunto de atribuições, mas as competências adequadas para o desenvolvimento dessas atribuições podem estar contidas na descrição do cargo no respectivo Plano, devendo ser demandadas por ocasião da realização dos concursos. Daí a necessidade de reformulação dos concursos públicos, de forma a aprimorar a identificação de candidatos com o perfil que o cargo exige.

Na estrutura do Poder Judiciário, a função, as atribuições e o papel do oficial de justiça são únicos e diferentes dos demais, de forma que não se pode nominá-lo genericamente entre os cargos que compõem o quadro de funcionários sem que isso venha a ferir o princípio constitucional da igualdade ou a isonomia (e, portanto, cometer-se arbitrariedade), o qual determina tratamento diferenciado aos desiguais na medida em que se diferenciam.

É importante ressaltarmos que a questão relevante sobre a nomenclatura do cargo está intimamente relacionada às atribuições e às funções que o oficial de justiça tem na atualidade e poderá ter no futuro. Hoje lhe é exigido o curso superior em Direito e a carreira lhe impõe atualização constante, sendo que muitos têm especialização, mestrado e doutorado. São profissionais cuja qualificação excede os limites das atribuições, especialmente quando consideramos os atos de mera comunicação processual (hoje realizáveis pelos carteiros e pela via eletrônica). Esse conhecimento represado pode, futuramente, promover uma modificação legal do rol de funções sem que isso implique desvio de função dado aos serviços de inteligência que, já na atualidade, o oficial tem feito na boa condução do processo e no cumprimento de mandados.

11.8 Não reconhecimento como atividade de Estado

Os poderes inerentes às atribuições do cargo justificam o reconhecimento de que a atividade do oficial é atividade típica de Estado. No entanto, trata-se de assunto controvertido por razões políticas e orçamentárias. Durante a tramitação do Projeto de Lei (PL) n. 97/2006, que resultou na aprovação da Lei n. 11.416, de 15 de dezembro de 2006, houve veto relativamente ao reconhecimento das atividades dos servidores do Judiciário como atividade de Estado. Vamos à análise dos vetos ao PL n. 97/2006 que tratam desse assunto e que foram justificados por inconstitucionalidade pelo presidente da República, por meio da Mensagem n. 1.141 (Brasil, 2006e, grifo nosso e do original):

> O Ministério da Fazenda manifestou-se, também, pelo veto ao seguinte dispositivo:
> **Art. 23**
> "Art. 23. Os ocupantes dos cargos de provimento efetivo das Carreiras dos Quadros de Pessoal do Poder Judiciário executam atividades exclusivas de Estado."
> **Razões do veto**
> "O alcance da expressão 'atividade exclusiva de Estado' é controvertido na doutrina que se debruça sobre o tema. Parte dela entende, de forma restritiva, que, afora os membros de Poder, as atividades exclusivas de Estado seriam apenas relativas à regulamentação, fiscalização e fomento.

Outros setores especializados, identificando atividade exclusiva de Estado com carreira típica de Estado, entendem que tais atividades são apenas as exercidas por diplomatas, fiscais, administradores civis, procuradores e policiais.

A despeito do dissenso travado acerca do referido conceito, bem como da confusão que muitas vezes se faz entre atividade típica e carreira típica de Estado, temos que, de fato, a Carta Constitucional conferiu à lei o mister de determinar quais as carreiras e as atividades que devem ostentar tal título. Tal redação do art. 247 da **Lex Legum**:

'Art. 247. As leis previstas no inciso III do § 1º do art. 41 e no § 7º do art. 169 estabelecerão critérios e garantias especiais para a perda do cargo pelo servidor público estável que, em decorrência das atribuições de seu cargo efetivo, desenvolva atividades exclusivas de Estado.'

Como se pode auferir da leitura, a liberdade do legislador, nesse aspecto, não é irrestrita. Isto porque a Constituição Federal, na parte final do dispositivo acima transcrito, vincula a classificação de atividade exclusiva de Estado às atribuições do cargo efetivo e não ao Poder ou órgão de exercício deste.

Depreende-se, portanto, que a Lei Maior, pretendendo revestir os ocupantes de determinados cargos de maiores garantias de estabilidade funcional, delimitou um âmbito de incidência dentro do qual poderá a norma infraconstitucional atuar, estabelecendo um critério orientador da definição de atividade exclusiva de Estado.

Essas garantias, assim, não podem ser concedidas pelo legislador a quaisquer cargos sem apreciação de critérios objetivos atinentes às atribuições destes, sob pena de ferir, inclusive, o princípio da isonomia entre os servidores públicos civis.

> Isto é, se a atividade de apoio operacional exercida no âmbito do Poder Judiciário federal é considerada exclusiva de Estado, não há razão, pela dicção constitucional, para que aquela praticada no âmbito do Poder Executivo ou Legislativo não seja assim considerada, haja vista não haver, em essência, diferença de atribuições entre elas. Do contrário, estar-se-ia criando um privilégio injustificado.
>
> **Assim, temos que a definição do que seja atividade exclusiva de Estado deve manter relação estreita com a natureza do cargo contemplado e das funções empreendidas pelo seu ocupante, bem como pelo seu posicionamento estratégico dentro da administração pública, o que justificaria o tratamento diferenciado em relação aos demais cargos públicos e melhor se enquadraria no âmbito conceitual da Constituição.**
>
> Dessa forma, o art. 23 do projeto determina que os ocupantes dos cargos de provimento efetivo do quadro de pessoal do Poder Judiciário, exercem, indistintamente, atividade exclusiva de Estado, afastando-se do parâmetro constitucional e acolhendo definição fincada meramente no órgão de exercício.

Trata-se de discussão profunda que considerou o órgão de exercício do poder como atividade de Estado, mas não quis abranger os ocupantes dos cargos do referido órgão como agentes de Estado, pois, em última análise, o impacto desse reconhecimento iria refletir sobre prerrogativas, orçamento e incrementar despesas, além de ferir a aparente isonomia de cargos públicos entre os Três Poderes (Executivo, Legislativo e Judiciário). Falamos *aparente* porque, de fato, essa isonomia não existe.

A lei não define o que é atividade típica de Estado e, na doutrina, não há consenso. Sabemos que há funções típicas e exclusivas do Estado, como expressão de sua soberania, que refletem na sua organização burocrática e definem diretamente a implementação dos planos de carreira da administração pública federal.

As atividades típicas de Estado são aquelas que expressam a autoridade estatal e não podem ser delegadas a entes privados. Atualmente, essas atividades podem ser classificadas em três grandes grupos, como pode ser observado no quadro a seguir.

Quadro 11.1 – Atividades típicas de Estado

Funções de Estado *strictu sensu*	Funções econômicas	Funções sociais
» Manutenção da ordem interna. » Defesa do território. » Representação externa. » **Provimento da justiça.** » Tributação e administração dos serviços que presta (grifo nosso).	» Criação e administração da moeda nacional. » Regulamentação dos mercados e promoção do desenvolvimento: a. planejamento; b. criação de incentivos; c. produção de bens de infraestrutura e insumos estratégicos etc.	» Provimento universal dos bens sociais fundamentais (saúde, educação, habitação). » Cobertura dos riscos sociais. » Proteção dos setores mais necessitados etc.

Se o provimento da justiça é atividade típica, exclusiva e permanente do Estado, se o Poder Judiciário está investido formal e materialmente dessa atribuição como órgão, seus agentes são a expressão concreta do exercício do poder. Esse é o atual e inegável panorama do desdobramento burocrático e organizacional do Estado para o exercício da função típica que avocou para si: solucionar os conflitos de interesse e promover a paz social.

Na CF temos o reconhecimento de algumas carreiras como função típica de Estado: Forças Armadas, Polícia Militar dos estados, Corpo de Bombeiros, Magistratura, Ministério Público, Delegados de Polícia Estaduais e Federais, Advocacia-Geral da União e Procuradoria Geral da Fazenda Nacional. Esse reconhecimento traz prerrogativas especiais para o fortalecimento do próprio Estado. Todavia, não há impedimento de que outras carreiras venham a ser incluídas como atividade típica, pois isso depende de articulação política no sentido de se buscar o reconhecimento de acordo com critérios objetivos da função desempenhada por uma categoria, como é o caso dos oficiais de justiça, que exercem atividade típica e exclusiva, mas são reconhecidos pela lei processual como auxiliares da justiça.

À luz do que propõe Bernardes (1993, p. 111), é necessário provar a tipicidade de atribuições no campo objetivo e cotejá-las com as especificidades de conhecimentos exigidos para o ingresso no cargo e sua vinculação com as competências do Poder Público, havendo reconhecimento de atividade típica para os ocupantes que "personificam ou enfeixam poderes estatais, ou que exercem parcela desse poder, ou cujos cargos somente têm sentido se vinculados ao exercício desse poder". Esses parâmetros coadunam-se com a atuação funcional do oficial de justiça: ocupante de cargo no qual exerce parcela de poder estatal e cujo cargo somente tem sentido quando está vinculado ao exercício desse poder.

Essa análise pertinente é feita segundo critérios elencados pelo supracitado autor (Bernardes, 1993, p. 117-118, grifo no original):

1. *prestação de serviço público em favor da coletividade: finalidade;*
2. *que envolve o mando estatal: autoridade pública;*
3. *para atendimento de necessidades públicas a que o Estado se obrigou: essencialidade;*
4. *que só a administração pública pode exercer: exclusividade ou tipicidade;*
5. *tendo caráter principal na atividade do agente público: predominância ou intensidade;*

6. *e importando, para o agente, deveres públicos e acréscimo de limitações na esfera das liberdades cívicas: munus público;*

7. *principalmente em razão da qualificação funcional do agente ou da designação que recebe: individuação;*

8. *e sobretudo se a tarefa é referente à soberania do Estado: excelência.*

Vimos, anteriormente, no Capítulo 2, Seção 3.2, no qual estudamos o papel, as atribuições e as funções do oficial de justiça, que ele é considerado pelo CPC como auxiliar da justiça, que é atividade essencial prestada pelo Estado em favor da coletividade; reconhecemos que a investidura no cargo e o desempenho das funções lhe investem autoridade pública; também o identificamos como *longa manus* do juiz (o braço estendido do magistrado no desempenho das funções externas para cumprimento de decisões judiciais), papel essencial; estudamos que ele tem impedimentos de exercer outra atividade (exceto no meio universitário) porque o cargo lhe exige exclusividade e, portanto, é de caráter predominante; declinamos as competências, as qualificações funcionais que lhe são exigidas, os deveres públicos, as limitações e as responsabilidades inerentes ao cargo relacionadas ao *munus* público, ou seja, ao ônus da função que ocupa. Não há, atualmente, servidor que desempenhe função análoga à do oficial dentro da estrutura do Poder Judiciário, ou mesmo dos demais poderes da administração pública.

O não reconhecimento dessa carreira como atividade exclusiva de Estado depõe contra o funcionamento e a estrutura do Poder Judiciário e reflete sobre as prerrogativas que, hoje, são negadas a essa categoria, como: o porte de arma, coletes à prova de balas, indenização pelo uso de veículo próprio condizente com o desgaste e a manutenção, indenização condizente com o gasto com combustível, aparelhamento de segurança e apoio operacional para diligências em locais inóspitos, periculosidade e aposentadoria especial. Constitui-se verdadeiro desaparelhamento subjacente do Poder Judiciário colocar o oficial como mero auxiliar da justiça quando, sem a sua atuação externa, não é possível conferir efetividade às decisões judiciais e também andamento aos processos que dependem dos atos de comunicação processual que não têm fluidez pela via postal ou eletrônica. Fica evidente que não há interesse político em um Judiciário fortalecido e eficaz porque, se o oficial representa o juiz nas atividades externas, se ele é a expressão do magistrado nas ruas, como ele pode estar atuando de forma tão precária e desaparelhada?

A resposta, infelizmente, recai sobre algo que a nossa CF defende de forma pujante: o **exercício da cidadania**. Um Judiciário que se apresenta ao cidadão em condição tão débil padece de credibilidade e está fadado a uma eficácia simbólica. Essa falta sistêmica de reconhecimento do cargo e da carreira do oficial de justiça obviamente o coloca em situação vulnerável e frágil, porque vai minando paulatinamente suas expectativas na condição de detentor de um cargo que vai sendo esvaziado de conteúdo, ameaçado de extinção. Porém, em última instância, é a efetividade das decisões judiciais que está sob ameaça, é a relevância da prestação jurisdicional que é negligenciada, é o próprio Estado decretando a falência da atribuição de dizer o Direito e pacificar conflitos. E não

> *Constitui-se verdadeiro desaparelhamento subjacente do Poder Judiciário colocar o oficial como mero auxiliar da justiça quando, sem a sua atuação externa, não é possível conferir efetividade às decisões judiciais e também andamento aos processos que dependem dos atos de comunicação processual que não têm fluidez pela via postal ou eletrônica.*

há como enfraquecer o "braço estendido da magistratura" sem atingir a função do juiz, que é órgão do Poder Judiciário. Eis o cerne do desafio: vislumbrar internamente como solucionar os impasses que têm sido impostos de fora para dentro em relação ao exercício do cargo de oficial de justiça, pois sabemos que, em sua política interna, os tribunais agem na legalidade, criando soluções não previstas para os impasses, mas as mudanças legislativas dependem necessariamente de o assunto sair do âmbito interno dos tribunais e "incomodar o sistema" a ponto de ser tratado com a merecida relevância.

A inexistência de padronização na elaboração de mandados e certidões na maioria das varas e secretarias Brasil afora traz dificuldades ao bom andamento do serviço do oficial de justiça – e da vara ou secretaria – e impacta significativamente os destinatários do ato. A padronização, nesse caso, seria uma sistematização para uniformizar a produção dos documentos que veiculam as decisões judiciais e dos documentos (certidões) que trazem o resultado do cumprimento das decisões judiciais. Trata-se de tarefa árdua que pode ser comparada à questão das licitações no Poder Público, pois é impossível a criação de um "edital único" ou de um "edital modelo" em razão dos diferentes órgãos e ramos de atuação da administração pública. Por isso, cada órgão e cada setor necessitam de discricionariedade para confeccionar o seu edital, desde que sejam observadas as regras gerais da Lei de Licitações. O mesmo ocorre com os mandados judiciais, dado o amplo universo de justiças (Estadual, Federal, do Trabalho, Eleitoral, Militar) e a diversidade de matérias, sendo necessário que cada esfera do Poder Judiciário observe as regras gerais e, ao mesmo tempo, utilize-se da discricionariedade para estabelecer o que é importante no teor dos mandados e das certidões e como dispor fisicamente as informações de maneira que o oficial entenda o ato a ser praticado, o jurisdicionado identifique o conteúdo da ordem e o juiz e o advogado entendam o resultado da diligência.

Em tempos atuais, devido ao expressivo volume de processos em andamento na Justiça, já não se concebe a produção artesanal de documentos como era no passado, quando não havia tecnologia e a justiça era bem menos utilizada, e todo o procedimento era manual, datilografado, com fichários nos quais se atualizava o andamento de cada processo e eram dispostos, em ordem alfabética, em grandes arquivos de ferro. Trata-se de práticas arcaicas e em desuso.

Certamente, em se tratando do Poder Judiciário, expressão de cidadania por avaliar individualmente cada caso concreto levado a seu conhecimento, a princípio houve certa resistência em adotar a padronização de normas, procedimentos e a elaboração de documentos. Isso se deu devido ao receio em macular a prestação jurisdicional de excelência buscada pelo Judiciário. Todavia, mudanças paradigmáticas foram ocorrendo justamente a partir do momento em que a padronização revelou-se algo bom, tendente a auxiliar o servidor a dar conta de tarefas cotidianas, aprimorar suas rotinas de trabalho, preservar a energia do pensamento, evitar o desgaste com produções repetitivas, facilitar a aprendizagem e auxiliar a compreensão dos documentos produzidos. A padronização, na verdade, consiste em racionalizar os recursos de forma a canalizá-los para tarefas que, efetivamente, demandem maior empenho e maior raciocínio, bem como sistematizar aquelas atividades repetitivas para que o fluxo de trabalho seja ágil e, ao mesmo tempo, organizado e seguro.

São medidas de gestão e de otimização adotadas para uma melhor prestação jurisdicional e que, muitas vezes, emergem do olhar crítico acerca das práticas usuais em confronto com os resultados, em espécie de diagnóstico, a clamar por soluções novas. Sobre esse tema, Macieira (2008) leciona o seguinte:

> Observamos que as possibilidades de melhorias na gestão e adoção de soluções inovadoras são ilimitadas no Poder Judiciário. Apesar dos requisitos legais que regem

essa atividade serem fatores inibidores, ainda assim podemos criar ambientes favoráveis e equipes motivadas para realizar suas atividades de forma eficaz e eficiente, tornando a entrega da prestação jurisdicional um motivo de orgulho e satisfação para aqueles que tem a honra de realizá-la.

De acordo com estudo realizado recentemente por grupo de trabalho do Tribunal Regional Federal da 4ª Região (TRF-4), sob a supervisão técnica-gerencial de Mario Procopiuck, acerca dos mandados expedidos em primeira instância constatou-se a existência de 10.129 modelos de mandados efetivamente utilizados no ano de 2016, sendo 4.407 (44%) oriundos do Rio Grande do Sul; 2.953 (29%) do Paraná e 2.769 (27%) de Santa Catarina. A partir dessas informações foi identificada a média de modelos utilizados em cada localidade, chegando-se à média geral de 35 por unidade na 4ª Região. Mediante esse diagnóstico foi possível identificar o universo de mandados a serem padronizados (Barbosa Júnior; Procopiuck, 2017a; 2017b).

Segundo os estudiosos, a adoção de uma política de modelagem e padronização de mandados e certidões é essencial para a boa prestação jurisdicional, para o exercício da cidadania e para a transmissão adequada da imagem institucional, conforme consta no relatório de atividades do grupo (Barbosa Júnior; Procopiuck, 2017a, p. 2-3, grifo do original):

> *Em perspectiva ampla, o desenvolvimento do projeto partiu da premissa de que o processo de emissão, passando pelo cumprimento, e com finalização no momento da certificação pelos oficiais de justiça se constitui em um amplo e complexo processo de comunicação.*
>
> *Esse processo se desenvolve ao longo do tempo: em primeiro momento, mediante a comunicação do juiz para*

o oficial de justiça em segundo momento, mediante a comunicação (via mandado e oficial de justiça) do juiz para o cidadão destinatário do ato contido no mandado (o trabalho do oficial de justiça é regulamentado por ordenamentos específicos) e, finalmente, mediante a comunicação do oficial de justiça ao juiz e às partes, via certidão por meio da qual informa como as ordens foram cumpridas por ele cumpridas.

Importa considerarmos a relevância inerente à atividade de emissão e cumprimento de mandados sob a perspectiva da imagem institucional. Esta rotineira comunicação havida entre juiz, oficial de justiça, destinatário e partes do processo encarta um ou mais atos processuais de natureza variável (basicamente, atos de comunicação, verificação e/ou força). Esses atos comunicam, tenhamos ou não consciência disto, valores institucionais, razão pela qual acabam por impactar na imagem da instituição. Assim, valores como: rigor ou complacência eficácia ou ineficácia celeridade ou morosidade acuidade ou miopia institucional (quanto aos termos do processo) organização ou desorganização dentre outros serão comunicados ao destinatário de modo tão intrínseco quanto marcante, simultaneamente ao cumprimento do mandado judicial.

Por outro lado, esta comunicação ao destinatário impacta na comunicação preventiva à toda a população.

Para exemplificarmos tal impacto à nível de comunicação institucional, basta nos lembrarmos de que, no cumprimento de desocupação forçada seguida de reintegração de posse/imissão na posse de imóvel financiado pela CAIXA, é comum que moradores do mesmo empreendimento mas estranhos ao processo busquem junto aos oficiais de justiça e prepostos da CAIXA ali presentes orientações sobre como saldar suas próprias pendências...

Episódios como este ilustram o modo como uma ação concreta comunica de forma vibrante valores institucionais.

De fato, a forma como se apresenta o mandado e a certidão são os "cartazes" do funcionamento da justiça, o "meio de comunicação institucional entre a Justiça Federal e a sociedade".

Sob tal perspectiva, o referido grupo de trabalho chegou a um ideal conceitual do mandado baseado em seus principais conteúdos, conforme segue (Barbosa Júnior; Procopiuck, 2017a; 2017b):

1. **Identificação do mandado**: número do mandado, classe processual, número do processo, nomes das partes, valor da causa, dados do destinatário, endereços do destinatário etc.
2. **Comandos judiciais**: são as ordens judiciais expressas no mandado (cite, intime, notifique, penhore, arreste, sequestre, busque e apreenda, deposite, remova etc.). Pelo conceito então criado, tais comandos judiciais se prestavam, sobretudo, à **comunicação entre o juiz e o oficial de justiça** (em que o juiz determina ao oficial de justiça quais atos deve praticar) e **entre o juiz e o destinatário do ato** processual a ser praticado (em que se comunica – por meio do oficial de justiça que faz a leitura do mandado – todos os atos processuais que serão praticados, bem como, **elenca de modo sucinto algumas consequências e ônus consectários dos atos processuais praticados ou da recusa em se aceder à pratica de tais atos).**
3. **Orientações quanto ao procedimento**: são orientações que indicam como o oficial de justiça deve proceder caso haja certas intercorrências no cumprimento do mandado (ocultação, necessidade de diligências fora do horário legal vigente à época, recusa em aceitar o encargo de depositário etc.).

A partir desse conceito teórico, o grupo elaborou, na prática, modelos de mandados e certidões a serem implantados inicialmente em projeto piloto em varas selecionadas, bem como centrais de mandados para validação e futura implementação em todo o TRF-4. A padronização, nesse sentido, torna-se repositório de conhecimento e meio de execução de tarefas em permanente revisão e aperfeiçoamento que abrange vários aspectos organizacionais relativos a criação, acesso, gerenciamento e divulgação do conhecimento produzido.

O mais importante desse estudo específico é que ele surgiu da visão crítica dos fluxos de trabalho no seio dos setores responsáveis e foi diagnosticado para mudanças de paradigmas em processo de aprendizagem corporativa.

11.9 Justiça em Números e Conselho Nacional de Justiça

Preocupado em estabelecer de forma transparente a realidade do Poder Judiciário, o Conselho Nacional de Justiça (CNJ), com base em estudos bem fundamentados e de cunho científico, na busca de um padrão de excelência, revela situações merecedoras da atenção e reflexão por parte de todos os operadores do direito e do poder público.

Um desses estudos é o do portal Justiça em Números, verdadeira fotografia panorâmica da atuação do Poder Judiciário em todo o território nacional, voltada à implementação de melhorias das políticas institucionais discernidas em informação técnica de qualidade, lapidadas com indicadores seguros e estatísticas oficiais, direcionadas firmemente à transposição de barreiras para o alcance de um Judiciário mais eficiente*.

Relativamente à atividade do oficial de justiça, um dado bastante relevante desse estudo é a taxa de congestionamento das execuções, que aponta para a dificuldade de se imprimir efetividade à tutela jurisdicional (Brasil, 2016b, p. 61).

> Para bem ilustrar o desafio a ser enfrentado, constava no Poder Judiciário um acervo de quase 74 milhões de processos pendentes de baixa no final do ano de 2015, dentre os quais, mais da metade (51,9%) se referiam à fase de execução. Por essa razão, desenvolveu-se uma seção que trata especificamente sobre os processos que tramitaram nesta fase processual. Dentre as execuções, consideram-se [...] as execuções judiciais criminais (de pena privativa de liberdade e pena não-privativa de liberdade), as execuções judiciais não criminais e as execuções de títulos executivos extrajudiciais, segregadas entre fiscais e não fiscais.
>
> O impacto da execução é significativo não somente no âmbito do Poder Judiciário, como também nos três principais segmentos de justiça, e representam 53,7%, 50% e 41,9% do acervo das Justiças Estadual, Federal e do Trabalho, respectivamente. Dentre as execuções pendentes, 82,7% (32 milhões) está na Justiça Estadual, 11,8% (4,5 milhões) está na Justiça Federal e 5,5% (2,1 milhões), na Justiça do Trabalho [...].

---

* As publicações do portal Justiça em Números constam neste *link*: <http://www.cnj.jus.br/programas-e-acoes/pj-justica-em-numeros>.

> Os processos de execução fiscal são os grandes responsáveis pela alta taxa de congestionamento do Poder Judiciário, tendo em vista que representam aproximadamente 39% do total de casos pendentes e apresentaram congestionamento de 91,9%, o maior dentre os tipos de processos analisados neste relatório. Devido ao seu grande impacto nos indicadores globais, esta classe será tratada detalhadamente a seguir.

Vejamos a figura a seguir, que complementa essa informação do CNJ:

Figura 11.1 – Execuções pendentes no Poder Judiciário, por justiça

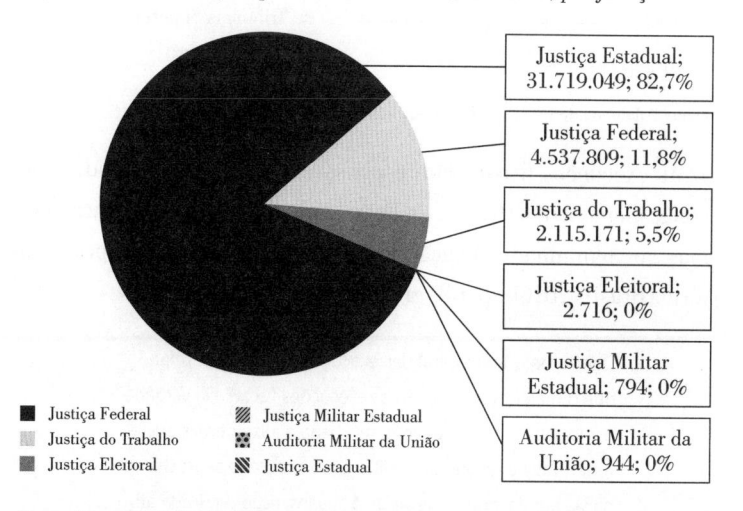

- Justiça Federal
- Justiça do Trabalho
- Justiça Eleitoral
- Justiça Militar Estadual
- Auditoria Militar da União
- Justiça Estadual

- Justiça Estadual; 31.719.049; 82,7%
- Justiça Federal; 4.537.809; 11,8%
- Justiça do Trabalho; 2.115.171; 5,5%
- Justiça Eleitoral; 2.716; 0%
- Justiça Militar Estadual; 794; 0%
- Auditoria Militar da União; 944; 0%

Fonte: Adaptado de Brasil, 2016b, p. 61.

Com base nos dados do gráfico anterior, é possível termos a taxa de congestionamento, demonstrada na Figura 11.2, a seguir.

Figura 11.2 – Termômetro de taxa de congestionamento

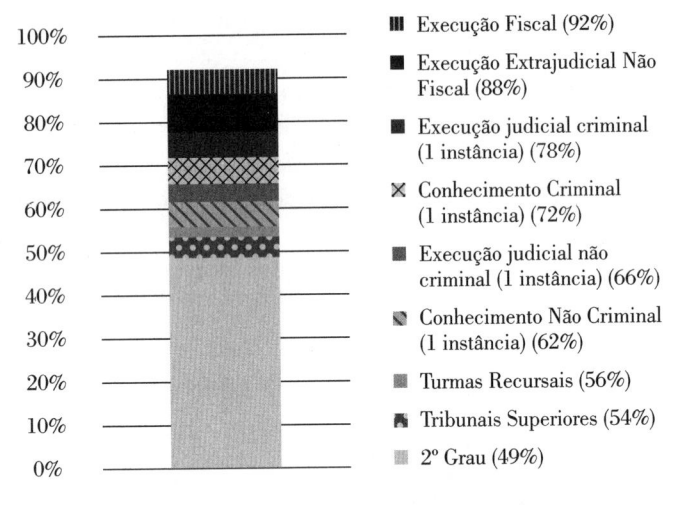

- Execução Fiscal (92%)
- Execução Extrajudicial Não Fiscal (88%)
- Execução judicial criminal (1 instância) (78%)
- Conhecimento Criminal (1 instância) (72%)
- Execução judicial não criminal (1 instância) (66%)
- Conhecimento Não Criminal (1 instância) (62%)
- Turmas Recursais (56%)
- Tribunais Superiores (54%)
- 2º Grau (49%)

Fonte: Adaptado de Brasil, 2016b, p. 62.

As execuções fiscais são responsáveis pelo mais alto índice de congestionamento, 91,9%, do Poder Judiciário. Um dado alarmante, mas que tem uma explicação lógica. É o que aponta o próprio relatório (Brasil, 2016b, p. 63, grifo nosso):

> Dentro do quadro geral das execuções, pode-se afirmar que o maior problema são as execuções fiscais. Na verdade, como sabido, o executivo fiscal chega a juízo depois que as tentativas de recuperação do crédito tributário se frustraram na via administrativa, levando à sua inscrição da dívida ativa. Dessa forma, o processo judicial acaba por repetir etapas e providências de localização do devedor ou patrimônio capaz de satisfazer o crédito tributário já adotadas pela administração fazendária ou pelo conselho de fiscalização profissional sem sucesso, de modo que chegam ao Judiciário justamente aqueles títulos cujas dívidas já são antigas, e por consequência, mais difíceis de serem recuperadas.

> Basta ver que os processos de execução fiscal representam, aproximadamente, 39% do total de casos pendentes e 75% das execuções pendentes no Poder Judiciário. Os processos desta classe apresentam alta taxa de congestionamento, 91,9%, ou seja, de cada 100 processos de execução fiscal que tramitaram no ano de 2015, apenas 8 foram baixados. Desconsiderando estes processos, a taxa de congestionamento do Poder Judiciário cairia de 72,2% para 63,4% no ano de 2015 (redução de 9 pontos percentuais). A maior taxa de congestionamento de execução fiscal está na Justiça Federal (93,9%), e a menor, na Justiça do Trabalho (75,8%).

Dessa análise gráfica podemos concluir que o grande gargalo de congestionamento atual existente na justiça é provocado pelas execuções fiscais.

Figura 11.3 – Taxa de congestionamento na execução fiscal, por justiça

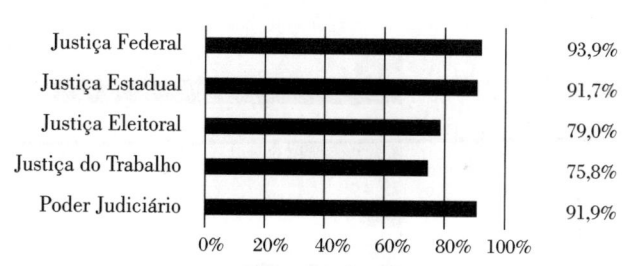

Justiça	Taxa
Justiça Federal	93,9%
Justiça Estadual	91,7%
Justiça Eleitoral	79,0%
Justiça do Trabalho	75,8%
Poder Judiciário	91,9%

Fonte: Adaptado de Brasil, 2016b, p. 64.

A taxa de congestionamento das execuções fiscais é, hoje, o maior gargalo do Poder Judiciário e mostra com nitidez que o ente estatal é um dos "clientes" que mais utiliza os serviços prestados. Todavia, não obtém a satisfação de seus pleitos porque o sistema atual de execução do crédito tributário é ineficiente em sua raiz, desde a fase administrativa, e contamina a fase judicial, o que demonstra uma necessidade de mudanças urgentes não apenas na área de gestão pública, mas de cunho legislativo.

Vejamos as conclusões relatadas (Brasil, 2016b, p. 66):

> Observa-se que a conciliação ocorre substancialmente na fase de conhecimento (17%), sendo pouco frequente na execução (4%). A justiça mais conciliadora, a trabalhista, consegue solucionar 40% de seus casos de conhecimento por meio de conciliação. A Justiça Federal apresenta percentuais mais próximos entre ambas as fases, porém igualmente baixos (5% no conhecimento e 3% na execução).

Essa análise, em cotejo com o baixo índice de conciliação das ações em geral, nas fases de execução e de conhecimento, demonstra um potencial do Poder Judiciário que está absorvido em ações sem resultado efetivo e outro potencial que está estagnado.

Figura 11.4 – *Índice na conciliação no primeiro grau: execução versus conhecimento*

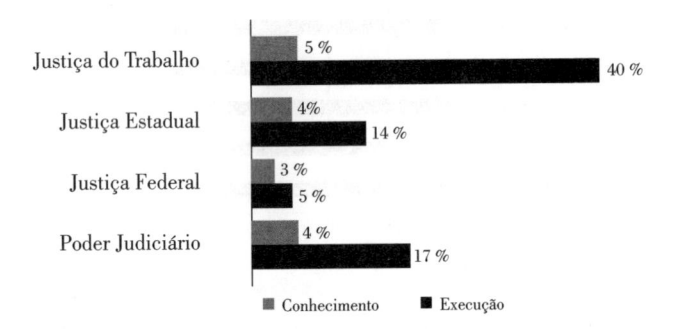

	Conhecimento	Execução
Justiça do Trabalho	5 %	40 %
Justiça Estadual	4 %	14 %
Justiça Federal	3 %	5 %
Poder Judiciário	4 %	17 %

Fonte: Adaptado de Brasil, 2016b, p. 66.

Por fim, cotejamos as realidades do congestionamento, na execução fiscal, e o baixo índice de conciliações, nas ações de conhecimento e execuções fiscais, com o tempo médio de duração dos processos, representado no diagrama extraído do relatório:

Figura 11.5 – Diagrama do tempo de tramitação do processo

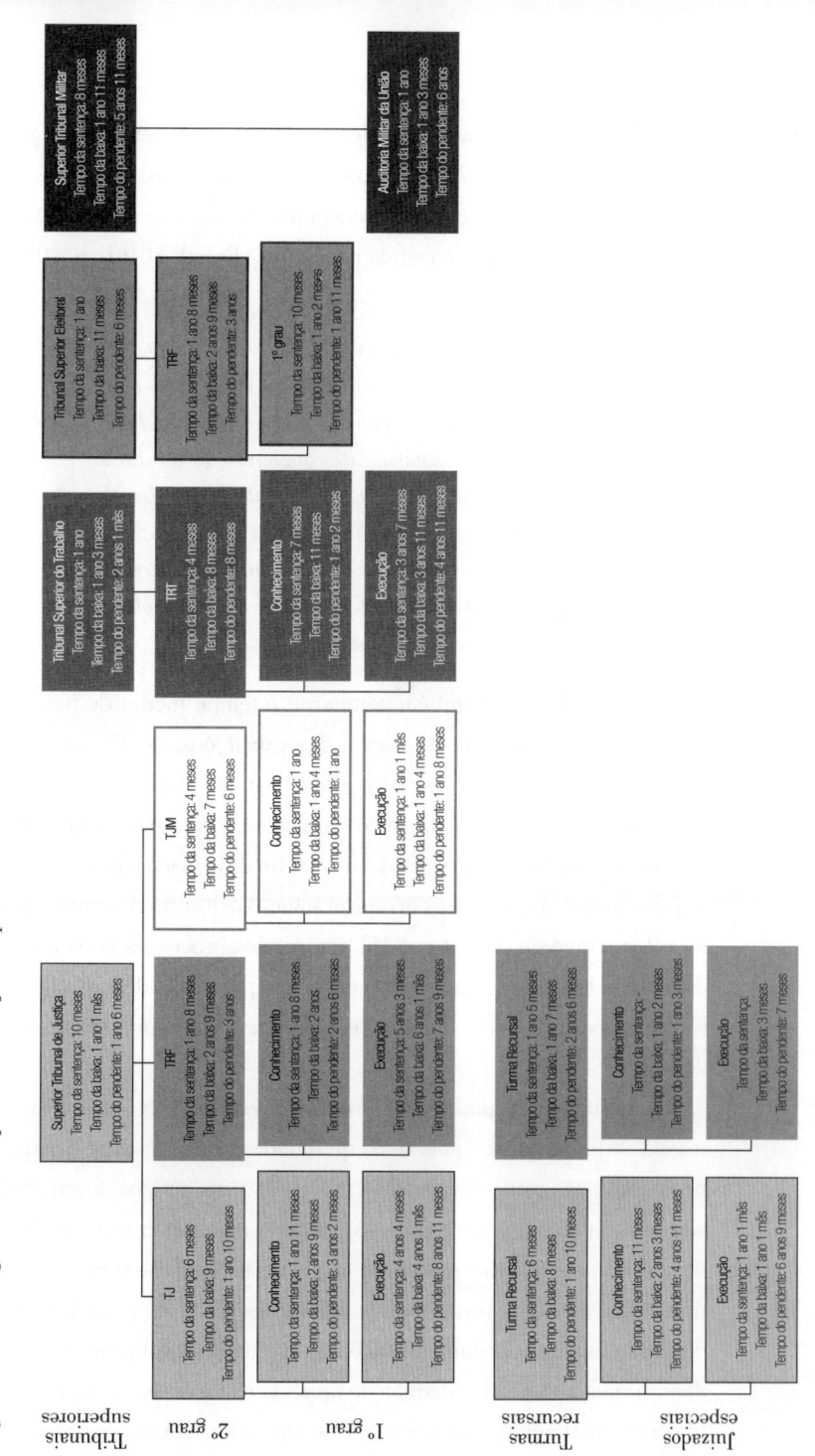

Tribunais superiores

- **Superior Tribunal de Justiça**
  - Tempo da sentença: 10 meses
  - Tempo da baixa: 1 ano 1 mês
  - Tempo do pendente: 1 ano 6 meses

- **Tribunal Superior do Trabalho**
  - Tempo da sentença: 1 ano
  - Tempo da baixa: 1 ano 3 meses
  - Tempo do pendente: 2 anos 1 mês

- **Tribunal Superior Eleitoral**
  - Tempo da sentença: 1 ano
  - Tempo da baixa: 11 meses
  - Tempo do pendente: 6 meses

- **Superior Tribunal Militar**
  - Tempo da sentença: 8 meses
  - Tempo da baixa: 1 ano 11 meses
  - Tempo do pendente: 5 anos 11 meses

2º grau

- **TJ**
  - Tempo da sentença: 6 meses
  - Tempo da baixa: 9 meses
  - Tempo do pendente: 1 ano 10 meses

- **TRF**
  - Tempo da sentença: 1 ano 8 meses
  - Tempo da baixa: 2 anos 9 meses
  - Tempo do pendente: 3 anos

- **TJM**
  - Tempo da sentença: 4 meses
  - Tempo da baixa: 7 meses
  - Tempo do pendente: 6 meses

- **TRT**
  - Tempo da sentença: 4 meses
  - Tempo da baixa: 8 meses
  - Tempo do pendente: 8 meses

- **TRF**
  - Tempo da sentença: 1 ano 8 meses
  - Tempo da baixa: 2 anos 9 meses
  - Tempo do pendente: 3 anos

1º grau

- **Conhecimento** (TJ)
  - Tempo da sentença: 1 ano 11 meses
  - Tempo da baixa: 2 anos
  - Tempo do pendente: 3 anos 2 meses

- **Execução** (TJ)
  - Tempo da sentença: 4 anos 4 meses
  - Tempo da baixa: 4 anos 1 mês
  - Tempo do pendente: 8 anos 11 meses

- **Conhecimento** (TRF)
  - Tempo da sentença: 1 ano 8 meses
  - Tempo da baixa: 2 anos 6 meses
  - Tempo do pendente: 2 anos 6 meses

- **Execução** (TRF)
  - Tempo da sentença: 5 anos 3 meses
  - Tempo da baixa: 6 anos 1 mês
  - Tempo do pendente: 7 anos 9 meses

- **Conhecimento** (TJM)
  - Tempo da sentença: 1 ano
  - Tempo da baixa: 1 ano 4 meses
  - Tempo do pendente: 1 ano

- **Execução** (TJM)
  - Tempo da sentença: 1 ano 1 mês
  - Tempo da baixa: 1 ano 4 meses
  - Tempo do pendente: 1 ano 8 meses

- **Conhecimento** (TRT)
  - Tempo da sentença: 7 meses
  - Tempo da baixa: 1 ano 2 meses
  - Tempo do pendente: 1 ano 2 meses

- **Execução** (TRT)
  - Tempo da sentença: 3 anos 7 meses
  - Tempo da baixa: 3 anos 11 meses
  - Tempo do pendente: 4 anos 11 meses

- **1º grau**
  - Tempo da sentença: 10 meses
  - Tempo da baixa: 1 ano 2 meses
  - Tempo do pendente: 1 ano 11 meses

- **Auditoria Militar da União**
  - Tempo da sentença: 1 ano
  - Tempo da baixa: 1 ano 3 meses
  - Tempo do pendente: 6 anos

Turmas recursais

- **Turma Recursal**
  - Tempo da sentença: 6 meses
  - Tempo da baixa: 8 meses
  - Tempo do pendente: 1 ano 10 meses

- **Turma Recursal**
  - Tempo da sentença: 1 ano 5 meses
  - Tempo da baixa: 1 ano 7 meses
  - Tempo do pendente: 2 anos 6 meses

Juizados especiais

- **Conhecimento**
  - Tempo da sentença: 11 meses
  - Tempo da baixa: 2 anos 3 meses
  - Tempo do pendente: 4 anos 11 meses

- **Execução**
  - Tempo da sentença: 1 ano 1 mês
  - Tempo da baixa: 1 ano 4 meses
  - Tempo do pendente: 6 anos 9 meses

- **Conhecimento**
  - Tempo da sentença: –
  - Tempo da baixa: 1 ano 2 meses
  - Tempo do pendente: 1 ano 3 meses

- **Execução**
  - Tempo da sentença: –
  - Tempo da baixa: 3 meses
  - Tempo do pendente: 7 meses

Fonte: Adaptado de Brasil, 2016b, p. 70.

Esses dados, analisados paralelamente, são suficientes para o entendimento de que o desafio atual da justiça brasileira é vencer os processos de execução e aumentar os índices de conciliação. É, pois, com nitidez que o estudo revela que (Brasil, 2016b, p. 70):

> *paradoxalmente, a fase de conhecimento, na qual o juiz tem que vencer a postulação das partes e a dilação probatória para chegar à sentença acaba sendo mais célere do que a fase de execução que não envolve atividade de cognição, mas somente de concretização do direito reconhecido na sentença ou no título extrajudicial. [...]. Nota-se que a execução (4,3 anos) leva mais que o dobro de tempo do conhecimento (1,5 ano) para receber uma sentença. O dado, contudo, é coerente com o observado na taxa de congestionamento.*

A análise do CNJ também comparou o tempo médio de baixa das ações de conhecimento com o das execuções, no 1º grau de jurisdição, e novamente o resultado é bastante desproporcional. Considerou como marco inicial o protocolo e como marco final a baixa em cada fase do processo, ou seja, final da fase cognitiva e o arquivamento da execução, em que há solução definitiva. O resultado foi o tempo médio de 0,9 ano (11 meses) nos processos de conhecimento e 4,3 anos (4 anos e 4 meses) nos processos de execução. E ainda concluiu que os processos que mais demoram a ser resolvidos são os mais antigos.

A importância de análises como essa não está adstrita somente às questões quantitativas, pois se na qualidade percebe-se que a taxa de acumulação está relacionada a processos mais antigos, a conclusão que podemos ter é de que esse gargalo precisa ser enfrentado com técnicas ainda não utilizadas na sistemática de tramitação dos processos, as quais transcendam a visão legalista da prática processual e incidam diretamente na causa profunda ou subjacente que determina a anomalia sistêmica de uma justiça mais ágil para reconhecer formalmente um direito do que para o tornar uma realidade prática. A lei processual, certamente, não é suficiente para operacionalizar essa transformação e necessita da gestão inteligente dos recursos materiais e humanos disponíveis no Poder Judiciário.

O espírito do CNJ, ao efetuar diagnósticos como este, é justamente adequar as medidas e as diretrizes para o alcance dos objetivos pré-formulados. Por meio da Resolução n. 198/2014, o CNJ fixou as premissas importantes para o planejamento estratégico de todo o Poder Judiciário, estabelecendo sua missão e sua visão (Brasil, 2014c):

a. **Missão**: realizar a justiça com o fortalecimento do Estado democrático e o fomento à construção de uma sociedade livre, justa e solidária, mediante uma efetiva prestação jurisdicional.

b. **Visão**: ser reconhecido pela sociedade como instrumento efetivo de justiça, equidade e paz social com credibilidade por ser rápido, acessível, responsável, imparcial, efetivo e justo, garantindo o exercício pleno dos direitos de cidadania.

Para realizar a missão e atingir a visão foram estabelecidos os seguintes macrodesafios: a efetividade na prestação jurisdicional, a garantia dos direitos de cidadania, o combate à corrupção e à improbidade administrativa, a celeridade e a produtividade na prestação jurisdicional, a adoção de soluções alternativas de conflito, a gestão de demandas repetitivas dos grandes litigantes, o impulso às execuções fiscais, cíveis e trabalhistas, o aprimoramento da gestão da justiça criminal, o fortalecimento da segurança do processo eleitoral, a melhoria da gestão de pessoas, o aperfeiçoamento da gestão de custos, a instituição da governança judiciária e a melhoria da infraestrutura e da governança de TI.

O fluxograma a seguir demonstra de forma clara os desafios a serem enfrentados por todo o Judiciário brasileiro rumo ao cenário desejado. É oportuno ponderarmos que o momento político e econômico também é desafiador, porque não se faz uma governança institucional sem modificar a legislação e sem investimento.

Figura 11.6 – Efetividade na prestação jurisdicional

Efetividade na prestação jurisdicional

2015 → 2020

Tendências atuais
- » Incentivo às soluções alternativas de litígio
- » Aumento da quantidade de julgados
- » Julgamento de processos antigos
- » Melhoria do sistema criminal
- » Profissionalização da gestão
- » Intensificação do uso de tecnologia da informação
- » Probidade e combate à corrupção

Cenário desejado
- » Justiça mais acessível
- » Desjudicialização
- » Descongestionamento do Poder Judiciário
- » Probidade pública
- » Justiça tempestiva
- » Garantia da legitimidade do sistema eleitoral
- » Maior racionalização do sistema judicial
- » Melhoria do sistema de segurança pública
- » Valorização profissional
- » Melhoria da qualidade do gasto público
- » Equalização das estruturas de 1° e 2° Grau de Jurisdição
- » Disseminação da "Justiça Eletrônica"

Garantia dos direitos de cidadania

Combate à corrupção e à improbidade administrativa

Celeridade e produtividade na prestação jurisdicional

Adoção de soluções alternativas de conflito

Gestão das demandas repetitivas e dos grandes litigantes

Impulso às execuções fiscais, cíveis e trabalhistas

Fortalecimento da segurança do processo eleitoral

Aprimoramento da gestão da justiça criminal

Melhoria da gestão de pessoas

Aperfeiçoamento da gestão de custos

Instituição da governança judiciária

Melhoria da infraestrutura e governança de TIC

Legenda: Todos os segmentos | Federal | Trabalho | Eleitoral | STJ | Estadual | Militar

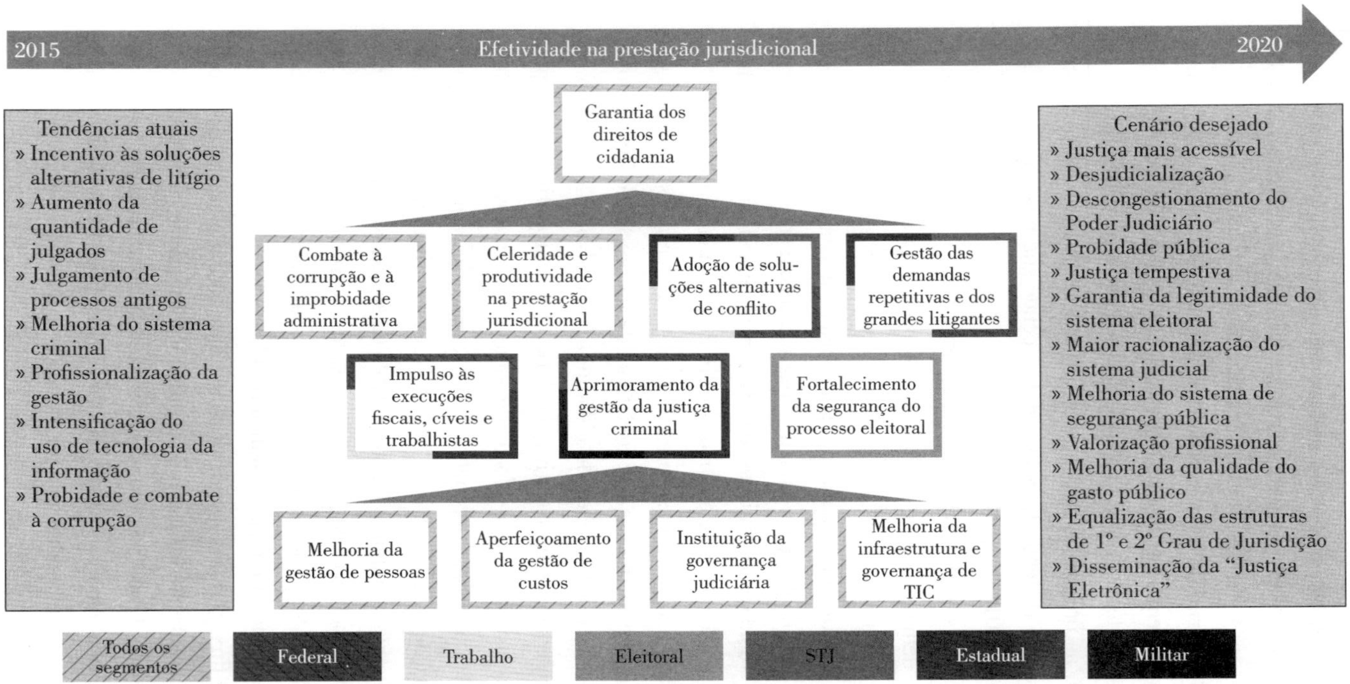

Fonte: Adaptado de Brasil, 2015b, p. 2.

O cenário almejado abrange todas as esferas do Poder Judiciário e tem uma proposta de vanguarda que pode, a princípio, parecer paradoxal e inatingível. Busca, primeiro, tornar a Justiça mais acessível, mas em seguida propõe a desjudicialização; ou seja, deseja ampliar o acesso à justiça e, ao mesmo tempo, incentiva a solução de conflitos por meio de métodos alternativos extrajudiciais. Pretende, também, a adoção de medidas para descongestionar o Poder Judiciário, tornando-o tempestivo e ferramenta a ser utilizada de forma racional, inclusive no que tange ao gasto público.

Todas essas aspirações são compatíveis entre si, mas de equação bastante desafiadora diante do cenário atual. No entanto, esses objetivos estratégicos institucionais precisam chegar às engrenagens do poder a ponto de se tornarem microdesafios pessoais dos que estão no topo da cadeia decisória, dos gestores, dos servidores e daqueles que têm contato contínuo com os fluxos de trabalho e o gerenciamento de recursos humanos e de recursos materiais. Encontramos formas de suplantar os obstáculos e substituí-los por novas maneiras de pensar a realidade pelo estudo do direito comparado, pela formação continuada e pela educação corporativa.

11.10 Direito comparado

O olhar atento ao sistema jurídico de outros países no tratamento de institutos e instituições é de grande utilidade porque, no seio de outras culturas, podem estar inseridas ideias e soluções não percebidas mediante o limitado estudo do direito interno. Abre-se uma nova perspectiva quando analisamos o tratamento que outros países dão ao direito formal, ao direito material, ao funcionamento das instituições e à gestão pública. Com o cargo do oficial de justiça, esse vislumbre é necessário e merecido diante dos vários desafios que elencamos nesta obra.

Dessa forma, em relação ao cumprimento de ordens judiciais e à pessoa que desempenha essa função no âmbito da organização judiciária de outros países, podemos citar quatro sistemas distintos, apontados por Vasconcelos e Freire (2009):

1. **Sistema judicial**: no qual o executante das ordens judiciais é um servidor público vinculado ao Poder Judiciário. São sistemas que adotam o princípio de que cabe aos tribunais interferir na esfera patrimonial e pessoal dos jurisdicionados, mediante a autoridade de um juiz de direito, que tem o poder decisório de dizer a regra aplicável e determinar a sua aplicação. Países que adotam esse sistema: Brasil, Itália (*Ufficiali Giudiziari*), Áustria e Alemanha (*Gerichtsvollzieher*) e países latino-americanos em geral.

2. **Sistema extrajudicial**: em que o executante é profissional liberal credenciado pelo Estado. É o modelo em vigor na França e na Bélgica (*Huissiers de Justice*), na Polônia (*Komornik Sadowy*) e na Hungria (*Onallo Birosagi Vegrehajto*), no qual o agente de execução é um profissional liberal sujeito a uma legislação própria que regulamenta os atos típicos de execução (citações, notificações, penhoras, leilões etc.) que se desencadeiam fora do âmbito do Judiciário, cabendo a intervenção do juiz somente em questões litigiosas incidentais de natureza declaratória.

3. **Sistema administrativo**: a execução de ordens judiciais se dá de forma administrativa, fora do ambiente judicial, por um funcionário público. Nesse caso, o funcionário é vinculado a uma entidade administrativa cuja função específica é realizar os atos típicos de execução das ordens. Questões litigiosas

incidentais são remetidas ao Judiciário. Aqui é um ente administrativo que é responsável por toda a parte operacional de execução das ordens e os executantes estão a ele vinculados.

É o sistema dos países nórdicos, como Suécia (*Kronofodge*), Dinamarca (*Foged*) e Finlândia (*Ulosottomiehet*).

4. **Sistema misto**: países que mesclam o sistema judicial e extrajudicial ou administrativo de execução das decisões. Os processos tramitam no Poder Judiciário sob a orientação do juiz, e a prática dos atos cabe a um funcionário público do Judiciário com poder decisório e competência para executar as decisões sem depender de despacho prévio do juiz, com autonomia, inclusive, para apreciar e decidir questões trazidas pelas partes.

É o modelo adotado por Portugal (Solicitadores de Execução e Oficiais de Justiça), Espanha (Procuradores e Agentes ou Oficiales Judiciales), República Tcheca (*Soudni Exekutor*) e Inglaterra (*High Court Enforcement Officers*, *Enforcement Officers* e *County Court Bailiffs*).

A seguir passaremos à análise da atividade do executante de ordens judiciais e suas peculiaridades em vários países.

11.10.1 Itália

Na Itália, que adota o modelo judicial, o oficial é concursado, funcionário público e não há necessidade de formação jurídica específica. Poderá ser oficial ordinário ou dirigente. O processo é a ele encaminhado para execução das ordens, mas o juiz detém o poder decisório acerca de qualquer questão do seu trâmite (Portal do Oficial de Justiça, 2016).

11.10.2 Alemanha

Também de acordo com o modelo judicial, na Alemanha os oficiais são funcionários públicos vinculados ao estado ou à província e nomeados pelo Tribunal da Relação, sendo requisito para o ingresso no cargo a nacionalidade alemã. A remuneração é paga pelo estado ou pela província a que estão vinculados e tem o acréscimo fiscal em montante fixo das despesas de abertura e manutenção de escritório próprio, já que exercem sua atividade de forma autônoma no aspecto administrativo (Portal do Oficial de Justiça, 2016).

A profissão é regulamentada pela Lei da Organização Judicial (arts. 154 e 155) e também pela legislação específica de cada estado. Existe o código deontológico dos oficiais de justiça (*Gerichtsvollzieherordnung*) e as instruções de serviço (*Gerichtsvollziehergeschäftsanweisung*), normas de caráter administrativo, mas não existem normas de caráter geral que determinem especificamente como o oficial deve atuar.

11.10.3 França

A França, assim como a Bélgica e alguns países do Leste Europeu, adota o modelo extrajudicial de execução das determinações judiciais. Os *Huissiers de Justice* (como se chamam os oficiais de justiça na França e na Bélgica) são profissionais liberais nomeados pelo Ministro da Justiça para exercerem a função em determinado âmbito territorial, de forma individual ou em sociedade civil, no cumprimento de ordens cíveis e comerciais, com remuneração fixada por decreto.

Como pré-requisito da nomeação, é necessário ter mestrado em Direito, estágio profissional de dois anos e aprovação em exame de seleção, podendo haver dispensa do exame e de parte – ou até da totalidade – do estágio, em certas condições. Submetidos ao controle do procurador da República, com dever de observar sigilo profissional, podem responder pelas faltas disciplinares perante uma câmara departamental ou tribunal de instância superior, a depender da gravidade do ato faltoso.

A atuação do *Huissier de Justice* é, principalmente, como mediador de conflitos e conselheiro, conforme a análise de Vasconcelos e Freire (2009, p. 31):

> *No fundo, o Huissier de Justice atua como um conselheiro e um mediador. É responsável por dirimir conflitos entre, por exemplo, proprietários e locatários, bem como resolver certos litígios em matéria de separação ou divórcio. O seu papel como conselheiro de empresas é também de fundamental importância nas relações destas com os seus parceiros e na intervenção em casos de cobrança de dívidas. Em toda a sua atividade, o Huissier é orientado para procurar a conciliação, mediando acordos entre aqueles que se opõem e procurando a conciliação para evitar o recurso aos tribunais.*
>
> *Pode-se dizer que, com a atuação dos Huissiers de Justice, o descongestionamento dos tribunais torna-se uma realidade, uma vez que não têm de lidar com questões que são facilmente resolvidas pelos Huissiers e só têm de intervir em casos de oposições ou contestações dos demandados, assegurando dessa forma as suas garantias de defesa.*
>
> *Seguindo o exemplo francês, o Conselho Europeu tem sugerido criação dessa classe profissional como forma de tornar mais eficaz a Justiça, sendo os Estados responsáveis pela sua fiscalização e aplicando-lhes sanções em caso de erros ou abusos.*

Segundo o sistema francês, o papel do oficial de justiça é ampliado e está intimamente ligado à intermediação de conflitos (conciliação e mediação), ao desafogamento do Poder Judiciário e, portanto, à efetividade da prestação jurisdicional. Acordos estabelecidos de forma eficaz auxiliam na pacificação social com rapidez e menor custo.

11.10.4 Portugal

Portugal adota o sistema misto e, neste, o termo *oficial de justiça* é usado para designar todo e qualquer funcionário da Justiça e do Ministério Público, organizado em plano de carreira a papéis específicos, desde a recepção e o tratamento dos requerimentos dirigidos ao juiz, o seu encaminhamento para despacho, o cumprimento das decisões, a lavratura de atas de audiência, citações, notificações e liquidação de valores.

Os oficiais de justiça em Portugal interrogam, investigam, praticam atos de comunicação processual (citações, intimações) e também executam decisões. Têm amplo rol de atribuições, que são organizados e distribuídos em carreira, conforme os seguintes cargos, cujo nome *oficial* identifica genericamente: secretário de Tribunal Superior; secretário de Justiça; escrivão de direito; escrivão-adjunto; escrivão auxiliar. Na carreira dos serviços do Ministério Público existem: secretário de Justiça; técnico de justiça principal; técnico de justiça-adjunto; técnico de justiça auxiliar (Portal do Oficial de Justiça, 2016).

A lei portuguesa também prevê o Solicitador de Execução, profissional liberal que exerce mandato judicial remunerado, responsável por todos os atos e diligências do processo executivo (citações, intimações, publicações) em determinada jurisdição e, na sua falta, quem os pratica é o escrivão de direito da seção do tribunal em que tramita a execução. O solicitador, mediante determinação do juiz, é fiscalizado pela Câmara dos Solicitadores, na qual deve ter inscrição profissional, precedida por aprovação em estágio de caráter formativo, sob o preenchimento dos seguintes requisitos (Union Internationale des Huissiers de Justice, 2009, citado por Sindojus/ MG, 2012):

a. *Ser cidadão português ou da União Europeia;*

b. *Ser titular de uma licenciatura em cursos jurídicos ou de um bacharelato em Solicitadoria e não estar inscrito na Ordem dos Advogados ou, relativamente aos nacionais de outro Estado da União, ser titular das habilitações académicas e profissionais requeridas legalmente para o exercício da profissão no respectivo Estado de origem.*

Para se poder ser um Solicitador de Execução é necessário que o profissional:

1. Tenha três anos de exercício profissional nos últimos cinco anos,

2. Não esteja abrangido por qualquer das causas de recusa indicadas quanto ao exercício da actividade de solicitador;

3. Não tenha sido condenado em pena disciplinar superior a multa, enquanto solicitador;

4. Tenha sido aprovado nos exames finais do curso de formação de solicitador de execução, realizado há menos de cinco anos;

5. Tendo sido solicitador de execução, requeira dentro dos cinco anos posteriores à cessação da inscrição anterior, a sua reinscrição instruída com parecer favorável da secção regional deontológica;

6. Tenha as estruturas e os meios informáticos mínimos, definidos por regulamento aprovado pela assembleia-geral.

O sistema português mescla a atuação do funcionário público com a atuação do profissional liberal, conferindo ao primeiro um rol diferenciado de atos e ao segundo a prática específica de medidas executivas.

11.10.5 Espanha

A Espanha também adota o modelo misto, com a direção da execução pelo juiz, que delega atos ao agente judicial do tribunal e ao secretário judicial. O secretário judicial, por sua vez, pode delegar a prática de atos a um oficial que, por sua vez, pode delegá-las a um auxiliar da administração judiciária. Todos são funcionários públicos vinculados ao Estado (Portal do Oficial de Justiça, 2016).

Lá também existe o procurador, nomeado pelo Ministério da Justiça para, mediante remuneração das partes, promover a execução. É necessário ter formação em Direito, nacionalidade espanhola, diploma de procurador e inscrição no Colégio de Procuradores.

11.10.6 República Tcheca

Também adepta do sistema misto, a República Tcheca pode executar as decisões por profissionais liberais (*Soudni Exekutor*), contratados e pagos pelas partes, ou por funcionários públicos dos tribunais, em ambos os casos sujeitos às determinações dos juízes. Os *Soudni Exekutor* devem ser formados em Direito, passar por estágio de três anos e aprovados em exame para serem nomeados pelo ministro da Justiça. A partir daí, submetem-se a formação continuada para o exercício da atividade (Portal do Oficial de Justiça, 2016).

11.10.7 Suécia

Adepta do modelo administrativo, a Suécia tem a figura do *Kronofodge* (escrivão), que é vinculado à secretaria de um tribunal e exerce a instrução dos processos executivos de créditos públicos e privados. Para tanto, dele se exige formação em Direito, cidadania sueca, estágio em tribunal e, ao final, aprovação em exame para aferir os conhecimentos necessários ao exercício da função. Pode haver dispensa especial do estágio, substituindo-o por trabalhos práticos específicos (Portal do Oficial de Justiça, 2016).

11.10.8 Finlândia

A execução dos mandados, na Finlândia, é feita por oficiais de justiça, servidores públicos vinculados aos tribunais de primeira instância, dos quais não se exige formação jurídica. Eles atuam subsidiariamente quando, pela via postal, a citação ou a notificação é infrutífera e, especificamente no caso das execuções, são auxiliares locais da justiça que atuam nas circunscrições mediante a supervisão do Ministério da Justiça. A direção e o controle das execuções cabem aos chefes dos serviços jurídicos das câmaras. Todavia, nem eles nem o Ministério da Justiça tem poder para anular ou alterar uma penhora ou outra medida processual (Portal do Oficial de Justiça, 2016).

Há créditos que dispensam ação judicial, como impostos e contribuição para o Seguro Social, exequíveis diretamente por execução coercitiva. Esta, a princípio, busca o pagamento voluntário da dívida e, não ocorrendo, penhora o salário, a pensão, os rendimentos profissionais ou os bens, podendo estes serem vendidos em hasta pública.

11.11 União Internacional dos Oficiais de Justiça

A Union Internationale des Huissiers de Justice (UIHJ) surgiu em 1952, após iniciativa de um congresso nacional de oficiais de justiça franceses (realizado em 1949). Reúne, hoje, 85 países, situados nos quatro continentes, nos quais existe a função de agente de execução com atribuições típicas do oficial de justiça, estando o Brasil entre eles*.

Trata-se uma organização não governamental que tem a finalidade cooperativa de reunir os entes representativos dos oficiais de justiça e as atividades equivalentes no mundo. A União Internacional realiza congressos internacionais a cada três anos, com o intuito de debater os desafios da carreira e situá-la na condição de atividade ímpar na garantia da segurança jurídica, do desenvolvimento econômico e social e da cidadania.

A UIHJ reconhece que o direito trava luta constante para se fazer valer na sociedade por meio dos sistemas jurídicos do mundo inteiro. Seu enfoque atual é reconhecer que a batalha do Direito é mundial, que o avanço da democracia e do Estado de direito é um objetivo a ser alcançado coletivamente e que o oficial de justiça é o responsável pela implementação e pelo cumprimento da lei, o braço armado do juiz, um baluarte contra o arbítrio da injustiça em todo o mundo cujo papel maior é restaurar a confiança no direito, na Justiça e nas relações econômicas. Por essas razões, instiga a reflexão dos executantes de mandados do mundo inteiro acerca de como tornar

---

* Para saber quais são os países membros da UIHJ, consulte: UIHJ – Union Internationale des Huissiers de Justice. **Membres de l'UIHJ**. 2010. Disponível em: <http://www.uihj.com/fr/afrique_2162970.html>. Acesso em: 23 abr. 2018.

a justiça mais eficaz – instrumento de desenvolvimento econômico e cidadania – e, ao mesmo tempo, enfrentar os desafios do século XXI.

A União Internacional, atualmente, conta com parceria do Banco Mundial por meio do Fórum Global sobre Direito, Justiça e Desenvolvimento e se propõe a organizar um código mundial do exercício da atividade profissional. Participa também de vários organismos internacionais, entre os quais constam: Conselho da Europa e da Comissão Europeia para Eficiência da Justiça (Cepej), Comissão Europeia, Instituto de Direito Europeu (ELI), União Econômica e Monetária da África Ocidental (Uemoa), Centro de Estudios de Justicia de las Américas (Ceja), Universidade de Mendoza e Associação de Nações do Sudeste Asiático (Asean).

Ciente de que o oficialato precisa estar atento e vigilante em relação às mudanças políticas, sociais e econômicas que afetam o funcionamento da Justiça, das instituições e das carreiras de direito, a União Internacional volta os olhos ao futuro com enfoque nos seus desafios. Estes vão desde a existência da carreira até os aspectos positivos das mudanças legais e tecnológicas que dinamizam os processos e impulsionam o oficial a novas atribuições e nova identidade funcional perante a Justiça e a sociedade. O seu compromisso situa-se justamente neste ponto: auxiliar mundialmente os executores de ordens judiciais a pensar e desempenhar seu papel, seu futuro e conferir-lhes reconhecida importância no Direito, mesmo diante de transformações que modificam as instituições jurídicas e desafiam a sustentabilidade da carreira do oficial de justiça.

11.12 Formação continuada

A análise do estudo recente da Justiça em Números (Brasil, 2016b) efetuada pelo CNJ e o vislumbre do funcionamento da atividade do oficial de justiça em outros países demonstram a importância da informação na construção do conhecimento, pois delimitam o campo de reflexão ao mesmo tempo que oferecem critérios de ampliação de horizontes direcionados para o futuro. E o futuro não se concebe sem uma abordagem institucional instrutiva, voltada à capacitação e à formação humanas.

Nesse sentido, retomamos o ponto de vista apresentado no Capítulo 2 desta obra, segundo o qual o conhecimento (*aprender a conhecer*) deve estar conectado à realidade prática (*aprender a fazer*), dimensionado na coletividade (*aprender a viver juntos*) e ser influente sobre o compromisso com a coletividade (*aprender a ser*). É sob essa perspectiva reflexiva que abordamos a necessidade da formação continuada do oficial de justiça como ferramenta de aperfeiçoamento profissional e mudança de paradigmas.

A mudança paradigmática, nesse caso, incide sobre o modelo organizacional como um todo porque coloca o ser humano no centro gravitacional dos processos de ensino-aprendizagem, bem como no centro gravitacional da própria prestação jurisdicional. A Justiça é conduzida **por pessoas** e **para pessoas**. Ela é o órgão que produz o direito, que dita a Justiça ao caso concreto, mas todo e qualquer conflito que requeira a análise do Poder Judiciário necessariamente pressupõe o elemento humano como condutor da lide e da decisão acerca do litígio.

A complexidade das interações sociais exige uma intelecção mais acurada do jurista, que precisa estar permanentemente repensando o direito e o funcionamento do Poder Judiciário, com o objetivo de estar mais bem qualificado para solucionar as novas formas de conflito de maneira rápida, eficaz e – sobretudo – justa. Para isso, o CNJ dispõe de todo um aparato voltado à formação e à capacitação dos servidores e magistrados do Poder Judiciário, usando também a tecnologia da educação a distância (EaD)para aplicar a educação corporativa eficaz voltada para o enfrentamento dos desafios do porvir.

O Centro de Formação e Aperfeiçoamento dos Servidores do Poder Judiciário (CEAJud) tem como missão coordenar e promover, com os tribunais, a educação corporativa e o desenvolvimento das competências necessárias ao aperfeiçoamento de servidores para o alcance dos objetivos estratégicos do Poder Judiciário. Com a Resolução n. 192 (Brasil, 2014a), o CNJ determinou a identificação, pelo CEAJud, das competências funcionais (conhecimentos, habilidades e atitudes) a serem desenvolvidas pelos servidores mediante o planejamento e o oferecimento de cursos a distância e outros recursos educacionais de compartilhamento do conhecimento.

Criou-se, a partir disso, o programa de Gestão Por Competências (GPC), apto à verificação do estágio atual de cada Tribunal segundo os seguintes critérios (CEAJud, 2016, p. 48, grifo do original):

» **Mapeamento das competências**: *descrição das competências necessárias e desejáveis para alcance da estratégia organizacional.*

» **Diagnóstico de competências e análise do GAP[*]**: *identificação das competências existentes nos profissionais do tribunal.*

» **Capacitação por competências**: *integração dos programas de capacitação e de desenvolvimento institucional ao modelo de gestão por competências.*

» **Avaliação de desempenho por competências**: *avaliação sistemática do desempenho do profissional, conforme as competências já mapeadas pelo tribunal, visando identificar e corrigir os desvios.*

---

* **GAP** é o resultado do mapeamento das competências organizacionais (sua origem é um termo em inglês). As competências são diagnosticadas e, depois, elas são coladas em um gráfico (GAP), o qual serve de base para análises e futuros planejamentos.

Os planos de capacitação de juízes e servidores surgiram a partir do GAP como propostas inovadoras que trazem a perspectiva dessa mudança paradigmática de funcionamento da justiça. Porém, a forma como o projeto está estabelecido, bem como as suas diretrizes, demonstram que o Poder Judiciário não está inerte diante dos desafios da modernidade e da globalização.

A preocupação em mapear as capacidades humanas e dar suporte cognitivo aos juízes e servidores é o primeiro passo para que se identifique, dentro da própria instituição, o potencial inovador. A criação de multiplicadores é a chave para essa nova pedagogia institucional, voltada para a real aplicabilidade prática do conhecimento, e não apenas para a valorização simbólica do conhecimento. O novo educador poderá utilizar a tecnologia como suporte para uma intercomunicação muito poderosa em termos qualitativos e quantitativos.

O conhecimento jurídico posto e o conhecimento jurídico do porvir farão sentido à medida que a sua aplicabilidade prática demonstrar utilidade para a melhoria de vida dos jurisdicionados e também dos juízes e servidores. Melhorias ligadas à efetividade na prestação da justiça, à celeridade, ao tratamento dos jurisdicionados, à satisfação da clientela e também dos prestadores do serviço jurisdicional, que agem segundo motivações institucionais amplas e, ao mesmo tempo, direcionadas à utilidade do saber em um sistema que, ininterruptamente, busca o aperfeiçoamento e a ressignificação de suas decisões, suas práticas e suas rotinas.

Políticas públicas voltadas ao Poder Judiciário necessariamente deverão considerar a formação continuada no seio das instituições como uma ferramenta poderosa de prática pedagógica voltada a melhorias estruturais, de forma e de conteúdo. Ou seja, as políticas públicas para o judiciário deverão conter uma política educacional subjacente, que dê suporte de execução e de resultados em conjunto com a formação profissional dos operadores jurídicos, sob pena de, caso contrário, caírem no vazio e representarem desperdício de verbas públicas. Essa é uma das preocupações constantes do Centro de Estudos Judiciários de Portugal, que vem empenhando esforços contínuos no sentido de propor aos operadores jurídicos uma formação de aprendizagem valorizada e valorativa (que considera o momento social e o grupo social a que se destina); uma formação bem conduzida e eficaz, baseada na pesquisa, no planejamento e na avaliação constantes.

A transmissão de conhecimento e a formação passam a ter, além de uma significação social, um conteúdo valorativo que lhe imprime também um sentido político, porque difunde essa necessidade de legitimação da prestação jurisdicional e da própria justiça como meio para alcançar o fim da pacificação social, da solução harmônica dos conflitos.

> *A capacitação humana permanente é um viés importante para o alcance de uma justiça mais eficaz e eficiente.*

Conceber o Poder Judiciário como espaço de promoção do pensamento, do conhecimento científico, do saber técnico e da cultura institucional de eficiência é ir ao encontro de um projeto que considera a instituição como espaço de produção de uma certa compreensão da realidade, e não somente como espaço de produção de decisões judiciais a serem impostas dentro da realidade.

Por todo o exposto, podemos afirmar que existe uma tendência em reconhecer que a capacitação humana permanente é um viés importante para o alcance de uma Justiça mais eficaz e eficiente e, dessa forma, mais legítima por atingir o escopo de pacificação a que se destina.

Com essa visão, o CNJ tem investido na educação continuada e na capacitação permanente de juízes e servidores por meio de cursos em EaD, em plataforma específica, com tutoria especializada de acordo com a área de atuação do aluno, conteúdo desenvolvido por equipe multidisciplinar, tutores que intervêm para acrescentar novos conteúdos e informações, sugerir bibliografia e realizar costura textual e interação aluno-professor e professor-aluno. São metodologias idôneas na gestão do conhecimento ante a realidade das instituições públicas, conforme bem observam Ferreira e Falcão (2011, p. 6):

> As organizações enfrentam dificuldades na velocidade de sua adaptação à nova realidade. O desconhecimento do futuro, a permanência de traços da cultura anterior, momentos de dificuldades orçamentárias, a descrença em uma visão compartilhada de futuro, a falta de capacitação para os novos papéis e a "falta de tempo" são alguns dos fenômenos que fazem parte das dificuldades percebidas.
>
> Esse novo contexto organizacional redefine o perfil do trabalhador da era do conhecimento. Precisa-se de profissionais que aprendam de forma não convencional e que saibam trabalhar colaborativamente para gerar soluções inovadoras. É necessária uma nova abordagem na formação, agora necessariamente continuada, para que as pessoas permaneçam produtivas, em condições de acompanhar as mudanças e otimizando seu tempo. Além disso, a tecnologia vem permitindo desenvolver experiências para capacitar mais pessoas com maior economia.

O alcance desses objetivos educacionais pelo CNJ tem quatro pilares ou princípios: colaboração, acessibilidade, sustentabilidade e universalidade, como observam os supracitados autores. Esses princípios são aplicáveis no contexto do Judiciário de forma a produzir um modelo de impacto, com resultados de aprendizagem concretos e bastante efetivos.

A pesquisa nacional foi o primeiro passo que permitiu o mapeamento das práticas de educação corporativa, diagnosticando tendências e dificuldades para desenvolver o Plano Nacional de Capacitação, estruturar o CEAJud para a formação de tutores e coordenadores, realizando acordos de cooperação técnica para compartilhar conteúdos, criar banco de melhores práticas e bibliotecas de aprendizagem. Esses tutores, uma vez qualificados, passaram a difundir a prática educativa e tem-se a educação continuada, integrada, qualificada e gratuita de juízes e servidores.

No âmbito dos cursos, foram criados fóruns de discussão, nos quais houve construção coletiva do conhecimento, o que possibilitou novas ações e novos projetos com base nas informações ali registradas. Criou-se também espaço para publicação em biblioteca digital e videoteca, difundindo o conhecimento produzido pelo servidor, mediante análise técnica e pedagógica do CNJ. Trata-se de uma abordagem educacional bem-sucedida, adotada pelo CNJ, cujo modelo permanece sendo utilizado.

11.13 Perspectivas

A análise das competências do oficial de justiça que propusemos nesta obra traz a base técnica de sua atuação no cumprimento de ordens judiciais realizando a interconexão da previsão legislativa e do comando judicial contido nos mandados. Além disso, procuramos estabelecer de forma clara a vinculação entre as regras que dão contorno ao exercício profissional e o seu conteúdo prático, considerando que esse cotejo é, sob o aspecto pedagógico, fundamental para chegarmos ao entendimento real do papel desse servidor no andamento do processo.

Situamos a carreira em contornos atuais e verificamos que existem desafios sistêmicos a serem vencidos na engrenagem do Poder Judiciário para que o oficial seja uma ferramenta ainda mais adequada na missão de solucionar conflitos de forma eficiente, rápida e segura. Percebemos que o oficial é parte do sistema judiciário brasileiro e que este passa pelo grande desafio de superar as barreiras e tornar-se um serviço de pacificação social de excelência, que se justifique pelos seus fins. A ameaça de extinção que paira sobre o cargo de oficial de justiça nada mais é do que um pequeno reflexo da ameaça maior que paira sobre o próprio Poder Judiciário, pois, à medida que novas formas privadas de solução de conflitos são referendadas pelo nosso sistema legislativo – a exemplo da mediação e da arbitragem – e encontram aplicabilidade prática, o funcionamento do Judiciário é posto em cheque e recebe olhar crítico de fora para dentro e de dentro para fora.

As mudanças legislativas que impactam o funcionamento do Poder Judiciário vão interferir nas questões de política judiciária e administração da Justiça tratadas no início desta obra e isso independe da vontade dos gestores. Elas são apenas consequências que exigem novas respostas, novas formas de funcionamento, novas rotas de aprendizagem, novas maneiras de fazer, de saber e de ser do gestor e dos servidores como um todo. Essas mudanças de paradigma ocorrem diariamente, na engrenagem do sistema que precisa se reinventar diante dos desafios, como um imperativo de sobrevivência.

A interconexão entre o direito e a gestão pública é de fundamental importância para o estabelecimento de um Poder Judiciário eficaz, valendo lembrar que, hoje, o Judiciário atua sob estas duas funcionalidades distintas: **aplicar o direito**, aqui entendido como a ciência do "dever ser", construído sobre base ideal de comportamentos sociais, atividade que o juiz faz, cercado de auxiliares em sua maioria com formação jurídica; e **atuar na gestão pública**, aqui vista como ciência analítica, que observa e mensura o atual estado de coisas e planeja resultados a partir da análise crítica do presente com olhos voltados a objetivos futuros de curto, médio e longo prazos, atividade feita pelo juiz-administrador e pessoal com qualificação técnica em administração e gestão cada vez mais necessário nos quadros da Justiça.

O "dizer o Direito", hoje, não dispensa a gestão da máquina judiciária de onde emanam as decisões. O Estado cresceu, a população cresceu, as instituições também. É um desafio diferente de outrora, como pudemos dimensionar ao longo deste trabalho e especialmente na Seção 11.9 deste capítulo ("Justiça em Números e Conselho Nacional de Justiça"). Ministrar Justiça sem administrar a Justiça como poder não é mais viável.

A gestão coloca o Judiciário com os pés no chão porque, estatisticamente, revela seu funcionamento e suas disfunções e põe a administração judiciária no papel de promover a correção de rumos para adequar a instituição ao seu papel. É sob esse prisma que situamos a atividade do oficial de justiça na condição de engrenagem, como auxiliar da Justiça, sabendo que no centro de atuação do Judiciário está o cidadão e que por ele e para ele existe esse meio pacífico de solução de conflitos que lhe é imposto constitucionalmente, mas nem por isso eficazmente.

A eficácia deve ser construída, porque ela se dá no plano real, não no plano formal. Por isso entendemos que existem vários desafios correlatos ao cumprimento de decisões judiciais enfrentados pelos oficiais e que exigem novas formas de pensar sua atuação, dentre as quais:

» A realização de estudos sistematizados no âmbito de cada tribunal que forneçam estatísticas da atuação dos oficiais de justiça para além dos mapas de produtividade e alcancem dados de efetividade.

» A busca de soluções no âmbito de gestão relacionada à distribuição, regionalização e especialização do trabalho dos oficiais de justiça em cada tribunal, no intuito de otimizar os fluxos de trabalho e racionalizar os recursos no atendimento da demanda de cumprimento de ordens judiciais*.

» A uniformização de práticas relacionadas às comunicações eletrônicas e postais de atos processuais para trazer aplicabilidade efetiva do CPC.
» A padronização de mandados no âmbito de cada tribunal para um melhor fluxo do trabalho**.
» A padronização de certidões, sem restrições quanto ao mérito, mas com o estabelecimento de aspectos formais que permitam um entendimento claro e rápido de seu teor.
» A criação de mecanismos de apoio operacional no âmbito de cada tribunal para o cumprimento de mandados em locais de difícil acesso***.
» A criação de um banco de dados, com a informação dos endereços diligenciados, no qual seja possível ao oficial de justiça ativar ou desativar endereços, de acordo com as informações prestadas nas certidões.
» O investimento na formação e na capacitação continuada dos oficiais de justiça, com a realização de cursos presenciais e a distância.
» Criação de plataformas de ensino EaD nas quais haja troca permanente de experiências entre oficiais de um mesmo tribunal,

---

* Essas práticas foram adotadas com sucesso no TRF-4, por meio do Provimento n. 62/2017, da Corregedoria.

** Conforme consta no art. 243, IX, do Provimento n. 62/2017 da Corregedoria do TRF-4.

*** Conforme o Provimento n. 62/2017, da Corregedoria do TRF-4: "Art. 228 [...] § 7º A Direção do Foro da Subseção Judiciária deverá disponibilizar, na medida do possível e necessário, veículo para auxiliar o deslocamento dos Oficiais de Justiça" (Brasil, 2017i).

com tutores especializados, com o objetivo de refletir sobre a adoção de medidas estratégicas, soluções inovadoras e práticas eficazes na distribuição, no cumprimento e na devolução de mandados.

» Abertura de diálogo periódico e efetivo entre a direção dos tribunais e as associações, os sindicatos ou equipes representativas dos oficiais de justiça na intenção de discutir, refletir e planificar mudanças administrativas para implementar melhorias na confecção, no gerenciamento da distribuição, na execução e na certificação de mandados e, ainda, implementar as mudanças necessárias para que o oficial acompanhe ativamente a modernização tecnológica do Judiciário.

» A proposição das mudanças legislativas pelos tribunais e associações (em conjunto), fundamentadas em estudos sobre as atribuições e os desafios do oficial de justiça, que se reputam necessárias para uma melhor prestação jurisdicional sob o viés do cumprimento de mandados.

Trata-se de medidas intrínsecas, de baixo custo, as quais podem trazer transformações de curto e de médio prazos, pois são atos de governança corporativa que independem de mudanças legislativas. Além disso, estão em acordo com a teoria do órgão, segundo a qual a atuação do agente público deve ser imputada ao órgão por ele representado. No caso do oficial de justiça, quando diante de situações que obstaculizam o cumprimento das ordens judiciais, cabe à administração encontrar caminhos que viabilizem o integral cumprimento dos mandados, sob pena de ficar inviabilizada a prestação jurisdicional em si. Sob esse aspecto entendemos que as dificuldades apontadas neste capítulo são assuntos de gestão, relacionados à política judiciária e à administração da justiça. São questões do interesse do Poder Judiciário, para que desempenhe a sua função, alcance a sua visão e cumpra a sua missão. São assuntos de "economia interna", temas de relevância da pessoa jurídica de direito público que chamamos *Judiciário*.

Entre as questões relevantes existem aquelas que dependem de mudanças legislativas, que precisam de um reconhecimento extrínseco para que ocorram. Mesmo que a iniciativa legislativa se dê pelo do Poder Judiciário, tais mudanças necessitam do aval do Legislativo e do Executivo. É necessário, para isso, relevância e interesse político, é necessário que a cidadania e a democracia estejam no centro gravitacional das instituições, que estas tenham como ponto de convergência o bom funcionamento para a promoção sustentável de uma sociedade equilibrada sob todos os aspectos.

Vimos que, em outros países, o rol de atribuições do oficial de justiça é diferenciado com poderes de conciliar e mediar, exercendo papel decisório na execução das decisões judiciais, o que acelera a concretização da prestação jurisdicional. O oficial como prolongamento da mão do juiz, cabendo a este decidir as questões de conhecimento e as incidentais das execuções, mas ficando desafogado nas questões de acordos e de impulso oficial. O direito comparado serve justamente para o vislumbre de soluções impensadas dentro da realidade prática local, de forma que ousamos dizer que, no futuro próximo, diante da própria previsão do CPC de o oficial reduzir a termo proposta de acordo, e diante da possível redução nos atos de mera comunicação processual (por conta da obrigatoriedade de utilização dos correios e da via eletrônica), o oficial tenha mais disponibilidade para outras frentes de trabalho condizentes com sua formação jurídica e capacitação permanente. Estas são: os atos de execução, os atos de força e as formas alternativas de solução de conflitos (especialmente a conciliação e a mediação).

Essa evolução é previsível, pois a atual "crise existencial" do cargo de oficial de justiça é fictícia, não reflete realidade porque não se concebe a execução de decisões sem a figura desse profissional e, certamente, recurso humano tão capacitado encontrará perante a governança institucional respaldo para a inovação no rol de atribuições condizentes com o seu grau de especialidade. Se isso requer mudanças legislativas, estando em consonância com os propósitos de um Judiciário que atenda aos postulados da celeridade, eficácia e segurança jurídica, não vemos óbice para que o oficialato desempenhe atribuições outras que incluam frentes de trabalho nas execuções em geral, nos executivos fiscais, na conciliação e na mediação para a rápida solução de litígios, com a diminuição das taxas de acúmulo e elevação de resultados.

Síntese

Neste capítulo, olhamos para os desafios enfrentados pelo oficial de justiça, desde os relativos à implementação do processo eletrônico, ao uso de ferramentas tecnológicas, aos riscos, às despesas, ao apoio operacional, à aposentadoria e ao reconhecimento da carreira e como atividade de Estado. Percebemos que a Justiça tem como desafio concreto vencer o crescente número de ações de conhecimento e execuções, sendo estas mais demoradas a obterem resposta do Judiciário e com baixo índice de conciliações. Estudamos as ações do CNJ no sentido de diagnosticar e enfrentar essas realidades. Adentramos os sistemas de outros países e, dessa forma, pudemos perceber melhor a nossa sistemática.

Vimos também que a formação continuada no Judiciário é um valor institucional que impulsiona o Judiciário a um futuro melhor, com perspectivas promissoras para os juízes, para os servidores e para os cidadãos. Refletimos sobre as medidas administrativas que podem levar a um melhor desempenho e adequação das funções do oficial. Concebemos possibilidades de futuro para a carreira, com a inovação no rol de suas atribuições para uma prestação jurisdicional mais condizente com os postulados da celeridade, da eficácia e da segurança jurídica.

Questões para revisão

1) Analise as afirmações a seguir e assinale a alternativa correta:
   I. Devido ao art. 9º da Lei n. 11.419/2006, que tornou obrigatórias as citações, as intimações e as notificações pela via eletrônica, o oficial de justiça passa a praticar atos de comunicação em menor quantidade e atos de constatação, execução e força em maior quantidade.
   II. As citações, as intimações e as notificações eletrônicas são de responsabilidade do oficial de justiça, que deverá certificá-las nos autos eletrônicos.
   III. Atualmente, o oficial de justiça é considerado pela lei como um auxiliar da justiça; portanto, ele não desfruta de prerrogativas de atividade de Estado e, para que isso, ocorra é necessário modificar a legislação.
   Agora, assinale a alternativa que indica as afirmações corretas:
   a. Apenas a afirmação I está correta.
   b. Apenas as afirmações I e II estão corretas.
   c. Apenas as afirmações II e III estão corretas.
   d. Apenas as afirmações I e III estão corretas.
   e. Todas as afirmações estão corretas.

2) Marque V ou F para as afirmações e, em seguida, assinale a alternativa correta:
   (   ) No sistema judicial, o executante das ordens judiciais é um funcionário público vinculado ao Poder Judiciário.

( ) No sistema misto, quem executa as ordens dos juízes é um profissional liberal credenciado pelo Estado.

( ) No sistema administrativo, o executante de mandados é funcionário da justiça com algum poder decisório e competência para executar as decisões sem a interferência do juiz.

( ) No sistema extrajudicial, a execução das ordens judiciais se dá em ambiente administrativo, fora do ambiente judicial, por um funcionário público.

a. V, F, V, V.
b. V, V, F, F.
c. V, F, F, F.
d. F, V, F, V.

3) Assinale a afirmação correta:

a. O processo eletrônico é obrigatório somente no Judiciário das capitais do país.
b. Os atos praticados pela via eletrônica não são atribuições do oficial de justiça pois cabem aos servidores das varas e secretarias.
c. O oficial de justiça não atua no processo eletrônico porque não tem atribuição específica determinada em lei.
d. Os fluxos de trabalho do oficial de justiça são organizados nacionalmente em todas as esferas do poder judiciário.
e. O oficial de justiça não exerce atividade de risco pois possui porte de arma.

4) Qual seria o efeito prático, para o Judiciário brasileiro, se o oficial de justiça também tivesse o papel de conciliar e mediar conflitos de interesse?

5) Diante das situações extraprocessuais que impedem o oficial de justiça de cumprir ordens judiciais, de quem é a responsabilidade?

Questões para reflexão

1) Que efeitos a falta de padronização de mandados traz para o andamento dos processos?
2) Qual é a missão e qual é a visão do Poder Judiciário de acordo com o planejamento estratégico do CNJ?

Para saber mais

Sugerimos alguns estudos aprofundados a respeito dos temas tratados no presente capítulo:

BRASIL. Conselho Nacional de Justiça. **Sobre o CNJ**. Disponível em: <http://www.cnj.jus.br/sobre-o-cnj>. Acesso em: 23 abr. 2018.

FERREIRA, H. Oficiais de justiça: desafios atuais. **Assojaf-MG**, 18 ago. 2014. Disponível em: <http://www.assojafmg.org.br/site/oficiais-de-justica-desafios-atuais>. Acesso em: 23 abr. 2018.

FREITAS, M. A. de. O processo eletrônico e o oficial de justiça. **Revista Eletrônica do Tribunal Regional do Trabalho do Paraná**, v. 2, n. 15, p. 183-196, jan./fev. 2013. Disponível em: <http://www.manualoficialdejusticalivro.com/docs/fck/recursos/o-processo-eletronico-e-o-oficial-de-justica.pdf>. Acesso em: 23 abr. 2018.

PORTAL DO OFICIAL DE JUSTIÇA. **O oficial de justiça no mundo**. 5 ago. 2016. Disponível em: <http://www.ofijus.net/index.php/oficial-de-justica/oficial-de-justica-no-mundo>. Acesso em: 23 abr. 2018.

Mandado de verificação. Tutela de urgência. Invasão em área de preservação ambiental. Ameaça. Requisição de força policial. Assessor jurídico e notarial. Levantamento documental. Defesa.

A União ingressou com ação de reintegração de posse contra invasores não especificados de uma área que alegou ser de preservação ambiental permanente. Diante do perigo da demora da decisão final, o que acarretaria a consolidação da invasão e do dano ambiental, a Advocacia-Geral da União solicitou tutela de urgência cautelar nos moldes do art. 305 do CPC.

Após a análise da petição inicial, o juiz concedeu, em despacho fundamentado, a tutela cautelar pretendida e determinou a expedição de mandado de verificação em que o oficial de justiça deveria dirigir-se à área invadida e: a) efetuar o levantamento de todos os invasores, identificando-os; b) intimá-los a realizar a desocupação da área no prazo de 72 horas; c) proceder ao registro fotográfico do estágio de cada edificação assentada no local, descrevendo as condições ambientais relativas a desmatamentos, queimadas, desvio do curso de rio etc.

estudo de caso

O oficial de justiça recebeu o mandado em regime de plantão e se dirigiu ao local a fim de dar cumprimento ao que ele determinava. No entanto, ao chegar lá, foi recebido pelos invasores, que portavam foices, paus e pedras, e um deles proferiu a seguinte ameaça: "Aqui você não entra e, se entrar, daqui você não sai". O oficial foi à delegacia e requisitou força policial mediante a apresentação do mandado (que continha tal previsão) e, depois, retornou ao local acompanhado de quatro agentes da Polícia Federal. Assim que retornou, já havia uma manifestação liderada por alguns invasores, no intuito de impedir o cumprimento do mandado. Foi solicitado reforço policial. Foram presos em flagrante, por resistência, ameaça, desacato e desobediência, quatro pessoas que lideravam as demais. Após a prisão, o oficial, sob escolta, iniciou a constatação, lavrou auto de constatação e, em seguida, devolveu o mandado com a respectiva certidão em secretaria.

Posteriormente, os réus da ação buscaram informações com um assessor jurídico e notarial, mencionando terem o direito de posse da área, concedido pela prefeitura municipal. O assessor efetuou um levantamento documental na prefeitura e no cartório de registro de imóveis e, de fato, verificou uma concessão de posse da prefeitura em favor dos réus. Descobriu ainda que ancestrais dos réus detinham a área desde os tempos do Império, quando as terras eram concedidas mediante a expedição de cartas de data. Por meio desse levantamento documental minucioso, foi possível a defesa dos réus por advogado, o qual alegou o direito de manutenção de posse da área. O trabalho do assessor viabilizou a prova documental de que não se tratava de invasão aleatória, mas de ocupação decorrente de direitos possessórios em cadeia hereditária. Essas informações, somadas ao mandado de verificação cumprido pelo oficial, deram ao juiz elementos para decidir a respeito da desocupação definitiva da área em litígio requerida na petição inicial.

Mesmo havendo essa possibilidade de defesa, o fato de alguns envolvidos terem resistido ao cumprimento da ordem judicial de verificação (resistência, desacato, ameaça e desobediência), não os exime de responder criminalmente por cada ato, de forma que os processos criminais decorrentes do incidente terão andamento independente. Para finalizar este estudo de caso, propomos as seguintes reflexões:

1. No seu entendimento, o oficial de justiça agiu dentro da legalidade ao efetuar a requisição de força policial para o cumprimento do mandado de verificação?
2. Neste caso, o reforço policial foi no intuito de efetuar prisões ou de assegurar a integridade física do oficial e o fiel e integral cumprimento do mandado?
3. Em razão da existência anterior de um direito de posse, concedido pela prefeitura municipal, é possível afirmar que a prisão dos supostos invasores foi ilegal?
4. Reflita sobre um litígio envolvendo a posse e a propriedade de terras e considere a importância do seu trabalho como assessor jurídico e notarial no levantamento documental nos órgãos públicos para a fundamentação da defesa e decisão final do juiz.

O objetivo fundamental desta obra foi trazer a você, caro leitor, uma noção clara de quem é o oficial de justiça, quais são suas atribuições, seu papel e sua função na intrincada estrutura do Poder Judiciário. Para tanto, desde o primeiro capítulo, procuramos situar você acerca do funcionamento do Poder Judiciário dentro da estrutura do Estado, bem como colocá-lo a par da legislação aplicável à atividade específica do oficial de justiça no panorama das principais carreiras jurídicas.

Também procuramos dar-lhe uma visão ampla e estrutural da natureza dos atos que o oficial pratica, suas peculiaridades, as consequências legais e as implicações de responsabilidades nas esferas administrativa, civil e criminal sobre o cumprimento das ordens judiciais. Analisamos as habilidades cognitivas e relacionais que o oficial de justiça necessita para melhor desempenhar seu mister, tendo em vista ser um comunicador de atos processuais e um executor de ordens judiciais.

Por fim, verificamos que há necessidade de políticas públicas dentro da estrutura do Poder Judiciário voltadas ao bom desempenho das atribuições do oficial nas áreas da política judiciária e da administração da justiça, para que sua atividade reflita o escopo de excelência na pacificação de conflitos buscada pelo Poder Judiciário e preconizada pelo Conselho Nacional de Justiça. A análise efetuada na presente obra certamente não esgotou os temas abordados, mas procurou contribuir para reflexões e debates acerca da atividade do oficial de justiça sob o aspecto teórico-prático, institucional e social.

À organização judiciária atual é indispensável a pessoa do oficial de justiça, que não pode ser substituído pelos avanços tecnológicos na fundamental missão de levar aos jurisdicionados as ordens emanadas dos juízes. O oficial de justiça é, hoje, o elemento essencial do exercício da jurisdição que humaniza a regra, suaviza a técnica e ameniza a formalidade do Direito e da aplicação da justiça.

Mesmo sendo elemento indispensável, sozinho, o oficial de justiça não exerce na plenitude o papel institucional do Poder Judiciário, pois este só pode ser alcançado pelo exercício do papel de cada servidor público individualmente considerado. E, ainda que cada servidor público busque o exercício de suas funções em nível de excelência, é necessário que o faça mediante a política judiciária adequada, estrategicamente elaborada e aplicada. A somatória dos esforços individuais e das políticas institucionais é que dão ao Judiciário o caráter de eficiência. Não se trata de tarefa fácil, pois exige o emprego contínuo de esforços e de recursos humanos e econômicos aliados à sinceridade de propósito no sentido de tornar a sociedade efetivamente mais justa a partir de um Judiciário que atenda aos escopos de cidadania e à verdadeira pacificação social.

O aparelhamento do Judiciário, sua independência e o nível de confiança só podem ser atingidos com investimentos e decisões consentâneas ao fortalecimento da experiência cidadã de um povo. O oficial de justiça é parte dessa experiência e, ao mesmo tempo, reflexo dela, pois ele sente no cotidiano o grau de respeitabilidade que o Judiciário inspira nos jurisdicionados. O papel do oficial vai além da comunicação e da execução de atos, passa pela expressão de atuação de um poder de Estado constitucionalmente instituído e chega à concreta realização da cidadania, do exercício de direitos e deveres outrora abstratos.

Sem a pretensão de esgotar os temas propostos, mas na sincera intenção de contribuir para a reflexões e o debates acerca desses temas, esperamos ter logrado êxito em despertar o interesse do leitor, ao mesmo tempo que colaboramos no aprimoramento de seus conhecimentos acerca de tão instigante assunto.

lista de siglas

ABNT – Associação Brasileira de Normas Técnicas
AGU – Advocacia-Geral da União
Bacen – Banco Central
CC – Código Civil
CDC – Código de Defesa do Consumidor
CEAJud – Centro de Formação e Aperfeiçoamento de Servidores do Poder Judiciário
Ceman – Central de Mandados
Censec – Central Notarial de Serviços Eletrônicos Compartilhados
CF – Constituição Federal
CJF – Conselho da Justiça Federal
CLT – Consolidação das Leis do Trabalho
Cnipe – Central Nacional de Informações Processuais e Extraprocessuais
CNJ – Conselho Nacional de Justiça
CPC – Código de Processo Civil
CP – Código Penal
CPP – Código de Processo Penal
CRI – Cartório de Registro de Imóveis
CSJT – Conselho Superior da Justiça do Trabalho

CTN – Código Tributário Nacional
CUB – Custo Unitário Básico da Construção Civil
DF – Distrito Federal
Detran – Departamento de Trânsito
DPF – Delegado de Polícia Federal
EC – Emanda Constitucional
ECA – Estatuto da Criança e do Adolescente
FGV – Fundação Getulio Vargas
Fojebra – Federação dos Oficiais de Justiça Estaduais do Brasil
Ibama – Instituto Brasileiro do Meio Ambiente e dos Recursos Naturais Renováveis
ICMS – Imposto sobre Circulação de Mercadorias e Serviços
InfoJud – Sistema de Informação do Judiciário
InfoSeg – Rede de Integração Nacional de Informações de Segurança Pública, Justiça e Fiscalização
JME – Justiça Militar Estadual
JT – Justiça do Trabalho
LDO – Lei de Diretrizes Orçamentárias
LEF – Lei de Execuções Fiscais
LOA – Lei Orçamentária Anual
MEC – Ministério da Educação e Cultura
MPDFT – Ministério Público do Distrito Federal e Territórios
MPF – Ministério Público Federal
MPM – Ministério Público Militar
MPT – Ministério Público do Trabalho
MPU – Ministério Público da União
OAB – Ordem dos Advogados do Brasil
PF – Polícia Federal
PPA – Plano Plurianual
Renajud – Restrições Judiciais Sobre Veículos Automotores
RGPS – Regime Geral de Previdência Social

SerasaJud – Sistema de Informação do Serasa Experian
Sintegra – Sistema Integrado de Informações sobre ICMS
SREI – Sistema de Registro Eletrônico de Imóveis
STF – Supremo Tribunal Federal
STJ – Superior Tribunal de Justiça
STM – Superior Tribunal Militar
TJ – Tribunal de Justiça
TRF – Tribunal Regional Federal
TRF-4 – Tribunal Regional Federal da 4ª Região
TSE – Tribunal Superior Eleitoral
TST – Tribunal Superior do Trabalho
UIHJ – União Internacional dos Oficiais de Justiça

Adjudicação: ação de entregar um bem penhorado ou que estava em leilão à pessoa que moveu uma ação judicial.
Analogia: operação lógica por meio da qual um caso que, não sendo previsto pela lei, recebe a mesma norma jurídica de ações que lhe são parecidas.
Arbitrário: que utiliza do livre-arbítrio de uma pessoa e desrespeita a lei.
Argumento: prova usada para afirmar ou negar um acontecimento; argumento válido.
Assertivo: que possui uma ação categórica; afirmativo.
Assimetria: discrepância; em que há diferença; falta de igualdade e de semelhança; com discordância.
Autofágico: característica de pessoa ou animal que se alimenta de sua própria carne.
Avocou: avocou vem do verbo *avocar*. Significa o mesmo que "arrogou, atraiu, chamou, invocou".
BacenJud: é um sistema que interliga a Justiça ao Banco Central e às instituições bancárias, para agilizar a solicitação de informações e o envio de ordens judiciais ao Sistema Financeiro Nacional, via internet.

Caso fortuito: acontecimento proveniente de ação humana imprevisível e inevitável.
Central de mandados: local onde é feita a triagem e distribuição dos mandados judiciais.
Certame: concurso.
Constrição judicial: modo pelo qual o titular de uma coisa perde a faculdade de dispor livremente dela. São exemplos de constrição judicial a penhora, o arresto e o sequestro.
Constrição patrimonial: o mesmo que constrição judicial.
Corolário: situação que ocorre a partir de outras; resultado. Exemplo: o corolário desse benefício fiscal será o aumento de impostos.
Demanda: litígio; o processo e/ou a ação judicial; demanda judicial.
Desjudicialização: incentivar a solução de conflitos por meio de métodos alternativos extrajudiciais, desencorajando o ingresso de novos processos no Poder Judiciário.
Deslinde: desfecho; ação de desvencilhar, de desenredar.
Devido processo legal: sequência de atos preestabelecidos legalmente para a aplicação de uma penalidade ou sanção.
Direito material: direito objetivo, positivo, normativo etc. É o direito que está reconhecido na legislação vigente.
Discricionariedade: liberdade de decisão e de avaliação capaz de permitir que um órgão administrativo escolha (dentro do que julgar adequado) aquilo que satisfaz uma necessidade pública regulamentada pela lei.
Entrância: categoria das circunscrições jurisdicionais, estabelecida segundo a organização judiciária de cada Estado (por exemplo, comarca de primeira entrância, de segunda entrância, de terceira entrância), correspondendo a cada uma delas um grau na carreira da magistratura, para o efeito da promoção.
Escopo: propósito; o que se tem por finalidade.

Exegese: explanação, interpretação, explicação. Comentário cujo propósito é esclarecer ou interpretar detalhadamente um texto, uma expressão ou uma palavra.

Extrínseco: que não faz parte do conteúdo essencial de alguma coisa; que se encontra no exterior de algo ou de alguém; opinião extrínseca ao fato.

Força maior: acontecimento inevitável, previsível ou imprevisível, que decorre de forças da natureza. Exemplo: furacão, *tsunami*.

Frívolo: que é de – ou tem – pouca importância; inconsistente, inútil, superficial.

Hasta pública: é a alienação forçada de bens penhorados realizada pelo Poder Público, por leiloeiro habilitado. Pode ser feita por praça, para bens imóveis, ou leilão, para bens móveis.

Imparcial: que julga justamente; que age sem favorecer alguém em detrimento de outra pessoa; desprovido de parcialidade; que não tem relações partidárias favoráveis ou contrárias a algo ou alguém.

Inamovibilidade: garantia prevista pela Constituição que, concedida aos magistrados e pessoas que fazem parte do Ministério Público, assegura a não transferência, exceto por vontade própria ou por relevante interesse público.

Inépcia: particularidade da acusação, queixa ou denúncia que não atende às exigências determinadas pela lei e, por isso, é rejeitada pelo juiz.

Insígnia: sinal distintivo que é atributo de poder, de dignidade, de posto, de comando, de função, de classe, de corporação, de confraria etc.; símbolo, emblema, divisa.

Intrínseco: que faz parte da essência de alguém; que é característico, próprio, essencial ou fundamental; inerente, qualidade intrínseca. Que existe por si só e se estabelece fora de qualquer convenção; que está no interior, na parte interna de; interno.

Irredutibilidade de vencimentos: característica, estado ou particularidade daquilo que é irredutível. Que não se pode reduzir. Garantia constitucional inerente aos magistrados e membros do Ministério Público, segundo a qual seus vencimentos não podem ser reduzidos.

Isonômico: relacionado com isonomia, princípio segundo o qual todos os indivíduos são iguais perante a lei.

Juízo prevento: determinado prevenção; estabelecido pelo fato de que o magistrado tem o conhecimento da causa em primeiro lugar; diz-se da competência ou jurisdição.

Jurisdição: poder ou direito de julgar; extensão territorial em que atua um juiz ou tribunal.

Jurisdicionados: indivíduos sobre quem se pratica uma jurisdição; quem está sob o julgamento de um juiz. Pessoas às quais se impõe jurisdição, fiscalização do cumprimento de certas leis, visando punir infrações.

Jurisprudência: reunião das decisões tomadas num tribunal no âmbito do direito, pois a jurisprudência existe para suprir deficiências legais. Ação que consiste na interpretação das leis tomadas em julgamentos anteriores, fazendo com que elas sirvam de fundamento para causas semelhantes.

Jus persequendi: trata-se de um direito subjetivo que confere ao Estado o poder de promover a perseguição do autor do delito. O Estado-Administração pede ao Estado-Juiz a realização do direito penal objetivo no caso concreto.

Jus puniendi: é o direito do Estado de aplicar sanção a quem contrarie preceitos contidos na lei penal, lesando bens e interesses importantes para a sociedade e para indivíduo.

Lato sensu: em sentido amplo.

Lide: conflito de interesses manifestado em juízo.

Litígio: conflito de interesses judiciais estabelecido por meio da contestação da demanda (solicitação). Ação, controvérsia judicial, no sentido objetivo, depois de contestada; pleito, demanda, lide, causa, feito. Pendência.

Litispendência: estado de um litígio conduzido simultaneamente perante dois tribunais do mesmo grau, um e outro igualmente competentes para julgá-lo, o que leva a providenciar que o processo seja retirado de um em favor do outro.

Longa manus: é uma expressão que designa o executor de ordens. Normalmente, é utilizada em referência ao oficial de justiça, que é o executor das ordens judiciais, ou seja, "a mão estendida do juiz na rua".

Magistrado: membro do Poder Judiciário. É considerado funcionário público de categoria especial, representante do Estado.

Medida liminar: medida provisória que, concedida por uma autoridade judicial, pode confirmar ou invalidar algo. Medida que antecede o propósito inicial de uma ação. Exemplo: justiça cassa liminar e libera obras no metrô.

Mister: trabalho, ocupação profissional, ofício.

***Munus* público**: é uma obrigação que deve ser exercida por alguém atendendo o Poder Público, em razão de lei.

Obscuro: escondido, pouco inteligível, difícil de compreender.

Outorga: procuração por meio da qual um advogado age em nome de seu cliente. Exemplo: procuração de outorga.

Paradoxal: firmado sobre contradição; contraditório.

Pernicioso: nocivo, que prejudica; danoso, perigoso.

Persecução penal: o procedimento criminal brasileiro engloba duas fases: a investigação criminal e o processo penal. A investigação criminal é um procedimento preliminar, de caráter administrativo, que busca reunir provas capazes de formar o juízo do representante do Ministério Público sobre a existência de justa causa para o início da ação penal. O processo penal é o procedimento principal, de caráter jurisdicional, que termina com uma sentença que resolve se o cidadão acusado deverá ser condenado ou absolvido. Ao conjunto dessas duas fases dá-se o nome *persecução penal*.

Petição inicial: é a peça processual que instaura (dá início) ao processo, levando a conhecimento do juiz os fatos constitutivos do direito (causa de pedir), os fundamentos jurídicos e o pedido.

Pleiteado: solicitado; que foi requerido ou colocado em juízo. Debatido; que foi alvo de discussão ou debate (por exemplo: assunto pleiteado). Disputado; em que há concorrência (por exemplo: vaga pleiteada). Que se pleiteou; que se pode pleitear.

Políticas públicas: são conjuntos de programas, ações e atividades desenvolvidas pelo Estado, diretamente ou indiretamente, com a participação de entes públicos ou privados, que visam assegurar determinado direito de cidadania, de forma difusa ou para determinado segmento social, cultural, étnico ou econômico.

Precípua: característica daquilo que é principal e essencial; fundamental.

Preclusão: consiste na perda do direito de se manifestar num processo civil, principalmente devido ao fato de não ter exercido a sua manifestação no momento correto e da forma prevista.

Preço vil: é o preço considerado inferior ao parâmetro de 50% do valor de avaliação do bem. Sua caracterização depende das circunstâncias do caso concreto.

Preconizado: previsto, anunciado, recomendado.

Prescrição da pretensão executória: por causa do decurso do tempo o Estado perdeu o direito da sanção fixada na sentença.

Prescrição da pretensão punitiva: por causa do decurso do tempo o Estado perdeu seu direito de punir o autor de um crime.

Procedimento: conjunto de atos pelos quais se ordenam e exercitam, mediante certas regras legais, os meios necessários para instruir a causa e assegurar ou restabelecer uma relação jurídica controvertida. O modo de agir, o rito, a marcha dos atos processuais, a forma legal a seguir para se instaurar e se desenvolver e terminar o processo.

Processo: ação judicial; procedimentos praticados por um órgão judicial e/ou pelas partes (pessoas), quando há um litígio judicial. Modo objetivo de dar corpo, vida e movimento sucessivo à ação. Conjunto coordenado de preceitos legais normativos que imprimem forma e movimento à ação. Complexo de peças, termos e atos, com os quais a causa é lançada, instruída, disciplinada e promovida em juízo, a fim de tornar efetivo um direito. A ação no sentido formal. Relação processual.

Procrastinando: adiando, postergando, prorrogando.

Procuração: autorização; poder que uma pessoa atribui a outra de agir em seu nome, assumindo responsabilidades, tomando providências ou tratando de assuntos que são de seu interesse. Mandato; o documento ou o instrumento legal que confere esse poder.

Procurador: mandatário; aquele que, por meio de uma procuração, resolve questões ou administra os negócios de outra pessoa. Mediador; indivíduo responsável por intermediar as partes que desejam fazer um acordo, um negócio. Advogado que representa o Estado (por exemplo: procurador da República; procurador do Estado).

Profilática: preventiva.

Razoabilidade: caracterítica ou particularidade daquilo que é razoável.

Rito processual: sequência de atos praticados em um processo judicial; procedimento judicial.

Sanção: ação por meio da qual a autoridade maior do Poder Executivo sanciona uma lei, por intermédio de um órgão legislativo. A parte da lei que determina as punições contra os que a desobedecem. A punição referente à desobediência ou à execução de uma lei.

Stricto sensu: em sentido restrito.

Súmula: resumo das decisões judiciais que determinam a compreensão de um assunto. Exemplo: súmula do Superior Tribunal de Justiça.

Súmula vinculante: súmula que tem poder vinculante sobre todas as instâncias decisórias.

Suplantar: transpor obstáculo.

Tempestivo: diz-se do ato processual que cumpre o prazo legal; que está dentro do prazo. Exemplo: recurso tempestivo.

Tramitação: conjunto das ações, procedimentos ou diligências legais e necessárias para o desenvolvimento de um processo.

Trânsito em julgado: decisão judicial definitiva à qual não cabe recurso.

Vanguarda: inovação de ideias, de tendências, de opiniões e pontos de vista. Exemplo: movimento literário de vanguarda.

Veto: ação por meio da qual o chefe do Poder Executivo não autoriza, parcial ou totalmente, uma lei votada pelo Poder Legislativo. Exemplo: o veto do presidente.

Vigor: característica do que vigora; vigência. Exemplo: as leis em vigor.

Vitaliciedade: regra que serve não para proteger a pessoa do juiz, mas a função do julgador. Toda vez que um juiz atinge dois anos de efetivo exercício no cargo e passa pelo estágio probatório, ele se torna vitalício; com isso, só poderá ser afastado do cargo por uma sentença transitada em julgado. Isso se dá pelo fato de ser o juiz uma das poucas pessoas que tem condições de enfrentar e afastar os que exercem mal alguma função pública. Se houver alguma pessoa poderosa que está abusando desse poder, é o juiz quem pode impedir esse malfeitor. Contudo, para que possa desempenhar bem sua função, o magistrado deve saber que não sofrerá represálias daqueles que vier a condenar. Daí vem a importância da vitaliciedade, ou seja, mesmo contrariando os interesses dos poderosos em benefício da população, o juiz não será atingido.

ALMEIDA, D. A. R. de. *Teoria geral do processo*. Rio de Janeiro: FGV, 2015. Disponível em: <http://direitorio.fgv.br/sites/direitorio.fgv.br/files/u100/teoria_geral_do_processo_2015-2.pdf>. Acesso em: 23 abr. 2018.

AQUINO, L. G. de. Tricotomia do negócio jurídico (pressupostos fáticos do plano da existência e do plano da validade do negócio jurídico). *Âmbito Jurídico*, v. 12, n. 67, ago. 2009. Disponível em: <http://www.ambito-juridico.com.br/site/index.php?n_link=revista_artigos_leitura&artigo_id=6511>. Acesso em: 23 abr. 2018.

ARAÚJO, M. Oficial de justiça não é meirinho. *Infojus Brasil*, 25 mar. 2015. Disponível em: <https://infojusbrasil.jusbrasil.com.br/noticias/176568147/oficial-de-justica-nao-e-meirinho>. Acesso em: 23 abr. 2018.

ARAÚJO, M. C. de. *O que faz um promotor de justiça?* 12 nov. 2012. Disponível em: <https://www.impetus.com.br/noticia/708/o-que-faz-um-promotor-de-justica>. Acesso em: 8 maio 2018.

ASSOJAFGO – Associação dos Oficiais Avaliadores Federais do Estado de Goiás. *Crimes cometidos contra Oficiais de Justiça no cumprimento de ordens judiciais*. Goiânia, 2011. Disponível em: <https://pt.scribd.com/document/59996293/Dossie-Crimes-contra-Oficiais-de-Justica>. Acesso em: 23 abr. 2018.

BACELLAR, R. P. *Juiz servidor, gestor e mediador*. Brasília: Escola Nacional de Formação e Aperfeiçoamento de Magistrados Ministro Sálvio de Figueiredo Teixeira, 2013. (Coleção Selo).

BAHIA. Tribunal de Justiça do Estado da Bahia. *Recurso em Sentido Estrito n. 0388409-41.2012.8.05.0001*. Relator: Luiz Fernando Lima. 12 dez. 2013. Disponível em: <https://tj-ba.jusbrasil.com.br/jurisprudencia/115744739/recurso-em-sentido-estrito-rse-3884094120128050001-ba-0388409-4120128050001>. Acesso em: 23 abr. 2018.

BARBOSA JÚNIOR, A.; PROCOPIUCK, M. *Relatório de atividades do grupo de trabalho para padronização de mandados e certidões de cumprimento de mandados*: SEI TRF4 n. 3615200. Porto Alegre/Tribunal Regional Federal da 4ª Região, 2017a. Material não publicado.

BARBOSA JÚNIOR, A.; PROCOPIUCK, M. *Relatório memorial explicativo sobre os pressupostos utilizados para pautar o trabalho do grupo de padronização de mandados e certidões e para servir de base para decisões futuras sobre a implantação projeto*: SEI TRF4 n. 3615204. Porto Alegre/Tribunal Regional Federal da 4ª Região, 2017b. Material não publicado.

BARROS, A. M. de. *Curso de direito do trabalho*. 11. ed. São Paulo: LTr, 2017.

BARROS FILHO, M. L. de. A metamorfose da polícia judiciária brasileira. 6 jun. 2012. Disponível em: <http://www.adpf.org.br/adpf/admin/painelcontrole/materia/materia_portal.wsp?tmp.edt.materia_codigo=3973&tit=A-Metamorfose-da-Policia-Judiciaria-Brasileira#.WMvl4m_yuM8>. Acesso em: 23 abr. 2018.

BERNARDES, H. G. Serviço público: função pública, tipicidade; critérios distintivos. *Revista de Informação Legislativa*, Brasília, v. 30, n. 118, p. 111-126, abr./jun. 1993.

BÍBLIA (Novo Testamento). Atos. Português. *Bíblia.com.br.* cap. 16, vers. 35-39. Disponível em: <http://biblia.com.br/joaoferreiraalmeidarevistaatualizada/atos/atos-capitulo-16/>. Acesso em: 17 abr. 2018.

BORSIO, M.; DAHER, F. (Coord.). *Delegado de Polícia Federal e outras carreiras*. Niterói: Impetus, 2012.

BRASIL. Constituição (1988). *Diário Oficial da União*, Brasília, DF, 5 out. 1988. Disponível em: <http://www.planalto.gov.br/ccivil_03/Constituicao/Constituicao.htm>. Acesso em: 23 abr. 2018.

_____. Emenda Constitucional n. 45, de 30 de dezembro de 2004. *Diário Oficial da União*, Brasília, DF, 31 dez. 2004. Disponível em: <http://www.planalto.gov.br/ccivil_03/constituicao/emendas/emc/emc45.htm>. Acesso em: 3 jan. 2018.

BRASIL. Decreto-Lei n. 1.002, de 21 de outubro de 1969. *Diário Oficial da União*, Poder Executivo, Brasília, DF, 21 out. 1969a. Disponível em: <http://www.planalto.gov.br/ccivil_03/decreto-lei/Del1002.htm>. Acesso em: 23 abr. 2018.

_____. Decreto-Lei n. 2.848, de 7 de dezembro de 1940. *Diário Oficial [da] República dos Estados Unidos do Brasil*, Poder Executivo, Rio de Janeiro, 31 dez. 1940. Disponível em: <https://www.planalto.gov.br/ccivil_03/decreto-lei/del2848.htm>. Acesso em: 23 abr. 2018.

_____. Decreto-Lei n. 3.688, de 3 de outubro de 1941. *Diário Oficial [da] República dos Estados Unidos do Brasil*, Poder Executivo, Rio de Janeiro, 3 out. 1941a. Disponível em: <http://www.planalto.gov.br/ccivil_03/decreto-lei/Del3688.htm>. Acesso em: 23 abr. 2018.

_____. Decreto-Lei n. 3.689, de 3 de outubro de 1941. *Diário Oficial [da] República dos Estados Unidos do Brasil*, Poder Executivo, Rio de Janeiro, 13 out. 1941b. Disponível em: <http://www.planalto.gov.br/ccivil_03/decreto-lei/Del3689.htm>. Acesso em: 23 abr. 2018.

_____. Decreto-Lei n. 5.452, de 1º de maio de 1943. *Diário Oficial [da] República dos Estados Unidos do Brasil*, Poder Executivo, Rio de Janeiro, 9 ago. 1943. Disponível em: <http://www.planalto.gov.br/ccivil_03/decreto-lei/Del5452.htm>. Acesso em: 23 abr. 2018.

_____. Lei n. 5.869, de 11 de janeiro de 1973. *Diário Oficial da União*, Poder Legislativo, Brasília, DF, 17 jan. 1973. Disponível em: <http://www.planalto.gov.br/ccivil_03/leis/L5869.htm>. Acesso em: 23 abr. 2018.

BRASIL. Lei n. 6.385, de 7 de dezembro de 1976. *Diário Oficial da União*, Poder Legislativo, Brasília, DF, 9 dez. 1976. Disponível em: <http://www.planalto.gov.br/ccivil_03/leis/L6385.htm>. Acesso em: 23 abr. 2018.

_____. Lei n. 6.496, de 7 de dezembro de 1977. *Diário Oficial da União*, Poder Legislativo, Brasília, DF, 9 dez. 1977. Disponível em: <http://www.planalto.gov.br/ccivil_03/leis/L6496.htm>. Acesso em: 23 abr. 2018.

_____. Lei n. 6.830, de 22 de setembro de 1980. *Diário Oficial da União*, Poder Legislativo, Brasília, DF, 24 set. 1980. Disponível em: <http://www.planalto.gov.br/ccivil_03/leis/L6830.htm>. Acesso em: 23 abr. 2018.

_____. Lei n. 7.210, de 11 de julho de 1984. *Diário Oficial da União*, Poder Legislativo, Brasília, DF, 13 jul. 1984. Disponível em: <http://www.planalto.gov.br/ccivil_03/LEIS/L7210.htm>. Acesso em: 23 abr. 2018.

_____. Lei n. 7.960, de 21 de dezembro de 1989. *Diário Oficial da União*, Poder Legislativo, Brasília, DF, 22 dez. 1989. Disponível em: <http://www.planalto.gov.br/ccivil_03/leis/L7960.htm>. Acesso em: 4 maio 2018.

_____. Lei n. 8.009, de 29 de março de 1990. *Diário Oficial da União*, Poder Legislativo, Brasília, DF, 30 mar. 1990a. Disponível em: <http://www.planalto.gov.br/ccivil_03/leis/l8009.htm>. Acesso em: 23 abr. 2018.

_____. Lei n. 8.069, de 13 de julho de 1990. *Diário Oficial da União*, Poder Legislativo, Brasília, DF, 16 jul. 1990b. Disponível em: <http://www.planalto.gov.br/ccivil_03/leis/L8069.htm>. Acesso em: 23 abr. 2018.

_____. Lei n. 8.078, de 11 de setembro de 1990. *Diário Oficial da União*, Poder Legislativo, Brasília, DF, 12 set. 1990c. Disponível em: <http://www.planalto.gov.br/ccivil_03/leis/L8078.htm>. Acesso em: 23 abr. 2018.

_____. Lei n. 8.112, de 11 de dezembro de 1990. *Diário Oficial da União*, Poder Legislativo, Brasília, DF, 19 abr. 1991a. Disponível em: <http://www.planalto.gov.br/CCIVIL_03/leis/L8112cons.htm>. Acesso em: 23 abr. 2018.

_____. Lei n. 8.213, de 24 de julho de 1991. *Diário Oficial da União*, Poder Legislativo, Brasília, DF, 25 jul. 1991b. Disponível em: <http://www.planalto.gov.br/ccivil_03/leis/L8213cons.htm>. Acesso em: 23 abr. 2018.

_____. Lei n. 8.245, de 18 de outubro de 1991. *Diário Oficial da União*, Poder Legislativo, Brasília, DF, 21 out. 1991c. Disponível em: <http://www.planalto.gov.br/ccivil_03/leis/l8245.htm>. Acesso em: 23 abr. 2018.

_____. Lei n. 8.429, de 2 de junho de 1992. *Diário Oficial da União*, Poder Legislativo, Brasília, DF, 3 jun. 1992a. Disponível em: <http://www.planalto.gov.br/ccivil_03/leis/L8429.htm>. Acesso em: 23 abr. 2018.

_____. Lei n. 8.457, de 4 de setembro de 1992. *Diário Oficial da União*, Poder Legislativo, Brasília, DF, 4 set. 1992b. Disponível em: <http://www.planalto.gov.br/ccivil_03/leis/l8457.htm>. Acesso em: 3 maio 2018.

_____. Lei n. 8.742, de 7 de dezembro de 1993. *Diário Oficial da União*, Poder Legislativo, Brasília, DF, 8 dez. 1993a. Disponível em: <http://www.planalto.gov.br/ccivil_03/leis/l8742.htm>. Acesso em: 23 abr. 2018.

_____. Lei n. 8.906, de 4 de julho de 1994. *Diário Oficial da União*, Poder Legislativo, Brasília, DF, 5 jul. 1994. Disponível em: <http://www.planalto.gov.br/ccivil_03/Leis/L8906.htm>. Acesso em: 23 abr. 2018.

BRASIL. Lei n. 9.099, de 26 de setembro de 1995. *Diário Oficial da União*, Poder Legislativo, Brasília, DF, 27 set. 1995. Disponível em: <http://www.planalto.gov.br/ccivil_03/LEIS/L9099.htm>. Acesso em: 23 abr. 2018.

_____. Lei n. 9.307, de 23 de setembro de 1996. *Diário Oficial da União*, Poder Legislativo, Brasília, DF, 24 set. 1996. Disponível em: <http://www.planalto.gov.br/ccivil_03/leis/l9307.htm>. Acesso em: 23 abr. 2018.

_____. Lei n. 9.784, de 29 de janeiro de 1999. *Diário Oficial da União*, Poder Legislativo, Brasília, DF, 1º fev. 1999. Disponível em: <https://www.planalto.gov.br/ccivil_03/Leis/L9784.htm>. Acesso em: 23 abr. 2018.

_____. Lei n. 10.259, de 12 de julho de 2001. *Diário Oficial da União*, Poder Legislativo, Brasília, DF, 13 jul. 2001a. Disponível em: <http://www.planalto.gov.br/ccivil_03/leis/LEIS_2001/L10259.htm>. Acesso em: 23 abr. 2018.

_____. Lei n. 10.406, de 10 de janeiro de 2002. *Diário Oficial da União*, Poder Legislativo, Brasília, DF, 11 jan. 2002. Disponível em: <http://www.planalto.gov.br/ccivil_03/LEIS/2002/L10406.htm>. Acesso em: 23 abr. 2018.

_____. Lei n. 10.826, de 22 de dezembro de 2003. *Diário Oficial da União*, Poder Legislativo, Brasília, DF, 23 dez. 2003. Disponível em: <http://www.planalto.gov.br/ccivil_03/leis/2003/L10.826.htm>. Acesso em: 23 abr. 2018.

_____. Lei n. 11.232, de 22 de dezembro de 2005. *Diário Oficial da União*, Poder Legislativo, Brasília, DF, 23 dez. 2005. Disponível em: <http://www.planalto.gov.br/ccivil_03/_ato2004-2006/2005/lei/l11232.htm>. Acesso em: 23 abr. 2018.

_____. Lei n. 11.340, de 7 de agosto de 2006. *Diário Oficial da União*, Poder Legislativo, Brasília, DF, 8 ago. 2006a. Disponível em: <http://www.planalto.gov.br/ccivil_03/_Ato2004-2006/2006/Lei/L11340.htm>. Acesso em: 23 abr. 2018.

_____. Lei n. 11.382, de 6 de dezembro de 2006. *Diário Oficial da União*, Poder Legislativo, Brasília, DF, 7 dez. 2006b. Disponível em: <http://www.planalto.gov.br/ccivil_03/_ato2004-2006/2006/lei/l11382.htm>. Acesso em: 23 abr. 2018.

_____. Lei n. 11.416, de 15 de dezembro de 2006. *Diário Oficial da União*, Poder Legislativo, Brasília, DF, 15 dez. 2006c. Disponível em: <http://www.planalto.gov.br/ccivil_03/_Ato2004-2006/2006/Lei/L11416.htm>. Acesso em: 23 abr. 2018.

_____. Lei n. 11.419, de 19 de dezembro de 2006. *Diário Oficial da União*, Poder Legislativo, Brasília, DF, 20 dez. 2006d. Disponível em: <http://www.planalto.gov.br/ccivil_03/_ato2004-2006/2006/lei/l11419.htm>. Acesso em: 23 abr. 2018.

_____. Lei n. 12.830, de 20 de junho de 2013. *Diário Oficial da União*, Poder Legislativo, Brasília, DF, 21 jun. 2013. Disponível em: <http://www.planalto.gov.br/ccivil_03/_ato2011-2014/2013/lei/l12830.htm>. Acesso em: 23 abr. 2018.

_____. Lei n. 13.043, de 13 de novembro de 2014. *Diário Oficial da União*, Poder Legislativo, Brasília, DF, 14 nov. 2014d. Disponível em: <http://www.planalto.gov.br/ccivil_03/_ato2011-2014/2014/lei/L13043.htm>. Acesso em: 23 abr. 2018.

_____. Lei n. 13.105, de 16 de março de 2015. *Diário Oficial da União*, Poder Legislativo, Brasília, DF, 17 mar. 2015e. Disponível em: <http://www.planalto.gov.br/ccivil_03/_Ato2015-2018/2015/Lei/L13105.htm>. Acesso em: 23 abr. 2018.

_____. Lei n. 13.157, de 4 de agosto de 2015. *Diário Oficial da União*, Poder Legislativo, Brasília, DF, 5 ago. 2015f. Disponível em: <http://www.planalto.gov.br/ccivil_03/_ato2015-2018/2015/lei/L13157.htm>. Acesso em: 23 abr. 2018.

BRASIL. Lei n. 13.432, de 11 de abril de 2017. *Diário Oficial da União*, Poder Legislativo, Brasília, DF, 12 abr. 2017c. Disponível em: <http://www.planalto.gov.br/ccivil_03/_ato2015-2018/2017/lei/L13432.htm>. Acesso em: 23 abr. 2018.

BRASIL. Lei Complementar n. 73, de 10 de fevereiro de 1993. *Diário Oficial da União*, Poder Legislativo, Brasília, DF, 11 fev. 1993b. Disponível em: <http://www.agu.gov.br/atos/detalhe/177530>. Acesso em: 23 abr. 2018.

BRASIL. Mensagem n. 1.141, de 15 de dezembro de 2006. *Diário Oficial da União*, Brasília, DF, 15 dez. 2006e. Disponível em: <http://www.planalto.gov.br/ccivil_03/_ato2004-2006/2006/Msg/Vep/VEP-1141-06.htm>. Acesso em: 23 abr. 2018.

BRASIL. Advocacia-Geral da União. *Funções institucionais*. 21 maio 2015a. Disponível em: <http://www.agu.gov.br/page/content/detail/id_conteudo/200643>. Acesso em: 23 abr. 2018.

BRASIL. Conselho Nacional de Justiça. *CNJ Serviço*: saiba a diferença entre comarca, vara, entrância e instância. 23 maio 2016a. Disponível em: <http://www.cnj.jus.br/noticias/cnj/82385-cnj-servico-saiba-a-diferenca-entre-comarca-vara-entrancia-e-instancia>. Acesso em: 23 abr. 2018.

_____. *Estratégia Judiciário 2020*: Poder Judiciário – 2015/2020. Brasília, DF, 2015b. Disponível em: <http://www.cnj.jus.br/files/conteudo/destaques/arquivo/2015/03/76 94a9118fdabdc1d16782c145bf4785.pdf>. Acesso em: 23 abr. 2018.

_____. *Formação e capacitação*. Disponível em: <http://www.cnj.jus.br/formacao-e-capacitacao>. Acesso em: 23 abr. 2018a.

_____. *Links dos tribunais*. Disponível em: <http://www.cnj.jus.br/poder-judiciario/portais-dos-tribunais>. Acesso em: 23 abr. 2018b.

_____. *Justiça em Números*. Brasília, DF, 2016b. Disponível em: <http://www.cnj.jus.br/programas-e-acoes/pj-justica-em-numeros>. Acesso em: 23 abr. 2018.

_____. *Página 6 do Conselho Nacional de Justiça (CNJ) de 18 de janeiro de 2010*. Brasília, DF, 2010a. Disponível em: <https://www.jusbrasil.com.br/diarios/8581791/pg-6-conselho-nacional-de-justica-cnj-de-18-01-2010>. Acesso em: 23 abr. 2018.

_____. *Procedimento de controle administrativo n. 0003251-94.2016.2.00.0000*. Brasília, DF, 2017a. Disponível em: <https://cnj.jusbrasil.com.br/jurisprudencia/480247503/procedimento-de-controle-administrativo-pca-32519420162000000/inteiro-teor-480247503>. Acesso em: 23 abr. 2018.

_____. Provimento n. 47, de 18 de junho de 2015. *Diário da Justiça Eletrônico*, Brasília, DF, 19 jun. 2015c. Disponível em: <http://www.cnj.jus.br/busca-atos-adm?documento=2967>. Acesso em: 23 abr. 2018.

_____. *Quem somos*. Disponível em: <http://www.cnj.jus.br/sobre-o-cnj/quem-somos-visitas-e-contatos>. Acesso em: 23 abr. 2018c.

_____. Resolução n. 48, de 18 de dezembro de 2007. Relatora: Ministra Ellen Gracie. *Diário da Justiça*, Brasília, DF, 21 dez. 2007. Disponível em: <http://www.cnj.jus.br/atos-normativos?documento=152>. Acesso em: 23 abr. 2018.

_____. Resolução n. 108, de 6 de abril de 2010. Relator: Ministro Gilmar Mendes. *Diário da Justiça*, Brasília, DF, 2010b. Disponível em: <http://www.cnj.jus.br/busca-atos-adm?documento=2832>. Acesso em: 23 abr. 2018.

_____. Resolução n. 125, de 29 de novembro de 2010. Relator: Ministro Cezar Peluso. *Diário da Justiça*, Brasília, DF, 2010c. Disponível em: <http://www.cnj.jus.br/images/atos_normativos/resolucao/resolucao_125_29112010_11032016162839.pdf>. Acesso em: 23 abr. 2018.

BRASIL. Conselho Nacional de Justiça. Resolução n. 192, de 8 de maio de 2014. Relator: Ministro Joaquim Barbosa. *Diário da Justiça*, Brasília, DF, 9 maio 2014a. Disponível em: <http://www.cnj.jus.br/images/resol_gp_192_2014.pdf>. Acesso em: 23 abr. 2018.

_____. Resolução n. 195, de 3 de junho de 2014. Relator: Ministro Joaquim Barbosa. *Diário da Justiça*, Brasília, DF, 4 jun. 2014b. Disponível em: <http://www.cnj.jus.br/files/atos_administrativos/resoluo-n195-03-06-2014-presidncia.pdf>. Acesso em: 23 abr. 2018.

_____. Resolução n. 198, de 1º de julho de 2014. Relator: Ministro Joaquim Barbosa. *Diário da Justiça*, Brasília, DF, 2014c. Disponível em: <http://www.cnj.jus.br/busca-atos-adm?documento=2733>. Acesso em: 23 abr. 2018.

_____. *Revogada resolução que exige nível superior para oficial de justiça*. 28 set. 2010d. Disponível em: <http://www.cnj.jus.br/noticias/70234-revogada-resolucao-que-exige-nivel-superior-para-oficial-de-justica>. Acesso em: 23 abr. 2018.

_____. *Saiba definição de manutenção de posse, reintegração e interdito proibitório*. 25 maio 2015d. Disponível em: <http://www.cnj.jus.br/noticias/cnj/79441-saiba-definicao-de-manutencao-de-posse-reintegracao-e-interdito-probitorio>. Acesso em: 23 abr. 2018.

_____. *WhatsApp pode ser usado para intimações judiciais*. 27 jun. 2017b. Disponível em: <http://www.cnj.jus.br/noticias/cnj/85009-whatsapp-pode-ser-usado-para-intimacoes-judiciais>. Acesso em: 23 abr. 2018.

BRASIL. Conselho Superior da Justiça do Trabalho. Resolução n. 174, de 30 de setembro de 2016. *Diário da Justiça Eletrônico*, Brasília, DF, 5 out. 2016c. Disponível em: <http://www.csjt.jus.br/c/document_library/get_file?uuid=235e3400-9476-47a0-8bbb-bccacf94fab4&groupId=955023>. Acesso em: 23 abr. 2018.

BRASIL. Ministério Público Federal. *Sobre a instituição*. Disponível em: <http://www.mpf.mp.br/conheca-o-mpf/sobre/sobre-a-instituicao>. Acesso em: 23 abr. 2018d.

BRASIL. Ministério Público Federal. Procuradoria da República no Paraná. *Nota de esclarecimento da força-tarefa Lava Jato do MPF em Curitiba*. 5 mar. 2016d. Disponível em: <http://www.mpf.mp.br/pr/sala-de-imprensa/noticias-pr/nota-de-esclarecimento-da-forca-tarefa-lava-jato-do-mpf-em-curitiba>. Acesso em: 23 abr. 2018.

BRASIL. Superior Tribunal de Justiça. *Agravo em Recurso Especial 1.050.314 – 2ª Turma*. Relator: Ministro Francisco Falcão. 9 maio 2017d. Disponível em: <https://stj.jusbrasil.com.br/jurisprudencia/465610875/agravo-em-recurso-especial-aresp-1050314-rj-2017-0022058-7/inteiro-teor-465610885>. Acesso em: 23 abr. 2018.

_____. *Intimações eletrônicas prevalecem sobre comunicações feitas pelo Diário de Justiça*. 23 mar. 2017e. Disponível em: <http://www.stj.jus.br/sites/STJ/default/pt_BR/Comunica%C3%A7%C3%A3o/noticias/Not%C3%ADcias/Intima%C3%A7%C3%B5es-eletr%C3%B4nicas-prevalecem-sobre-comunica%C3%A7%C3%B5es-feitas-pelo-Di%C3%A1rio-de-Justi%C3%A7a>. Acesso em: 23 abr. 2018.

_____. Recurso Especial n. 1.227.366 RS 2011/0000140-0. Relator: Ministro Luis Felipe Salomão. *Diário da Justiça*, Brasília, DF, 17 nov. 2014e. Disponível em: <https://stj.jusbrasil.com.br/jurisprudencia/152084891/recurso-especial-resp-1227366-rs-2011-0000140-0>. Acesso em: 23 abr. 2018.

BRASIL. Superior Tribunal de Justiça. Recurso Especial n. 1.640.084-SP (2016/0032106-0). Relator: Ministro Ribeiro Dantas. *Diário da Justiça*, Brasília, DF, 1º fev. 2017f. Disponível em: <https://ww2.stj.jus.br/processo/revista/documento/mediado/?componente=ITA&sequencial=1564541&num_registro=201600321060&data=20170201&formato=PDF>. Acesso em: 23 abr. 2018.

_____. Súmulas: inteiro teor das súmulas. *Portal do Superior Tribunal de Justiça*, Brasília, DF, 2017g. Disponível em: <http://www.stj.jus.br/docs_internet/SumulasSTJ.pdf>. Acesso em: 23 abr. 2018.

BRASIL. Superior Tribunal Militar. *Primeira instância*. Disponível em: <https://www.stm.jus.br/o-stm-stm/primeira-instancia>. Acesso em: 23 abr. 2018e.

BRASIL. Supremo Tribunal Federal. Entenda as diferenças entre os diversos tipos de prisão no Brasil. *Notícias STF*, 13 fev. 2009. Disponível em: <http://www.stf.jus.br/portal/cms/verNoticiaDetalhe.asp?idConteudo=103323>. Acesso em: 23 abr. 2018.

_____. Súmulas: versão completa. *Portal do Supremo Tribunal Federal*, Brasília, DF, 24 out. 2017h. Disponível em: <http://www.stf.jus.br/arquivo/cms/jurisprudenciaSumula/anexo/Enunciados_Sumulas_STF_1_a_736_Completo.pdf>. Acesso em: 23 abr. 2018.

_____. Súmula Vinculante 25. *Portal do Supremo Tribunal Federal*. Disponível em: <http://stf.jus.br/portal/jurisprudencia/menuSumario.asp?sumula=1268>. Acesso em: 4 maio 2018f.

BRASIL. Tribunal Regional do Trabalho da 13ª Região. *Implantação de ferramenta que mapeia ocorrências e riscos para Oficiais de Justiça completa um ano*. Brasília, DF, set. 2016e. Disponível em: <https://www.trt13.jus.br/informe-se/noticias/2016/09/implantacao-de-ferramenta-que-mapeia-ocorrencias-e-riscos-para-oficiais-de-justica-completa-um-ano>. Acesso em: 23 abr. 2018.

BRASIL. Tribunal Regional do Trabalho da 15ª Região. *Recurso Ordinário n. 51282/2001*. Relator: Levi Caregato. 3 dez. 2001b. Disponível em: <https://trt-15.jusbrasil.com.br/jurisprudencia/4601527/recurso-ordinario-ro-51282-sp-051282-2001>. Acesso em: 23 abr. 2018.

BRASIL. Tribunal Regional Federal da 4ª Região. *Portal da Justiça Federal da 4ª Região*. Disponível em: <https://www2.trf4.jus.br>. Acesso em: 23 abr. 2018g.

_____. Provimento n. 62, de 13 de junho de 2017. *Diário da Justiça Eletrônico – TRF4R*, Porto Alegre, 23 jun. 2017i. Disponível em: <https://justotal.com/diarios/trf4-23-06-2017-administrativo-pg-1>. Acesso em: 23 abr. 2018.

BRASIL. Tribunal Superior do Trabalho. Agravo de instrumento em Recurso de Revista RR 18374920125150092. *Diário Eletrônico da Justiça do Trabalho*, Brasília, DF, 21 ago. 2015g. Disponível em: <https://tst.jusbrasil.com.br/jurisprudencia/222707616/recurso-de-revista-rr-18374920125150092>. Acesso em: 23 abr. 2018.

_____. Agravo de instrumento em recurso de Revista AIRR 9222520135020254. *Diário Eletrônico da Justiça do Trabalho*, Brasília, DF, 18 ago. 2015h. Disponível em: <https://tst.jusbrasil.com.br/jurisprudencia/221622147/agravo-de-instrumento-em-recurso-de-revista-airr-9222520135020254>. Acesso em: 23 abr. 2018.

CARNEIRO, F. N. G. *Oficial de justiça*: prática legal. Sousa, PB: Gráfica Cópias e Papéis Editora, 2017.

CEAJUD – Centro de Formação e Aperfeiçoamento de Servidores do Poder Judiciário. *Consolidação e análise dos dados*: relatório sobre formação e aperfeiçoamento de servidores do Poder Judiciário 2015-2016. Brasília, 2016. Disponível em: <https://docslide.com.br/documents/consolidacao-e-analise-dos-dados-ceajud.html>. Acesso em: 23 abr. 2018.

CEJ – Centro de Estudos Judiciários. Disponível em: <http://www.cej.mj.pt/cej/home/home.php>. Acesso em: 23 abr. 2018.

CINTRA, A. C.; GRINOVER, A. P.; DINAMARCO, C. R. *Teoria geral do processo*. São Paulo: Malheiros, 2007.

CJF – Conselho da Justiça Federal. *Centro de Estudos Judiciários*. Disponível em: <http://www.cjf.jus.br/cjf/cjf/corregedoria-da-justica-federal/centro-de-estudos-judiciarios-1>. Acesso em: 23 abr. 2018.

CLUNY, A. Formação de magistrados e advogados: custos financeiros baixos, custos econômicos elevados. In: DIAS, J. A. (Coord.). *Os custos da justiça*: actas do colóquio internacional. Coimbra: Almedina, 2003. p. 35-46.

CONJUR – Consultor Jurídico. *Índice de aprovação na XX Fase do Exame de Ordem fica em 22%*. 25 dez. 2016. Disponível em: <http://www.conjur.com.br/2016-dez-25/indice-aprovacao-xx-fase-exame-ordem-fica-22>. Acesso em: 23 abr. 2018.

COUTO, C. G.; ARANTES, R. B. Constituição, governo e democracia no Brasil. *Revista Brasileira de Ciências Sociais*, v. 21, n. 61, p. 41-62, jun. 2006. Disponível em: <http://dcp.fflch.usp.br/images/DCP/docentes/rogerio_arantes/2006_Constituicao_Democracia_e_Governo_no_Brasil.pdf>. Acesso em: 23 abr. 2018.

CUNHA, F. R. P. *Aspectos relevantes sobre a penhora de bens*. 2004. Disponível em: <http://docplayer.com.br/2502918-Aspectos-relevantes-sobre-a-penhora-de-bens-i-introducao.html>. Acesso em: 23 abr. 2018.

DELORS, J. (Org.). *Educação*: um tesouro a descobrir. São Paulo: Cortez; Brasília: MEC; Unesco, 2000.

DI PIETRO, M. S. Z. *Direito administrativo*. 12. ed. São Paulo: Atlas, 2000.

DISTRITO FEDERAL. Tribunal de Justiça do Distrito Federal e dos Territórios. *Segredo de justiça e sigilo*. Disponível em: <http://www.tjdft.jus.br/institucional/imprensa/direito-facil-1/segredo-de-justica-e-sigilo>. Acesso em: 23 abr. 2018.

DRUCKER, P. F. *O gestor eficaz*. Rio de Janeiro: LTC, 2014.

FARIA, J. E. *Eficácia jurídica e violência simbólica*: o direito como instrumento de transformação social. São Paulo: Edusp, 1988.

FENASSOJAF – Federação Nacional das Associações de Oficiais de Justiça Avaliadores Federais. 5º ESOJAF aborda temas de interesse dos oficiais de justiça. *Assojaf-MG*, 24 maio 2016. Disponível em: <http://www.assojafmg.org.br/site/5o-esojaf-aborda-temas-de-interesse-dos-oficiais-de-justica>. Acesso em: 23 abr. 2018.

FENASSOJAF – Federação Nacional das Associações de Justiça Avaliadores Federais. TRT-BA firma convênio com a internacional marítima para gratuidade de embarque de Oficiais de Justiça. *Assojaf-MG*, 21 jun. 2017. Disponível em: <http://www.assojafmg.org.br/site/trt-ba-firma-convenio-com-a-internacional-maritima-para-gratuidade-de-embarque-de-oficiais-de-justica>. Acesso em: 23 abr. 2018.

FERREIRA, D. A.; AZEVEDO, J. S. F. de; NASCIMENTO, N. J. *Pesquisa sobre Educação a Distância no Poder Judiciário*. Brasília: EAD CNJ, 2010. Disponível em: <http://www.cnj.jus.br/eadcnj/file.php/1/pesquisa.pdf>. Acesso em: 23 abr. 2018.

FERREIRA, D. A.; FALCÃO, P. de S. *Modelo de educação a distância do poder judiciário*: um sistema colaborativo. 2011. Disponível em: <http://www.cnj.jus.br/eadcnj/file.php/1/Modelo_de_Educacao_a_Distancia_no_Poder_Judiciario_-_Um_Sistema_Colaborativo.pdf>. Acesso em: 23 abr. 2018.

FONACATE – Fórum Nacional Permanente de Carreiras Típicas de Estado. *Critérios para a definição de atividades exclusivas de Estado e o Plano Diretor da Reforma do Aparelho do Estado*. 2 jul. 2009. Disponível em: <http://www.fonacate.org.br/v2/?go=downloads&id=9>. Acesso em: 23 abr. 2018.

FONAJEF – Fórum Nacional dos Juizados Especiais Federais. *Lista completa dos enunciados do Fonajef*: enunciado n. 50. Disponível em: <http://www.cjf.jus.br/cjf/corregedoria-da-justica-federal/corregedoria-geral-da-justica-federal/enunciados-fonajef/lista-completa-dos-enunciados-do-fonajef.pdf>. Acesso em: 23 abr. 2018.

FREITAS, M. A.; BATISTA JUNIOR, J. C. *Oficial de justiça*: elementos para capacitação profissional. 2. ed. rev. e ampl. São Paulo: Triunfal Gráfica e Editora, 2013.

FREY, K. Políticas públicas: um debate conceitual e reflexões referentes à prática da análise de políticas públicas no Brasil. *Planejamento e Políticas Públicas*, n. 21, p. 212-260, jun. 2000. Disponível em: <http://www.ufpa.br/epdir/images/docs/paper21.pdf>. Acesso em: 23 abr. 2018.

FUNDAMENTO JURÍDICO. *Teoria do órgão*. 26 mar. 2014. Disponível em: <https://fundamentojuridico.wordpress.com/2014/03/26/teoria-do-orgao>. Acesso em: 23 abr. 2018.

GRECO, S. F. e. *Quem pode determinar a condução coercitiva de investigado durante o inquérito policial?* 28 dez. 2016. Disponível em: <https://saviogreco.jusbrasil.com.br/artigos/417311545/quem-pode-determinar-conducao-coercitiva-de-investigado-durante-o-inquerito-policial>. Acesso em: 23 abr. 2018.

INFOJUS BRASIL. *Juiz que ameaçou prender oficial de Justiça por não utilizar veículo particular em conduções coercitivas diz que foi "obrigado" a comunicar os "crimes de desobediência"*. 16 dez. 2016. Disponível em: <http://www.infojusbrasil.com.br/2016/12/juiz-que-ameacou-prender-oficial-de.html>. Acesso em: 23 abr. 2018.

INSTITUTO BENTO DE JESUS CARAÇA. *Manual de técnicas de comunicação*. Disponível em: <http://opac.iefp.pt:8080/images/winlibimg.aspx?skey=&doc=73396&img=1217>. Acesso em: 23 abr. 2018.

INSTITUTO INNOVARE. *Sobre o instituto*. Disponível em: <http://www.premioinnovare.com.br/sobre>. Acesso em: 23 abr. 2018.

IURK, C. L. *Introdução ao estudo do direito*. Cuiabá: EdUFMT; Curitiba: UFPR, 2008. Disponível em: <https://geojurista.files.wordpress.com/2017/02/introduc3a7c3a3o-ao-estudo-do-direito.pdf>. Acesso em: 23 abr. 2018.

LIMA FILHO, G. A. Oficiais de justiça exercem atividade de risco, mas seguem desprotegidos. *Consultor Jurídico*, 20 fev. 2016. Disponível em: <http://www.conjur.com.br/2016-fev-20/gerardo-lima-oficial-justica-segue-desprotegido-atividade-risco>. Acesso em: 23 abr. 2018.

MACIEIRA, M. E. A mudança organizacional e a necessária implementação de práticas inovadoras de gestão no Poder Judiciário. *Revista de Doutrina da 4ª Região*, Porto Alegre, n. 22, fev. 2008. Disponível em: <http://idemp-edu.com.br/artigos/23>. Acesso em: 23 abr. 2018.

MACIEL, D. B. Separação de corpos "versus" afastamento temporário do cônjuge. *Isto é Direito*, 7 nov. 2011. Disponível em: <http://istoedireito.blogspot.com.br/2011/11/separacao-de-corpos-versus-afastamento.html>. Acesso em: 23 abr. 2018.

MADRIGAL, A. G. Os princípios constitucionais do direito administrativo: a importância dos princípios constitucionais do direito administrativo. *Jusbrasil*, 2017. Disponível em: <https://alexismadrigal.jusbrasil.com.br/artigos/444137118/os-principios-constitucionais-do-direito-administrativo>. Acesso em: 23 abr. 2018.

MEIRINHO. In: *Aulete Digital*. Disponível em: <http://www.aulete.com.br/meirinho>. Acesso em: 23 abr. 2018.

MOREIRA, R. de A. *Condenação por desacato é incompatível com o artigo 13 da Convenção Americana de Direitos Humanos*. Salvador, 27 jan. 2017. Disponível em: <https://romulomoreira.jusbrasil.com.br/modelos-pecas/425460990/condenacao-por-desacato-e-incompativel-com-o-artigo-13-da-convencao-americana-de-direitos-humanos>. Acesso em: 23 abr. 2018.

NADER, P. *Introdução ao estudo do direito*. Rio de Janeiro: Forense, 2006.

_____. _____. 36. ed. rev. e atual. Rio de Janeiro: Forense, 2014.

NANZHAO, Z. Interações entre educação e cultura, na óptica do desenvolvimento econômico e humano: uma perspectiva asiática. In: DELORS, J. (Org.). *Educação*: um tesouro a descobrir. São Paulo: Cortez; Brasília: MEC; Unesco, 2000. p. 257-267.

NARY, G. *Oficial de justiça*: teoria e prática. 5. ed. São Paulo: Leud, 1985.

NERY JÚNIOR, N.; NERY, R. M. de A. *Código de Processo Civil comentado*. São Paulo: Revista dos Tribunais, 2003.

NUNES, P. R. *Dicionário de tecnologia jurídica*. 12. ed. rev., atual. e ampl. Rio de Janeiro: Freitas Bastos, 1990.

OAB – Ordem dos Advogados do Brasil. *Novo Código de Processo Civil anotado*. Porto Alegre, 2015. Disponível em: <http://www.oabrs.org.br/novocpcanotado/novo_cpc_anotado_2015.pdf>. Acesso em: 23 abr. 2018.

OAB-BA – Ordem dos Advogados do Brasil – Bahia. *O que são as prerrogativas do advogado*. Disponível em: <http://www.oab-ba.org.br/prerrogativas/prerrogativas.asp>. Acesso em: 23 abr. 2018.

PARANÁ. Tribunal de Justiça do Estado do Paraná. *Edital n. 001/2017*. Disponível em: <https://portal.tjpr.jus.br/pesquisa_athos/publico/ajax_concursos.do;jsessionid=78a4d01f0a5e8dda89b9d93bb346?tjpr.url.crypto=8a6c53f8698c7ff7801c49a82351569545dd27fb68d84af89c7272766cd6fc9f7da5a6714875a862391770300342d17c&view=detalheMateria>. Acesso em: 23 abr. 2018.

PINHO, R. R.; NASCIMENTO, A. M. *Instituições de direito público e privado*: introdução ao estudo do direito – noções de ética profissional. 22. ed. São Paulo: Atlas, 2000.

PIRES, L. B. *O oficial de justiça*: princípios e prática. Porto Alegre: Livraria do Advogado, 1994.

PORTAL DO OFICIAL DE JUSTIÇA. *O oficial de justiça no mundo*. 5 ago. 2016. Disponível em: <http://www.ofijus.net/index.php/oficial-de-justica/oficial-de-justica-no-mundo>. Acesso em: 23 abr. 2018.

PRAZO LEGAL. *Prazo e processo eletrônico*. 2017. Disponível em: <https://www.prazolegal.blog.br/single-post/2016/08/24/Prazo-e-Processo-Eletr%C3%B4nico>. Acesso em: 23 abr. 2018.

PROCESSO JUDICIAL ELETRÔNICO. *Regras de interface*: RI278. Disponível em: <http://www.pje.jus.br/wiki/index.php/Regras_de_interface>. Acesso em: 23 abr. 2018.

PROVENZANO, F. Novas áreas do direito vão demandar mão de obra qualificada, dizem especialistas. *Extra*, 5 jul. 2015. Disponível em: <http://extra.globo.com/noticias/educacao/profissoes-de-sucesso/novas-areas-do-direito-vao-demandar-mao-de-obra-qualificada-dizem-especialistas-16660888.html>. Acesso em: 23 abr. 2018.

REIS, P. *O Laudo Técnico de Condições Ambientais do Trabalho (LTCAT) é obrigatório?* 11 mar. 2014. Disponível em: <http://www.sis.com.br/postagem.cfm?post=o-laudo-tecnico-de-condicoes-ambientais-do-trabalho-ltcat-e-obrigatorio>. Acesso em: 23 abr. 2018.

RIO DE JANEIRO. Tribunal de Justiça do Estado do Rio de Janeiro. *Agravo de Instrumento n. 00174187320058190000*. Relator: Mario Robert Mannheimer. 16 maio 2006. Disponível em: <https://tj-rj.jusbrasil.com.br/jurisprudencia/407771461/agravo-de-instrumento-ai-174187320058190000-rio-de-janeiro-capital-14-vara-de-familia>. Acesso em: 23 abr. 2018.

RIO GRANDE DO SUL. Tribunal de Justiça do Estado do Rio Grande do Sul. *Agravo de Instrumento n. 598472728*. Relator: Sérgio Fernando de Vasconcellos Chaves. 16 dez. 1998. Disponível em: <http://www.tjrs.jus.br/busca/search?q=direito+de+visitas.+interesse+dos+infantes&proxystylesheet=tjrs_index&client=tjrs_index&filter=0&getfields=*&aba=juris&entsp=a__politica-site&wc=200&wc_mc=1&oe=UTF-8&ie=UTF-8&ud=1&sort=date%3AD%3AS%3Ad1&as_qj=direito+de+visitas.+interesse+dos+infantes&site=ementario&as_epq=&as_oq=&as_eq=&requiredfields=crr%3A351&partialfields=n%3A598472728&as_q=+#main_res_juris>. Acesso em: 23 abr. 2018.

_____. *Agravo de Instrumento n. 70059625418*. Relator: Sérgio Fernando de Vasconcellos Chaves. *Diário da Justiça*, 19 maio 2014. Disponível em: <https://tj-rs.jusbrasil.com.br/jurisprudencia/120125782/agravo-de-instrumento-ai-70059625418-rs>. Acesso em: 23 abr. 2018.

_____. *Agravo de Instrumento n. 70067649277*. Relator: Jorge Luís Dall'Agnol. *Diário da Justiça*, 18 mar. 2016. Disponível em: <https://tj-rs.jusbrasil.com.br/jurisprudencia/322091176/agravo-de-instrumento-ai-70067649277-rs>. Acesso em: 4 maio 2018.

_____. *Agravo de instrumento n. 70074279589*. Relator: Desembargador Otávio Augusto de Freitas Barcellos. 23 ago. 2017a. Disponível em: <http://www.tjrs.jus.br/busca/search?q=agravo+de+instrumento+70074279589&proxystylesheet=tjrs_index&getfields=*&entsp=a__politica-site&wc=200&wc_mc=1&oe=UTF-8&ie=UTF-8&ud=1&client=tjrs_index&filter=0&aba=juris&sort=date%3AD%3AS%3Ad1&as_qj=condu%C3%A7%C3%A3o+coercitiva+gr%C3%A1vida&site=ementario&as_epq=&as_oq=&as_eq=&as_q=+#main_res_juris>. Acesso em: 23 abr. 2018.

RIO GRANDE DO SUL. Tribunal de Justiça do Estado do Rio Grande do Sul. Apelação Cível n. 70014114250. Relator: Luiz Felipe Brasil Santos. *Diário da Justiça*, 10 maio 2006. Disponível em: <http://www.tjrs.jus.br/busca/search?q=cache:www1. tjrs.jus.br/site_php/consulta/consulta_processo.php%3Fnome_comarca%3D Tribunal%2Bde%2BJusti%25E7a%26versao%3D%26versao_fonetica%3D1 %26tipo%3D1%26id_comarca%3D700%26num_processo_mask%3D70014114 250%26num_processo%3D70014114250%26codEmenta%3D1406473+condu% C3%A7%C3%A3o+coercitiva+menor++++&proxystylesheet=tjrs_index&ie= UTF-8&client=tjrs_index&site=ementario&access=p&oe=UTF-8&numProcesso= 70014114250&comarca=Caxias%20do%20Sul&dtJulg=03/05/2006&relator= Luiz%20Felipe%20Brasil%20Santos&aba=juris>. Acesso em: 23 abr. 2018.

_____. *Apelação Cível n. 70065492092*. Relator: Maria Izabel de Azevedo Souza. 5 ago. 2015a. Disponível em: <https://tj-rs.jusbrasil.com.br/ jurisprudencia/216638438/apelacao-civel-ac-70065492092-rs>. Acesso em: 23 abr. 2018.

_____. Apelação Cível n. 70073223232. Relator: Eduardo João Lima Costa. *Diário da Justiça*, 4 set. 2017b. Disponível em: <https://tj-rs.jusbrasil. com.br/jurisprudencia/495579001/apelacao-civel-ac-70073223232-rs/ inteiro-teor-495579011>. Acesso em: 23 abr. 2018.

_____. Apelação Cível n. 70073651051. Relator: Marcelo Bandeira Pereira. *Diário da Justiça*, 20 jul. 2017c. Disponível em: <https://tj-rs.jusbrasil. com.br/jurisprudencia/479898699/apelacao-civel-ac-70073651051-rs/ inteiro-teor-479898718>. Acesso em: 23 abr. 2018.

_____. *Apelação Cível n. 70073841421*. Relator: Giovanni Conti. 30 mar. 2017d. Disponível em: <https://tj-rs.jusbrasil.com.br/jurisprudencia/473613674/ apelacao-civel-ac-70073841421-rs/inteiro-teor-473613680>. Acesso em: 23 abr. 2018.

RIO GRANDE DO SUL. Tribunal de Justiça do Estado do Rio Grande do Sul. Apelação Cível n. 70074626359. Relator: Ricardo Torres Hermann. *Diário da Justiça*, 8 set. 2017e. Disponível em: <http://www.tjrs.jus.br/busca/search?q=cache:www1.tjrs. jus.br/site_php/consulta/consulta_processo.php%3Fnome_comarca%3DTribunal% 2Bde%2BJusti%25E7a%26versao%3D%26versao_fonetica%3D1%26tipo% 3D1%26id_comarca%3D700%26num_processo_mask%3D70074626359%26num_ processo%3D70074626359%26codEmenta%3D7438141+embargos+procedentes+ levantamento+penhora++++&proxystylesheet=tjrs_index&client=tjrs_index&ie= UTF-8&site=ementario&access=p&oe=UTF-8&numProcesso=70074626359& comarca=Comarca%20de%20Santana%20do%20Livramento&dtJulg=30/08/2017 &relator=Ricardo%20Torres%20Hermann&aba=juris>. Acesso em: 23 abr. 2018.

_____. *Habeas Corpus n. 70064753155*. Relator: José Antonio Daltoe Cesar. 28 maio 2015b. Disponível em: <https://tj-rs.jusbrasil.com.br/jurisprudencia/194038357/ habeas-corpus-hc-70064753155-rs>. Acesso em: 23 abr. 2018.

RUA, M. G.; ROMANINI, R. As abordagens das políticas públicas. In: _____. *Para aprender políticas públicas*. 2012. Unidade V. Disponível em: <http://igepp.com.br/ uploads/ebook/para_aprender_politicas_publicas_-_unidade_05.pdf>. Acesso em: 23 abr. 2018.

SAFRAIDER, A. *Manual do oficial de justiça*: teoria e prática. 5. ed. rev. atual. Curitiba: Juruá, 2017.

SALGADO, G. M. Direito público e direito privado: uma eterna discussão. *Âmbito Jurídico*. Disponível em: <http://www.ambito-juridico.com.br/site/?n_link=revista_artigos_leitura&artigo_id=9178&revista_caderno=15>. Acesso em: 23 abr. 2018.

SANTOS, O. J. *Penhora e impenhorabilidade*. à luz do novo Código de Processo Civil. Santa Cruz da Conceição, SP: Vale do Mogi, 2015.

SANTOS, P. E. B. dos. Poder Judiciário e políticas públicas. *Revista Jurídica ESMP-SP*, v. 5, p. 217-238, 2014.

SANTOS, R. A. dos. *Responsabilidade civil do Estado e do agente público*: pluralidade do polo passivo e a teoria da dupla garantia. Caicó, RN, 2016. Disponível em: <https://monografias.ufrn.br/jspui/bitstream/123456789/3453/1/Responsabilidade%20civil_TCC_Santos>. Acesso em: 23 abr. 2018.

SANTOS, R. P. Condução coercitiva no processo penal: abordagem sob o prisma constitucional. *JurisWay*, 15 out. 2015. Disponível em: <https://www.jurisway.org.br/v2/dhall.asp?id_dh=15723>. Acesso em: 23 abr. 2018.

SARLET, I. W. *A eficácia dos direitos fundamentais*. Porto Alegre: Livraria do Advogado, 1988.

SERAFIM, M. P.; DIAS, R. de B. Análise de política: uma revisão da literatura. *Cadernos Gestão Social*, v. 3, n. 1, p. 121-134, jan./jun. 2012. Disponível em: <http://www.periodicos.adm.ufba.br/index.php/cgs/article/download/213/147>. Acesso em: 23 abr. 2018.

SINDOJUS – Sindicato dos Oficiais de Justiça do Pará. *Decisão judicial*: mesmo sujeito a riscos, oficiais de Justiça são os responsáveis por cumprir mandados de prisão. 10 abr. 2013. Disponível em: <http://www.infojusbrasil.com.br/2013/04/decisao-judicial-mesmo-sujeito-riscos.html>. Acesso em: 23 abr. 2018.

SINDOJUS/MG – Sindicato dos Oficiais de Justiça Avaliadores do Estado de Minas Gerais. 3 jul. 2014. *Oficiais de Justiça pedem ao CNJ que restabeleça a exigência de nível superior de escolaridade para o exercício do cargo*. Disponível em: <http://www.infojusbrasil.com.br/2014/07/oficiais-de-justica-pedem-ao-cnj-que.html>. Acesso em: 23 abr. 2018.

_____. *União Internacional dos Oficiais de Justiça*. 2012. Disponível em: <http://www.sindojusmg.org.br/site/2013/11/27/historia-2/>. Acesso em: 23 abr. 2018.

SINIMBÚ, F.; JADE, L. Saiba o que muda com a aprovação final da PEC do Teto dos Gastos Públicos. *Agência Brasil*, Brasília, 13 dez. 2016. Disponível em: <http://agenciabrasil.ebc.com.br/politica/noticia/2016-12/saiba-o-que-muda-com-aprovacao-final-da-pec-do-teto-dos-gastos-publicos>. Acesso em: 23 abr. 2018.

SOARES, M. de P. *Novo manual prático-teórico do oficial de justiça avaliador federal e estadual*. 3. ed. Curitiba: Juruá, 2016.

TOCANTINS. Tribunal de Justiça do Estado do Tocantins. *Habeas Corpus n. 0020672-46.2016.827.0000*. Relatora: Desembargadora Ângela Prudente. 6 fev. 2017. Disponível em: <https://eproc2.tjto.jus.br/eprocV2_prod_2grau/controlador.php?acao=acessar_documento_publico&doc=711486401658586181210000000011&key=c1078a99124a448b8fdb94bdf912d958b6488e8e4607beb5ab077709822 5ab40>. Acesso em: 23 abr. 2018.

UNESCO – Organização das Nações Unidas para a Educação, a Ciência e a Cultura. BRASIL. Ministério do Meio Ambiente. *Legislação ambiental básica.* Brasília, maio 2008. Disponível em: <http://unesdoc.unesco.org/images/0016/001611/161188por.pdf>. Acesso em: 23 abr. 2018.

VASCONCELOS, M. M. de; FREIRE, N. R. *O cargo de oficial de justiça na estrutura do Judiciário Federal.* Trabalho de Conclusão de Curso (Pós-Graduação em Gestão Pública Judiciária) – Fundação Getulio Vargas, São Paulo, 2009. Disponível em: <https://pt.scribd.com/document/35503595/O-Oficial-de-Justica-na-estrutura-do-Judiciario-Federal>. Acesso em: 23 abr. 2018.

VENERAL, D.; ALCANTARA, S. *Direito aplicado.* Curitiba: InterSaberes, 2014.

VILELLA, J. B. Ensino do direito: equívocos e deformações. *Educação*, Brasília, v. 3, n. 12, p. 40-48, abr./jun. 1974.

Capítulo 1
Questões para revisão
1. b
2. b
3. a
4. As políticas públicas são um conjunto de ações e programas do Estado, para a implementação de direitos constitucionais ou direitos emergentes da sociedade e reconhecidos pelo poder público, relativos a cidadania, condição social, econômica, étnica ou cultural. O Estado pode implementá-las direta ou indiretamente, com a participação de entes públicos ou privados. A saúde, a educação, a segurança e o acesso à Justiça são exemplos de direitos assegurados pela Constituição Federal (CF) que demandam a implementação de políticas públicas que assegurem efetivo exercício pela coletividade.
5. Em relação à atividade do oficial de justiça, a política judiciária aplicada ao cumprimento de decisões judiciais deve se voltar à estruturação

---

* As referências citadas nesta seção dizem respeito à seção "Referências" desta obra.

respostas*

de um subsistema jurídico-administrativo que condiciona ou parametriza a atuação do oficial como agente público fundamental para fazer com que as decisões judiciais se concretizem ou produzam efeitos na sociedade.

Questões para reflexão

1. O Poder Judiciário tem como função principal julgar as questões que envolvam o descumprimento da lei e que sejam levadas ao seu conhecimento, aplicando a lei ao caso concreto. O Judiciário dos nossos tempos não é apenas um centro de decisão de conflitos, mas um ente público que precisa de gestão administrativa para desempenhar seu papel julgador de forma eficiente.

2. O Conselho Nacional de Justiça (CNJ) tem por papel buscar o aperfeiçoamento do sistema judiciário brasileiro, promovendo a sua transparência administrativa e processual, com parâmetros éticos de eficiência e efetividade preconizados pela CF na prestação do serviço jurisdicional ao cidadão.

Capítulo 2

Questões para revisão
1. d
2. a
3. b
4. A atividade policial está atrelada ao reconhecimento e observância dos princípios constitucionais do contraditório e da ampla defesa porque essa atividade, juntamente com a do Ministério Público (MP) e a do Judiciário, representa o Estado no exercício *jus persequendi* e do *jus puniendi*. Ou seja, quando o Estado avocou para si o direito-dever de punir os delitos praticados em sociedade, automaticamente ele retirou essa possibilidade de o particular fazê-lo, havendo a necessidade de um devido processo legal que assegure à sociedade que haverá uma resposta à criminalidade e o respeito às garantias individuais na aplicação das punições. A função do delegado de polícia é de suma importância

porque é ele quem irá proceder à abertura do inquérito policial, tendo início a elucidação dos crimes e sendo essa uma fase inquisitiva de maior importância. Quando ainda não estavam consolidados os direitos constitucionais, o inquérito policial era considerado como peça de menor importância e até mesmo dispensável. À medida que se estabeleceu o Estado democrático de direito, com inúmeras garantias individuais e sociais, a atividade policial assumiu importância fundamental na sistemática de apuração dos delitos e aplicação das penas.

5. O art. 154 do Código de Processo Civil (CPC) lhe confere as seguintes atribuições:

> Art. 154. Incumbe ao oficial de justiça:
> fazer pessoalmente citações, prisões, penhoras, arrestos e demais diligências próprias do seu ofício, sempre que possível na presença de 2 (duas) testemunhas, certificando no mandado o ocorrido, com menção ao lugar, ao dia e à hora;
> executar as ordens do juiz a que estiver subordinado;
> entregar o mandado em cartório após seu cumprimento;
> auxiliar o juiz na manutenção da ordem;
> efetuar avaliações, quando for o caso;
> certificar, em mandado, proposta de autocomposição apresentada por qualquer das partes, na ocasião de realização de ato de comunicação que lhe couber.
> Parágrafo único. Certificada a proposta de autocomposição prevista no inciso VI, o juiz ordenará a intimação da parte contrária para manifestar-se, no prazo de 5 (cinco) dias, sem prejuízo do andamento regular do processo, entendendo-se o silêncio como recusa (Brasil, 2015e).

Questão para reflexão

1. A diferença do oficial de justiça em relação ao técnico judiciário e ao analista judiciário é que ele exerce a função de executante de mandados, realiza atividade externa no cumprimento de ordens judiciais, tornando-as concretas.

Capítulo 3

Questões para revisão

1. c
2. b
3. d
4. O direito ambiental é ramo do direito público que tem por objeto a preservação do meio ambiente ecologicamente equilibrado com a aplicação de normas e princípios específicos.
5. Para o oficial de justiça, as regras de direito processual são de suma importância, pois ele é o operador do direito que vai atuar quando houver descumprimento, violação ou inobservância de alguma regra e foi acionado o Estado-Juiz para decidir a respeito do conflito de interesses (litígio). Todos os passos do oficial de justiça são determinados pela lei processual e são corporificados no mandado judicial, pois, obrigatoriamente, o juiz utiliza-se desse instrumental para o exercício da jurisdição. A lei processual vincula, portanto, a atuação do juiz e, por conseguinte, do oficial de justiça.

Questões para reflexão

1. O papel do oficial de justiça vai além do exercício de suas atribuições e funções, com uma projeção para a sua forma concreta de atuação, podendo ter conteúdo valorativo relacionado à instituição, às partes em particular e à sociedade como um todo. Sem o oficial de justiça, seria necessário o Poder Judiciário criar outro mecanismo no andamento processual, a fim de tornar reais as decisões judiciais e sabido pelas partes o andamento dos processos. Trata-se, pois, de papel essencial à dinâmica processual, imprescindível às partes e, por isso, de cunho social extremamente relevante.
2. A aplicabilidade desse princípio na atividade do oficial de justiça tem vários desdobramentos, pois nessa atividade peculiar é necessário buscar eficiência, primeiramente, na localização dos endereços; em um segundo momento, na abordagem da parte; em um terceiro momento, na comunicação ou na execução do ato perante a parte, que precisa

entender o que o oficial está fazendo, os prazos a que está sujeita, suas garantias e seus direitos; num quarto momento, na comunicação ao juiz por meio da certidão, que é o relatório do trabalho feito – tudo isso em observância à garantia do tempo razoável de duração do processo, que impõe um respeito aos prazos de cumprimento dos mandados. O oficial deve buscar permanentemente a adequação dos meios disponíveis para o alcance dos fins (o cumprimento do mandado).

Capítulo 4

Questões para revisão
1. b
2. d
3. a
4. A tutela de urgência é uma espécie de decisão judicial e será concedida quando for demonstrada na ação a probabilidade do direito e o risco que a demora da decisão pode lhe causar; ou seja, poderá ocorrer prejuízo caso não seja decidido em caráter de urgência aquele direito que possivelmente a parte possui. Os mandados de urgência são resultantes de decisões judiciais, com comandos expressos para o oficial de justiça e para as partes, expedidos em caráter de plantão, e devem ser cumpridos de imediato, com a máxima brevidade possível. Por exemplo: um mandado que determina a soltura de um preso (alvará de soltura) ou a liberação de um medicamento. Uma decisão judicial que concede tutela de urgência pode dar origem a um mandado de urgência.
5. Nem toda tutela de urgência terá por escopo uma medida ou um ato de força, mas, sempre que necessário, para cumprir a determinação contida na decisão que a conceder, o mandado deverá expressar claramente a determinação de requisição de força policial, caso não haja cumprimento espontâneo (havendo, portanto, resistência) da ordem nele contida. No caso de o mandado não conter em seu teor a ordem de requisição de força policial, o oficial poderá parar o cumprimento do mandado e requisitá-la ao juízo, mediante certidão circunstanciada

que justifique a medida. Cabe ao oficial de justiça avaliar a necessidade de requisitar a força, mediante a análise de critérios objetivos e subjetivos e fazê-lo, especialmente em caso de dúvida, pois jamais deverá colocar a si e as partes em risco desnecessário, sendo de sua responsabilidade o cumprimento do conteúdo do mandado sem danos ou prejuízos pessoais e a terceiros.

Questões para reflexão

1. Trata-se de um critério útil à medida que procura determinar uma ordem de prioridade para o cumprimento das ordens judiciais, pois o cumprimento das decisões urgentes deve preceder o cumprimento das prioritárias, e essas devem preceder as decisões normais, por uma lógica administrativa que dá maior agilidade de acordo com o teor da ordem judicial a ser cumprida.

2. O oficial de justiça deve requisitar a força policial se, no teor do mandado, houver autorização do juiz e solicitá-la ao magistrado sempre que necessário. No entanto, apesar de ser um dever, é ele quem vai analisar os critérios objetivos e subjetivos e requisitá-la sempre que houver risco de dano pessoal ou a terceiros no cumprimento da ordem. Na dúvida, é melhor requisitar a força do que dispensá-la.

Capítulo 5

Questões para revisão

1. b
2. b
3. a
4. O oficial de justiça tem permissão legal para praticar atos durante o dia, das 6 horas às 20 horas, em dias úteis, bem como em férias forenses, feriados (nos quais se inclui dias sem expediente forense, sábados e domingos); ou seja, não há restrição de atos relativamente a dias. A única exceção é a citação por hora certa, que exige o retorno do oficial em dia útil subsequente à diligência de intimação para fazer a hora certa. Por essa razão o sábado, nesse caso, não é dia útil subsequente

por ter sido considerado feriado (dia em que não há expediente forense) pela lei processual. A única lacuna deixada pelo legislador foi a prática de atos fora do horário diurno (das 6 horas às 20 horas), razão pela qual entendemos que deverá constar expressamente no mandado o cumprimento fora desses limites de horário.

5. Conforme art. 231 do CPC, a contagem de prazos quando o ato processual é praticado eletronicamente tem o termo inicial no primeiro dia útil seguinte à consulta da intimação ou citação ou, ainda, no dia do término do prazo estipulado para que se dê a consulta. Ainda, para fins de prazo, conta-se até as 24h00 do último dia para a prática do ato. Deve-se atentar para o horário do local destinatário do ato, tendo em vista que há diferença de horários no território nacional, pois o parágrafo único do art. 213 assim esclarece: "O horário vigente no juízo perante o qual o ato deve ser praticado será considerado para fins de atendimento do prazo" (Brasil, 2015e).

Questões para reflexão

1. Sim. O ato processual pode existir, mas ter sido praticado em desacordo com a lei processual e causar dano às partes ou ao processo, caso em que o juiz declara a nulidade e não permite que produza efeitos.

2. O prejuízo para a parte ou para o andamento processual é essencial para que o juiz reconheça e declare a nulidade de ato processual. Um exemplo é a penhora realizada após uma citação irregular. O prejuízo, nesse caso, é o executado perder a oportunidade de pagar o débito ou escolher bem para nomear segundo o seu critério.

Capítulo 6

Questões para revisão

1. c
2. c
3. d
4. Em processos com mais de um réu, considera-se o início da contagem do prazo para a contestação a data última em que houver conhecimento

da citação, seja qual for a espécie (pelo correio, por oficial, por edital, eletrônica, por carta precatória, rogatória ou de ordem). O marco inicial de contagem do prazo sempre será a última data a que se refere cada um dos incisos do art. 231 do CPC. É oportuno lembrarmos que a citação pode ser diferente para cada um dos réus. Um pode ser citado por via postal, outro por oficial de justiça, outro por edital, outro por carta precatória etc. O início do prazo será o da citação do último réu e a forma de contagem é a estabelecida para o tipo de citação que efetivamente ocorreu (pelo correio, por oficial, por edital etc.). Se houver mais de um intimado, o prazo será contado individualmente e não haverá interdependência, como no caso de mais de um réu. Cada intimação será considerada para cada intimado, computando-se seu prazo de forma totalmente independente.

5. Além da **suspensão de prazos** em feriados, dias sem expediente forense e recesso forense de 20 de dezembro a 20 de janeiro (art. 220, CPC), temos mais duas previsões: a do art. 221 e do art. 222 do CPC. A lei processual trouxe como causa suspensiva qualquer obstáculo criado em prejuízo da parte, havendo necessidade de comprovar tanto o obstáculo como o prejuízo e ficando a critério do juiz decidir a respeito. Também a ocorrência das hipóteses taxativas do art. 313 do CPC (por exemplo: morte de uma das partes, acordo entre as partes) são causas de suspensão. O **art. 222** do CPC prevê a hipótese de **prorrogação de prazo** processual quando se tratar de local de difícil acesso (pode prorrogar por até dois meses) ou ocorrência de calamidade pública (pode exceder dois meses).

Questões para reflexão

1. Não. O oficial somente poderá fazê-lo mediante determinação expressa do juiz do processo. Isso ocorre porque cabe ao juiz reconhecer aqueles que respondem pessoalmente pela dívida da empresa (nos termos do art. 135, III, do CTN).

2. Uma decisão recente do CNJ (Brasil, 2017a) entendeu que é válida a intimação realizada com a utilização do aplicativo WhatsApp nos

Juizados Especiais Cíveis e Criminais, com fundamento no fato de se tratar de processos que têm a desburocratização, a informalidade e o consenso como características. Dessa forma, nem todos os atos de comunicação são passíveis da utilização do aplicativo, que se restringe às intimações nos Juizados Especiais.

Capítulo 7
Questões para revisão
1. d
2. c
3. a
4. Ela é importante porque, por meio dela, o executado irá tomar conhecimento de que houve a constrição judicial sobre o bem, ciência do valor da avaliação e ciência do prazo para embargos à execução. Tem tripla finalidade: dar ciência da penhora, da avaliação e do prazo para oposição de embargos.
5. Sim. As partes podem requerer redução, reforço ou substituição da penhora e também solicitar segunda penhora sempre que a penhora se revelar ineficaz (o bem não atinge o suficiente nem para o pagamento das custas), insuficiente (não alcança o valor da dívida) e excessiva (quando excede em muito o valor da dívida).

Questões para reflexão
1. O instituto da remoção está previsto no art. 840 do CPC e no parágrafo 3º do art. 11 da Lei de Execução Fiscal n. 6.830/1990. A remoção de bem se faz necessária quando o executado não aceita o encargo de depositário do bem penhorado e este é depositado junto ao depositário público.
2. O oficial de justiça é o sujeito da avaliação, é aquele que irá procedê-la, a princípio. O objeto da avaliação é um bem. O destinatário imediato da avaliação é o juiz, pois ele tem poder para homologá-la ou não; os destinatários mediatos são as partes. A finalidade da avaliação é a

determinação do valor do bem para uma ação judicial. O oficial de justiça, para atingir essa finalidade, precisa definir e adotar critérios e métodos. A vistoria do bem é o mecanismo material de avaliação. O documento formal que expressa a avaliação é o laudo de avaliação.

Capítulo 8

Questões para revisão

1. b
2. c
3. c
4. A composição da dinâmica familiar; as condições de moradia; a sondagem das informações junto a vizinhos; as impressões subjetivas e objetivas percebidas pelo oficial e o levantamento fotográfico.
5. A verificação serve para qualquer tipo de processo no qual o juiz vislumbre a necessidade de determinar a um oficial de justiça que vá *in loco* constatar situação fática relevante para o andamento do processo.

Questões para reflexão

1. As hipóteses legais do art. 836 e do art. 301 do CPC autorizam a descrição pormenorizada de bens do executado que deve ser efetuada mediante ordem do juiz.
2. O oficial deve "descrever minuciosamente todos os bens ou mercadorias, suas qualidades e quantidades, de modo que suas características as diferenciem entre si, e um das outras, registrando, ainda, quaisquer ocorrências e fatores que tenham interesse para sua conservação" (Soares, 2016, p. 197). Desse arrolamento o oficial lavrará auto de depósito provisório, tornando os bens temporariamente indisponíveis, até ulterior decisão do juiz, determinando ou não a sua penhora. Determinada a penhora, será lavrado outro auto, dessa vez de penhora, avaliação e depósito; se não for determinada a penhora, então a parte deverá solicitar a destituição da nomeação provisória.

Capítulo 9

Questões para revisão

1. d
2. d
3. c
4. Sem a intervenção da polícia não é possível efetuar qualquer tipo de prisão. O oficial de justiça não tem porte de arma e não recebe qualquer tipo de treinamento para efetuar abordagens nesse sentido. Ele se dirige aos jurisdicionados de "peito aberto", portando caneta e papel. Portanto, carece das condições objetivas necessárias para levar a efeito o ato em si, não sendo admissível que arrisque a sua vida no cumprimento do mister. Essa determinação só faz sentido e só é exequível se ele estiver acompanhado da polícia para cumprir o mandado de prisão.
5. Reintegração de posse: visa recuperar o terreno do suposto proprietário com a recuperação da posse perdida ou esbulhada de forma violenta, clandestina ou com abuso de confiança por terceiro. *Esbulho* quer dizer que houve violência ou grave ameaça à pessoa para retirá-la da posse. Resulta na expedição de um mandado de reintegração de posse, com previsão de data-limite para cumprimento.

   » Manutenção de posse: visa recuperar o terreno do possuidor que se vê impedido de exercer a posse de forma livre e irrestrita. Exemplo: uma pessoa que abre um caminho de passagem no terreno alheio, ou que ocupe parte do terreno alheio. Resulta na expedição de um mandado de manutenção de posse.

   » Interdito proibitório: medida assecuratória para prevenir a invasão em uma propriedade. Resulta na expedição de um mandado proibitório com previsão de multa, caso haja desobediência. Exemplo: pessoas acampadas em frente a um prédio público e que ameaçam invadi-lo. Caso a invasão se concretize, a ação pode se transformar em manutenção ou reintegração de posse; ou seja, não é necessário ingressar com nova ação por causa da nomenclatura, pois há fungibilidade, conforme o art. 554 do CPC.

» Ordem de despejo: é expedida em ações de despejo por falta de pagamento ou de retomada para uso próprio, quando a ocupação do imóvel decorre de um vínculo contratual entre as partes e não há desocupação espontânea por parte do locatário. Quando o juiz reconhece a procedência do pedido, ele determina a desocupação forçada com a ordem de despejo, a qual é geralmente cumprida com o auxílio de força policial.

Questão para reflexão

1. O uso da força em potência ocorre quando é feita ameaça de aplicação da coerção como meio de convencimento e o uso da força em ato é a coação em si, medida extrema usada quando há resistência da parte em obedecer o comando contido no mandado.

Capítulo 10

Questões para revisão

1. e
2. c
3. d
4. A certidão do oficial deve conter o teor da diligência realizada por esse servidor com todos os detalhes: data, endereço, o que comunicou ou fez, o que deixou de fazer e por qual motivo, data da lavratura da certidão e assinatura, configurando-se como um espelho do mandado.
5. De acordo com o art. 155 do CPC, o oficial é responsável civilmente pela recusa imotivada em cumprir atos determinados pela lei ou pelo juiz a que é subordinado, dentro do prazo legal, e também quando praticar ato nulo com dolo ou culpa.

Questões para reflexão

1. Sim. No desacato, a pessoa tem atitude desrespeitosa, ofensiva, mas que não necessariamente impede o cumprimento do mandado. Na desobediência, há necessariamente violência e ameaça no intuito de não deixar que a ordem do mandado seja cumprida.

2. Não. O oficial é responsável pelos documentos que lavra e a sua fé pública admite prova em contrário. O art. 299 do Código Penal (CP) prevê que tal conduta constitui crime e a pena prevista para este caso é de reclusão de um a cinco anos.

Capítulo 11

Questões para revisão

1. d
2. c
3. b
4. Aceleraria a concretização da prestação jurisdicional e desafogaria o Judiciário de demandas. O oficial iria exercer papel condizente com a formação jurídica e a capacitação, atuando nas formas alternativas de solução de conflitos.
5. No caso do oficial de justiça, quando diante de situações que obstaculizam o cumprimento das ordens judiciais, cabe à administração encontrar caminhos que viabilizem o integral cumprimento dos mandados, sob pena de ficar inviabilizada a prestação jurisdicional em si. Esses são assuntos de gestão, relacionados à política judiciária e à administração da justiça. São questões do interesse do Poder Judiciário, para que ele desempenhe a sua função, alcance a sua visão e cumpra a sua missão. São assuntos de "economia interna", assuntos de relevância da pessoa jurídica de direito público que chamamos *Judiciário*.

Questões para reflexão

1. A inexistência de padronização de mandados e certidões dificulta o bom andamento do serviço do oficial, da vara ou da secretaria e o entendimento dos destinatários do ato. A padronização uniformizaria procedimentos e produção de documento que veiculam as decisões judiciais e as comunicações dos oficiais no seu cumprimento.
2. Por meio da Resolução n. 198/2014, o CNJ fixou as premissas importantes para o planejamento estratégico de todo o Poder Judiciário, estabelecendo:

a. Missão: realizar a justiça com o fortalecimento do Estado democrático e o fomento à construção de uma sociedade livre, justa e solidária, mediante uma efetiva prestação jurisdicional.

b. Visão: ser reconhecido pela sociedade como instrumento efetivo de justiça, equidade e paz social com credibilidade por ser rápido, acessível, responsável, imparcial, efetivo e justo, garantindo o exercício pleno dos direitos de cidadania.

Fabiana Silveira graduou-se em Direito pela UniRitter-RS, cursou a Escola Superior da Magistratura do Estado do Rio Grande do Sul (Ajuris) e se especializou em Direito no Instituto Luiz Flávio Gomes (ILFG). É também especialista em Direito Comercial Internacional, com ênfase no Mercosul, pela UniCuritiba, especialista em Educação pela UFRJ e especialista em Política Judiciária e Administração da Justiça pela PUCPR. É também mestranda em Gestão Urbana pela PUCPR. É Oficiala de Justiça Avaliadora Federal vinculada ao Tribunal Regional Federal da 4ª Região, lotada em Curitiba (PR). Lecionou no Senai, na Universidade Estadual do Paraná (Unespar) e no Instituto Superior do Litoral do Paraná (Isulpar). É membro e palestrante do Instituto Brasileiro de Administração do Sistema Judiciário (Ibrajus).

sobre a autora

Os papéis utilizados neste livro, certificados por instituições ambientais competentes, são recicláveis, provenientes de fontes renováveis e, portanto, um meio sustentável e natural de informação e conhecimento.

FSC
www.fsc.org
MISTO
Papel produzido a partir de fontes responsáveis
FSC® C114026

Impressão: Optagraf

Dezembro / 2019